understanding ACCOUNTING

회계학의 이해

이창대

정독
DEEP READING

머리말

2024년 1월 미국 라스베이거스에서 열린 CES를 통하여 인공지능기술이 우리들의 삶을 변화시키고 있다는 것을 확인시켜 주었다. 회계영역에 있어서 인공지능기술은 회계처리나 재무제표 작성을 짧은 시간에 처리하고 있다. 이러한 시대에 회계담당자는 인공지능과 경쟁하는 것이 아니라 인공지능을 활용해서 더 심층적인 일을 해나가야 하는 시대이다. 이러한 변화에 대한 도전하기 위해 회계학의 이해를 통하여 재무제표 작성뿐만 아니라 재무제표의 숫자 너머의 의미들을 파악하는 것이 무엇보다 중요해지는 시대이다. 가장 기본적인 회계정보의 처리과정을 이해하게 하고 회계순환과정을 통하여 만들어진 재무제표를 통하여 회계가 경영에 어떻게 영향을 미치는지를 해석할 수 있는 능력이 있으면 좋겠다는 고민을 하게 된다. 회계의 목적은 정보이용자들에게 유용한 정보를 제공하기 위해 존재한다는 기본적인 생각을 중심으로 기본적인 회계의 개념을 중심으로 설명하였다. 종합예제와 연습문제를 중심으로 회계의 개념을 이해하는 데 도움이 될 것이다.

본 교재를 학습하면 회계학의 기본적 이해, 자산, 부채, 자본, 비용, 수익 등을 살펴볼 수 있고, 재무제표를 중심으로 기업을 이해하는 기본적인 개념을 파악하는 데 많은 도움이 되리라 믿는다. 아울러 이 시대의 필요한 회계지식을 이해하는 데 도움이 되었으면 하는 기대를 해 본다. 끝으로 항상 일관된 삶의 모습을 보여주시는 부모님과 가족들에게 감사하며 특히 좋은 책을 출간하기 위하여 애를 쓰는 도서출판 정독의 김중용 대표와 심성보 편집이사께 감사의 마음을 전한다.

2024년 2월

승달산 연구실에서

이창대

차 례

P/A/R/T
01 회계의 기초

P/A/R/T

02 회계정보의 순환과정

P/A/R/T

03 계정과목별 회계처리

P/A/R/T

04 회계정보의 활용

PART

01

회계의 기초

Chapter 01

회계를 배우는 이유

01 경영과 경영활동

❶ 경영의 의미

경영(management)이란 현대사회에서 익숙한 용어로서 대부분의 사람들이 경영을 하고 있다. 사전적 의미로서 경영은 기업이나 사업 등을 관리하고 운영하는 것을 의미한다. 또는 일정한 목적을 달성하기 위하여 인적·물적 자원을 결합한 조직, 또는 그 활동이다. 쉽게 말해서 경영자나 관리자들이 하고 있는 활동을 의미한다. 다음은 어느 직장인의 경영이란 무엇인가?에 대한 질문에 대한 답이다. 새로운 사회생활의 출발점에 서있는 신입사원들에게 기업이 뭐하는 곳인가? 경영이란 무엇인가? 직장생활을 하면서 가장 많이들은 단어들은 위기, 변화, 혁신, 성장, 성과 등인데 이 중에 "변화"가 현대 기업에 있어 중요한 개념이라고 생각한다. 기업은 결국, 돈, 물건, 사람 그리고 고객, 정보를 관리하며 성과를 내는 곳이라 생각한다.

여러분들이 오늘 학교에 등교하기 위하여 행한 모든 활동들도 경영이라고 말할 수 있다. 여러분들이 학교에 등교하기 위하여 아침에 눈을 뜨고, 오늘 하루 동안에 해야 할 일이 무엇인지를 생각하고 몇 시에 식사를 하고, 어떠한 교통편으로 갈 것인지를 결정하는 것이다. 즉, 여러분들도 오늘 하루를 경영하였고, 시간을 경영하였고, 그리고 삶도 경영한다. 예를 들면 하루는 24시간이다. 한 시간은 60분이므로 하루는 1,440분이고, 1분은 60초이므로 하루는 86,400초이다. 또한 1년은 365

일이므로 31,536,000초이다. 여러분들은 하루라는 86,400초를 어떻게 경영할 것인가? 만약 1초에 10원이라면 일 년은 315,360,000원이다. 315,360,000을 만원짜리로 가로로 배열한다면 길이가 어느 정도 될까? 만원권은 초록색으로 크기는 148×68㎜이며 도안은 앞면에는 세종대왕과 일월오봉도가 뒷면에는 혼천시계, 천상열차분야지도와 보현산 천문대 망원경이다. 간단히 315,360,000을 148㎜로 나누어주면 2,130,810㎜이다. 213,081㎝ 즉, 2,130m 약 2.1㎞의 거리이다.

경영이란 여러분들이 무엇인가 목표를 설정하고 그 목표를 달성하기 위하여 여러 가지 자원들을 조직화하며 행동하는 것이다. 또한 이러한 행동들이 적절한지 잘하였는지를 평가하게 된다. 이러한 활동들이 모두 경영이라고 할 수 있다. 경영학은 경영을 연구대상으로 하는 사회과학의 한 분야이다. 여러분들이 전공하고 있는 경영학은 경영에 대해 종합적으로 이해하고 이를 토대로 경영목표의 합리적인 달성을 위하여 어떠한 일을 하여야 하는지를 관리하는 지식체계이다. 경영이란 사회적 존재로 생존하고 성장하기 위하여 각종 자원들을 계획하고 조직하고 통제하는 활동이라고 할 수 있다. 여러분들이 생각하는 경영은 어떠한가? 여러분들은 경영을 무엇이라고 생각하는가? 어떤 그림으로 표현할 수 있을까? 경영은 [▾]이다. 여러분들이 생각하는 경영을 문장이나 단어로 설명한다면 어떻게 설명할 것인가? 한번 여러분들이 생각하는 경영을 정의해 보자. 경영은 자원과 프로세스의 관리이며 혁신의 연속이다.

경영은 [▾]이다.

경영은 [고객을 창조하는 것]이다.

경영은 [가치창조]이다.

GUIDE 경영의 정의

인류사회가 필요로 하는 재화나 서비스를 창출하기 위하여 다양한 자원(인적자원, 물적자원, 재무자원, 정보자원)을 효율적으로 관리하는 제반활동

기업은 여러 사람들이 모여 효율적으로 효과적으로 수행해서 성과를 달성하는 곳이다. 경영이란 기업이 성과를 달성할 수 있도록 도움을 준다.

그림 1-1 효과성과 효율성

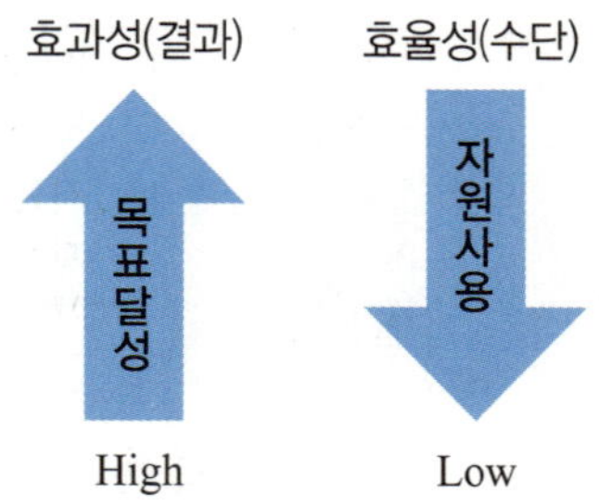

경영이란 사람들을 통하여 목표로 하는 어떠한 일들을 효과적이고 효율적으로 완성하는 과정을 의미한다. 효과적이고 효율적이라는 의미는 경영에 있어 가장 중요한 용어이다. 효과와 효율은 경영에 있어 어떠한 일을 해야 하는가와 그 일을 어떻게 달성해야 하는 것을 의미한다. 효과성과 효율성을 그림으로 살펴보면 [그림 1-1]과 같다.

[그림 1-1]에서 보는 바와 같이 효과성(effectiveness)이란 조직의 목표를 달성하는 것을 의미한다. 즉, 조직의 목표를 달성하기 위한 적절한 업무를 파악하고 수행하는 것을 의미한다. 효율성(efficiency)이란 조직의 목표를 달성하기 위하여 어떻게 하면 적은 노력(input)으로 많은 성과(output)를 낼 것인가를 측정하는 도구이다. 효과성과 효율성은 서로 다른 개념이지만 밀접한 관련이 있는 용어이다.

즉, 목표 달성을 위한 수단으로써 효율성이 높으면 목표 달성이 쉽다. 반면 효과성은 목표를 달성하는 것으로써 효과성이 높으면 목표가 달성된다.

이러한 효과성과 효율성을 달성하기 위한 활동을 수행하고 그 결과에 대한 책임을 지는 주체는 경영자나 관리자이다. 경영은 조직이나 기업이 목표를 달성하기 위하여 필요한 활동을 계획하고 실행하고 평가하는 과정이다. 경영자나 관리자는 조직에서 활동하고 있다. 조직(organization)이란 설정한 목표를 달성하기 위하여 여러 사람들이 유기적으로 결합되어있는 집단을 의미한다. 대학도 경영학과도 학생회나 동아리도 하나의 조직이다. 조직의 존재이유(reason to be)는 무엇인가? 조직은 가치창출을 위하여 기회를 탐색하고 가용자원을 활용하여 제품과 서비스를 창출할 수 있도록 조직구성원들을 결속시키는 것이다.

경영의 대상으로서 대표적인 것은 기업이다. 기업(enterprise)은 자원을 결합하여 제품이나 서비스를 창출하고 이를 판매하여 이익을 창출하는 활동을 반복하는 조직이다. 즉, 사람인 인적자원과 물적자원을 결합하여 재화와 서비스를 생산하고 이를 판매함으로써 이익을 창출하고 창출되어진 이익을 투자하거나 배분하는 활동을 수행하는 조직이다.

그림 1-2 경영활동의 요약

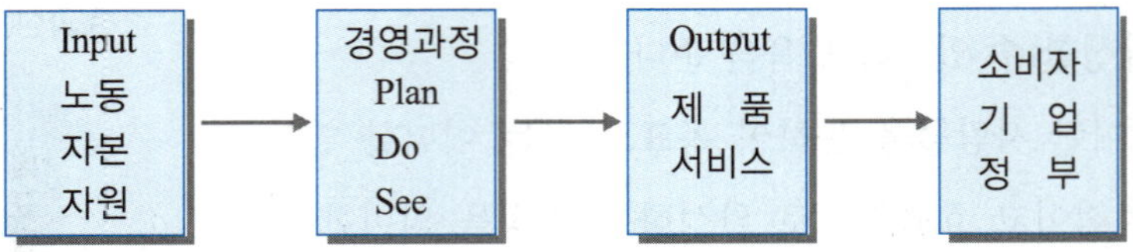

다시 말해 노동이나 자원, 그리고 자본을 투입하여 경영과정인 계획화(planning), 조직화(organizing), 그리고 통제화(controlling)를 통하여 제품과 서비스를 생산하고 소비자에게 판매하는 일련의 활동을 하는 조직을 의미한다. 또한 기업이 수행하고 있는 경영활동의 관계를 그림으로 살펴보면 위의 [그림 1-2]와 같다.

경영활동을 보다 구체적으로 살펴보면 다음과 같다. 즉, 기업외부의 다양한 이해관계자와의 활동을 통하여 경영활동을 수행하고 있다. 이러한 경영활동을 수행하기 위하여 노동, 자본, 자원이 투입되어야 하는데, 필요한 자금은 외부에서 조달하기도 하고 자기가 가지고 있는 자금을 이용하기도 한다. 외부에서 자금을 조달할 경우 자본시장(capital market)을 이용한다. 가장 일반적인 자금조달방법은 은행에서 차입하거나 주식이나 사채를 발행하는 방법이다. 필요한 자본이 확보되었으면 다양한 생산설비가 필요하다. 예를 들면 토지나 건물, 기계장치, 그리고 차량운반구들과 사무용품들이다. 이제 노동시장으로부터 판매활동과 생산 활동을 수행할 사람이 필요하다. 이를 그림으로 살펴보면 다음 [그림 1-3]과 같다.

그림 1-3 기업의 활동

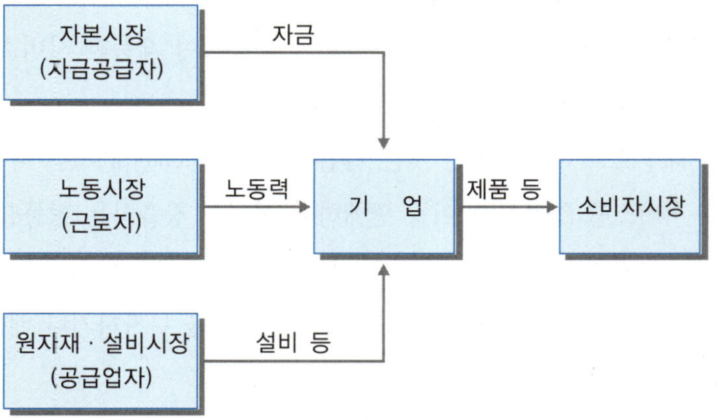

이러한 기업 활동은 자금을 자본시장이나 금융기관을 통하여 조달하는 재무활동, 조달된 자본을 이용하여 필요한 설비나 생산원재료를 조달하는 투자활동, 그리고 생산을 담당할 인력을 노동시장으로부터 확보하고, 조달된 생산설비와 생산요소를 제조활동에 투입하여 제품이나 서비스를 생산하고, 이를 소비자에게 판매하는 영업활동으로 분류할 수 있다.

2 경영활동

회계는 기업이 영위하는 경제활동을 화폐액으로 인식·측정해서 장부에 기록하고, 그 결과를 정기적으로 재무제표라고 하는 보고서를 통해서 보고하게 된다.

기업의 경제활동이라고 하는 것은 그 기업이 어떠한 업종을 영위하는가(상품판매업, 서비스업, 제조업)에 따라서 그 내용이 약간 다르다.

이 책에서는 가장 기본적인 업종인 상품판매업을 영위하는 기업의 경제활동을 중심으로 설명하고자 한다.

(1) 자금조달활동

기업이 경제활동을 하기 위해서는 기업의 형태, 규모 혹은 업종에 관계 없이 모든 기업이 자금(현금)을 필요로 하게 된다. 기업은 이 자금으로 토지, 건물, 판매를 위한 상품 등을 구입하고, 종업원을 고용해서 영업활동을 하게 된다. 자금을 조달하기 위한 주요한 방법으로는 출자와 차입이 있다.

출자는 기업주(기업의 소유자 혹은 사업주)에 의해 기업에 자금이 제공된다. 자금제공자를 출자자(주주), 제공된 자금을 자본금이라고 한다. 출자에는 기업설립시에 출자(원입)하는 것과 기업설립 후에 추가적인 출자(증자)가 있다.

차입은 금융기관 등으로부터 자금을 차입하는 것이다. 기업에 자금을 빌려주는 사람을 채권자, 자금을 차입 받는 기업을 채무자라고 한다. 차입에 의한 자금과 출자에 의한 자금은 구별하지 않고 영업활동에 사용되지만, 차입한 자금은 채권자에게 상환해야 할 의무가 있는 것이 자본금과는 다르다. 이 자금의 상환의무를 차입금이라고 한다. 또한 자금을 차입한 경우에는 기간에 따라서 일정한 이자를 지급해야 한다.

(2) 구매활동

기업을 설립해서 영업활동을 하기 위해서는 여러 가지 준비가 필요하게 된다. 이를 위해서 기업은 출자와 차입에 의해서 조달된 자금을 사용한다. 시계 소매업을 예로 들어 보자.

먼저, 시계를 판매하기 위해서는 점포가 필요하게 된다. 그러기 위해서는 토지를 구입하고 건물을 신축해야 한다. 물론 토지나 건물을 임차할 수도 있다. 임차하는 경우에는 임차료를 지급해야 한다. 점포에는 시계를 진열하기 위한 진열장과 판매활동을 하기 위해 책상과 의자 등의 비품이 필요하다. 업무수행에 사용될 필기구와 판매할 때 사용되는 포장지 등의 소모품도 필요하다. 영업용 자동차(차량운반구)도 요하게 될 것이다.

다음에는 판매하기 위한 시계(상품)를 구입해야 한다. 상품을 구입하는 것을 매입이라고 한다. 여기에서 구입된 상품의 대금은 구입 시점에 지급하는 경우도 있지만, 일정 기간 경과 후에 지급하는 경우도 있다. 외상으로 매입한 경우에는 외상매입금이라고 하는 채무(상품구입대금을 지급할 의무)가 발생하게 된다.

또한 모든 업무를 한 사람이 하는 경우를 제외하고 종업원을 고용하게 된다. 종업원을 고용하게 되면 급료를 지급해야 한다. 이것은 종업원, 즉 그 물건을 구입하는 것이 아니고 종업원이 제공하는 노동서비스를 구입하는 것이다. 점포에서는 전기, 수도, 가스 등도 사용하게 된다. 이런 것들은 전력회사, 상수도사업소, 가스회사에서 구입하고, 그 요금(수도광열비)을 지급해야 한다. 휴대폰, 전화, FAX, 인터넷 등의 통신서비스를 사용하게 되면 통신비가 발생하게 된다. 종업원이 출장가게 되면 교통비(여비교통비)가 발생하게 된다. 영업활동에 수반해서 발생된 이러한 경비를 판매비와 관리비라고 한다.

(3) 판매활동

기업의 중심적인 활동은 상품의 판매활동이다. 아무리 훌륭한 점포에서 품질이 좋은 상품을 준비했다고 해도, 그 상품이 판매되지 않으면 기업경영을 할 수가 없다. 판매활동은 기본적으로 주문, 납품, 대금회수라고 하는 과정으로 이루어진다. 판매활동으로 발생한 경비를 판매비와 관리비라고 한다.

우선, 상품을 판매하기 위해서는 상품을 구입할 수 있는 거래처가 필요하다. 거래처에서 특정 상품을 주문받는 것을 수주라고 한다. 다음으로, 주문된 상품을 지정된 기일까지 발송해야 하는데 이것을 납품이라고 한다. 그리고 납품된 상품대금을 회수하는 것이다.

회계에서는 원칙적으로 인도시점에서 판매가 이루어진 것으로 생각한다. 상품을 판매했다고 하는 사실을 매출이라고 한다. 매출된 상품의 대금은 매출시점에서 현금으로 받을 수도 있지만, 일정기간 경과 후에 받는 경우(외상매출금)도 있다. 이를 외상매출금이라고 하는데 넓은 의미에서는 매출채권이 발생하게 된다는 의미이다.

(4) 관리활동

관리활동이라고 하는 것은 구매활동과 판매활동 등의 기업활동을 원활하게 진행시키는 것이다. 예를 들면, 종업원의 인사고과를 행하고 전보·승진 등을 결정하는 인사부, 상품의 판매를 촉진하기도 하고 기업의 신뢰성을 높이기 위한 광고·선전을 하는 광고부, 그리고 회계에 의해서 기업활동을 계수적으로 파악하는 경리부 등의 제반활동이 관리활동이다.

관리활동은 기업의 중심적 활동인 상품의 구매, 판매활동을 지원하는 중요한 활동이다. 관리활동에 수반해서 발생한 비용을 판매비와 관리비라고 한다.

(5) 자금운용활동

기업은 영업활동에 즉시 사용되지 않는 여유자금을 운용할 수도 있다. 여유자금을 그대로 현금으로 보관하게 되면 어떠한 수익도 발생되지 않는다. 그래서 여유자금으로 수익을 얻기 위해서 운용하는 방법이 여러 가지가 있지만, 은행의 보통예금, 정기예금 등이 가장 일반적인 예금이다. 예금은 기간 및 이율에 따라서 이자를 받을 수 있다. 이것을 이자수익이라고 한다.

또한 국채나 주식 등의 유가증권을 구입해서 보유하는 것도 하나의 방법이다. 주식을 보유하고 있으면 배당금수익이라고 하는 이익의 분배를 기대할 수가 있으며, 유가증권의 대부분은 증권시장을 통해서 매각할 수가 있기 때문에 구입한 가격보다 높은 가격으로 매각한다면, 그 차액인 단기투자자산처분이익을 얻게 된다.

기업은 조달한 자금을 원천으로 해서 구매, 판매, 관리, 자금운용이라고 하는 경제활동을 계속적, 반복적으로 행한다. 회계에서는 이들 활동을 자산·부채·자본·수익·비용이라고 하는 5가지의 개념으로 분류해서 기록하고, 그 기록에 의거해서 정기적으로 재무제표를 작성한다. 재무제표에는 몇 가지의 회계보고서가 포함되지만 가장 기본적인 보고서는 대차대조표와 손익계산서이다. 대차대조표는 일정시점의 재무상태를, 손익계산서는 일정기간 동안의 경영성과를 나타내는 보고서이다.

02 경영활동과 회계정보

기업들은 다양한 활동들을 통하여 목표를 달성하고자 한다. 이러한 기업의 다양한 활동의 결과를 숫자로 전달하는 것이 회계정보의 역할이다. 회계정보(accounting information)란 기업의 활동에 대한 결과를 정확히 파악하여 측정하고 기록하여 보고할 수 있는 정보를 의미한다. 즉, 일정한 형태의 보고서로 기업의 활동결과를 일정한 양식으로 표현하여야 한다. 앞에서 살펴본 조직의 다양한 활동인 재무활동·투자활동, 그리고 영업활동을 통하여 기업의 재무상태가 변화하고 수익이 창출되어 기업은 이를 바탕으로 성장한다. 이러한 기업의 활동결과를 어떻게 표현할 수 있을까? 재무활동·투자활동, 그리고 영업활동에 따라 기업은 기업의 재무 상태를 정확히 알려주어야 하고, 경영활동의 결과로 나타난 수익과 비용이 정확히 표현되어야 한다. 이와 같이 다양한 기업 활동의 결과로 발생하는 재무 상태와 수익과 비용, 그리고 자본의 변동과 현금흐름에 관한 정보를 회계라는 도구를 이용하여 표현되어야 정보이용자들이 의사결정을 할 수 있다. 이러한 기업의 경영활동과 회계정보의 관계는 [그림 1-4]에 나타나 있다.

[그림 1-4]에서 보는 바와 같이 기업을 둘러싼 경영환경은 노동시장, 자본시장, 그리고 생산물시장 등 다양한 환경의 변화가 이루어진다. 기업은 경쟁우위를 확보

그림 1-4 경영관련 활동과 회계정보의 관계

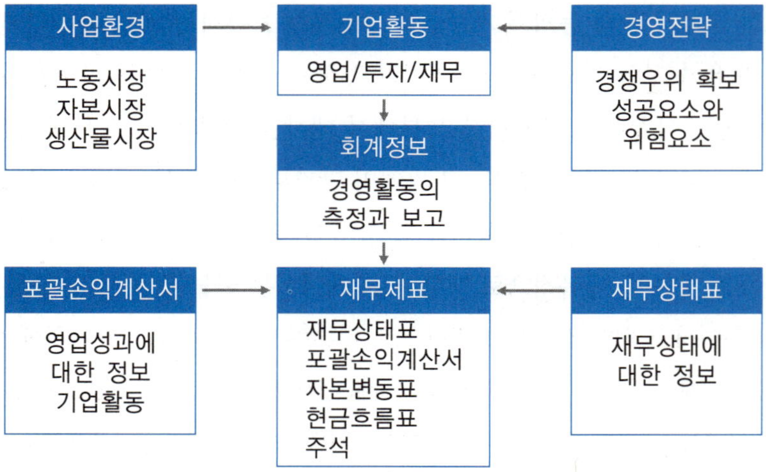

하고 성공요소와 위험요소를 구분하여 기업에 적합한 경영전략을 수립한다. 이러한 경영전략에 따라 재무활동과 투자활동, 그리고 영업활동에 의하여 기업의 재무상태가 변화하고 수익이 발행한다. 이러한 기업의 활동의 내용과 결과는 숫자로 표현되는데, 회계정보가 기업의 경영활동의 측정과 보고를 담당하고 있다. 이러한 회계정보는 여러 가지 정보로 표현되고 있는데, 이는 그 기업의 재무상태에 대한 정보인 재무상태표와 영업성과에 대한 정보를 나타내는 포괄손익계산서에 제공된다.

포괄손익계산서는 기업의 경영활동 결과인 영업성과에 대한 정보를 제공하고 있다. 기업에서 영업활동의 결과는 포괄손익계산서에 집계되어진다. 포괄손익계산서를 살펴보면 기업의 구매활동이나 생산 활동은 매출원가에 집계되어지고 판매비와 관리비는 판매활동으로 연계되어진다. 이러한 구매, 생산, 그리고 판매활동인 영업활동을 통하여 구체화되어진다. 다음으로는 필요한 자금조달을 통한 이자는 영업외 비용으로 연계되어진다. 이를 정리하면 [그림 1-5]와 같다.

그림 1-5 경영관련 활동과 포괄손익계산서와의 관계

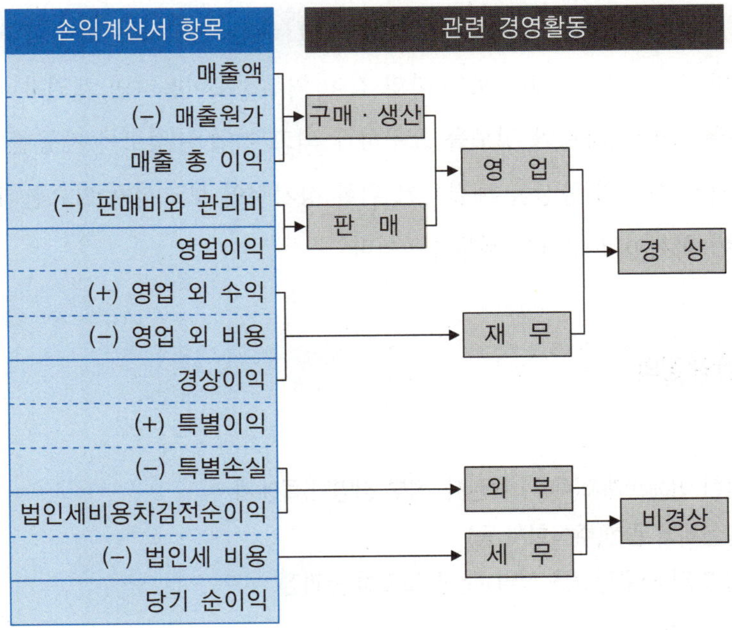

03 회계란 무엇인가?

❶ 회계의 정의

회계를 잘 알지 못하는 사람들은 부기가 곧 회계인 것으로 오해를 하기도 한다. 부기(簿記, bookkeeping)란 장부기입의 준말이다. 회계는 복식부기(double-entry bookkeeping) 원리에 의하여 거래를 자산·부채·자본·수익·비용으로 기록·계산하여 그 증감을 기록하는 것이다. 따라서 부기능력은 그 작성 기준에 따라 거래의 발생에서부터 재무제표 작성까지 반복적으로 행하는 기술이기 때문에 수개월의 훈련을 거쳐 숙련될 수 있다.

회계(accounting)는 원래 부기와 동일한 뜻으로 사용하였으나 경제사회의 발달에 따라 그 영역이 확대되고 이론이 과학적으로 발전하면서 부기를 그 내용의 일부로 포함한 학문적 체계이다. 즉, 기록·분류·요약·해석하는 부기영역에서, 과학적인 측정(measurement)과 효율적인 전달(communication)의 과정으로 이해함으로써 그 영역을 정보의 측정 기록에서 회계정보이용자가 합리적인 의사결정을 할 수 있도록 기업실체에 관한 유용한 정보를 식별·측정·전달하는 학문적 체계로 이해할 수 있다. [그림 1-6]에서 보는 바와 같이 외부정보이용자인 채권자나 주주들은 관심 있는 기업의 자료와 정보를 요구하게 되고 기업은 정보를 제공한다. 이때 CEO와 투자자 사이의 불신을 해결하기 위한 정기적인 보고서가 필요한데 이를 제공하는 것이 회계이고 수단은 재무제표이다.

GUIDE 회계(會計)의 정의

1. 회계란
   ① 다양한 이해관계자(주주, 채권자, 정부 경영자)들에게
   ② 기업실체에 관한(주식회사 등)
   ③ 여러 가지 재무정보를 식별·측정·보고하는 과정
2. 회계의 사회적 기능
   ① 성과평가기능(수탁책임)
   ② 자원의 효율적 배분
   ③ 기타 사회적 통합

그림 1-6 기업과 투자자 관계

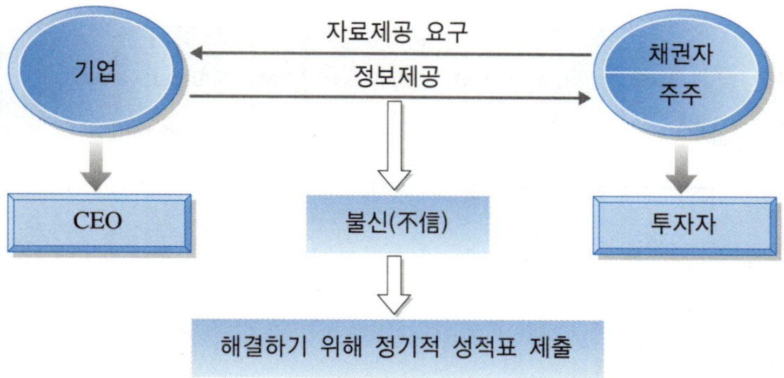

F/S(Financial Statements)

① 재무상태표

자산	부채
	자본

② 포괄손익계산서

수익 ×××
비용 ×××
이익 ×××

회계(accounting)란 회계정보이용자가 합리적인 의사결정을 할 수 있도록 경제실체의 활동에 대한 다양한 경제적 정보를 측정하고, 기록하며, 전달하는 과정이라고 할 수 있다. 미국회계학회(AAA : American Accounting Association)에서는 회계를 다음과 같이 정의하였다. Accounting is the process of identifying, measuring, and communicating economic information to permit informed judgements and decisions by users of the information.[1] 즉 정보이용자들이 경제적 실체의 자원배분에 관한 합리적인 의사결정을 할 수 있도록 기업실체의 경제적 활동을 화폐적으로 측정하고 기록하며 이에 관한 정보를 요약하여 정보이용자들에게 전달하는 시스템이다.

회계를 기업경영의 언어(language of business)라고 부르는데, 이는 회계에 대한 지식이 없이는 기업 활동을 수행하거나 기업에 관련된 의사소통을 할 수 없음을 의미한다. 이러한 의사소통을 통하여 기업은 희소한 자원의 배분을 가능하게 하며, 기업의 목표 및 전략달성이 가능하도록 조직구성원에게 동기부여할 수 있다.

1) 1966년 미국회계학회에서 기초적 회계이론에 관한 보고서(A Statement of Basic Accounting Theory)에서 정의

그림 1-7 **경영활동과 회계**

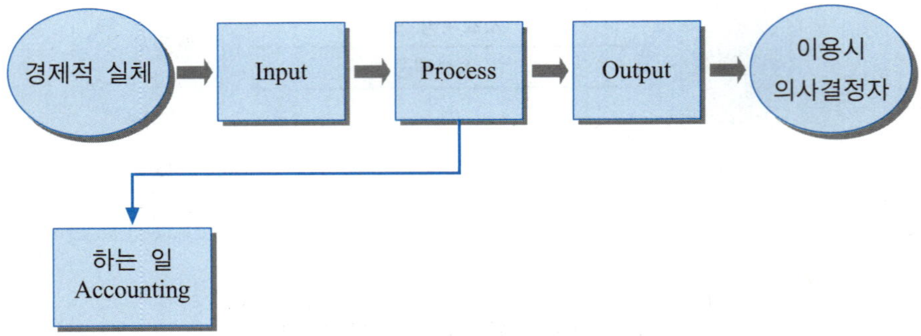

[그림 1-7]에서 보는 바와 같이 기업이나 조직의 경제적 실체는 자본을 조달하고, 다양한 투입(input)을 통하여 영업활동을 수행하면서 재화와 용역을 산출(output)한다. 이때 기업의 활동결과로 기업의 재산상태가 변화가 수익이 발생하고 현금이 유입되며, 이러한 잉여현금을 통하여 다시 투자를 하는 투자활동과 같이 다양한 활동들이 상호 연계되어진다. 이때 이러한 활동의 내역과 결과를 이해하기 위하여 회계는 기업활동의 내역과 결과를 숫자를 통한 보고서의 형태로 나타내고 있다. 이를 위한 회계정보시스템이 [그림 1-8]에서 보는 바와 같다. 기업의 경제적 활동결과는 재무상태표와 포괄손익계산서를 통하여 다양한 이해관계자들에게 제공되고 이를 바탕으로 의사결정을 하게 된다. 이러한 기업의 재무활동, 투자활동, 그리고 영업활동을 통하여 나타나는 기업의 재무상태에 관한 내역과 영업활동의 결과인 수익과 비용의 발생을 회계정보시스템에서 측정하고 기록하고 요약하여 보고하는 것이다.

그림 1-8 **회계정보시스템**

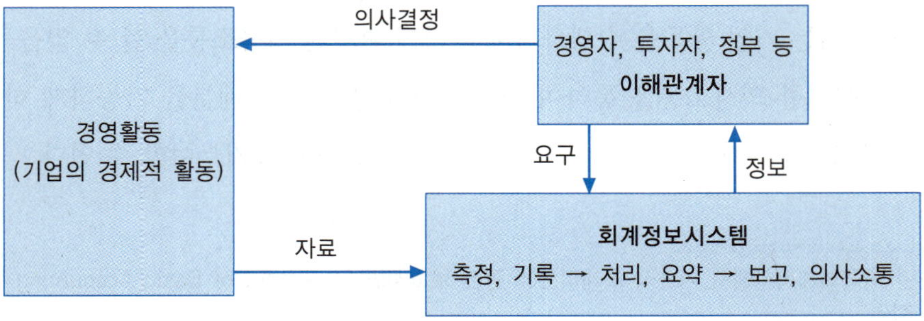

❷ 회계의 기능

앞에서 살펴본 바와 같이 회계정보는 정보이용자가 합리적인 의사결정을 할 수 있도록 경제실체의 활동에 대한 다양한 경제적 정보를 측정하고, 기록하고, 전달하는 과정으로서 보고서의 형태로 나타나게 된다. 이는 기업의 활동을 통하여 기업의 재무상태와 수익성이 정확하게 표시되어야 함을 의미한다. 회계정보는 전통적으로 수탁책임보고의 기능과 경제적 자원의 배분과 이용기능으로 크게 구분할 수 있다.

(1) 전통적인 회계기능 : 수탁책임(stewardship responsibility)의 보고

수탁책임(stewardship responsibility)이란 타인자본인 부채가 아닌 자기자본을 수탁받은 경영자가 자본을 제공한 여러 주주들을 대신하여 기업을 경영할 책임이 있는 것을 의미한다. 이는 위탁자인 주주들은 수탁자인 경영자의 책임을 확인하기 위한 정보가 요구되는데 이것이 바로 회계정보이다. 따라서 전통적인 회계기능이 수탁책임이다. 수탁책임보고는 기업의 경영자가 회계정보시스템에 의하여 작성한 재무상태와 포괄손익계산서에서 제공되는 기업의 경영성과가 정확하게 표시되어야 하는데 소유와 경영이 분리된 오늘날 주식회사제도 하에서 전문경영자는 재무제표에 나타나는 성과인 매출액이나 이익 등 기업 가치를 실제보다 과대하게 표시하여 경영을 잘한 것으로 주주에게 표현할 가능성이 있다. 이러한 행위를 분식회계 또는 분식결산으로 볼 수 있다. 여기서 분식(扮飾)이란 라면·오뎅·떡볶이 같은 분식이 아니라 실제보다 좋게 보이도록 거짓으로 꾸미는 것으로, 기업이 고의로 자산이나 이익 등을 크게 부풀리고 부채를 적게 계상함으로써 재무상태나 경영성과를 조작하는 것을 의미한다. 이를 방지하기 위하여 일정한 규모 이상(자산총액 100억 이상)의 자산을 가지고 있는 회사는 외부감사인인 공인회계사로부터 회계감사를 받아야 한다.

(2) 경제적 자원의 배분과 이용기능

기업의 경제적 자원배분이 적절하였는지에 대한 정보를 제공하는 것이 회계정보이다. 이는 한정되어 있는 제약조건을 충족하면서 경제적 자원을 효율적으로 사용하여야 하기 때문이다. 즉, 자본시장이나 노동시장에서 자원의 배분과 이용에 대한 회계정보가 필요하다. 자본시장에서는 기업에서 필요한 자금을 조달하는데 자본공급자입장에서 기업의 재무상태나 경영성과, 기업의 수익성, 안정성 등 다양한 회계정보가 없다면 의사결정을 하기가 어렵기 때문이다. 따라서 경제적 자원의 배분기능을 회계정보가 제공하고 있는 것이다. 또한 노동시장의 경우 노동자들은 그들이 제공하고자 하는 노동력에 대한 대가를 충분히 보상받기 위하여 기업이 안정적인지, 성장가능성이 있는지에 대한 정보가 필요하기 때문이다. 따라서 자본시장과 노동시장에서 한정된 경제적 자원이 제대로 배분되기 위하여 필요한 정보가 바로 회계정보이다. 이에 따라 회계의 기능으로 경제적 자원의 배분기능이 있다.

회계정보를 이용하여 경영의사결정에 사용하는 부분에 초점을 맞추는 회계 영역을 관리회계(management accounting)라고 하는데 원가계산과 재무예측기법을 주로 많이 활용한다. 거의 모든 조직의 각 계층에서 경영의사결정을 내려야 하는 경우가 상존하게 되는데, 예컨대 장·단기 경영의사결정을 하고, 의사결정 대상의 본질을 파악하고, 문제해결을 위한 대안들을 파악하여 그중 하나를 선택하고, 그 결과로 경영자의 업적을 평가하는 등의 회계정보를 제공하는 것도 관리회계 담당자의 역할이다.

04 회계의 분류

회계는 다양한 이해관계자가 합리적인 의사결정을 하도록 유용한 정보를 제공한다. 다양한 이해관계자인 정보이용자들은 각자의 목적에 적합한 회계정보를 필요로 한다. 따라서 정보이용자에 따라 회계를 분류할 수 있다. 회계는 다양하게 분류할 수 있는데 크게 재무회계, 관리회계, 그리고 세무회계이다. 재무회계(financial accounting)는 기업의 일정시점의 재무상태와 일정기간 동안의 경영성과인 손익계산서를 외부의 이해관계자에게 재무제표를 작성하여 제공하는 것을 의미한다. 즉, 기업외부에 있는 투자자, 채권자 등 다양한 정보이용자이다. 이들을 위해 작성되는 회계가 재무회계이다. 이와 반대로 기업내부의 경영자나 임직원들을 위해 작성되는 회계가 관리회계이다. 관리회계(managerial accounting)는 내부 경영자에게 계획 및 의사결정, 그리고 통제에 필요한 미래지향적인 정보를 생산하여 제공하는 것을 의미한다. 즉, 경영관리를 위한 여러 가지 정량적 정보인 제품원가, 원가와 효익의 분석을 통한 의사결정에 필요한 정보를 생성하고 분석하는 것이다. 세무회계

표 1-1 회계의 분류

구분		재무회계	관리회계	세무회계
의의		• 기업의 재무상태, 경영성과, 현금흐름을 표시 • 외부보고	• 경영의사결정을 위한 정보 제공 • 경영계획·통제를 위한 정보 제공 • 내부보고	• 정부재정자원의 조달을 위하여 세액 결정 • 세무보고
목적		• 정보이용자의 의사결정에 유용한 정보의 제공 • 기업회계기준에 의한 기간손익의 결정	• 경영자의 관리적 의사결정에 유용한 정보 제공	• 세법에 의한 과세소득의 결정
보고대상 (정보이용자)		• 광범위한 이해관계자(외부이용자)	• 경영자(내부이용자)	• 세무서
작성기준 (원칙)		• 일반적으로 인정된 회계원칙(GAAP, K-IFRS)	• NO GAAP • 회계학·경제이론·의사결정과학·행동과학 등	• 세법(법인세, 소득세법, 부가가치세법, 조세감면 규제법 등)
모형		• 회계등식 • 회계의 개념적 틀 목적–공준–질적 특성–기준–규칙	• 통일된 개념, 원칙, 이론이 없음	• 세무익금과 세무손금을 결정하여 과세소득을 산출
자료수집의 시점방법		• 거래의 발생과 동시에 회계장부에 기입	• 필요에 따라 사전적·동시적·사후적 기록	• 재무제표에 근거하여 사후적으로 작성
정보	본질 (지향방향)	• 과거적 정보(과거지향)	• 과거적·미래적 정보(과거/미래지향)	• 과거적 정보(과거지향)
정보	표현수단	• 과거적 정보(과거지향)	• 비화폐적 정보도 포함	• 화폐적 정보
정보	정보의 세부 구분 여부	• 기업 전체로 종합(총체적)하여 요약 • Aggregated	• 관리 목적에 따라 부문별·제품별로 구분 • Disaggregated	• 기업 전체로 종합하여 요약 • Aggregated
정보	강조(정보의 밀집성과 정확성)	• 정밀하고 정확한 정보로 제공 • 객관성·정확성	• 정보로서 가치와 유용성이 있음 • 합목적성·적시성	• 정밀하고 정확한 정보로 제공
보고서	보고양식	• 재무제표(비유 : 기성복)	• 관리회계보고서(일정한 양식이 없음)	• 세무신고서
보고서	보고시점 작성빈도	• 보통 1년 단위(반기로도 보고함) • 정기적	• 일별·월별·분기별·반기별·연도별로 보고될 수 있음 • 원할 때	• 보통 1년 단위 • 정기적
보고서	법적 강제 여부	• 법적 강제가 있음 • 회계처리의 자유로운 선택이 억제됨	• 법적 강제가 없음 • 경영자의 관리적 목적에 따라 선택	• 법적 강제가 있음

(tax accounting)는 조세당국인 국세청에 세법에 근거하여 기업의 과세 소득에 대한 세금 정보를 제공하는 것을 의미한다. 즉, 기업이 세법에 따라 법인소득세, 개인소득세, 부가가치세 등의 세금과 관련된 회계이다. 세무회계에서는 세금과 관련된 과세표준 및 세무신고서 작성 등 과세대상 소득과 세액을 계산한다. 또한 회계감사(auditing)에서는 기업이 작성한 재무제표에 대한 신뢰성을 확보하기 위하여 외부의 공인된 회계감시자(공인회계사)가 기업의 재무제표가 회계기준을 적절히 준수하여 작성되었는지를 감사보고서를 통하여 정보이용자들에게 제공한다. 회계의 분류는 [표 1 - 1]에 나타나 있다.

05 회계인의 진로

현대사회에서 회계인의 진로는 다양하다. 경영현장에서 회계인이 필요하고, 금융기관, 기업 등 다양한 산업에서 회계인의 역할은 매우 중요하다. 회계학을 배우고 재무중개인으로서 연금운용기관, 벤처캐피탈, 은행, 투자신탁, 펀드회사 등에 취업하기도 한다. 또한 정보중개인으로서 회계법인, 신용평가기관, 채권평가기관, 신문사 등에 취업하여 여러 비즈니스 모델을 파악하고 분석하여 투자자들에게 유용한 정보를 제공하기도 한다.

1 공인회계사와 세무사

공인회계사는 공인회계사시험에 합격한 후 일정기간 연수를 마침으로써 자격을 획득하게 되는데 변호사나 의사처럼 특수영역인 회계전문가로서 수수료를 받고 용역을 제공하게 된다. 기업에 대한 의사격인 공인회계사가 회계전문직으로서 제공하는 업무영역은 회계감사, 세무업무 대행 및 자문, 경영자문 등이다.

회계감사는 기업체에서 작성한 재무제표가 기업회계기준에 따라 작성되었는지를 검토하여 그 결과를 감사보고서에 감사의견으로 제시함으로써 회계정보의 적정성(fairness)과 신뢰성(reliability)을 제고시키는 역할을 하게 된다.

기업체의 중요한 의사결정 중의 하나는 세금에 대한 것이다. 공인회계사는 세무업무의 전문가로서 기업체의 세무계획에 대하여 자문역할을 하고, 세무관계 서류

작성을 대행하는 등의 역할을 한다.

공인회계사의 기능 중 최근 들어 많은 관심과 성장을 하고 있는 분야가 경영자문 서비스이다. 예를 들어, 공인회계사들은 기업인수·합병, 신규투자, 해외직접투자, 해외시장개척, 경영조직개편 등과 같은 고도의 전문적 지식을 필요로 하는 핵심적인 경영활동에 대한 자문을 제공한다.

세무사는 세무사시험에 합격한 후 일정기간 연수를 마침으로서 자격을 획득하게 된다. 세무사는 세법(세무회계)의 전문가로서 활동을 하게 되는데, 그 업무의 영역은 조세에 대한 서류의 작성 및 신고, 조세에 관한 신고 서류의 확인, 조세에 관한 상담 또는 자문 등이다. 특히 영세업체가 많은 우리나라의 현실에서는 많은 사업체에서 이들 세무사들에게 그 사업체의 회계 및 세무문제를 의뢰하여 대행시키고 있다. 세무사는 사업체인 납세자와 과세관청인 국세청 사이에서 세금과 관련된 문제를 처리하여 주고 수수료를 받고 있다.

공인회계사(CPA : Certified Public Accountant)나 세무사(CTA : Certified public Tax Accountant)라는 전문자격증을 취득하여 기업의 회계보고서와 분식 없이 적정하게 작성되었는지 여부를 인증해주는 회계전문가와 세금과 관련된 각종 신고를 비롯하여 잘못 부과된 세금에 대한 이의신청과 심사·심판청구, 소득세·법인세 신고 등 세무 관련 컨설팅을 제공하는 조세 전문가이다.

공인회계사와 세무사 시험은 1차 객관식 시험과 2차 주관식 시험으로 구성되어 있다. 공인회계사 시험의 경우는 1차 시험은 회계학, 경영학, 세법개론, 경제학원론, 상법이고 2차 시험은 재무회계, 원가회계, 세법, 회계감사, 재무관리이다. 영어는 공인영어시험으로 대체되며(토플 530, 토익 700, 텝스 625 이상) 회계학 및 세무 관련 과목 12학점, 경영학 과목 9학점, 경제학 과목 3학점 등 총 24학점 이상 이수자에게 응시자격이 부여된다(금융감독원 공인회계사시험 www.cpa.fss.or.kr 참조).

❷ 기업체의 회계담당자

공인회계사나 세무사는 다수의 고객업체를 대상으로 전문회계 및 세무서비스를 제공하는 반면 기업체의 회계담당자는 특정한 조직의 회계담당자로서 역할을 한다. 기업체의 회계담당자는 회계시스템의 설계, 원가의 산정 및 분석, 재무활동, 세무회계, 내부감사, 관리회계 등의 역할을 담당하게 된다.

기업체의 회계담당자는 회사의 실정에 맞는 회계처리지침을 마련하고, 업무흐름도를 설계하며 회계처리소프트웨어 구축 등에도 관여한다. 또한 생산된 제품의 원가를 파악하여 가격결정이나 이익목표 설정에 활용할 수 있도록 하는 원가회계(cost accounting) 영역도 담당한다.

특히 우리나라처럼 다양하고 복잡한 세법 규정은 회계담당자들로 하여금 세무에 관련된 전문적 지식을 갖추기를 요구한다. 영세기업에서는 각종 세무문제와 법인세신고서 작성 등의 업무를 공인회계사나 세무사에 의존하지만, 대기업에서는 세무전문가를 채용하거나 세무담당부서를 두어 세무회계문제를 해결한다.

또한, 대부분의 대기업에서는 사내에 조직의 일부로서 검사부 또는 감사부 등 내부감사인(internal auditor)을 두어서 조직의 효율성, 규정의 준수여부 등을 평가하고 개선하는 일을 하도록 하고 있다. 그러나 내부감사인은 외부감사인과는 달리 재무제표의 공정성과 신뢰성에 대한 평가책임은 갖지 않으며, 경영효율성의 증대에 보다 많은 비중을 둔다.

회계시스템은 외부보고를 위하여 일정한 형식에 따라 재무제표를 작성하여 정기적으로 보고하며, 내부 경영활동에 활용하기 위하여 필요한 각종 정보를 제공하여야 한다. 내부보고목적 회계정보는 외부보고목적 회계정보에 비하여 비정형적이며 비정기적이다.

회계정보를 이용하여 경영의사결정에 사용하는 부분에 초점을 맞추는 회계 영역을 관리회계(management accounting)라고 하는데 원가계산과 재무예측기법을 주로 많이 활용한다. 거의 모든 조직의 각 계층에서 경영의사결정을 내려야 하는 경우가 상존하게 되는데, 예컨대 장·단기 경영의사결정을 하고, 의사결정 대상의 본질을 파악하고, 문제해결을 위한 대안들을 파악하여 그중 하나를 선택하고, 그 결과로 경영자의 업적을 평가하는 등의 회계정보를 제공하는 것도 관리회계 담당자의 역할이다.

3 정부조직(지방자치단체) 및 비영리조직의 회계담당자

회계적인 차원에서 보았을 때 공공조직은 중앙정부, 시·도·군 등 지방자치단체와 상하수도사업과 같은 사업소 성격을 갖는 조직으로 구분하여 볼 수 있다.

전자는 소위 일반회계라고 하는 회계체제를 갖춘 것으로서 현금의 수입과 지출을 중심으로 기록하는 단식부기제도에 의존하며 한 회계연도의 수입과 지출을 일치시키려고 하는 균형예산 개념을 일반적인 목표로 하고 있다.

반면에 후자는 상하수도사업, 쓰레기사업, 공영개발사업 등과 같이 행정조직이 운영하면서도 수익자부담의 원칙에 따라 요금을 부과시키는 조직으로서 복식부기제도를 채택하여 공익사업이 갖추어야 할 최소한의 사업성을 파악하도록 하는 데 중점을 두고 있다. 따라서 후자의 경우에는 기업회계에서 사용하고 있는 자산, 부채, 자본의 개념과 수익과 비용의 개념이 적용되는 복식부기에 따라 회계처리를 하는데 이때에도 전문적인 회계담당자의 역할이 필요하다.

학교, 병원, 교회, 재단법인, 사단법인 등과 같은 비영리조직은 일반적으로 정부회계와 유사한 방법을 따르고 있는데 조직에 따라서는 단식부기제도를 사용하기도 하지만 거의 대부분의 비영리조직도 복식부기제도를 채택함으로써 회계담당자들의 역할을 필요로 한다.

4 기타 각종 시험이나 자격증의 획득을 위하여

회계학을 공부함으로써 상기의 업무 이외에도 각종 시험에 응시하거나 자격증 취득을 위한 과목선정에 유리하다. 회계학의 성격상 시대의 변화에 따라 회계처리 방법이 급변한 것은 아니다. 회계학은 그 원리를 한번 채득하게 되면 자신 있는 과목으로 남게 된다. 그렇게 되면 각종 시험에 응시하는 경우나 각종 자격증을 취득하기 위한 경우에도 과목의 부담감이 가벼워진다.

회계학이 포함된 시험을 보면 먼저 국가공무원시험을 들 수 있다. 세무직, 관세직 등 행정공무원시험에 회계학이 포함되어 있으며, 경영지도사시험에 회계학이 포함되어 있고, 또 다른 전문직으로서 활동할 수 있는 감정평가사·주택관리사시험에도 회계학이 포함되어 있다.

그 밖에 국가공인 전산회계자격증시험에도 회계학 지식이 요구되고 있다.

생각해볼 **문제 1**

회계의 필요성

경영학과 졸업생인 철수는 학교 후문에서 '승달산'이라는 식당을 오픈하게 되었다. 가지고 있는 돈이 많지 않아 주방기구와 식탁은 구매하였지만, 인테리어를 할 수 있는 여유의 돈을 가지고 있지 않았다. 인테리어를 위하여 벽돌과 페인트 등을 구매하여 3일 동안 친구의 도움으로 오픈을 할 수 있게 되었다. 또한 식당에서 음식메뉴도 개발하고 음식솜씨도 있어서 식당을 개업한 후 그럭저럭 혼자 식당을 운영할 수 있었다. 열심히 일한 결과 학생들에게 입소문이 나면서 손님이 많아지기 시작하였다. 처음에는 혼자 그럭저럭 식당을 운영하였지만 많은 사람이 찾아오면서 혼자서는 감당할 수가 없어서 아르바이트 학생을 모집하여 손님이 많은 시간에 도움을 받아 장사를 할 수 있었다. 그런데도 손님이 계속 늘어나 학생들이 점심시간에는 기다려서 식사를 할 수밖에 없었다. 그래서 주방장과 직원을 고용하기로 결정하였다. 또한 기존의 식당이 협소하여 철수는 보증금 5천만 원에 월 임차료 1백만을 지불하는 조건으로 옆 건물에 위치한 2층 건물로 이전을 검토하였고, 은행에서 3천만 원의 대출과 형수라는 후배로부터 2천만 원의 투자를 받기로 하고 식당을 공동으로 운영하기로 합의하였다. 형수는 나주혁신도시 한국전력에 근무하기 때문에 식당운영에는 관여할 수 없었다. 철수는 형수와 이익금을 50대50으로 배분하는 조건의 계약서를 작성하였다. 이전한 식당에서 몇 달 동안 열심히 일한 결과 손님이 꾸준히 늘었고, 주방장과 직원급여, 전력비, 임차료, 관리비등을 지불하는데 어려움이 없었다. 철수는 형수와 식당운영에 관하여 한 달에 한 번씩 상의하고 형수에게 매월 말이 되면 총매출액과 총비용을 계산하여 이익이 얼마나 났는지 정산하기로 하였다. 철수는 혼자서 일을 할 때가 오히려 편하다는 것을 느끼게 되었는데, 직원들 월급과 자신의 월급, 그리고 임차료 등 여러 경비도 본인이 모두 계산하는데 이익금을 절반으로 나누는 것에 대해 자신에게 반드시 유리하지만은 않다는 것을 깨닫게 되었다. 철수는 자신의 노력이 반드시 자기에게 되돌아오지 않는 것만 같아서 개인 일을 볼 때도 전에는 버스를 탔었지만 지금은 택시를 타고 업무를 보게 되었고 택시비는 경비로 처리하게 되었다. 또한 가족 모임 시 식사비는 돈을 받지 않았고, 어떤 경우에는 카드매출이 아닌 현금매출인 경우는 매출로 기록을 하지 않기도 하였다. 후배 경수는 퇴근 후에 식당에 들렀을 때 이러한 사실을 인지하게 되었고, 철수에게 회계원리 시간에 배웠던 회계정보의 처리과정을 통하여 산출되는 재무제표의 작성을 요청하고, 이를 자신에게 제출해주기를 요구하였다. 철수는 혼자서 식당을 운영할 때는 경영을 잘했는지 재무제표를 작성할 수는 있었지만 작성해보려고 하지 않았다. 그러나 후배 형수의 주장으로 매출은 얼마이고 매출원가는 얼마인지, 수익은 얼마인지를 확인하기 위하여 전산회계프로그램을 설치하고 전산회계프로그램에 의하여 재무제표를 작성하고 알려주기 시작하였다. 규모가 커지기 시작하고 식당운영이 복잡해짐에 따라 철수가 가지고 있던 돈만으로는 식당을 운영하는데 한계가 발생하였고 이에 은행에서 대출을 받기도 하고 후배 경수로부터 투자를 받기도 하였다.

은행과 투자자인 경수는 지난 한 해 동안 철수가 식당운영을 제대로 운영했는지 관심을 가지게 되었고 관련 자료들을 요구하게 되었다.

회계는 이해관계자들에게 기업의 경영성과와 재무상태에 대한 정보를 제공하고 경영자가 자원을 잘 관리했는지를 보고하는 수탁기능이 있다.

생각해볼 **문제 2**

회계의 역사

회계기록은 수천 년 전부터 인류사회에서 인간의 노력과 성과에 대한 정보가 요구되어지는 시대마다 이루어졌다. 회계는 인류의 문명과 더불어 발달해 왔다. 고대 4대 문명 중에서 메소포타미아 문명과 이집트 문명은 서로 인접해 있었으면서도 각각 독특한 통치방식과 경제활동을 영위하고 있었다. 이집트의 경우 나일강의 천연적인 혜택으로 외부의 침입이 거의 없었고 이집트의 왕 파라오는 최고 통치자로서 두 땅의 주인(Lord of the Two Lands)이자 모든 신전의 수장(High Priest of Every Temple)이라는 칭호를 겸하면서 정치적으로나 종교적으로 최고의 지도자 역할을 수행하였다. 이에 반해 메소포타미아문명의 경우 산악지대 및 초원지대로서 이민족의 침입이 잦아서 국가의 흥망과 민족의 성쇠가 되풀이되었고, 티그리스와 유프라테스 강의 홍수에서 오는 재해도 심각하였다. 그렇다면 회계가 더 발달한 문명은 신을 대신하는 파라오 중심의 이집트 문명이 아니라 신을 모시는 왕의 구조를 가진 메소포타미아 문명이었다. 메소포타미아에서 가장 오래된 문자는 그림문자인데 뒤에 설형문자의 형태로 발전하게 된다. 메소포타미아 문명에서 회계가 발달하게 된 이유는 왕이 신의 대리인으로서 한 해의 성과를 요약해서 신전경제를 잘 관리했는지를 보고할 필요가 있었기 때문인 것으로 추정된다. 이와 같이 주인이 위탁한 자원을 제대로 잘 관리했는지를 보고하는 것이 바로 회계의 수탁기능(stewardship)이다. 복식부기 시스템을 처음으로 기록한 책은 파치올리(Pacioli)의 1494년 산술기하비례총람(Summa de Arithmetica Geometria Proportioni et Proportionalita)이라는 책이었다. 우리나라에서는 고려말에서 조선초기의 개성상인들이 사용했던 은행식부기법인 '송도사개치부법'이었다. 오늘날 손익계산서와 대차대조표는 1600년대 나타나기 시작했으며 주로 실무에서 나타나는 거래들을 정교하게 정리하였다. 19세기 영국을 중심으로 주식회사제도의 탄생으로 회계기준의 개발이 촉발되고 회계가 체계를 갖추고 발전하기 시작하였다. 역사적 사건을 분석해 어떻게 역사를 지배해왔는지를 보여 주는 책인 회계는 어떻게 역사를 지배해 왔는가는 제이컵 솔의 저서에서는 역사적인 인물들을 회계적인 시각에서 바라보고 있다. 아우구스투스, 율리우스, 아리스토텔레스, 찰스 다윈과 같은 사람들의 회계지식이나 수치 감각에 관한 부분을 기술하고 있다. 예를 들면 2차 산업혁명에서 증기기관을 발명한 과학자인 제임스 와트(James Watt, 1736~1819)는 여러 가지 사업현장과 제조공장에서 회계가 중요하다는 사실을 알고 있었다. 도제 생활을 하던 젊은 시절 아버지에게 돈을 빌렸고, 부채를 갚기 위해 매일 열두 시간이 넘도록 일한 뒤 따로 시간을 내어 장부(복식부기를 적용한)를 기록했다. 실제 복사기를 발명했는데 이 복사기는 특수한 얇은 종이로 압착하여 잉크가 찍히도록 하였고 기록을 보전하는데 활용하였다. 이는 회계가 산업 경쟁력에서 매우 중요함을 인식하고 회계가 기업의 기밀을 작성하는데 이용됨을 알게 되었다.

박식한 지식인이자 발명가요, 과학자이자 음악가인 벤자민 프랭클린(1706~1790)은 회계를 배우고 회계의 중요성을 인식하였으며 회계장부를 작성하였다.

16세기 유럽경제의 중심지인 네덜란드에서 최초의 주식회사인 동인도 회사가 설립되었고, 동인도회사를 통하여 세계 여러 곳의 상품들이 거래되었다. 주로 후추, 사탕수수 등이다. 이러한 주식회사에서는 회사운영을 위하여 회계가 필요하였다. 책의 목차는 다음과 같다.

서　문_ 루이 16세는 왜 단두대로 보내졌는가?

제 1 장_ 회계장부는 어떻게 생겨났을까

제 2 장_ 중세 상인들의 딜레마, 신이냐 이익이냐

제 3 장_ 한 시대를 풍미한 메디치가(家), 신플라톤주의에 패하다

제 4 장_ '해가 지지 않는' 스페인 제국은 어떻게 몰락했는가?

제 5 장_ 네덜란드 황금시대를 만든 복식부기

제 6 장_ 루이 14세가 휴대한 회계장부와 프랑스 절대왕정

제 7 장_ 18세기 영국 재상 월폴이 탄생시킨 구제 금융과 정치 비자금

제 8 장_ 웨지우드의 회계 혁신이 가져온 부와 명예

제 9 장_ 프랑스 절대왕정을 벌거벗긴 재무총감, 네케르

제10장_ 회계 원리를 토대로 미국을 건국한 사람들

제11장_ 철도와 공인회계사의 탄생

제12장_ 찰스 디킨스가 묘사한 회계의 이중성

제13장_ 대공황과 리먼 쇼크는 왜 막을 수 없었는가?

결　론_ 책임성을 이루기 위해 싸워온 역사

출처 : 예스24제공

회계는 이해관계자들에게 기업의 경영성과와 재무상태에 대한 정보를 제공하고 경영자가 자원을 잘 관리했는지를 보고하는 수탁기능이 있다

생각해볼 **문제 3**

4차 산업혁명과 회계

4차 산업혁명과 회계를 살펴보기 위해서는 먼저 혁명에 대한 정의부터 살펴보아야 한다. 산업혁명이란 어떤 제품과 서비스를 생산하는데 있어서 획기적인 변화가 일어남을 의미한다. 1차 산업혁명은 18세기 중반부터 19세기 초반까지, 약 1760년에서 1820년 사이에 영국에서 시작된 기술의 혁신과 새로운 제조 공정으로의 전환, 이로 인해 일어난 사회, 경제등의 큰 변화를 의미한다. 영국에서는 농업이 어렵게 되자 대체재(대안)을 찾게 되었고, 사람들이 양을 활용하여 모직물과 의류로 눈을 돌리게 되었다. 처음에 사람이 직접 물레를 돌려 실을 뽑던 시기에서 어떻게 하면 경영도구(효과성vs효율성)를 활용할 것인가에 대한 고민 끝에, 방적기를 발명하게 되었고, 직조기를 통하여 생산성을 확보하게 되었으며 섬유산업은 현대의 생산방법을 처음으로 사용하게 되었다. 이때 증기기관이 발명되었고, 기계가 노동력을 대체하자 옷 만드는 기술자들의 일자리가 상실되었고, 공장기계들을 부수기 시작하였다. 소위 러 다이트운동이 전개되었다. 기계활용이 많아짐으로 공장이 많아지고, 이에 따라 시골에서 농사짓던 사람들이 도시로 이동하는 농업사회에서 공업중심의 사회로 전환되는 시기였다. 역사학자 아놀드 토인비는 산업혁명기간(1760~1840년 영국이 겪은 대혼란기)을 새로운 세력으로 등장하는 사업가들은 아담 스미스의 국부론을 인용하면서 정부의 개입을 반대하고 시장경제를 주장(적자생존&무한경쟁)하였다. 아놀드 토인비는 인간사회의 경쟁은 자연의 정글경쟁과는 달라야 한다고 주장한다. 1차 산업혁명은 인간사회에 산업, 농업, 그리고 고용주와 피고용인들의 관계를 변화시킴으로 노조가 등장하였다. 또한 도시인구증가로 지주들은 땅의 사용료를 올리고 집세와 물가도 덩달아 인상하게 되었고, 공장주들은 오르는 물가만큼 인건비를 올려주지 않자 빈곤층 증가하자 노동자들은 노조를 결성하게 되었다. 2차 산업혁명은 화학, 전기, 석유 및 철강 분야에서 기술 혁신이 진행되었다. 소비재를 대량 생산하는 구조적 측면의 발전도 있었고, 식료품 및 음료, 의류 등의 제조 기계와 더불어 가공, 운송 수단의 혁신, 심지어 오락 분야에서도 영화, 라디오와 축음기가 개발되어 대중의 요구에 부응했을 뿐만 아니라 고용의 측면에서도 크게 기여했다. 그러나 생산 확대는 오래 머물렀던 대 불황(1873년~1896년)과 이른바 신제국주의로 연결되는 요소이기도 하였다. 2차 산업혁명은 전기에너지와 컨베이어 벨트를 중심으로 한 전기에너지 기반 대량생산 혁명시대였다. 3차 산업혁명은 컴퓨터의 발달, 인터넷, 커뮤니케이션, 재생에너지, 공유를 중심으로 한 수평적 권력구조, 컴퓨터와 인터넷기반 지식정보혁명을 의미한다. 4차 산업혁명이라는 말은 독일의 경제학자 클라우드 슈바프(Klaus Schwab, 1938년 3월 30일)가 의장으로 있는 2016년 세계 경제 포럼(World Economic Forum, WEF)에서 주창된 용어이다. 핵심키워드는 빅 데이터, 인공지능, 로봇공학, 사물인터넷, 무인 항공기, 3차원 인쇄, 나노 기술 등 6대 분야에서 이뤄지고 있는 기술 혁신을 의미한다. 오늘날 4차 산업혁명시대에는 회계분야에서 금융(Finance)과 기술(Technoloty)의 합성어인 핀테크(Fin Tech)를 들 수 있다. 또한 인공지능 기술을 활용하여 빅데이터를 분석하고 이를 토대로 투자솔루션을 제공하는 서비스인 로보 어드바이저(Robo Advisor)이다.

4차 산업혁명시대에도 회계는 이해관계자들에게 의사결정에 유용한 정보를 제공하는 것이다

쉬어가기 코너

시간에 쫓기는 리더, '스위치 태스킹'을 배워라

인간 뇌는 '멀티태스킹' 불가능…
구성원에 '시간' 공개하고 세련된 거절에도 능해야

모두에게는 하루 24시간이 주어진다. 그 시간 동안 어떤 사람은 열 가지 이상의 일을 처리하는 반면 다른 사람은 한 가지 일도 제대로 처리하지 못한다.

능력의 문제일 수 있다. 하지만 비슷한 업무 역량을 가진 사람이라도 전혀 다른 업무 패턴을 보이기도 한다. 이를 두고 사람들은 '시간 관리의 문제'라고 말한다. 특히 '리더는 시간 관리를 잘해야 한다'고도 이야기한다.

그런데 시간을 잘 관리한다는 것은 무얼 어떻게 한다는 것일까. 시간 관리에 성공한 리더들은 남과 달리 시간을 붙잡는 기술이라도 있는 것일까.

◆ 시간의 관리와 활용은 다르다

'많은 일을 제한된 시간 내에 처리하는 것.' 흔히 시간 관리 하면 떠오르는 생각이다. 그런데 과연 이것이 시간 관리를 잘하는 것일까. 미안한 얘기지만 시간 관리를 잘했다기보다 시간 활용을 잘한 것일 뿐이다. 비슷한 말 같지만 둘은 다르다.

시간 관리는 자신의 '선택'으로 이뤄져야 한다. 자기에게 떨어진 일을 처리하는 것을 넘어 자신이 무슨 일을 할 것인지 고르는 게 진짜 시간 관리라는 의미다.

어떤 사람은 '계획한 것을 다 이뤘다'는 근거로 시간 관리를 잘했다고 이야기하기도 한다. 물론 임무를 완수한 것은 축하할 만하다. 하지만 단지 그 결과로 시간 관리를 잘했다고 할 수는 없다. 곱하기를 배우고 있는 아이가 더하기 빼기 문제를 다 맞혔다고 칭찬할 수 없는 것과 같은 이치다.

달성도가 문제가 아니라 어떤 난이도를 고민했느냐가 시간 관리의 또 다른 핵심이다. 그래서 시간 관리는, 특히 리더에게 필요한 시간 관리는 '중요하고 도전적인 과제에 얼마나 시간을 투자하느냐'의 관점에서 봐야 한다. 그런데 '중요하고 도전적인 과제'는 무엇일까.

◆ 우선순위 업무 찾기의 중요성

시간 관리에서 가장 많이 언급되는 도구가 있다. 바로 '아이젠하워 매트릭스'다. 원리는 간단하다. 중요도와 긴급도, 2개의 함수가 기준이다. 그러면 총 4개의 업무가 나온다. 첫째는 중요하면서도 급한 일, 둘째는 중요하지만 급하지 않은 일, 셋째는 중요하지 않지만 급한 일, 넷째는 중요하지도 급하지도 않은 일이다.

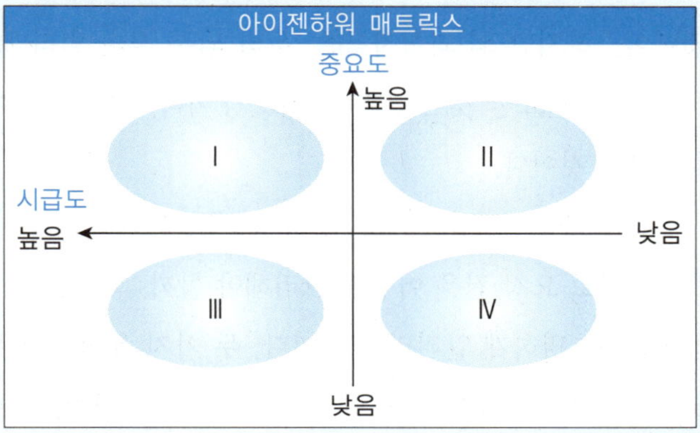

대부분의 사람은 본인의 업무 중 많은 일이 급하고도 중요한 일이라고 생각한다. 이를 정확하게 제때 처리하는 것은 중요하다. 대부분이 '중요하지도 급하지도 않은 일'에 시간을 낭비하지 않으려고 애쓴다.

모호한 것은 둘째와 셋째 일이다. 많은 사람은 업무 중 급하다는 이유로 '중요하지 않지만 급한 일'에 시간을 쓴다. 그러다 보면 '중요하지만 급하지 않은 일'이 우선순위에서 밀린다. 하지만 이는 조직에 잠재된 이익이 가장 큰 업무다. 장기적 성장을 위해 미리 고민해 둬야 할 일이라는 뜻이다.

리더는 특히 이 영역에 의도적으로 시간을 써야 한다. 이런 유형의 업무를 찾기 위해서는 스스로에게 질문을 던져 봐야 한다. '만약 내가 한 달 동안 자리를 비워야 한다면', '내가 해 둬야 할 가장 중요한 일은 뭘까'와 같은 질문이다.

자신이 현재 하고 있는 업무를 대신 수행해 줄 사람을 찾고 이들과 자기가 같은 그림을 그리도록 이끌어야 한다. 이를 통해 자연스럽게 후배 직원의 역량을 높일 수 있고 권한도 위임된다.

당장 성과를 내는 데 직접적 영향을 미치지는 않지만 조직의 장기적 성장을 위해 꼭 필요한, '급하지 않지만 중요한 일'인 셈이다. 이러한 우선순위 업무를 찾고 이에 집중할 수 있게 '미리' 시간을 잡아두는 것, 그것이 리더의 시간 관리의 시작이다.

하지만 막상 중요한 업무를 찾아도 여기에만 집중한다는 것은 말뿐일 때가 많다. 가장 대표적 장애물이 수시로 치고 들어오는 '돌발성 업무'다. 생각이 깊어질 만하면 울리는 결재 요청 알림, 툭 하면 보고서를 갖고 들어오는 구성원, '의견이 필요하다'며 수시로 호출되는 회의 등이다.

사람들은 이럴 때 '어쩔 수 없다'고 한탄하며 하던 생각을 끊고 눈앞의 일을 처리한다. 그러고는 스스로에게 이렇게 말한다. '그래. 내 역할에서 멀티태스킹은 어쩔 수 없는 것이야.' 하지만 뇌 과학자들은 '우리 뇌는 절대 멀티태스킹을 할 수 없다'고 말한다. 그래서 필요한 것이 '스위치 태스킹'이다. 일을 동시에 하기보다 순차적으로 해야 한다는 것이다.

방법은 크게 두 가지다. 먼저 내부 구성원 관리 측면에서 수시로 울리는 결재 알림이나 보고서 검토 요청 건은 어떻게 관리해야 할까. 핵심은 '공개'다. 리더의 시간을 구성원들에게 투명하게 알리라는 의미다. 두 가지 유형의 업무를 중심으로 공개하면 된다. '급하고도 중요한 일'과 '급하지 않지만 중요한 일'이다.

첫째는 결재, 보고 검토, 회의 등이다. 예를 들어 '결재는 오전 9시부터 10시까지, 오후 3시부터 4시까지 집중적으로 할 테니 가능하면 해당 시간에 올려 달라'고 요청하는 것이다. '급하고도 중요한 일'을 처리할 시간을 알리면 구성원들을 리더의 시간 계획 안에서 움직이도록 할 수 있다.

이와 함께 '오후 1시부터 2시까지는 전략 고민을 위한 학습 시간'과 같은 '급하지 않지만 중요한 일'의 시간도 확보해 알리자. 그러면 최소한 구성원은 발등에 불이 떨어질 정도의 급한 일이 아니면 해당 시간에 리더를 번거롭게 하지 않는다. 리더만의 '업무 집중 시간'이 확보되는 셈이다.

◆ 리더의 시간은 곧 '공공재'

여기엔 리더의 시간 관리 효과 외에 '현재 조직에서 중요하게 생각하는 업무'가 무엇인지 자연스럽게 알릴 수 있는 장점도 있다. 구성원이 리더와 조직의 장기적 관심사를 함께 알 수 있게 되는 셈이다.

자기 업무를 굳이 다 알려야 하는지에 대해 불평이 생길지 모른다. 하지만 리더의 시간은 본인만의 것이 아니다. 리더의 시간 때문에 구성원의 성과 달성 여부가 결정될 수 있는 만큼 본인의 시간을 '공공재' 개념으로 받아들여야 한다.

둘째는 외부 구성원에게서 생기는 '돌발 업무' 관리다. 다른 조직 구성원까지 자신의 시간 계획에 맞춰 주길 바랄 수는 없다.

이런 문제를 해결하려면 현황 파악이 먼저다. 특정 기간, 예를 들면 1주일 동안 자기 업무 중 '갑자기 끼어드는 일'을 리스트 업 해 보자. 그리고 해당 업무들을 분류해야 한다. 자신에게 벌어지는 업무의 속성이 크게 다르지 않기 때문에 몇 개의 카테고리로 구분할 수 있다.

자신이 직접 처리해야 하는 일, 다른 사람에게 위임할 수 있는 일, 하지 않아도 될 일 등이다. 만약 돌발 업무 중 어쩔 수 없이 자신이 직접 처리해야 할 속성의 일이 많다면 돌발 업무 처리를 위한 시간을 미리 확보해 둬야 한다. 위임해도 괜찮을 성격의 업무들이라면 담당자를 지정해 일을 돌려야 한다. 그렇게 생긴 시간 동안 리더는 다른 고민을 하는 게 더 생산적이다.

마지막으로 가장 중요한 것은 하지 않아도 될 일은 세련되게 거절해야 한다는 점이다. 서두에도 언급했지만 '많은 일을 하는 것'이 시간 관리는 아니다. 특히 리더는 자신뿐만 아니라 자기 조직의 성장 관점에서 업무의 중요성을 판단해 교통정리를 해줘야 할 책임이 있다.

빌 게이츠 마이크로소프트 창업자는 아무리 바빠도 1년에 한두 번씩 1주일 이상 일상에서 벗어나 회사의 미래 전략과 아이디어를 고민했다고 한다.

700달러짜리 고물 트럭에서 출발해 연매출 2억5,000만 달러의 쓰레기 수거업체 '1-800-GOT-JUNK'를 만든 브라이언 스쿠다모어 최고경영자(CEO)는 "매주 월요일 10시간은 전화와 e메일을 확인하지 않고 남은 1주일을 어떻게 활용할지 설계하는 시간으로 쓴다"고 말했다.

반드시 이를 따르자는 얘기는 아니다. 아니 하고 싶어도 할 수 없는 이상적 꿈은 접어두자. 하지만 중요한 일에 집중하기 위한 시간을 미리 박아 두는 것, 이것은 할 수 있다. 시간을 관리할 것인지 아니면 시간에 관리 당할 것인지에 대한 선택은 리더 본인의 몫이다.

출처 : 한경비즈니스 제1186호(2018.08.20~2018.08.26), pp.76~78. 김한솔 HSG 휴먼솔루션그룹 수석연구원

연습문제

객관식 문제

01. 회계의 목적으로 가장 적합한 것은? 60회 전산회계 2급

① 거래처의 채권과 채무를 기록 및 계산한다.
② 기업의 소유주에게 이익을 극대화시켜준다.
③ 자금조달을 원활할 수 있도록 자료를 제공한다.
④ 기업이해관계자들의 의사결정에 유용한 회계정보를 제공한다.

02. 다음 중 발생주의에 따라 작성되지 않는 재무제표는? 77회 전산회계 2급

① 재무상태표 ② 현금흐름표 ③ 자본변동표 ④ 손익계산서

주관식 문제

01. 제조업과 상기업의 활동을 분류하고 설명하시오.

02. 재무회계와 관리회계를 비교하여 설명하시오.

03. 경영이란 무엇이고 효과성과 효율성은 어떻게 다른지 설명하시오.

04. 회계의 수탁책임은 무엇인지 설명하시오.

05. 주식회사 제도와 특징을 설명하시오.

06. 인터넷에서 금융감독원의 전자공시시스템(www.dart.fss.or.kr)에서 관심 기업의 재무제표를 검색하시오.

07. 경영관련 활동과 회계정보의 관계에 대해 설명하시오.

Chapter 02

회계의 기초 개념

01 재무회계의 개념적 틀

❶ 재무회계의 환경

회계(accounting)란 회계정보이용자가 합리적인 의사결정을 할 수 있도록 경제실체의 활동에 대한 다양한 경제적 정보를 측정하고, 기록하며, 전달하는 과정이라고 할 수 있다.

오늘날 기업을 둘러싼 환경변화의 속도가 빨라지고 불확실성 또한 높아지고 있다. 이때 정보이용자의 합리적인 의사결정에 유용하게 활용되는 정보인 재무회계정보는 회사가 일정한 원칙에 의하여 기업의 재무상태와 경영성과를 재무제표를 통하여 제공한다. 이렇게 산출되어진 회계정보는 재무제표의 공시과정을 통하여 회계정보이용자에게 전달되어진다. 이때 일정한 원칙인 기업회계기준이나 일반적으로 인정된 회계원칙에 의하여 회계정보가 작성되어야 한다. 이는 모든 기업이 각자의 방법으로 회계정보를 산출하는 것이 아니라 회계정보이용자와 회계정보제공자가 모두 만족할 수 있는 일정한 원칙에 의하여야 한다.

일반적으로 인정된 회계원칙(generally accepted accounting principles : GAAP)은 회계정보의 신뢰성과 목적적합성을 높이고 비교가능성을 충족시켜서 정보이용자가 의사결정을 효율적으로 할 수 있게 한다. 재무제표를 작성하는데 필요한 원칙과 지침은 규제기관에서 가이드라인을 제시하고 있다.

회계정보의 생산주체는 기업이며, 재무보고의 작성에 대한 일정한 원칙이 없이 전적으로 회사가 알아서 작성한다면 자신에게 불리한 정보는 제공하지 않을 것이다. 또한 이렇게 산출되어진 회계정보에 대하여 검증이 필요하고 이에 대한 감사의견의 표명이 있어야 한다.

이렇게 외부의 독립된 감사인 공인회계사가 회사가 생성한 회계정보인 재무제표를 일정한 회계감사기준에 따라 의견을 표명하여야 외부정보이용자가 신뢰할 수 있다. 생성된 재무제표를 기업의 외부 정보이용자인 투자자, 채권자, 정부기관, 그리고 거래처 등이 관심 있는 기업의 회계정보를 필요로 한다.

따라서 재무회계를 둘러싼 환경은 [그림 2-1]에서 보는 바와 같다.

회계정보의 제공자는 기업이며, 제공 되어진 회계정보는 정보이용자에게 전달된다. 이러한 회계정보는 규제기관에서 제공하는 회계기준에 의하여 적정하게 작성되었는지, 기업이 제공한 회계정보의 적정성에 대한 외부감사인 공인회계사를 통하여 회계감사를 받게 된다.

재무회계 개념체계는 회계현상을 지배하고 있는 규칙들을 체계화한 것을 말한다.

그림 2-1 **재무회계의 환경**

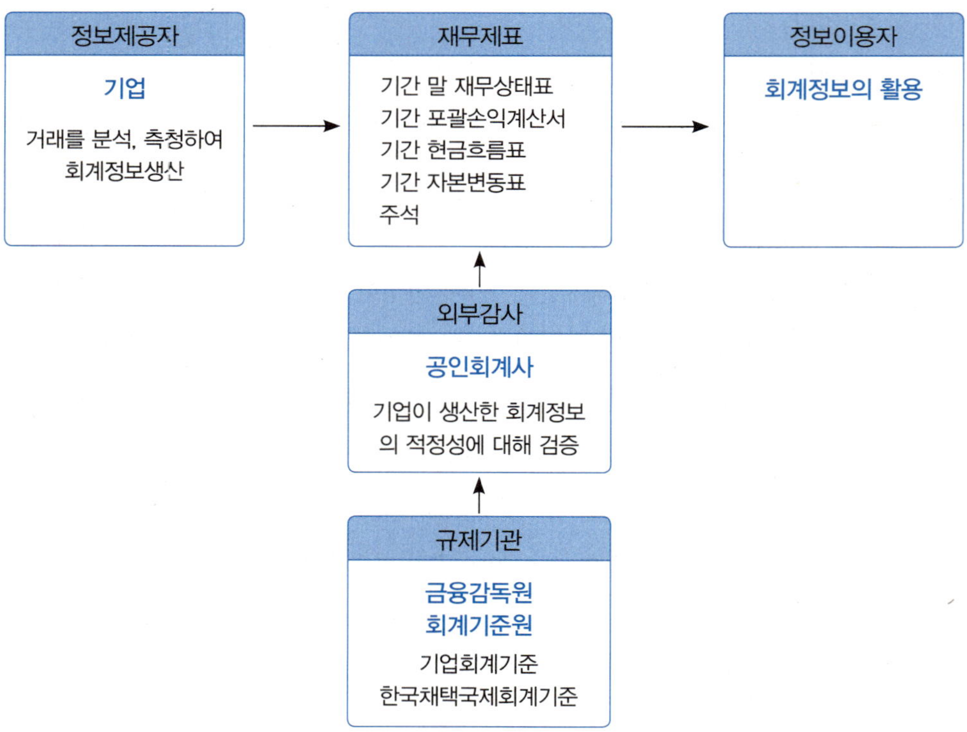

❷ 재무회계의 개념체계

회계기준을 제정하는 과정과 제정된 회계기준을 실무에서 적용하기 위해서는 객관적인 이론이나 개념이 필요하다. 회계기준위원회에서는 기업실체의 재무보고 목적을 명확히 하고, 이를 달성하는데 유용한 재무회계의 기초개념을 제공하고자 재무회계 개념체계를 제시하였다. 이러한 개념을 회계기준위원회에서 제정한 재무제표의 작성과 표시를 위한 개념체계의 구조는 [그림 2-2]와 같다. 개념체계는 회계기준이 아니므로 구체적 회계처리방법이나 공시에 관한 기준을 정하는 것을 목적으로 하지 않는다. 따라서 개념체계의 내용이 특정회계기준과 상충되는 경우에는 그 회계기준이 개념체계에 우선한다.

그림 2-2 재무회계의 개념체계

재무보고의 목적	회계정보이용자의 의사결정에 유용한 정보제공 (유용성)
↓	
회계정보의 질적 특성	유용한 정보가 되기 위하여 갖춰야 할 속성 (이해가능성, 목적적합성, 신뢰성, 비교가능성)
↓	
재무제표의 기본가정	외부정보 이용자에게 기업의 재무정보를 전달하는 보고수단 ① 기업실체의 가정, 계속기업의 가정, 기간별 보고의 가정 등 기본가정 도출 ② 발생주의 회계
↓	
재무제표 기본요소의 인식 및 측정기준	회계상의 거래를 화폐액으로 측정하여 재무제표에 보고하는 과정 ① 역사적 원가의 원칙·수익인식의 원칙·수익비용대응의 원칙·완전 공시의 원칙 ② 회계관습 : 중요성·보수주의

(1) 재무보고의 목적

재무보고의 목적은 재무회계 개념체계의 최상위 개념이다. 투자자와 채권자는 기업실체의 재무정보를 가장 많이 사용하는 대표적인 외부이용자로서 이들의 의사결정은 경제적 자원의 배분에 중대한 영향을 미친다. 따라서 재무회계의 개념체계는 재무보고의 궁극적인 목적을 투자자와 채권자의 의사결정에 유용한 정보를 제공하는 것이다. 재무보고의 목적을 구체적으로 설명하면 첫째, 투자 및 신용의사결정에 유용한 정보의 제공이다. 투자 및 신용의사결정에 유용한 정보란 투자로부터의 미래 현금흐름을 예측하기 위해 기업실체의 미래 현금흐름을 예측하는 데 유용한 정보라고 할 수 있다.

둘째, 미래 현금흐름 예측에 유용한 정보의 제공이다. 현재 및 잠재의 투자자와 채권자가 합리적 의사결정을 하기 위해서는 투자 또는 자금대여 등에서 기대되는 미래 현금유입을 예측하여야 한다. 이러한 미래 현금유입은 미래의 배당 또는 이자와 미래의 주식매각가액 또는 채권의 만기가액 등이다. 그러므로 재무보고는 투자 또는 자금대여 등으로부터 받게 될 미래 현금의 크기, 시기 및 불확실성을 평가하는 데 유용한 정보를 제공하여야 한다. 또한, 그러한 미래 현금유입은 기업실체의 미래 현금창출능력에 의존하게 되므로, 재무보고는 당해 기업실체에 유입될 미래 순현금흐름의 크기, 시기 및 불확실성을 평가하는 데 유용한 정보를 제공하여야 한다.

셋째, 재무상태, 경영성과, 현금흐름 및 자본변동에 관한 정보의 제공이다. 투자자와 채권자는 투자 또는 자금대여 등으로부터의 미래 현금유입이나 기업실체의 미래 순현금흐름을 예측하기 위해서 다양한 재무정보를 필요로 한다. 그러므로 재무보고는 기업실체가 보유하고 있는 경제적 자원과 그 자원에 대한 청구권, 그리고 경영성과 측정치를 포함하여 그러한 청구권의 변동에 관한 정보와 현금흐름 정보를 제공하여야 한다. 즉, 재무보고는 기업실체의 재무상태, 경영성과, 현금흐름 및 자본변동에 관한 정보를 제공하여야 한다. 또한 기업실체의 경제적 자원, 의무 및 자본에 관한 재무상태 정보는 투자자와 채권자가 당해 기업실체의 재무건전성과 유동성을 평가하는 데 유용하다. 재무건전성은 기업실체의 장기적인 채무이행능력을 평가하는 요소이며, 유동성은 단기적인 채무이행능력을 평가하는 요소이다. 자산 항목의 일부와 대부분의 부채 항목은 기업실체에 대한 미래 현금유출입의 직접적 원천이다. 또한, 자산, 부채 및 자본에 대한 정보는 자본이익률을 측정하여 기업실체의 경영성과를 적절히 평가하는 데 필요한 근거를 제공한다. 경영성과에 관한 정보의 제공으로는 일정 기간에 대한 기업실체의 경영성과, 즉 회계이익과 그 구성요소에 대한 정보는 기업실체의 미래 순현금흐름을 예측하는 데 유용하다. 발생기준에 따라 측정된 이익정보는 현금주의에 의한 성과측정치보다 기업실체의 경영성과를 더 잘 나타내며, 현재의 회계이익은 현재의 순현금흐름보다 기업실체의 미래 순현금흐름의 예측에 더 유용한 것으로 인식되고 있다.

넷째, 경영자의 수탁책임 평가에 유용한 정보의 제공하는 것이다. 재무제표는 경영자의 수탁책임의 이행 등을 평가할 수 있는 정보를 제공한다. 경영자는 소유주로부터 위탁받은 기업실체의 자원을 적절히 유지하고 효율적으로 운용하여 수익을 창출하여야 하며, 물가변동이나 기술진보 및 사회적 변화에 따라 발생할 수 있는 불리한 경제 상황으로부터 최대한 이 자원을 보전할 책임이 있다. 이러한 책임의 이행 여부에 대해 경영자는 주기적으로 평가받게 된다. 기업실체의 경영성과에 대한 정보는 회계이익을 중심으로 측정되며, 경영자의 수탁책임 이행을 평가하는 주된 정보로 사용된다. 그러나, 기업실체의 경영성과는 경영자의 능력뿐 아니라 거시경제상황이나 원자재의 가격상승 등 경영자가 통제할 수 없는 요인에 의해서도 영향을 받으므로 재무제표에 근거하여 경영자의 수탁책임 이행을 평가하는 경우 이러한 환경적 요인을 고려하여야 한다. 또한, 경영자의 장기적 의사결정의 결과는 상당한 기간이 경과한 후에 그 효과가 나타날 수 있으므로 과거의 경영자의 성과와 현재의 경영자의 성과를 명확히 구분하기 어렵다. 따라서 특정 기간을 대상으로 하는 재무제표는 경영자 수탁책임 이행의 평가를 위한 정보를 충분히 제공하지 못할 수 있다. 회계이익 외의 다른 재무정보, 예를 들어 현금흐름표에 나타난 정보도 경우에 따라 경영자의 수탁책임 이행의 평가를 위한 정보로 사용될 수 있다.

(2) 회계정보의 질적 특성

회계정보의 질적 특성이란 정보이용자들의 의사결정에 유용한 정보가 되기 위하여 갖추어야 할 속성을 의미하며, 회계정보의 유용성의 판단기준이다.

회계정보가 갖추어야 할 가장 중요한 질적 특성은 목적적합성(또는 관련성, 이하 목적적합성은 관련성과 동일한 의미로 사용함)과 신뢰성이다. 특정 거래를 회계처리할 때 대체적인 회계처리방법이 허용되는 경우, 목적적합성과 신뢰성이 더 높은 회계처리방법을 선택할 때에 회계정보의 유용성이 증대된다. 목적적합성의 정도가 유사하다면 신뢰성이 더 높은 회계처리방법이 선택되어야 하며 신뢰성의 정도가 유사하다면 목적적합성이 더 높은 회계처리방법이 선택되어야 한다. 목적적합성과 신뢰성 중 어느 하나가 완전히 상실된 경우 그 정보는 유용한 정보가 될 수 없다.

회계정보의 비교가능성은 목적적합성과 신뢰성만큼 중요한 질적 특성은 아니나, 목적적합성과 신뢰성을 갖춘 정보가 기업실체 간에 비교가능하거나 또는 기간별 비교가 가능할 경우 회계정보의 유용성이 제고될 수 있다.

첫째, 목적적합성(relevance)이란 회계정보가 정보이용자의 의사결정에 유용하기 위해서는 그 정보가 의사결정 목적과 관련되어야 한다. 즉, 목적적합성 있는 정보는 정보이용자가 기업실체의 과거, 현재 또는 미래 사건의 결과에 대한 예측을 하는 데 도움이 되거나 또는 그 사건의 결과에 대한 정보이용자의 당초 기대치(예측치)를 확인 또는 수정할 수 있게 함으로써 의사결정에 차이를 가져올 수 있는 정보를 말한다. 여기서 사건이란 기업실체의 재무상태와 경영성과 등에 영향을 미치는 거래와 외부적 요인을 의미한다. 이러한 목적적합성은 회계정보가 의사결정 시점에 이용가능하도록 적시에 제공될 때 유효하게 확보될 수 있다. 적적합성 있는 회계정보는 예측가치 또는 피드백가치를 가져야 한다. 예측가치란 정보이용자가 기업실체의 미래 재무상태, 경영성과, 순현금흐름 등을 예측하는 데에 그 정보가 활용될 수 있는 능력을 의미한다. 예를 들어, 반기 재무제표에 의해 발표되는 반기 이익은 올해의 연간 이익을 예측하는 데 활용될 수 있다. 피드백가치는 제공되는 회계정보가 기업실체의 재무상태, 경영성과, 순현금흐름, 자본변동 등에 대한 정보이용자의 당초 기대치(예측치)를 확인 또는 수정되게 함으로써 의사결정에 영향을 미칠 수 있는 능력을 말한다.

둘째, 신뢰성(reliability)이란 회계정보가 정보이용자의 의사결정에 유용하기 위해서는 신뢰할 수 있는 정보이어야 한다. 회계정보의 신뢰성은 다음의 요소로 구성된다. ① 회계정보는 그 정보가 나타내고자 하는 대상을 충실히 표현하고 있어야 하고, ② 객관적으로 검증가능하여야 하며, ③ 중립적이어야 한다.

셋째, 비교가능성(comparability)이다. 기업실체의 재무상태, 경영성과, 현금흐름 및 자본변동의 추세 분석과 기업실체 간의 상대적 평가를 위하여 회계정보는 기간별 비교가 가능해야 하고 기업실체 간의 비교가능성도 있어야 한다. 즉, 유사한 거래나 사건의 재무적 영향을 측정·보고함에 있어서 영업 및 재무활동의 특성이 훼손되지 않는 범위 내에서 기간별로 일관된 회계처리방법을 사용하여야 하며 기업실체 간에도 동일한 회계처리방법을 사용하는 것이 바람직하다. 비교가능성은 단순한 통일성을 의미하는 것은 아니며, 발전된 회계기준의 도입에 장애가 되지 않아야 한다. 또한, 목적적합성과 신뢰성을 제고할 수 있는 회계정책의 선택에 장애가 되어서도 안된다. 예를 들어, 회계정보의 목적적합성과 신뢰성을 높일 수 있는 대체적 방법이 있음에도 불구하고 비교가능성의 저하를 이유로 회계기준의 개정이나 회계정책의 변경이 이루어지지 않는 것은 적절하지 않다.

회계정보의 질적 특성

회계정보가 유용하기 위해 갖추어야 할 주요속성

목적적합성

1. 예측가치
2. 피드백가치
3. 적시성

신뢰성

1. 표현의 충실성
2. 객관적으로 검증가능
3. 중립적

비교가능성

1. 기간별 비교가능성
2. 기업실체간 비교가능성

(3) 재무제표의 기본 가정

회계는 가상세계가 아닌 현실에서 일어나는 실제 기업의 경영활동을 숫자로 나타내는 것이기 때문에 가정이 필요하다. 가정(assumption)이란 이론적 논리체계에 있어 증명이 필요 없이 진실하다고 받아들이는 일련의 명제를 의미한다. 따라서 재무제표를 작성하기 위해서는 기업은 계속기업(going concern) 가정과 발생기준(accrual basis)의 가정이 필요하다.

발생기준의 가정은 거래나 그 밖의 사건의 영향이 현금의 수취나 지급 시점이 아니라 발생한 기간에 해당 기간의 장부에 기록하고 표시하는 것을 의미한다. 계속기업의 가정은 기업은 경영활동을 계속함으로써 장기간 존속한다고 가정하는 것이다.

1) 기업실체의 가정

기업실체의 가정이란 기업을 소유주와는 독립적으로 존재하는 회계단위로 간주하고 이 회계단위의 관점에서 그 경제활동에 대한 재무정보를 측정, 보고하는 것을 말한다. 일반적으로 개별 기업은 하나의 독립된 회계단위로서 재무제표를 작성하는 기업실체에 해당한다. 그러나 기업실체 개념은 법적 실체와는 구별되는 개념이다. 예를 들어, 지배·종속관계에 있는 회사들의 경우 지배회사와 종속회사는 단일의 법적 실체가 아니지만 단일의 경제적 실체를 형성하여 하나의 회계단위로서 연결재무제표의 작성대상이 된다. 이때 지배회사와 모든 종속회사는 연결재무보고의 기업실체가 된다.

2) 계속기업의 가정

계속기업의 가정이란 기업실체는 그 목적과 의무를 이행하기에 충분할 정도로 장기간 존속한다고 가정하는 것을 말한다. 즉, 기업실체는 그 경영활동을 청산하거나 중대하게 축소시킬 의도가 없을 뿐 아니라 청산이 요구되는 상황도 없다고 가정된다. 그러나 기업실체의 중요한 경영활동이 축소되거나 기업실체를 청산시킬 의도나 상황이 존재하여 계속기업을 가정하기 어려운 경우에는 계속기업을 가정한 회계처리방법과는 다른 방법이 적용되어야 하며, 이때 적용된 회계처리방법은 적절히 공시되어야 한다.

3) 기간별 보고의 가정

기간별 보고의 가정이란 기업실체의 존속기간을 일정한 기간단위로 분할하여 각 기간별로 재무제표를 작성하는 것을 말한다. 기업실체의 이해관계자는 지속적으로 의사결정을 해야 하므로 적시성이 있는 정보가 필요하게 된다. 이러한 정보수요를 충족시키기 위하여 기간별 보고가 도입될 필요가 있다. 따라서 기업실체의 존속기간을 일정한 회계기간 단위로 구분하고 각 회계기간에 대한 재무제표를 작성하여 기간별로 재무상태, 경영성과, 현금흐름, 자본변동 등에 대한 정보를 제공하게 된다. 다만, 기업실체의 회계기간을 정함에 있어 회계기간의 장·단기에 따라 발생할 수 있는 정보의 목적적합성과 신뢰성 간의 상충관계를 고려하여야 한다.

4) 발생주의 회계

기업실체의 경제적 거래와 관련된 수익과 비용을 현금유출입이 있는 회계기간이 아니라 당해 거래가 발생한 회계기간에 인식(분개)한다는 개념이다.

발생주의 회계개념에서 미수수익·미지급비용·선수수익·선급비용 등의 계정과목이 도출된다.

(4) 재무제표 기본요소의 인식 및 측정

재무제표 기본요소의 인식과 측정기준에서 인식이란 재무제표 요소의 정의에 일치하고 재무제표 항목으로 공식적으로 기록하거나 포함하기 위해 장부에 기록하는 과정을 의미한다. 즉, 인식이란 거래나 사건의 경제적 효과를 자산, 수익, 비용 등으로 재무제표에 표시하는 것을 말한다. 일정기준을 충족하는 항목을 재무상태표나 포괄손익계산서에 반영하는 과정을 의미한다. 이는 어떠한 재무제표 항목들이 인식되면 그 항목을 설명하는 계정명칭, 화폐금액이 재무상태표나 포괄손익계산서에 계상되는 것을 의미한다. 측정이란 재무제표 계정명칭과 화폐금액으로 기술하고 그 금액을 재무상태표 또는 포괄손익계산서에 포함하는 것을 의미한다. 즉, 자산과 부채의 인식기준, 수익과 비용의 인식기준을 의미한다.

재무제표 요소의 인식으로 자산의 인식, 부채의 인식, 수익의 인식, 그리고 비용의 인식으로 나누어서 살펴볼 수 있다. 측정기준으로는 역사적 원가(histrical cost), 현행원가(current cost), 실현가능가치(realizable value), 현재가치(present value)로 나누어서 살펴볼 수 있다.

1) 인식 및 측정의 기본원칙

인식 및 측정의 기준은 세 가지 기준을 모두 충족해야 한다.

첫째, 어떤 항목이 재무제표 기본요소의 정의를 충족해야 한다.

둘째, 어떤 항목과 관련된 미래경제적 효익이 기업에 유입·유출될 가능성이 높아야 한다.

셋째, 어떤 항목에 대한 측정속성이 있으며, 이 측정속성이 신뢰성 있게 측정될 수 있어야 한다.

2) 측정속성의 종류

자산과 부채의 측정에 사용될 수 있는 측정속성에는 다음과 같은 종류가 있다.

① 취득원가(또는 역사적 원가)와 역사적 현금수취액

자산의 취득원가는 자산을 취득하였을 때 그 대가로 지급한 현금, 현금등가액 또는 기타 지급수탄의 공정가치를 말하며 역사적 원가와 동일한 의미이다. 부채의 역사적 현금수취액은 그 부채를 부담하는 대가로 수취한 현금 또는 현금등가액이다.

② 공정가치

공정가치(또는 공정가액)는 독립된 당사자간의 현행거래에서 자산이 매각 또는 구입되거나 부채가 결제 또는 이전될 수 있는 교환가치이다. 기업실체가 보유하고 있는 자산에 대해 시장가격이 존재하면 이 시장가격은 당해 자산에 대한 공정가치의 측정치가 된다. 이 시장가격에는 당해 자산으로부터 기대되는 미래 현금흐름의 크기와 그 불확실성에 대한 시장참여자들의 평가가 반영되어 있다. 당해 자산의 시장가격이 관측되지 않는 경우에도 유사한 자산의 시장가격이 있으면 이 가격을 당해

자산의 공정가치 추정치로 사용할 수 있다. 그러나 시장가격이 존재하지 않는 경우에는 시장참여자의 관점에서 당해 자산 또는 부채로부터의 미래 현금흐름을 추정하고 그 현재가치를 측정함으로써 공정가치를 추정할 수 있다. 이와 같이 본 개념체계에서 공정가치는 시장가격과 그 추정치로 특정한 가치에 한정하여 정의한다. 자산의 매각과 부채의 결제 또는 이전에 관한 공정가치는 현행유출가치라고도 하며, 자산의 경우 수취될 수 있는 현금 또는 현금등가액, 그리고 부채의 경우는 결제 또는 이전에 소요될 현금 또는 현금등가액으로 측정된다. 자산의 구입에 관한 공정가치는 현행원가라고도 하며, 이는 당해 자산을 지금 취득한다고 할 때 지급해야 할 현금 또는 현금등가액으로 측정된다.

③ 기업특유가치

자산의 기업특유가치는 기업실체가 자산을 사용함에 따라 당해 기업실체의 입장에서 인식되는 현재의 가치를 말하며, 사용가치라고도 한다. 부채의 기업특유가치는 위에서 기술된 현행유출가치와 동일하다. 자산과 부채에 대한 기업특유가치는 당해 기업실체가 그 자산 또는 부채를 계속 사용 또는 보유할 경우 이로부터 기대되는 미래현금유입 또는 현금유출의 현재가치로 측정된다. 이러한 기업특유가치는 현재 시점의 가치라는 점에서 공정가치와 공통점이 있다. 그러나 공정가치가 시장거래에서의 교환가치인데 비해, 기업특유가치는 당해 기업실체의 입장에서 인식되는 가치이다.

④ 상각후가액

금융자산 취득 또는 금융부채 발생 시점의 그 유입가격과 당해 자산 또는 부채로부터 발생하는 미래 명목현금흐름의 현재가치가 일치되게 하는 할인율인 유효이자율을 측정하고, 이 유효이자율을 이용하여 당해 자산 또는 부채에 대한 현재의 가액으로 측정한 것을 상각후가액이라 한다. 상각후가액의 측정에 사용되는 이자율은 현재의 시장이자율이 아닌 역사적 이사율이다.

⑤ 순실현가능가치와 이행가액

자산의 순실현가능가치는 정상적 기업활동과정에서 미래에 당해 자산이 현금 또는 현금등가액으로 전환될 때 수취할 것으로 예상되는 금액에서 그러한 전환에 직접 소요될 비용을 차감한 가액으로 정의되며 유출가치의 개념이다. 부채의 이행가액은 미래에 그 의무의 이행으로 지급될 현금 또는 현금등가액에서 그러한 지급에 직접 소요될 비용을 가산한 가액을 말한다. 순실현가능가치와 이행가액은 현재 시점의 가치로 환산되지 않은 금액이다.

❸ 회계관습

기본원칙으로 인정할 만한 타당성은 부족하나 실무상 편의성 때문에 인정하고 있는 회계상의 관습을 말한다.

① 중요성

의사결정에 영향을 미치면 중요한 것인데 중요하지 않은 회계정보는 생략하거나 간단하게 기록해도 된다는 원칙이다.

② 보수주의

한 거래에 대하여 두 개의 측정치가 있을 때 재무적 기초를 튼튼히 하는 관점에서 이익을 낮게 보고하는 방법을 선택하는 것이다. 예를 들어 재고자산 평가시 저가법을 적용해야 한다는 습관이다.

③ 업종별 관행

특정산업에서 일반적인 회계원칙을 적용할 수 없을 때 특수하게 인정되어야 할 회계실무를 말한다.

02 기업회계기준과 K-IFRS

기업이 수행한 활동을 측정, 기록, 보고, 전달하는 회계는 이해관계자에게 기업 활동결과를 일정한 기준을 준수하여 재무제표를 통하여 보고한다. 회계기준이란 조직이 회계행위를 할 때 준수해야할 행위의 지침으로서 사회에 있어서 기업의 회계실무를 이끌고 가는 지침 또는 지도 원리이다. 이러한 지침과 지도원리를 한국회계기준원은 [그림 2-3] 한국채택국제회계기준(K-IFRS), 국제회계기준(IFRS), 일반기업회계기준, 특수분야회계기준, 중소기업회계기준, 비영리조직회계기준을 제정하는 기구이다. 만일 재무제표를 작성하는 통일된 지침이나 지도원리가 존재하지 않는다면 기업들은 자기들의 이해관계에 따라 유리한 방식으로 재무제표를 작

그림 2-3 한국회계기준원(www.kasb.or.kr)

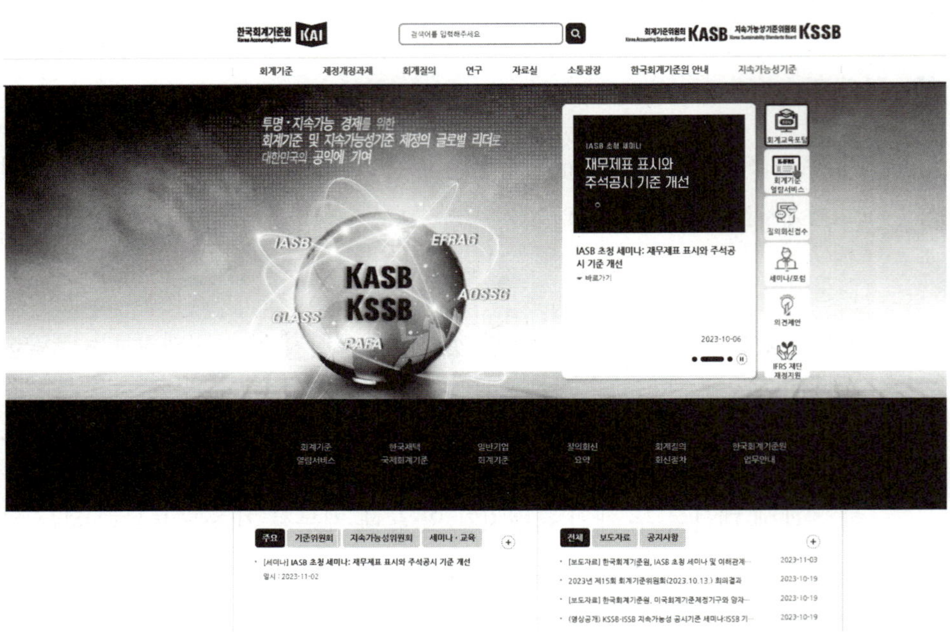

성하기 때문이다. 따라서 기업이 재무제표를 작성하기 위해서는 일정한 회계기준을 준수하여야 하는데 이를 일반적으로 인정된 회계원칙(GAAP; Generally Accepted Accounting Principles)이라고 한다.

일반적으로 인정된 회계원칙(generally accepted accounting principles : GAAP)은 각 국가마다 사회적 경제적 환경의 변화로 인하여 각각 다른 회계기준을 사용하였다. 그러나 국제적으로 자본시장과 금융시장이 개방되고 자본 이동이 활발해질수록 투자자와 채권자등 회계정보이용자들은 각 국가마다 상이한 회계기준에 따라 작성된 재무제표에 대한 이해와 비교가능성의 저하로 인하여 혼란을 겪어야 했다.

이에 통일된 회계기준의 필요성이 요구되었고, 1973년 영국 런던에서 국제적인 회계제정기구인 국제회계기준위원회(IASB;International Accounting Standards Board)가 설립되었다.

IASB는 국제적으로 통일된 회계기준의 제정을 목표로 국제회계기준(IFRS; International Financial Reporting Standards)을 제정하였다. IFRS의 주요 특징으로 원칙중심의 회계기준, 공정가치 평가의 확대, 연결재무제표 중심의 공시체계, 그리고 경제적 실질 강조가 있다.

IFRS는 38개의 국제회계기준서 및 27개의 국제회기준해석서 등 총 65개로 구성되어 있으며, 회계정보이용자들을 위하여 재무제표의 작성과 표시에 있어 기초가 되는 개념을 정립하였다.

현재까지 EU 회원국, 호주, 중국, 브라질 등 전 세계 120여 개국이 IFRS를 채택하고 있다. 미국 및 일본이 2015, 2016년 중 IFRS를 도입할 예정이며, 한국은 이미 2011년부터 상장기업 및 주요 금융회사가 K-IFRS를 의무적으로 적용하였다. 한국의 경우 과거 법률적 성격을 지닌 법조문 형식의 회계기준에서 1997년 외환위기 이후 국제적 표준에 부합되도록 회계기준을 전면 개정하였다. 그러나 한국의 실정에 맞춘 일부 내용과 형식 때문에 여전히 IFRS와 다른 회계기준을 사용하는 나라로 분류되어 이른바 회계 투명성을 인정받지 못하는 "코리아 디스카운트" 현상이 발생하였다.

해외무역 등 대외의존도가 높은 한국의 입장에서는 국제사회에서 회계 투명성을 제고하여 코리아 디스카운트 현상을 점진적으로 해소하고 국내기업의 가치를 제대로 평가받는 일이 급선무였다. 이에 한국채택국제회계기준(K-IFRS)을 제정 공표하였다. 한국의 경우 2011년부터 국내의 모든 상장기업이 K-IFRS를 의무적으로 적용함에 따라 본격적으로 회계기준의 이원화가 시작되었다. 비상장기업은 회계처리 부담경감을 위하여 K-IFRS를 간략하게 수정하여 제정된 일반회계기준을 적용한다. 그러나 회계기준의 이원화는 국내의 기업 간 비교가능성이 저하되어 불편을

초래할 수도 있다. 또한 긍정적인 관점에서는 K-IFRS의 성공적인 정착에 따른 시지 효과가 극대화되는 경우, 비상장기업도 K-IFRS를 선택이 아닌 의무적으로 확대적용하게 될 가능성이 있다.

우리나라의 경우 1997년에 발생한 금융위기를 극복하는 과정에서 회계투명성 제고를 위해 정부로부터 독립된 민간기국인 한국회계연구원(2006년 한국회계기준원으로 명칭 변경)을 1999년 설립하였다. 이후 한국회계연구원 내 회계기준위원회(KAS-B;Korea Accounting Standard Board)에서 IFRS를 벤치마킹하여 회계기준(K-GAAP)을 제정하기 시작하였다. KASB가 제정한 회계기준은 내용 면에서는 IFRS와 거의 유사하였으나, 국제적으로는 IFRS로 인정받지 못하였다. 이로 인해 국제적으로 실시된 국가신인도 및 회계투명성 평가에서 우리나라는 매우 낮은 평가를 받았으며, 기업들은 상대적으로 높은 자본조달비용을 부담하였다. 이에 정부는 2007년 회계기준

의 국제적 정합성을 확보하여 회계투명성과 국가신인도를 높이기 위해 IFRS를 전면 도입한다는 로드맵을 발표하였다. 이 로드맵에 따라 우리나라의 모든 상장기업은 2011 회계연도부터 한국채택회계기준(K-IFRS)에 따라 재무제표를 작성하여 공시하고 있다.

K-IFRS는 '규칙중심(rule-based)회계기준'인 기존의 K-GAAP과는 달리 '원칙중심(principle-based)회계기준'으로서, K-IFRS의 해석 및 적용에 있어 재무제표 작성자 및 감사인의 전문가적 판단을 필요로 한다. 원칙중심 회계기준은 개념체계에서 제시된 개념에 기초한 회계기준 또는 개념체계에서 파생된 원칙에 기초한 회계기준으로 정의되고 있다(Schipper, 2003, Hodgdon 등 2011, Wells 2011). 즉 원칙중심 회계기준에서는 개념체계에서 정하는 개념에 기초하여 구체적인 회계처리방법의 결정 근거가 되는 원칙을 제공한다. 반면, 규칙중심 회계기준은 회계처리방법을 결정하는 규칙을 제시하고 이러한 규칙의 해석이나 적용에 대한 구체적인 지침을 제공한다. 이에 따라 규칙중심 회계기준은 회계기준의 적용범위나 회계처리에 예외를 허용하고, 회계처리방법 간에 일관성이 결여될 수 있다. 원칙중심 회계기준과 규칙중심 회계기준이 적용되는 예를 살펴보면 다음과 같다. 기업이 다른 기업에 대해 유의적인 영향력을 행사할 수 있으면 지분법을 적용하여 회계처리 하도록 하는 것은 원칙중심 회계기준이다. 이 경우 작성자는 다른 기업에 대해 유의적인 영향력이 있는지를 판단해야 한다. 반면, 다른 기업의 지분을 20% 이상 보유하고 있으면 지분법을 적용하도록 규정하는 것은 규칙중심 회계기준이다. 이처럼 규칙중심 회계기준에서 유의적인 영향력을 판단하기 위한 구체적인 지침을 제시하는 경우 기업은 해당지침을 회피할 수 있도록 거래 자체를 설계할 수 있다. 예로 지분율 20% 이상 보유시 지분법을 적용하도록 하는 경우 기업은 지분율을 20% 미만으로 낮춤으로써 지분법 적용을 회피할 수 있다. 그러나 유의적인 영향력을 행사할 수 있으면 지분법을 적용하도록 하는 원칙중심 회계기준에서는 지분율이 20% 미만이라도 유의적인 영향력이 있다면 지분법을 적용해야 한다. 따라서 원칙중심 회계기준하에서 경제적 실질을 보다 잘 반영할 수 있는 회계처리가 유도될 수 있다.

원칙중심 회계기준이 규칙중심 회계기준에 비해 경제적 실질을 보다 잘 반영할 수 있지만 이는 작성자가 경제적 실질에 대한 판단을 제대로 할 수 있다는 것을 전제로 한다. 규칙중심 회계기준에서는 그 해석 및 적용에 관한 구체적인 지침이 제시되므로 해당되는 기준에서 제시하는 지침에 따라 회계처리하면 된다. 즉, 규칙중심 회계기준에서는 작성자 및 감사인의 전문가적 판단이 개입될 여지가 크지 않다. 그러나 원칙중심 회계기준에서는 그 해석이나 적용에 대한 구체적인 지침이 없으므로, 거래나 사건을 K-IFRS에 따라 회계처리하기 위해서는 재무제표 요소의 식별, 인식, 측정, 보고 및 공시 등의 결정에 있어 작성자의 전문가적 판단이 요구된다. 또한 적용가능한 K-IFRS가 없는 새로운 유형의 거래가 발생하는 경우, 작성자는 개념체계에 기초하여 적절한 회계처리방법을 결정할 수 있는 의사결정능력이 요구된다. 원칙중심 회계에서는 감사인의 입장에서도 의사결정능력이 요구된다. 규칙중심 회계기준에서는 작성자가 회계기준에서 제시된 지침에 따라 거래나 사건을 제대로 회계 처리하였는지를 확인하는 것이 감사중점사항이었다. 그러나 원칙중심 회계기준에서는 원칙에 기초하여 작성자가 결정한 구체적인 회계처리 방법이 적정한지를 판단하는 것이 감사중점사항이므로 감사인의 전문가적 판단능력이 요구된다. 요약하면 원칙중심 회계기준에서 재무제표 작성자와 감사인은 회계기준에서 제시하는 원칙에 근거해서 스스로 구체적인 회계처리방법을 결정해야 하는 사고의 전환을 필요로 한다. 원칙중심 회계기준과 규칙중심 회계기준의 차이를 요약하면 [그림 2-4]와 같다.

K-IFRS의 특징을 살펴보면 첫째, 공정가치 평가의 확대이다. K-GAAP에서는 대부분의 자산, 부채가 취득원가로 평가되었기 때문에 작성자 및 감사인의 판단이 크게 개입되지 않았다. 그러나 K-IFRS에서는 자산과 부채의 공정가치 평가가 확

그림 2-4 원칙중심과 규칙중심 회계기준 차이

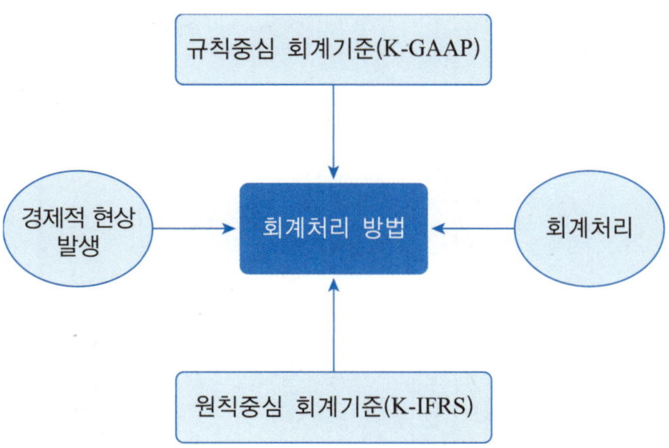

대되면서, 공정가치 측정을 위하여 다양한 추정과 판단 등의 결정능력이 요구된다.

둘째, 연결재무제표가 주요 재무제표가 된 것으로, 연결재무제표 작성을 위해 연결대상 종속기업을 판단하는 것이 중요한 이슈가 되었다. K-GAAP에서는 종속기업을 식별하는 지분율 등이 구체적으로 제시되어 종속기업 결정에 있어 작성자의 전문가적 판단이 개입될 여지가 크지 않았다. 즉, 주식회사의 외부감사에 관한 법률 시행령 제1조의 3(지배, 종속의 관계)은 지배·종속관계가 성립하는 경우를 구체적으로 제시하였으며, 피투자기업에 대한 투자가 이 중 하나에 해당되면 지배력이 있는 것으로 보아 연결대상으로 포함하였다. 그러나 원칙중심의 회계기준인 K-IFRS에서는 지배력을 판단하는 원칙만을 제시할 뿐 구체적인 지침이 없어 종속기업을 판단하는 의사결정은 작성자와 감사인의 몫이 된다. 결론적으로, K-IFRS에서 원칙에 기초하여 경제적 실질을 반영하는 회계처리방법을 결정하이 위해서는 작성자와 감사인의 전문가적 판단이 중요하게 되었다(한국회계기준원 FBT 교육전문위원회 원칙중심 K-IFRS교육, 2015, pp.10~13 발췌).

생각해볼 **문제 1**

회계와 윤리에 관하여

이탈리아의 루카 파치올리(Luca Pacioli)는 15세기 이탈리아 베니스 상인의 상업활동의 기록방법을 그의 저서 'Summa(총람)'에서 다루었다. 이 방법의 기본원리가 복식부기의 원리이며, 오늘날에도 그대로 이용되고 있다. 파치올리(Pacioli)는 'Summa(총람)'에서 베니스 상인의 기장원리를 다루었지만, 이 원리 못지않게 회계의 윤리적인 측면도 다루고 있다.

파치올리는 '기록이라는 질서가 없는 곳에는 혼란만 있을 뿐이다'라고 말하면서 기장의 중요성을 강조하였다. 중세 이탈리아 상인들은 재산을 성실하고 정직하게 관리하고 기장한다는 의미에서 장부의 앞부분에 '십자가(†)'표시를 하였다. 베니스식 부기를 유럽에 전파한 Ympyn은 "정확하지 않은 장부는 '불편과 불안'의 원인이 된다"고 말하였다. 17세기 베니스 상인 Moschetti는 "부기의 목적은 '마음의 평화와 정신적 안정을 위한 것'이다"라고 말하였다.

미국 건국 초기의 회계실무자들도 회계를 윤리시스템으로 이해하였다. 조지 워싱턴(George Washington)을 비롯하여 미국 독립선언문에 서명한 인사의 대부분은 자신의 회계장부를 가지고 있었으며, 록펠러(Rockefeller)의 개인 가계부는 오늘날까지 미국 가정주부들에 의해 회자되고 있다. 막스 베버(Max Weber)는 프로테스탄트의 윤리와 자본주의 정신은 깊은 관련이 있다고 전제하고, 프로테스탄트의 교리인 '일상생활의 실천(everyday practices)'에는 일상생활의 경제활동을 기록하는 부기의 기장관습이 내재되어 있음을 시사하였으며, 1페니까지도 성실하게 보고하여야 한다고 주장하였다.

이상과 같이 구미(歐美)의 부기가 태동할 시기에는 회계의 윤리적인 면이 강조되었으나, 서양의 부기회계가 우리나라에 전래되면서 윤리적인 면이 크게 부각되지 않았다. 이러한 사실은 일본도 마찬가지이다. 개인이 '경제활동을 정직하게 기록해야 한다'는 마음가짐은 무엇보다 중요하다. 모든 회계제도가 완벽하게 갖추어져 있다고 하더라도 부정을 저지르겠다는 생각을 가지고 있다면 경제활동의 올바른 기록은 불가능한 것이다. 회계에서 기본적으로 전제되는 것은 올바르게 기록하고 보고하겠다는 마음가짐이다. 그러나 경제활동이 복잡하고 다양해지면서 올바르게 기장하겠다는 마음만으로는 올바른 기장과 보고가 불가능하다는 사실을 인식하게 되었다. 이러한 문제를 해결하기 위해 기업회계원칙이 제정되었다.

우리 경제가 IMF지원과 관리 하에 들어간 1997년 12월 3일은 영원히 잊어서는 안 될 경제적 국치일(國恥日)이다. 그날 40여 년 동안 전 국민이 허리띠를 졸라매고, 피땀 흘려 이룩한 '공든 탑'이 일시에 무너지는 참담한 심정을 체험하였다. IMF환란의 원인은 여러 가지가 있겠지만 회계의 윤리성과 투명성에 심각한 문제가 있었기 때문이라는 것은 부정할 수 없는 사실이다. 회계의 윤리성과 투명성이 결여되면 부정부패를 적발하여 척결할 수도 없을 뿐 아니라 부정부패를 '관용' 또는 '용서'라는 미명 아래 용인하는 풍토가 조성되기 때문이다. 어떠한 부정부패도 장부의 변조 없이는 불가능하다. 따라서 장부의 변조는 바로 회계의 윤리성과 투명성의 결여와 직결되는 것이다.

출처 : 회계사상과 회계기준의 발전(2002; 경문사 정기숙 외)

생각해볼 문제 2 | 유용한 재무정보

우리는 제2장 회계의 기초개념에서 재무회계개념체계를 공부하였다. 재무보고의 목적은 K-IFRS에서는 현재 및 잠재적 투자자, 대여자 및 기타 채권자가 기업에 자원을 제공하기 위한 의사결정을 할 때 사용하기 위한 해당 기업에 대한 유용한 재무정보를 제공하는 것이다. 승달산참치㈜는 태평양에서 참치를 잡아 참치통조림으로 가공하여 판매하고 있다. 최근 기후 이상과 남획으로 태평양의 참치 어획에 애로를 겪어 제주도 앞바다에서 수중가두리양식장을 설치하고 참치 치어(제주해양생물 연구소에서 구입)를 넣어 3년을 키운 후(2년 이상 키우면 상품성이 확보됨) 참치횟감 등으로 판매하고 있다.

질문 제주앞바다 수중가두리양식장에서 자라고 있는 참치는 승달산참치㈜의 자산인가?

해답 수중가두리양식장에서 자라고 있는 참치는 다음과 같이 자산의 정의를 충족하므로 승달산참치㈜의 자산이다. 승달산참치㈜가 참치 치어를 수중가두리양식장에 가두어 키워왔고(과거사건), 참치가 수중가두리양식장 안에 갇혀 있으며 승달산참치㈜가 이 참치의 사용이나 판매를 결정(통제)할 수 있고, 참치를 판매하면 승달산참치㈜에 현금이 유입될 것으로 예상(미래 경제적 효익)되므로 자산이다.

연습문제

객관식 문제

01. 회계정보가 유용하기 위해 갖추어야 할 다음의 속성 중 가장 중요한 질적 특성으로만 나열한 것은? 60회 전산회계 1급

① 목적적합성, 신뢰성 ② 피드백 가치, 예측가치
③ 비교가능성, 표현의 충실성 ④ 검증가능성, 중립성

02. 회계정보의 질적 특성인 목적적합성의 구성요소가 아닌 것은? 63회 전산회계 1급

① 표현의 충실성 ② 피드백가치 ③ 적시성 ④ 예측가치

03. 회계기간에 대한 설명으로 옳은 것은? 61회 전산회계2급

① 경영성과와 재무상태를 파악하기 위해 설정한 시간적 범위이다.
② 자산 및 자본의 증감변화를 기록 및 계산하기 위해 설정한 장소적 범위이다.
③ 반드시 1년을 기준으로 설정하여야 한다.
④ 개인기업과 법인기업은 1월 1일부터 12월 31일까지로 설정한다.

04. 아래 내용의 (가)항목에 해당하는 자산으로 옳은 것은? 61회 전산회계 2급

비유동자산은 투자자산, (가), 무형자산, 기타비유동자산으로 구분된다.

① 차량운반구 ② 임차보증금 ③ 투자부동산 ④ 산업재산권

05. 다음 중 일반기업회계기준에서 규정하고 있는 재무제표의 종류가 아닌 것은?

62회 전산회계 2급

① 재무상태표　② 손익계산서　③ 자본변동표　④ 주기

06. 다음에 주어진 자료에서 부채총액은 얼마인가? 62회 전산회계 2급

- 현　　금 : 20,000원
- 상　　품 : 100,000원
- 보 통 예 금 : 200,000원
- 비　　품 : 50,000원
- 외상매출금 : 100,000원
- 자 본 금 : 250,000원

① 120,000원　② 130,000원　③ 220,000원　④ 470,000원

07. 재무제표 작성과 표시의 일반원칙으로 가장 틀린 것은? 59회 전산회계 1급

① 전기 재무제표의 모든 계량정보를 당기와 비교하는 형식으로 표시한다.
② 재무제표의 작성과 표시에 대한 책임은 회계담당자에게 있다.
③ 재무제표는 이해하기 쉽도록 간단하고 명료하게 표시하여야 한다.
④ 재무제표는 기업의 재무상태, 경영성과, 현금흐름 및 자본변동을 공정하게 표시하여야 한다.

08. 다음과 같은 자본금계정의 설명으로 올바른 것은? 62회 전산회계 2급

자본금

12/31 인 출 금	1,000,000원	1/1 전 기 이 월	5,000,000원
12/31 손 익	1,000,000원		
12/31 차 기 이 월	3,000,000원		

① 기초 자본금은 3,000,000원이다.
② 기업주가 1,000,000원의 추가출자를 하였다.
③ 당기순손실이 1,000,000원이다.
④ 기말자본금이 5,000,000원이다.

09. 다음은 재무회계개념체계에 대한 설명이다. 회계의 기본가정(공준) 중 무엇에 대한 설명인가? 62회 전산회계 1급

> 기업실체는 그 경영활동을 청산하거나 중대하게 축소시킬 의도가 없을 뿐 아니라 청산이 요구되는 상황도 없다고 가정된다.

① 계속기업의 가정
② 기업실체의 가정
③ 연결재무제표
④ 발생주의 가정

10. 발생기준에 따른 재무제표 작성시 발생과 이연의 개념을 사용하여 기말에 결산을 하게 되는데, 이와 관련된 계정과목으로 맞는 것은? 70회 전산회계 1급

① 선수수익 ② 선급금 ③ 선수금 ④ 가지급금

11. 다음 중 재무보고의 목적이 아닌 것은? 70회 전산회계 1급

① 투자 및 신용의사결정에 유용한 정보 제공
② 미래 현금흐름 예측에 유용한 정보 제공
③ 경영자의 장기적 의사결정의 성과평가에 관한 환경적 정보의 제공
④ 재무상태, 현금흐름, 자본변동 등의 재무정보의 제공

12. 다음은 재무회계개념체계에 대한 설명이다. 회계정보의 질적 특성 중 무엇에 대한 설명인가? 68회 전산회계 1급

> 회계정보가 기업실체의 재무상태, 경영성과, 순현금흐름, 자본변동 등에 대한 정보이용자의 당초 기대치(예측치)를 확인 또는 수정하게 함으로써 의사결정에 영향을 미칠 수 있는 능력을 말한다.

① 예측가치 ② 피드백가치 ③ 적시성 ④ 신뢰성

13. 재무정보의 질적 특성에 대한 설명으로 옳지 않은 것은? 2018년 국가직 9급

① 유용한 재무정보의 근본적 질적 특성은 목적적합성과 표현 충실성이다.
② 재무정보에 예측가치, 확인가치 또는 이 둘 모두가 있다면 의사결정에 차이가 나도록 할 수 있다.
③ 검증가능성은 정보이용자가 항목 간의 유사점과 차이점을 식별하고 이해할 수 있게 하는 질적 특성이다.
④ 적시성은 의사결정에 영향을 미칠 수 있도록 의사결정자가 정보를 제때에 이용가능하게 하는 것을 의미한다.

14. 지방자치단체 회계기준에 관한 규칙에 대한 설명으로 옳지 않은 것은? 2018년 지방직 9급

① 재무제표는 재정상태표, 재정운영표, 현금흐름표, 순자산변동표, 주석으로 구성된다.
② 재무제표는 일반회계, 기타특별회계, 기금회계 및 지방공기업 특별회계의 유형별 재무제표를 통합하여 작성한다. 이 경우 내부거래는 상계하지 않는다.
③ 재무제표는 당해 회계연도분과 직전 회계연도분을 비교하는 형식으로 작성한다.
④ 회계실체는 그 활동의 성격에 따라 행정형 회계실체와 사업형 회계실체로 구분할 수 있다.

15. 다음은 재무회계개념체계에 대한 설명이다. 회계정보의 질적 특성인 목적적합성과 신뢰성 중 목적적합성을 갖기 위해서 필요한 요건이 아닌 것은? 80회 전산회계 1급

① 예측가치 ② 피드백가치 ③ 적시성 ④ 중립성

16. 다음은 재무회계개념체계에 대한 설명이다. 회계정보의 질적 특성 중 무엇에 대한 설명인가? 90회 전산회계 1급

> 정보이용자가 기업실체의 미래 재무 상태, 경영 성과, 순현금흐름 등을 예상하는데 그 정보가 활용될 수 있는 능력을 의미한다. 예를 들어, 반기 재무제표에 의해 발표되는 반기 이익은 올해의 연간 이익을 예상하는데 활용될 수 있다.

① 신뢰성 ② 예측가치 ③ 표현의 충실성 ④ 피드백가치

17. 다음 중 일반기업회계기준에 따른 재무제표에 해당하지 않는 것은? 92회 전산회계 1급

① 재무상태표　② 손익계산서　③ 주석　④ 시산표

주관식 문제

01. 재무보고의 목적에 대해 설명하시오.

02. 재무회계의 개념체계에 대해 설명하시오.

03. 재무회계의 기본 가정에 대해 설명하시오.

04. 회계정보의 질적 특성 중 이해가능성, 목적적합성, 신뢰성에 대해 설명하시오.

05. 발생주의와 현금주의에 대해 설명하시오.

Chapter 03

재무제표

재무제표란 기업의 경영활동을 재무적으로 표현한 다양한 보고서로서 기업외부의 정보이용자들에게 의사결정에 유용한 정보를 제공하는 여러 가지 보고서를 의미한다. 즉, 일정한 시점에서 현재 기업이 가지고 있는 자산, 부채, 그리고 자본의 재무상태에 관한 정보를 제공하는 재무상태표와 일정한 기간 동안 기업의 경영성과를 보여주는 포괄손익계산서는 재무제표의 주요한 보고서이다. 우리나라의 K-IFRS에서 재무제표는 재무상태표, 포괄손익계산서, 현금흐름표, 자본변동표, 주석으로 되어 있다. [그림 3-1]은 기업의 한 회계기간에서 주요재무제표의 관계를 보여주고 있다.

[그림 3-1]에서 보는 바와 같이 기업의 회계기간은 보통 1월 1일부터 12월 31일

그림 3-1 회계기간과 재무제표

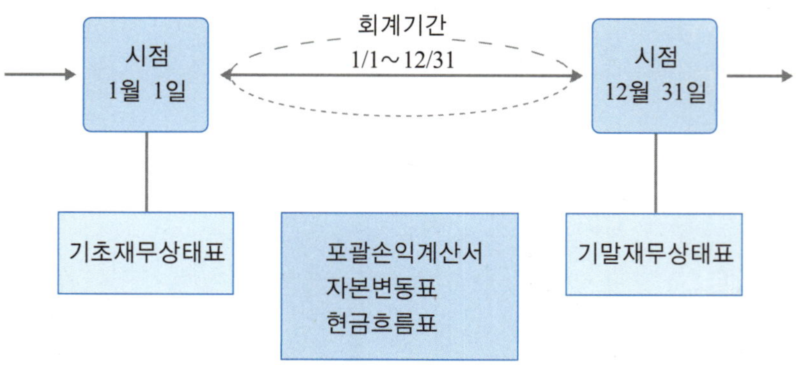

까지이다. 기업은 한 회계기간 동안 다양한 활동을 전개하고 이러한 활동은 회계정보시스템에 의하여 화폐적으로 측정되고 기록되며 재무제표로 전달된다. 먼저 기초재무상태표는 1월 1일 시점에서의 경제적 자원인 자산과 타인자본 및 자기자본으로 표시하여 기업의 재무상태를 보여주는 보고서이다. 마찬가지로 기말재무상태표는 12월 31일 시점에서 기말의 재무상태를 보여주고 있다. 이제 한 회계기간 동안 기업의 경영성과를 알려주는 포괄손익계산서는 기업의 활동을 요약, 보고하는 보고서이다. 현금흐름표는 회계기간 동안 기업의 영업활동이나 투자활동, 그리고 재무활동을 통하여 현금흐름의 변화를 보여주는 재무보고서이다. 자본변동표는 회계기간 동안 자본의 변동내용을 보여주는 보고서이다.

1 재무제표의 의의

기업은 결산의 마지막 단계에서 재무제표를 작성한다. 재무제표란 회계기간 동안의 경영성과와 재무상태 등을 파악하기 위하여 작성된 최종보고서를 말한다. 따라서 재무제표는 기업 외부의 정보이용자에게 합리적인 의사결정을 할 수 있도록 하는 모든 재무보고자료의 중심이다. 기업의 재산상태와 경영성과를 파악하기 위하여 우리는 재무제표의 두 가지 시각인 재무상태표와 포괄손익계산서를 통해 활용할 수 있다. 마치 수학에서 연립방정식을 통하여 문제를 해결하는 것과 같다. 예를 들어 닭과 토끼가 한 우리에 있다. 주인이 살펴보니 35개의 머리가 있고, 94개의 발이 있다면 닭과 토끼는 몇 마리인가? 이를 해결하기 위하여 우리는 다음과 같은 수식을 설정할 수 있다.

$x+y=35$ …… ①

$2x+4y=94$ …… ②

따라서 연립방정식을 풀어보면 ①식을 ②식에 대입하면 $2(35-y)+4y=94$

$x=27$, $y=8$이다. 따라서 닭은 27마리, 토끼는 8마리이다. 이와 같이 우리가 알고 싶은 기업에 대한 정보를 재무상태표와 포괄손익계산서, 자본변동표와 현금흐름표, 그리고 주석을 연립방정식을 푸는 것과 같이 분석하면 알고 싶은 그 기업의 정보를 파악할 수 있을 것이다.

재무제표는 재무상태표, 손익계산서, 자본변동표, 현금흐름표로 구성되며 주석을 포함하고 있는데 재무제표 자료를 통하여 기업의 이해관계자들은 수익성, 안정성, 성장성 등의 유용한 정보를 파악할 수 있다. 또한 기업은 정보의 내용을 확장하고 유용성을 높이기 위하여 재무제표 부속명세서를 작성하고 있다. 기업회계기준서에서는 재무제표의 작성과 표시내용을 제시하고 있다.

❷ 재무제표 작성과 표시의 일반원칙

(1) 계속기업

경영진은 재무제표를 작성할 때 계속기업으로서의 존속가능성을 평가해야 한다. 경영진이 기업을 청산하거나 경영활동을 중단할 의도를 가지고 있지 않거나, 청산 또는 경영활등의 중단 외에 다른 현실적 대안이 없는 경우가 아니면 계속기업을 전제로 재무제표를 작성한다. 계속기업으로서의 존속능력에 유의적인 의문이 제기될 수 있는 사건이나 상황과 관련된 중요한 불확실성을 알게 된 경우, 경영진은 그러한 불확실성을 공시하여야 한다. 재무제표가 계속기업의 기준하에 작성되지 않는 경우에는 그 사실과 함께 재무제표가 작성된 기준 및 그 기업을 계속기업으로 보지는 이유를 공시하여야 한다.

(2) 재무제표의 작성책임과 공정한 표시

재무제표의 작성과 표시에 대한 책임은 경영진에게 있다.

재무제표는 경제적 사실과 거래의 실질을 반영하여 기업의 재무상태, 경영성과, 현금흐름 및 자본변동을 공정하게 표시하여야 하며, 일반기업회계기준에 따라 적정하게 작성된 재무제표는 공정하게 표시된 재무제표로 본다.

재무제표가 일반기업회계기준에 따라 작성된 경우에는 그러한 사실을 주석으로 기재하여야 한다. 그러나 재무제표가 일반기업회계 기준에서 요구하는 사항을 모두 충족하지 않은 경우에는 일반기업회계기준에 따라 작성되었다고 기재하여서는 아니 된다.

(3) 재무제표 항목의 구분과 통합표시

중요한 항목은 재무제표의 본문이나 주석에 그 내용을 가장 잘 나타낼 수 있도록 구분하여 표시하며, 중요하지 않은 항목은 성격이나 기능이 유사한 항목과 통합하여 표시할 수 있다.

재무제표의 표시와 관련하여 재무제표 본문과 주석에 적용하는 중요성에 대한 판단기준은 서로 다를 수 있다. 예를 들어, 재무제표 본문에는 통합하여 표시한 항목이라 할지라도 주석에는 이를 구분하여 표시할 만큼 중요한 항목이 될 수 있다. 이러한 경우에는 재무제표 본문에 통합하여 표시한 항목의 세부 내용을 주석으로 기재한다.

일반기업회계기준에서 재무제표의 본문이나 주석에 구분 표시하도록 정한 항목이라 할지라도 그 성격이나 금액이 중요하지 아니한 것은 유사한 항목으로 통합하여 표시할 수 있다.

(4) 비교재무제표의 작성

재무제표의 기간별 비교가능성을 제고하기 위하여 전기 재무제표의 모든 계량정보를 당기와 비교하는 형식으로 표시한다. 또한 전기 재무제표의 비계량정보가 당기 재무제표를 이해하는 데 필요한 경우에는 이를 당기의 정보와 비교하여 주석에 기재한다. 예들 들어, 전기 보고기간종료일 현재 미해결 상태인 소송사건이 당기 재무제표가 사실상 확정된 날까지 해결되지 않은 경우에는 전기보고기간종료일에 불확실성이 존재하였다는 사실과 내용, 당기에 취해진 조치 및 결과 등에 대한 정보를 주석으로 기재한다.

(5) 재무제표 항목의 표시와 분류의 계속성

재무제표의 기간별 비교가능성를 제고하기 위하여 재무제표 항목의 표시와 분류는 다음의 경우를 제외하고는 매기 동일하여야 한다.

㉠ 일반기업회계기준에 의하여 재무제표 항목의 표시와 분류의 변경이 요구되는 경우
㉡ 사업결합 또는 사업중단 등에 의해 영업의 내용이 유의적으로 변경된 경우
㉢ 재무제표 항목의 표시와 분류를 변경함으로써 기업의 재무정보를 더욱 적절하게 전달할 수 있는 경우

재무제표 항목의 표시나 분류방법이 변경되는 경우에는 당기와 비교하기 위하여 전기의 항목을 재분류하고, 재분류 항목의 내용, 금액 및 재분류가 필요한 이유를 주석으로 기재한다. 다만, 재분류가 실무적으로 불가능한 경우에는 그 이유와 재분

류되어야 할 내용을 주석으로 기재한다.

(6) 재무제표의 보고양식

재무제표는 이해하기 쉽도록 간단하고 명료하게 표시하여야 하며, 이 장의 부록 적용사 에 예시된 재무제표의 양식을 참조하여 작성한다. 예시된 명칭보다 내용을 잘 나타내는 계정과목명이 있을 경우에는 그 계정과목명을 사용할 수 있다.

재무제표는 재무상태표, 손익계산서, 현금흐름표, 자본변동표 및 주석으로 구분하여 작성하며, 다음의 사항을 각 재무제표의 명칭과 함께 기재한다.

㉠ 기업명
㉡ 보고기간종료일 또는 회계기간
㉢ 보고통화 및 금액단위

❸ 재무제표의 종류

기업회계기준서에 의한 주요 재무제표는 재무상태표, 포괄손익계산서, 자본변동표, 현금흐름표로 구성되어 있다. 정보이용자에게 제공되는 주된 정보원인 재무제표에 어떤 내용들을 포함시켜야 하는가는 대단히 중요하다. 회계에서 산출되는 모든 정보를 정보이용자에게 전달할 수는 없으므로 전달대상 범위는 그 목적에 따라 달라질 수 있다.

우리나라의 경우 기업회계기준서와 상법 및 법인세법에서는 재무제표의 종류를 달리 규정하고 있는데 그 내용은 [표 3-1]과 같다.

[표 3-1]과 같이 상법과 기업회계기준서 및 법인세법에서 규정하는 재무제표의 종류가 각각 다른 것은 추구하는 목적이 다르기 때문이다. 상법의 목적은 상거래에 있어서 선의의 제3자를 보호하는데 있기 때문에 최소한 기본이 되는 재무제표만 요구하지만, 기업회계기준서는 기업의 외부 이해관계자에게 유용한 회계정보를 전달하는데 목적을 두고 있기 때문에 보다 구체적인 내용의 재무제표를 요구하게 된다.

또한 기업회계기준서에서는 재무제표를 이용하는 자에게 충분한 회계정보를 제공하도록 중요한 회계방침 등 필요한 사항에 대하여는 주기, 주석 및 부속명세서를 이용하도록 하고 있다. 마찬가지로 세법의 경우에는 과세와 관련된 정보를 얻기 위해 필요한 재무제표를 요구하게 된다.

표 3-1 재무제표의 종류

상법(제447조)	기업회계기준서	법인세법(제60조)
대차대조표	재무상태표	재무상태표
손익계산서	포괄손익계산서	포괄손익계산서
(1) 그 밖에 회사의 재무상태와 경영성과를 표시하는 것으로서 대통령령으로 정하는 서류 (2) 대통령령으로 정하는 회사의 이사는 연결재무제표를 작성하여 이사회의 승인을 받아야 한다.	자본변동표	이익잉여금처분계산서 (또는 결손금처리계산서)
	현금흐름표	세무조정계산서
	주석	

❹ 연결재무제표

연결재무제표는 2개 이상의 회사가 법률적으로는 독립적이지만 경제적으로는 밀접한 상호관계(지배-종속)에 있는 경우 여러 개의 기업들이 사실상 하나의 기업이라고 간주하여 작성하는 재무제표를 의미한다. 즉, 지배기업과 종속기업 재무제표의 자산, 부채, 자본, 수익, 비용을 같은 항목별로 합산하여 하나의 재무제표를 작성하는 개념으로 연결재무상태표, 연결포괄손익계산서, 연결자본변동표, 연결현금흐름표, 연결주석으로 구성된다. 이러한 연결재무제표를 작성하게 하여 지배회사와 종속기업의 실질적인 경제적 실체의 재무상태와 경영성과를 파악할 수 있기 때문이다. 지배-종속관계에 있는 회사 간 내부거래나 부채나 손실 등을 이전한 경우 연결재무제표를 통해 알 수 있다. 상법에서는 발행주식총수의 50%를 초과하여 보유한 회사를 자회사라 부른다. 발행주식총수의 과반수인 보유 지분율 50%를 초과하여 보유한다는 것은 지분을 보유한 모회사가 자회사 의결권의 과반수를 차지하고 있다는 의미이다. 실무에서 연결재무제표 작성은 어려운 업무이다. 지배력과 영향력을 판단하기 어렵기 때문이다. 우리나라 기업회계기준에서는 연결재무제표는 지배기업의 모든 종속기업을 포함하여 연결재무제표를 작성하여야 한다고 되어있다. 지배기업은 하나 이상의 종속기업을 가지고 있는 기업을 의미하고 종속기업은 다른 기업(지배기업)의 지배를 받는 기업을 의미한다. 지배력이라 함은 경제활동에서 효익을 얻기 위하여 재무정책과 영업정책을 결정할 수 있는 능력을 말한다. 다시 말해 지배력은 지배기업이 직접적으로 또는 종속기업을 통하여 간접으로 기업 의결권의 과반수를 소유하는 경우에는 지배기업이 그 기업을 지배한다고 본다. 다만 그러한 소유권이 지배하지 않는다는 것을 명확하게 제시할 수 있는 예외적인 경우는 제외한다. 다음의 경우에는 지배기업이 다른 기업 의결권의 절반 또는 그 미만을 소유하더라도 지배한다고 본다.

① 다른 투자자와의 약정으로 과반수의 의결권을 행사할 수 있는 능력이 있는 경우
② 법규나 약정에 따라 기업의 재무정책과 영업정책을 결정할 수 있는 능력이 있는 경우
③ 이사회나 이에 준하는 의사결정기구가 기업을 지배한다면, 그 이사회나 이에 준하는 의사결정기구 구성원의 과반수를 임명하거나 해임할 수 있는 능력이 있는 경우
④ 이사회나 이에 준하는 의사결정기구가 기업을 지배한다면, 그 이사회나 이에 준하는 의사결정기구의 의사결정에서 과반수의 의결권을 행사할 수 있는 능력이 있는 경우

01 재무상태표와 회계정보

재무상태표는 앞에서 살펴본 바와 같이 일정한 시점에서의 기업의 재무상태를 보고하는 데 그 목적이 있다. 즉, 일정한 시점에서 기업이 보유하고 있는 자산, 부채, 그리고 자본의 구성내용과 금액이 재무상태표를 통하여 보여진다. 즉 일정시점에서의 기업의 재무상태는 재무상태표에 요약·보고된다.

재무상태표의 형식은 계정식과 보고식으로 구분할 수 있는데 계정식은 왼쪽에는 자산, 오른쪽에는 부채와 자본을 보고하여 계정의 차변과 대변 형식으로 보고하는 방법으로 간단히 요약하여 보고할 때 많이 사용된다. 보고식은 자산 다음에 부채, 그 아래에 자본을 이어서 보고하는 방법으로 직전 회계연도와의 비교를 위하여 전기와 당기(이번 회계연도)를 함께 제시하는 경우가 일반적이다.

1 자산(assets)

자산은 기업이 소유하고 있는 현금 등 재화와 외상매출금 등 채권을 말한다. 즉 자산은 기업이 소유하고 있는 재화나 권리를 포함한 여러 가지 경제적 자원을 표시한다.

이를 구체적으로 정의하면 자산이란 과거의 거래 등의 결과로 현재 기업실체에 속하고 미래의 경제적 효익을 창출할 것으로 기대되는 자원이다.

표 3-2 자산의 분류

구 분	계정과목	
유동자산	당좌자산	현금 및 현금성 자산, 단기금융상품, 단기매매증권, 매출채권, 단기대여금, 미수금, 미수수익, 선급금. 선급비용 등
	재고자산	상품, 제품, 원재료, 재공품, 반제품, 저장품 등
비유동자산	투자자산	장기금융상품, 매도가능증권, 장기대여금, 투자부동산, 만기보유증권, 지분법적용투자주식 등
	유형자산	토지, 건물, 구축물, 기계장치, 선박, 차량운반구, 건설 중인 자산, 비품 등
	무형자산	영업권, 산업재산권, 광업권, 개발비 등
	기타 비유동자산	장기성 매출채권, 보증금, 장기미수금

자산이란 경제적 가치가 있는 자원으로서, 즉 가치가 있는 물건 또는 권리로서 재산과는 다르다. 화폐단위로 표시할 수 있어야 회계기록의 대상이다(예 : 유머감각, 부드러움 등).

자산은 대차대조표일로부터 1년 이내에 현금화할 수 있는지의 여부에 따라 크게 유동자산과 비유동자산으로 분류된다. 유동성이란 각 경제주체가 자신이 소유하고 있는 자산을 현금으로 전환할 수 있는 능력을 의미한다. 쉽게 생각해보면 기업이 현금으로 전환이 가능한 재산을 얼마나 가지고 있는가를 나타내는 의미이다.

❷ 부채

부채는 기업이 미래에 타인에게 상환해야 할 채무를 말한다. 즉, 타인으로부터 현금을 빌리거나, 상품·제품과 같은 재화나 용역을 제공받고 그 대가를 지급하지 않아 앞으로 반드시 갚아야 할 경제적 의무이다.

이를 구체적으로 정의하면 부채란 과거의 거래 등의 결과로서 현재 기업실체가 부담하고 그 이행에 자원의 유출이 예상되는 의무이다.

부채는 대차대조표일로부터 만기가 1년 이내에 도래하는지의 여부에 따라 크게 유동부채와 비유동부채로 분류된다.

표 3-3 부채의 분류

구 분	계정과목
유동부채	매입채무, 선수금, 미지급비용, 단기차입금, 예수금, 미지급법인세, 선수수익
비유동부채	장기매입채무, 장기차입금, 사채

❸ 자본

자본은 자산총액에서 부채총액을 차감한 잔액을 말한다.

자본은 순자산·잔여지분이라고도 하며 여기서 자본등식이 도출된다.

(자본 등식) 자산 − 부채 = 자본

자본금은 법정자본금으로 한다. 자본잉여금은 증자나 감자 등 주주와의 거래에서 발생하며 자본을 증가시키는 잉여금이다. 예를 들면, 주식발행초과금, 자기주식처분이익, 감자차익 등이 포함된다. 자본조정을 당해 항목의 성격으로 보아 자본거래에 해당하나 최종 납입된 자본으로 볼 수 없거나 자본의 가감성격으로 자본금이나 자본잉여금으로 분류할 수 없는 항목이다. 예를 들면, 자기주식, 주식할인발행차금, 주식선택권, 출자전환채무, 감자차손 및 자기주식처분손실 등이 포함된다.

표 3-4 자본의 종류

구분
자본금
자본잉여금
자본조정
기타포괄손익누계액
이익잉여금

기타 포괄손익누계액은 보고기간 종료일 현재의 매도가능증권평가손익, 해외사업환산손익, 현금흐름위험회피, 파생상품평가 손익 등의 잔액이다. 이익잉여금(또는 결손금)은 손익계산서에 보고된 손익과 다른 항목에서 이입된 금액의 합계액에서 주주에 대한 배당금, 자본금으로의 전입 및 자본조정항목의 상각 등으로 처분된 금액을 차감한 잔액이다.

❹ 재무상태표의 의의

재무상태표는 일정 시점에 있어 기업의 재무상태를 총괄적으로 나타내는 일람표이다. 따라서 대차대조표라고도 한다. 대차대조표의 자본과 부채는 기업의 총자원이 어떻게 조달되었는가를 설명하는 것이다. 즉, 주주가 투자한 자본금과 기업활동으로 축적한 잉여금, 그리고 외부로부터 차입하거나 상환해야 할 부채가 총자원의 원천이 되는 셈이며 이렇게 조달된 자원(자금)이 기업활동에 어떻게 효율적으로 운용(배치)되고 있는가 하는 것을 일정 시점의 상태에서 제시해 주는 것이 재무상태표이다(K-IFRS 제1001호 참조).

자산의 합계액과 부채와 자본의 합계액은 일치한다. 여기서 재무상태표 등식이 도출된다.

$$\text{재무상태표등식} = \text{자산} = \text{부채} + \text{자본}$$

$$\text{기말자산} = \text{기말부채} + \frac{\text{기초자본} + \text{당기순이익}}{\text{기말자본}}$$

5 재무상태표 계정잔액

재무상태표는 재무상태표 계정잔액을 자산과 부채 및 자본으로 구분하여 일정한 기준에 의하여 작성하게 되는데 다음과 같이 요약할 수 있다.

① 항목의 구분표시

재무상태표는 자산·부채 및 자본으로 구분하고, 자산은 유동자산 및 비유동자산으로, 부채는 유동부채 및 비유동부채로, 자본은 자본금·자본잉여금·이익잉여금·기타 포괄손익누계액 및 자본조정으로 각각 구분한다.

② 총액의 기재

자산·부채 및 자본은 총액에 의하여 기재하고, 자산 항목과 부채 또는 자본의 항목을 상계함으로써 그 전부 또는 일부를 대차대조표에서 제외하여서는 아니 된다.

구체적으로 설명하면 평가계정과 같이 차감하여야 할 항목은 당해계정에서 차감하는 형식으로 표시하여야 하며 서로 대응되는 자산항목과 부채항목을 상계해서는 안 된다. 이러한 예는 매출채권에 대한 대손충당금, 건물에 대한 감가상각충당금 등의 표시와 대여금과 차입금을 각각 총액으로 표시해야 하며 상계해서는 안되는 것과 같다.

③ 유동계정과 비유동계정의 구분

자산과 부채는 1년 또는 영업순환주기에 따라 유동자산 또는 비유동자산, 유동부채 또는 비유동부채로 구분한다.

④ 유동성 배열의 기준

대차대조표에 기재하는 자산과 부채의 항목배열은 유동성에 따라 배열한다. 이는 유동성을 중요시하여 환금성이 강한 것부터 점차 약한 것으로 배열하고 부채도 상환일자가 빠른 단기부채부터 배열하여 상환의무가 없는 자본을 맨 나중에 배열하는 방법이다.

⑤ 잉여금의 구분표시

자본거래에서 발생한 자본잉여금과 손익거래에서 발생한 이익잉여금은 구분하여 표시한다.

6 재무상태표의 종류

재무상태표는 표시형식에 따라 계정식과 보고식의 두 종류가 있다.

계정식은 좌우 양분하여 왼쪽에는 자산을 표시하고 다른 한편에는 부채 및 자본을 표시하도록 하여 자본조달의 원천과 그 구체적 운용형태를 대조적으로 표시하고 있으므로, 기업의 재무상태의 내용을 표시하는 점에서 보면 보고식보다 좋은 점이 있으나 회계의 지식이 없는 사람에게는 이해하기 어려울 수 있다.

보고식은 대차대조표의 내용을 상하 일렬로 기재하는 방법으로 유동성배열법에 맞추어 먼저 자산항목을 기입하고 이어 부채, 자본항목의 순으로 기입하여 상하 가감계산이 되어 있다. 계정식과 달리 회계지식이 없는 이용자라도 비교적 이해하기가 쉽다는 장점이 있다.

재무상태표는 기업회계준서 제1001호에서 제시하고 있다.

이를 요약하여 도식화하면 다음과 같다.

보고식 재무상태표

××회사　　202×년 ×월 ×일 현재　　(단위 : 원)

자　　산	금　　액
유 동 자 산	
당 좌 자 산	×××
재 고 자 산	×××
비유동자산	
투 자 자 산	×××
유 형 자 산	×××
무 형 자 산	×××
기타 비유동자산	×××
자 산 총 계	×××
부채·자본	**금　　액**
부　　채	
유 동 부 채	×××
비유동부채	×××
부 채 총 계	×××
자　　본	
자 본 금	×××
자본잉여금	×××
자 본 조 정	×××
기타포괄손익누계액	×××
이익잉여금	×××
자 본 총 계	×××
부채 및 자본총계	×××

재무상태표(K-IFRS)

××회사	202×년 ×월 ×일 현재	(단위 : 원)

자 산	금 액
유 동 자 산	
현금 및 현금성자산	×××
매출채권 및 기타 채권	×××
금 융 자 산	
재 고 자 산	×××
상 품 자 산	×××
비유동자산	
투 자 자 산	×××
유 형 자 산	×××
무 형 자 산	×××
자 산 총 계	×××
부채·자본	**금 액**
부 채	
금 융 부 채	×××
매입채무 및 기타 채무	×××
충 당 부 채	×××
부 채 총 계	×××
자 본	
자 본 금	×××
납입자본과 적립금	×××
비지배지분	×××
자 본 총 계	×××
부채 및 자본총계	×××

재무상태표 계정과목

자 산

구분	계정과목	내용
유동자산		
당좌자산	현금 및 현금성자산	• 현금 : 통화(주화, 지폐), 타인발행수표, 우편환증서 등 • 당좌예금 : 수표발행 가능한 예금(당좌차월 : 당좌예금의 잔액을 초과하여 수표를 발행한 금액, 결산시 단기차입금 분류) • 보통예금 : 입출금이 자유로운 예금 • 현금성자산 : 유가증권 및 단기금융상품으로서 취득당시 만기가 3개월 이내에 도래하는 환매조건부채권, 양도성예금증서
당좌자산	단기투자자산	• 정기예금 : 일정한 기간을 정하여 일정금액을 예치하고 만기(3개월 초과 1년 이내)가 도래하기 전에는 원칙적으로 환급을 요구할 수 없는 예금 • 정기적금 : 일정기간(3개월 초과 1년 이내)을 정하여 일정금액씩 계속 납부할 것을 약정하고 매월 일정일에 일정금액을 예입하는 예금 • 단기매매증권 : 시장성이 있는 유가증권으로서 단기간(1년 이내) 내의 매매차익을 얻을 목적으로 취득하고, 매수와 매도가 적극적이고 빈번하게 이루어지는 주식, 국·공채·사채 • 단기대여금 : 1년 이내에 상환받는 조건으로 금전을 빌려준 경우
당좌자산	매출채권	• 외상매출금 : 일반적인 상거래에서 외상으로 판매한 경우 • 받을어음 : 일반적인 상거래에서 외상으로 판매하고 받은 어음
당좌자산	미수금	• 일반적인 상거래이외 거래에서 발생한 채권
당좌자산	미수수익	• 당기에 발생한 수익이나 아직 받지 못한 금액으로 결산시기에 처리
당좌자산	선급금	• 상품이나 원재료를 구입조건으로 미리 지급하는 계약금
당좌자산	선급비용	• 당기에 지출한 비용 중 차기분에 해당하는 비용으로 결산시기에 처리
당좌자산	부가세대급금	• 상품, 원재료, 비품을 구입하는 경우와 비용을 지출할 때 부담한 부가가치세로서 부가가치세 신고시 매입세액으로 공제가 가능한 금액
당좌자산	선납세금	• 법인세 중간예납세액과 법인의 소득발생시 원천징수된 세액
당좌자산	대손충당금	• 단기대여금, 매출채권, 미수금, 선급금의 차감적 평가계정
재고자산	상 품	• 판매를 목적으로 구입한 완제품
재고자산	제 품	• 재료비, 노무비, 제조경비를 투입하여 만든 완성품
재고자산	반제품	• 재료비, 노무비, 제조경비를 투입하여 만든 중간품으로 판매가 가능한 제품
재고자산	원재료	• 제품을 만들기 위하여 구입한 원료와 재료
재고자산	재공품	• 재료비, 노무비, 경비를 투입하여 제품을 만들고 있는 과정으로 결산시점에서 제조 중인 미완성품

비유동자산		
투자자산	투자부동산	• 영업활동에 사용하지 않고 시세차익을 목적으로 보유하는 부동산
	만기보유증권	• 만기까지 보유할 적극적인 의도와 능력이 있는 국채·공채·사채
	매도가능증권	• 만기보유증권이나 단기매매증권으로 분류되지 않는 주식, 국·공채(단기매매증권으로 분류하였으나 시장성이 없는 경우)
	지분법적용투자주식	• 투자회사가 직접 또는 간접적으로 피투자회사의 의결권 있는 주식의 20% 이상을 보유하고 있는 경우
	장기금융상품	• 결산일로부터 만기일이 1년 이후에 도래하는 금융상품
	장기대여금	• 대여기간이 결산일로부터 1년 이상인 대여금
유형자산	토 지	• 영업활동을 위하여 사용하는 대지
	건 물	• 영업활동을 위하여 사용하는 사무실, 창고, 공장, 건물부속설비
	구축물	• 영업활동을 위하여 사용하는 교량, 궤도, 갱도, 정원 설비 및 기타의 토목설비 또는 공작물 등
	기계장치	• 영업 활동을 위하여 사용하는 기계·운송설비(콘베어, 기중기 등)와 기타의 부속설비 등
	차량운반구	• 영업활동을 위하여 사용하는 승용차, 트럭, 오토바이, 지게차
	비 품	• 영업활동을 위하여 사용하는 책상, 의자, 컴퓨터, 냉장고, 에어컨
	건설중인자산	• 영업활동을 위하여 건설중인 건물, 구축물, 기계장치, 차량운반구, 비품
	감가상각누계액	• 건물, 구축물, 기계장치, 차량운반구, 비품의 차감적 평가계정
무형자산	영업권	• 매수 또는 합병 시에 취득자산과 인수부채의 순액을 초과하여 지급하는 금액
	산업재산권	• 특허권 : 신규 개발품에 대한 특허를 등록하고 독점적 권리를 얻기 위해 지출한 금액 • 실용신안권 : 제품의 형상, 구조에 관한 고안을 등록하고 독점적 권리를 얻기 위해 지출한 금액 • 상표권 : 특정상표를 등록하여 독점적 권리를 얻기 위해 지출한 금액 • 디자인권 : 제품의 대한 새로운 디자인을 등록하여 독점적 권리를 얻기 위하여 지출한 금액
	개발비	• 특정 신제품 또는 신기술 개발과 관련하여 발생한 비용으로 개별적으로 식별이 가능하고 미래에 경제적인 효익의 유입이 확실하게 기대 할 수 있는 지출액(신제품 개발을 위한 정보수집비용이나, 기존 제품의 기능향상은 연구비로 처리)
	소프트웨어	• 외부에서 유상으로 구입한 소프트웨어
	기타 무형자산	• 광업권, 어업권, 라이선스, 프랜차이즈, 저작권, 임차권리금
기타비유동자산	보증금	• 전세보증금, 임차보증금, 영업보증금
	장기매출채권	• 일반적인 상거래에서 발생한 외상매출금과 받을어음으로 회수기간이 1년 이상인 것
	장기미수금	• 일반적인 상거래 이외에서 발생한 미수금으로 회수기간이 1년 이상인 것
	장기선급금	• 상품이나 원재료를 구입조건으로 미리 지급한 계약금으로 1년 이상이 지난 것
	부도어음과 수표	• 거래처의 부도로 지급이 거절된 받을어음, 당좌수표

부 채

구분	계정과목	내용
유동부채	매입채무	• 외상매입금 : 일반적인 상거래에서 외상으로 매입한 경우 • 지급어음 : 일반적인 상거래에서 외상으로 매입하고 지급한 어음
	미지급금	• 일반적인 상거래 이외 거래에서 발생한 채무
	단기차입금	• 1년 이내에 지급하는 조건으로 금전을 빌린 경우
	예수금	• 급여를 지급할 때 공제하는 소득세, 지방소득세 원천징수분, 사회보험료 종업원 부담금
	선수금	• 상품이나 제품을 판매하는 조건으로 미리 지급받는 계약금
	선수수익	• 당기에 받은 수익 중에서 차기분에 해당하는 수익으로 결산시기에 처리
	부가세예수금	• 상품, 제품을 판매하는 경우 소비자 또는 매입자가 부담한 부가가치세로 부가가치세 신고시 매출세액으로 관할세무서에 납부하여야 할 금액
	미지급세금	• 이익에 대한 법인세, 법인세분지방소득세로 결산시기에 처리
	미지급비용	• 당기에 귀속되는 비용 중 약정기일이 도래하지 않아 지급하지 못한 비용으로 결산시기에 처리
	미지급배당금	• 주주총회에서 현금배당이 결의된 후 실제로 현금이 지출되는 시점까지 기업이 부채로 인식하는 현금배당액
	유동성장기부채	• 결산일 현재 상환기일이 1년 이내에 도래하는 장기차입금, 사채, 장기성미지급금
비유동부채	사 채	• 주식회사가 장기적으로 자금을 조달할 목적으로 발행하는 회사채
	장기차입금	• 1년 이상의 상환기일에 지급하는 조건으로 금전을 빌린 경우
	퇴직급여충당부채	• 종업원이 일시에 퇴직할 경우 지급하여야 할 퇴직금으로 적립한 금액
	장기매입채무	• 일반적인 상거래에서 발생한 외상매입금과 지급어음으로 지급기간이 1년 이상인 것
	장기미지급금	• 일반적인 상거래 이외에서 발생한 미지급금으로 지급기간이 1년 이상인 것
	임대보증금	• 나중에 임차인에게 반환해야 하는 전세 또는 월세보증금

자 본

구분	계정과목	내용
자본금	자본금	• 보통주 자본금, 우선주 자본금 • 기업이 발행한 주식의 액면금액 (발행주식수×주당 액면금액)
	인출금	• 개인기업의 기업주가 개인적인 사유로 인출한 금액으로 결산시점에서 자본금으로 대체
자본 잉여금	주식발행초과금	• 주식 발행시 주식의 발행금액이 액면금액을 초과하는 경우 그 초과하는 금액
	감자차익	• 발행한 주식을 매입하여 소각하거나 결손금을 보전하기 위하여 자본금을 감소시킬 경우 감소한 자본금이 주식매입금액 또는 결손금 보전액을 초과할 때 그 초과하는 금액
	자기주식처분이익	• 자기주식 처분시 자기주식 취득금액보다 처분금액이 높은 경우 그 초과하는 금액
자본 조정	자기주식	• 기업이 발행한 주식을 매입하여 소각하거나 재발행할 목적으로 취득한 주식
	주식할인발행차금	• 주식 발행시 주식의 발행금액이 액면금액을 미달하는 경우 그 미달하는 금액
	감자차손	• 발행한 주식을 매입하여 소각하거나 결손금을 보전하기 위하여 자본금을 감소시킬 경우 감소한 자본금이 주식매입금액 또는 결손금 보전액을 미달할 때 그 미달하는 금액
	자기주식처분손실	• 자기주식 처분시 자기주식 취득금액보다 처분금액이 낮은 경우 그 미달하는 금액
기타 포괄손익 누계액	매도가능증권 평가손익	• 결산시점에서 매도가능증권을 공정가액으로 평가하는 경우에 발생하는 평가 손익
	해외사업환산손익	• 해외지점 등을 운영하는 경우 자산·부채를 결산일 현재 환율을 적용하여 환산한 경우 발생하는 환산손익
	현금흐름위험회피 파생상품평가손익	• 미래 현금흐름의 변동위험을 감소시키기 위해 취득한 파생상품의 평가손익
이익 잉여금	법정적립금	• 이익준비금 : 자본금의 1/2에 달할 때까지 매 결산기에 현금배당액의 1/10 이상의 금액을 적립한 금액
	임의적립금	• 이익잉여금 중에서 회사가 임의로 적립한 금액(사업확장적립금, 감채기금적립금)
	미처분이익잉여금	• 기업의 이익 중 배당금이나 기타의 잉여금으로 처분하지 않고 남아있는 잉여금

02 포괄손익계산서와 회계정보

포괄손익계산서는 일정한 기간 동안의 경영성과에 대한 정보를 제공하는 보고서로서 한 회계기간 동안 발생한 모든 수익과 비용을 보고한다. 포괄이라는 말은 기업경영에서 경상적이고 반복적으로 발생하는 수익과 비용뿐만 아니라 비경상적이고 비반복적으로 발생하는 수익과 비용을 모두 포함한다는 뜻이다. 즉, 모든 것을 포괄하여 경영성과를 보고하는 보고서를 포괄손익계산서(statement of comprehensive income)라고 한다. 포괄손익계산서는 당해 회계기간의 경영성과를 나타낼 뿐만 아니라 기업의 미래현금흐름과 수익창출능력 등의 예측에 유용한 정보를 제공한다.

❶ 수익

수익이란 기업의 경영활동에 의해서 발생된 자본의 증가원인을 말한다. 단, 자본의 증가원인 중에 자본금의 추가 출자(증자)와 같은 자본은 수익이라고는 할 수 없다.

예를 들면 ₩100,000의 자본금이 있는 경우에, 추가해서 ₩50,000을 출자했다면, 이 경우 자본금 ₩50,000이 증가한 것이지 경영활동에 의한 것은 아니다. 기업주에 의한 것으로서 이익이 되는 것은 아니고, 증자라고 하는 자본의 증가원인이기 때문에 수익이 아니다.

❷ 비용

비용이란 기업의 영업활동에 의해서 발생한 자본의 감소원인을 말한다. 다만, 자본의 감소원인 중에 자본금의 인출(감자)같은 자본의 감소원인은 비용이라 할 수 없다.

예를 들면 기업주가 생활비로 충당하기 위해 현금 ₩10,000을 기업에서 인출한 경우, 자본금 ₩10,000이 감소하지만, 이것은 영업활동과는 관계가 없기 때문에 비용은 아니다. 또한 차입금을 상환하기 위한 지출도 자본금이 감소하는 것이 아니기 때문에(부채가 감소한다) 비용이 아니다.

표 3-5 수익과 비용의 분류

구 분		계정과목
수 익	매 출	매출액은 기업의 주된 영업활동에서 발생한 제품, 상품, 용역 등의 총매출액에서 매출할인, 매출환입, 매출 에누리 등을 차감한 금액. 상품 매출
	영업외수익	이자수익, 배당금수익, 단기매매증권처분이익(단기투자자산처분이익), 유형자산처분이익, 대손충당금환입, 외환차익, 외화환산이익, 자산수증이익, 채무면제이익, 보험차익, 잡이익 등
비 용	매출원가	상품매출원가, 제품, 상품 등의 매출액에 대응하는 원가로서 판매된 제품이나 상품 등에 대한 제조원가 또는 매입원가
	판매비와 관리비	급여, 퇴직급여, 복리후생비, 임차료, 접대비, 감가상각비, 세금과공과, 광고선전비, 대손상각비 등 판매활동과 기업의 관리활동에서 발생하는 비용
	영업외비용	이자비용, 기타의 대손상각비, 단기매매증권처분손실(단기투자자산처분손실), 외환차손, 외화환산손실, 기부금, 재해손실 등 기업의 주된 영업활동이 아닌 활동으로부터 발생한 비용
	법인세비용	법인세 등

③ 포괄손익계산서의 의의

포괄손익계산서(income statement, profit and loss statement ; I/S, P/L)는 일정 회계연도의 경영성과를 나타내는 일람표로서 회계연도 내에 발생한 수익과 이에 대응하는 발생비용을 체계적으로 나타내어 순이익의 발생원인과 발생과정을 표시해 주는 가장 중요한 재무제표 중의 하나이다. 즉, 매출액에서 매출원가를 차감하면 매출총이익이 산출되고, 다시 판매비와 관리비를 차감하면 영업이익이 산출된다. 또한 영업이익에 영업외수익을 가산하고 영업외비용을 차감하여 법인세차감전순손익이 산출된다.

계속사업손익 법인세비용을 차감하여 계속사업손익이 산출되고 중단사업손익을 가감하여 당기순손익을 계상한 후 주당손익을 산출하도록 하여 각 단계별로 이익의 특성을 구분하도록 하고 있다.

이렇게 몇 단계로 구분하여 수익과 비용을 대응시키면서 이익을 산출하는 것은 경영활동의 원인과 결과 그리고 그 진행과정을 파악하여 비교 분석함으로써 이해관계자의 의사결정효과를 높이기 위함이다. 또한 손익계산서를 통하여 현재의 수익성 파악과 미래의 수익예측이 가능하며, 단기적 경영자의 경영능력과 경영업적을 평가할 수 있다.

4 포괄손익계산서의 작성법

(1) 발생주의

모든 비용과 수익은 그것이 발생한 기간에 정당하게 배분되도록 처리하여야 한다. 다만, 수익은 실현시기를 기준으로 계상하고 미실현수익은 당기의 손익계산서에 산입하지 않는다.

발생주의(principle of accrual basis)란 현금주의(cash basis)에 대립하는 말로 현금의 수수에 관계 없이 수익이나 비용을 인식하고 계산한다는 것이며, 현금주의는 수익이나 비용의 인식을 현금수입이나 지출에 입각해서 계산한다는 뜻이다. 그러나 신용거래가 고도화된 현대의 거래관행으로 볼때 현금주의로 기간손익을 산정하기란 불가능하다. 예를 들어 선급비용의 미경과분을 현금주의로 처리할 수 없을 뿐만 아니라 반대로 공채의 경과이자액처럼 수입이 확실한 미수수익도 현금주의로는 처리할 수가 없다.

따라서 수익의 경우 발생주의에서 발생되는 미실현이익의 계상으로 인한 과대이익 계상을 막기 위하여 발생주의를 회계처리원칙으로 하면서 수익에 대하여는 실현주의를 채택함으로써 기업의 견실성을 유지할 수 있다. 즉, 수익은 당기에 발생하여 당기에 실현된 것만 계산하고 미실현수익은 원칙적으로 당기의 손익계산에서 제외시켜 정확한 기간손익을 계산하도록 하고 있다.

(2) 수익·비용의 대응

수익·비용대응원칙은 수익과 비용은 그 발생원천에 따라 명확하게 분류하고 각 수익항목과 이에 관련되는 비용항목을 대응 표시하여야 한다는 것이다. 수익·비용의 대응형태는 개별적 대응(product matching)과 기간적 대응(period matching)이 있으며 기업의 계속성 때문에 개별적 대응이 불완전하여 기간을 단위로 하는 기간대응을 병용하는 것이다.

따라서 기간적 대응은 가능한 그것의 개별적 대응을 기초로 하고 그것이 불가능한 항목에 있어서 기간적 대응을 행하고 있다.

(3) 손익의 발생구분

손익계산서는 매출총손익·영업손익·법인세비용차감전계속사업손익·계속사업손익·당기순손익으로 구분 표시하여야 한다. 다만 제조업·판매업 및 건설업 이외의 기업에 있어서는 매출총손익의 구분표시를 생략할 수 있다.

손익계산서는 수익과 비용을 개별적·기간적으로 대응시키면서 회계정보이용효율성을 높이기 위하여 비용과 수익의 특성별로 5단계로 구분 계산하여 보고하고 있다.

이 구분계산을 요약표시하면 다음과 같다.

제1단계 : 매출총손익 = 순매출액 − 매출원가

제2단계 : 영업손익 = 매출총손익 − 판매비와 관리비

제3단계 : 법인세차감전계속사업손익 = 영업손익 + 영업외수익 − 영업외비용

제4단계 : 계속사업손익 = 법인세차감전계속사업손익 − 법인세비용

제5단계 : 당기순손익 = 계속사업손익 ± 중단사업손익 ± 포괄손익

제조업·판매업 및 건설업은 5단계 구분손익계산서를 작성하도록 하고 금융업, 리스업 등은 매출총손익의 구분표시를 생략하여 매출원가와 판매비와 관리비를 합하여 영업비용으로 표시하는 4단계 구분손익계산서를 작성한다.

(4) 재산법에 의한 기간손익계산

회계의 주된 목적은 경영·경제활동에서 획득한 손익(순이익 또는 순손실)을 일정기간을 단위로 해서 계산하는 기간손익계산이다. 회계에서는 일정기간에 자본(순자산)의 증가액을 이익으로 생각한다. 자본(순자산)이 감소한 경우에는 그 감소액이 순손실이다. 기간손익계산의 방법에는 재산법과 손익법이라고 하는 2가지 방법이 있다(손익법에 대해서는 후술).

재산법이란 기간손익을 회계기간의 기초와 기말에 있어서 자본의 차액으로 계산하는 방법이다. 1 회계기간의 영업활동의 결과로서 기말자본이 기초자본보다 증가했다면 그 증가액이 당기순이익이고, 반대로 기말자본이 기초자본보다 감소했다면 그 감소액이 당기순손실이다. 재산법은 다음 계산식으로 표시된다.

기초자산 − 기초부채 = 기초자본

기말자산 − 기말부채 = 기말자본

기말자본 − 기초자본 = 당기순이익(당기순손실)

따라서 재산법은 대차대조표에 의한 기간손익의 계산방법이라고 말할 수 있다.

5 포괄손익계산서의 형식

(1) 요약손익계산서

손익계산서는 상하 연속으로 매출액부터 표시하면서 각 단계별 수익에서 비용을 차감하여 단계별이익을 산출해 가는 형식으로 되어 있고 최종단계에서는 당기순이익(손실)을 산출한다. 이는 회계적 지식이 없는 이해관계자도 이해하기 용이하며 기업회계기준서 제1001호의 문단 102, 103에 나타나 있다.

주요 항목만을 골라 간단히 도식하면 다음과 같다.

보고식 손익계산서(前)

××회사 202×년 1월 1일부터 202×년 12월 31일까지 (단위 : 원)

수 익	급 여
매 출 액	×××
매 출 원 가	(×××)
매출총이익	×××
판매비와 관리비	(×××)
영 업 이 익	×××
영업외수익	×××
영업외비용	(×××)
법인세차감전순이익	×××
법인세비용	(×××)
당기순이익	

포괄손익계산서(K-IFRS)

202×년 1월 1일부터 202×년 12월 31일까지

수 익
−매 출 원 가
매출총이익
+기 타 수 익
−물 류 원 가
−관 리 비
−기 타 비 용
법인세비용차감전순이익

(2) 포괄손익계산서 주석

포괄손익계산서의 경우 주석양식을 제시하고 있다.

당기순손익 아래에 회계정책변경누적효과·기타포괄손익을 가감하여 포괄손익을 산출하도록 하였다. 기타포괄손익은 매도가능증권평가손익·해외사업환산손익·현금흐름위험회피 파생상품평가손익 등을 포함한다.

포괄손익계산서 계정과목

비 용

구분	계정과목	내용
매출원가	상품매출원가	판매된 상품의 매입원가로 상품매출액에 대응되는 원가
	제품매출원가	판매된 제품의 제조원가로 제품매출액에 대응되는 원가
판매비와 관리비	급 여	고용관계가 있는 직원에게 근로의 대가로 지급하는 금품
	퇴직급여	고용관계가 있는 사유로 퇴직자에게 지급하는 퇴직금과 회사가 퇴직금 지급에 대비하여 결산시점에서 퇴직급여충당금을 설정할 경우 충당금의 설정액
	복리후생비	노동의 능률을 유지, 향상시키기 위하여 종업원에게 지급되는 복리후생적 비용으로 식대, 피복비, 생수대, 회사부담 건강보험료, 사내행사비, 직원경조사비 등
	여비교통비	업무와 관련된 국내·국외 출장비, 시내교통비, 부임여비
	접대비	거래관계의 활성화 또는 판매증대를 목적으로 지출하는 비용으로 교제비, 기밀비, 사례금 등
	통신비	업무와 관련된 전화요금, 휴대폰요금, 인터넷요금, 우편요금
	수도광열비	업무와 관련된 가스요금, 전기요금, 수도요금, 난방비
	세금과공과	업무와 관련된 재산세, 종합부동산세, 자동차세, 상공회의소 회비, 균등할주민세, 면허세, 인지대, 각종벌금, 과료, 과태료 등과 같은 항목의 비용
	감가상각비	유형·무형의 고정자산은 사용 또는 시일의 경과에 따라 그 가치가 점차로 감소되는 것인데 이것을 감가라 하며, 가치 감소분의 원가배분을 위하여 일정한 산정방식에 따라 계상된 비용
	임차료	업무와 관련된 토지, 건물, 기계장치, 차량운반구, 산업재산권 등을 빌리고 지급하는 사용료
	수선비	업무와 관련된 기계, 건물 및 비품의 경상적인 수리 및 유지에 소요된 비용
	보험료	업무와 관련된 보험계약에서 보험자가 보험금지급 책임을 지는 대가로서 보험 계약자가 지급하는 금액으로 건물보험료, 자동차보험료 등과 같은 항목의 비용
	차량유지비	업무와 관련된 차량을 운행하면서 소요되는 차량 유류대, 차량수리비, 차량 통행료, 차량 정기주차료, 차량 검사료 등과 같은 항목의 비용
	운반비	매출시 발생하는 발송비, 하역비, 상하차비, 조작비 등과 같은 항목의 비용
	도서인쇄비	업무와 관련된 도서나 인쇄비용으로 신문, 잡지 구독료, 도서구입대금, 명함제작비, 복사비 등과 같은 항목의 비용
	소모품비	업무와 관련된 사무용 장부, 볼펜, 복사용지, 청소용구 및 쓰레기 봉투, 소모성 공구, 전기용품 및 철물, 전화기, 랜카드 구입비 등과 같은 항목의 비용
	수수료비용	업무와 관련된 용역(서비스)을 제공받고 지급하는 비용으로 송금수수료, 증명서발급수수료, 청소 및 경비용역비, 기장 및 세무조정수수료, 감정수수료, 소프트웨어 사용료, 카드연회비 등과 같은 항목의 비용
	광고선전비	업무와 관련하여 상품, 제품의 판매촉진을 목적으로 불특정 다수인에게 광고하고 선전하는 활동에 소요되는 비용으로 TV 광고료, 신문광고료, 잡지광고료, 홈페이지제작비 등
	대손상각비	매출채권(외상매출금, 받을어음) 등에 대한 회수가 불가능할 경우 비용으로 처리하는 경우와 회수가 불확실한 금액을 산출하여 결산시점에서 대손충당금을 설정할 경우 충당금 설정액

<table>
<tr><td rowspan="3">판매비와 관리비</td><td>연구비</td><td>업무와 관련된 신제품이나 신기술을 개발하기 전 프로젝트 단계로 정보탐색 비용이나 경제적인 효익의 창출이 불확실한 경우의 지출 비용이나 기존 제품의 기능향상을 위해 지출한 비용</td></tr>
<tr><td>경상개발비</td><td>업무와 관련된 신제품이나 신기술의 개발단계에서 지출한 비용으로 개발비로 인식요건을 갖추지 못한 비용</td></tr>
<tr><td>판매수수료</td><td>업무와 관련하여 금전계약에 의거하여 상품이나 제품 등의 판매 서비스를 제공받고 그 대가로서 지급한 비용</td></tr>
<tr><td rowspan="16">영업외 비용</td><td>이자비용</td><td>차입금, 사채, 금융기관 대출금 등으로 인하여 발생하는 이자지급액</td></tr>
<tr><td>기타의 대손상각비</td><td>매출채권 이외의 채권(대여금, 미수금, 미수수익, 선급금) 등에 대한 회수가 불가능할 경우 비용으로 처리하는 경우와 회수가 불확실한 금액을 산출하여 결산 시점에서 대손충당금을 설정할 경우 충담금 설정액</td></tr>
<tr><td>단기매매증권 처분손실</td><td>단기매매증권(주식, 국·공채)을 처분할 때 처분금액이 장부가액보다 낮은 경우 그 차액</td></tr>
<tr><td>단기매매증권 평가손실</td><td>단기매매증권(주식, 국·공채)을 결산일 현재 공정가치로 평가할 때 공정가치가 장부가액보다 낮은 경우 그 차액</td></tr>
<tr><td>재고자산 감모손실</td><td>재고자산의 실지 재고조사를 통해 파악된 재고량이 장부상의 재고량보다 작은 경우의 차액으로 운반 또는 보관 중의 분실·파손·도난 등으로 인하여 발생하는 비용
• 매출원가 : 영업활동 중에 어쩔 수 없이 발생하는 정상적인 부분
• 영업외비용 : 영업활동 중에 발생을 회피할 수도 있었던 비정상적인 부분</td></tr>
<tr><td>외환차손</td><td>외화자산의 발생과 회수시점, 외화부채의 발생과 상환시점 사이에서 환율변동의 차이로 발생하는 손실</td></tr>
<tr><td>외화환산손실</td><td>외화자산과 외화부채를 결산일 현재 환율로 평가할 때 발생하는 손실</td></tr>
<tr><td>기부금</td><td>상대방에게 아무런 대가를 받지 아니하고 무상으로 증여하는 금전, 기타의 자산가액으로 기업의 영업활동과는 직접적인 관련없이 사회복지, 교육, 문화, 종교, 정치단체, 사회적인 공익 등을 위하여 지급하는 비용</td></tr>
<tr><td>유형자산 처분손실</td><td>사용목적으로 보유하고 있는 유형자산을 처분할 때 처분금액이 장부가액보다 낮은 경우 그 차액</td></tr>
<tr><td>투자자산 처분손실</td><td>투자자산을 처분할 때 처분금액이 장부가액보다 낮은 경우 그 차액</td></tr>
<tr><td>매출채권 처분손실</td><td>당해 채권의 권리 의무가 실질적으로 이전되는 매출채권에 대한 할인시, 매각 거래로 보는 경우 할인으로 받는 금액과 장부가액 간의 차액</td></tr>
<tr><td>재해손실</td><td>천재지변 기타의 재해로 인하여 자산이 상실된 경우 그에 상당하는 금액</td></tr>
<tr><td>전기오류 수정손실</td><td>전기 이전의 비용 또는 수익에 대한 오류(중대한 오류가 아닐 것)을 당기에 반영함으로써 발생하는 손실</td></tr>
<tr><td>잡손실</td><td>정상적 영업활동과 관계가 없고 일시적이고 우발적 활동에서 발생된 손실로 가산세와 가산금, 계약위반 배상금, 보상금 도난 피해액, 교통사고배상금 등과 같은 항목의 손실</td></tr>
</table>

수 익

구분	계정과목	내용
매 출	상품매출	상품을 판매하여 발생한 순매출액으로 총매출액에서 매출환입, 매출에누리, 매출할인을 차감한 매출액 • 매출환입 : 판매한 상품에서 반품된 상품의 가액 • 매출에누리 : 판매한 상품에 하자가 발생한 경우 상품가격을 깎아주는 금액 • 매출할인 : 약정기일 전에 대금을 받아 할인해 준 금액
	제품매출	제품을 판매하여 발생한 순매출액으로 총매출액에서 매출환입, 매출에누리, 매출할인을 차감한 매출액
영업외 수익	이자수익	대여금, 금융기관 예금 및 적금으로 인하여 발생하는 이자 수입액
	배당금수익	주식에 투자하여 받는 배당금
	임대료	토지, 건물, 기계장치, 차량운반구, 산업재산권 등을 빌려주고 받는 사용료
	단기매매증권 처분이익	단기매매증권(주식, 국·공채)을 처분할 때 처분금액이 장부가액을 초과하는 경우 그 초과하는 금액
	단기매매증권 평가이익	단기매매증권(주식, 국·공채)을 결산일 현재 공정가치로 평가할 때 공정가치가 장부가액을 초과하는 경우 그 초과액 • 주식의 공정가치 : 결산일 현재 종가 • 국·공채의 공정가치 : 미래의 현금흐름을 현재가치로 환산
	외환차익	외화자산의 발생과 회수시점, 외화부채의 발생과 상환시점 사이에서 환율변동의 차이로 발생하는 이익
	외화환산이익	외화자산과 외화부채를 결산일 현재 환율로 평가할 때 발생하는 이익
	유형자산 처분이익	사용목적으로 보유하고 있는 유형자산을 처분할 때 처분금액이 장부가액을 초과하는 경우 그 초과하는 금액
	투자자산 처분이익	투자자산을 처분할 때 처분금액이 장부가액을 초과하는 경우 그 초과하는 금액
	자산수증이익	회사가 주주 또는 기타의 자로부터 현금이나 기타의 재산을 무상으로 제공받음으로써 생기는 이익
	채무면제이익	타인으로부터 채무상환을 면제받는 경우 그 가액
	보험차익	보험에 가입한 자산에 보험사고가 발생하여 손실이 생긴 때에 가입한 보험회사로부터 지급받는 보험금액이 피해를 받은 자산의 장부가액을 초과하는 경우에 그 초과하는 금액
	전기오류 수정이익	전기 이전의 수익 또는 비용에 대한 오류(중대한 오류가 아닐 것)를 당기에 반영함으로써 발생하는 이익
	수수료수익	용역, 서비스를 제공하거나 중개를 통해 받은 금액
	잡이익	특별히 설정된 수익, 이익계정의 어느 항목에도 속하지 않는 수익으로 그 발생이 희소하거나 잘 발생하여도 그 금액이 적은 경우의 이익으로 고철 매각, 사은품, 결재차액 등과 같은 항목의 이익

03 현금흐름표와 회계정보

❶ 현금흐름표의 의의 및 유용성

경영자는 기업의 현금유입과 현금유출에 대한 정보가 중요하다. 이러한 현금흐름은 현금흐름표에서 제공하여 준다. 현금흐름표는 일정한 회계기간 동안의 현금의 흐름을 일목요연하게 보여주는 재무보고서로서 기업의 영업활동, 투자활동, 그리고 재무활동으로 인하여 현금의 유입과 유출을 보여주는 즉, 현금의 흐름을 보여주는 보고서이다. 재무상태표상의 현금은 일정한 시점에서 기업이 보유하고 있는 중요한 자산인 현금의 수입과 사용에 대한 보고서로서 현금의 흐름뿐만 아니라 어떠한 활동을 통하여 현금이 유입되고 유출되었는지를 보여준다. 이러한 현금흐름표가 제공하는 회계정보는 기초의 재무상태표와 포괄손익계산서, 그리고 기말의 재무상태표가 연결됨을 앞에서 살펴보았다. 현금흐름표의 유용성은 크게 세 가지로 볼 수 있다.

첫째, 기업의 현금흐름창출능력을 파악할 수 있다. 회계정보이용자들에게 기업이 창출하거나 미래에 창출할 현금흐름의 크기와 시기에 관한 정보를 제공함으로써 의사결정에 유용한 정보를 제공할 수 있다.

둘째, 기업의 현금흐름을 파악함으로써 그 기업이 장래에 배당능력이 있는지 또한 이자지급능력이 있는지, 종업원 입장에서 급여지급능력이 있는지 등을 파악할 수 있다. 만약 기업이 적정한 수준의 현금보유 또는 현금흐름이 좋지 않다면 소위 흑자부도가 발생할 수 있기 때문에 종업원, 채권자 및 주주들이 관심을 가지고 있는 현금흐름에 대한 정보를 제공할 수 있다.

셋째, 현금흐름표는 당기순이익과 영업활동 현금흐름 간에 차이가 발행하는 이유를 파악하게 해준다.

현금흐름표(cash flow statement)는 기업의 경영활동 결과 현금의 조달과 사용내역을 제공하기 위해서 작성되는 보고서이며, 여기서 현금흐름이란 현금의 조달(유입)과 사용(유출)을 말한다.

현금흐름표는 기초현금과 기말현금의 변동과정을 조달측면과 사용측면으로 구분하고 이를 다시 영업활동, 투자활동, 재무활동으로 구분하여 보고한다.

2 현금흐름표의 기본구조

현금흐름표는 영업활동으로 인한 현금흐름, 투자활동으로 인한 현금흐름, 재무활동으로 인한 현금흐름으로 구분하여 표시하고 이에 기초의 현금을 가산하여 기말의 현금을 산출하는 형식으로 표시한다.

(1) 영업활동으로 인한 현금흐름

영업활동이라 함은 일반적으로 제품의 생산과 상품 및 용역의 구매·판매활동을 말하며, 투자활동과 재무활동에 속하지 아니하는 거래를 모두 포함한다.

영업활동으로 인한 현금의 유입에는 제품 등의 판매에 따른 현금유입(매출채권의 회수 포함), 이자수익과 배당금수입, 기타 투자활동과 재무활동에 속하지 아니하는 거래에서 발생된 현금유입이 포함된다.

영업활동으로 인한 현금의 유출에는 원재료, 상품 등의 구입에 다른 현금유출(매입채무의 결제 포함), 기타 상품과 용역의 공급자와 종업원에 대한 현금지출, 법인세(토지등 양도소득에 대한 법인세 제외)의 지급, 이자비용, 기타 투자활동과 재무활동에 속하지 아니하는 거래에서 발생된 현금유출이 포함된다.

(2) 투자활동으로 인한 현금흐름

투자활동이라 함은 현금의 대여와 회수활동, 유가증권·투자자산·유형자산 및 무형자산의 취득과 처분활동 등을 말한다.

투자활동으로 인한 현금의 유입에는 대여금의 회수, 단기투자자산·유가증권·투자자산·유형자산·무형자산의 처분 등이 포함된다.

투자활동으로 인한 현금의 유출에는 현금의 대여, 단기투자자산·유가증권·투자자산·유형자산·무형자산의 취득에 따른 현금유출로서 취득 직전 또는 직후의 지급액 등이 포함된다.

(3) 재무활동으로 인한 현금흐름

재무활동이라 함은 현금의 차입 및 상환활동, 신주발행이나 배당금의 지급활동 등과 같이 부채 및 자본계정에 영향을 미치는 거래를 말한다.

재무활동으로 인한 현금의 유입에는 단기차입금·장기차입금의 차입, 어음·사채의 발행, 주식의 발행 등이 포함된다.

재무활동으로 인한 현금의 유출에는 배당금의 지급, 유상감자, 자기주식의 취득, 차입금의 상환, 자산의 취득에 따른 부채의 지급 등이 포함된다.

현금흐름표	
202×년 1월 1일부터 202×년 12월 31일까지	
±영업활동으로 인한 현금흐름	×××
±투자활동으로 인한 현금흐름	×××
±재무활동으로 인한 현금흐름	×××
현금의 증감	×××
+기초현금	(×××)
기말현금	×××

04 자본변동표와 회계정보

자본변동표는 현금흐름표와 마찬가지로 일정한 기간 동안의 자본의 변동에 관한 정보를 제공하는 보고서이다. 즉, 자본의 크기와 그 변동에 관한 정보를 제공한다.

자본변동표는 자본을 구성하고 있는 자본금, 자본잉여금, 기타포괄손익누계액 이익잉여금의 변동에 관한 포괄적인 정보를 제공하고 있다. 자본변동표에는 소유주의 투자와 소유주에 대한 분배 소유주와의 거래 이외의 모든 자본의 변동에 대한 정보를 제공하고 있다. 자본변동표는 현금흐름표와 마찬가지로 재무제표 간의 연계성을 통하여 재무제표의 이해가능성을 제고하고 있다. 자본변동표에는 지배기업의 소유주와 비지배지분에 각각 귀속되는 금액으로 구분하여 표시한 해당 기간의 총포괄손익과 당기순손익, 기타포괄손익, 그리고 소유주로서의 자격을 행사하는

표 3-6 자본변동표 형식

	자 본				
	자본금	자본잉여금	자본조정	기타포괄손익	이익잉여금
기초자본					
변동사항					
기말자본					

소유주와의 거래(소유주에 의한 출자와 소유주에 대한 배분, 그리고 지배력을 상실하지 않는 종속기업에 대한 소유지분의 변동을 구분하여 표시)에 대한 변동액을 구분하여 표시한 기초시점과 기말시점의 장부금액 조정내역을 보여주고 있다.

❶ 소유주 지분변동과 자본변동표

자본변동표는 한 회계기간 동안 발생한 소유주 지분의 변동을 표시하는 재무보고서이다.

자본변동표는 자본을 구성하고 있는 자본금, 자본잉여금, 자본조정, 누적기타포괄손익, 이익잉여금(결손금)의 변동에 대한 포괄적인 정보를 제공한다. 자본변동표의 기본구조를 살펴보면 다음과 같다. 자본변동표에는 자본금, 자본잉여금, 자본조정, 기타포괄손익누계액, 이익잉여금(결손금)의 각 항목별로 기초잔액, 변동사항, 기말잔액을 표시한다.

자본금의 변동은 유·무상증자(또는 감자)와 주식배당에 의하여 발생하며, 자본금은 보통주자본금과 우선주자본금으로 구분하여 표시한다. 자본잉여금의 변동은 유·무증자(또는 감자), 결손금처리 등으로 구분하여 표시한다. 자본조정의 변동은 주식할인발행차금, 배당건설이자, 자가주식, 주식매수선택권, 출자전환채무, 감자차손, 자기주식처분손실 등으로 구분하여 표시한다.

기타포괄손익누계액의 변동은 매도가능증권평가차손익, 해외사업환산차손익, 현금흐름위험회피 파생상품 평가차손익으로 구분하여 표시한다. 이익잉여금의 변동은 연차배당과 기타 전기말 미처분 이익잉여금의 처분, 중대한 전기오류 수정손익, 회계정책의 변경으로 인한 누적효과, 중간배당, 당기순손익 등으로 구분하여 표시한다.

위에서 설명한 재무제표의 내용을 요약하면 다음과 같다.

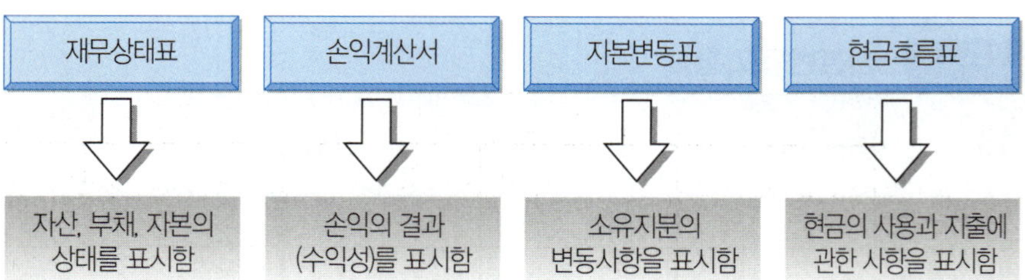

05 주석

주석은 다음의 사항을 포함한다.

① 재무제표 작성기준 및 유의적인 거래와 회계사건의 회계처리에 적용한 회계정책

② 일반기업회계기준에서 주석공시를 요구하는 사항

③ 재무상태표, 손익계산서, 현금흐름표 및 자본변동표의 본문에 표시되지 않는 사항으로서 재무제표를 이해하는 데 필요한 추가 정보

주석은 재 상태표, 손익계산서, 현금흐름표 및 자본변동표에 인식되어 본문에 표시되는 항목에 관한 설명이나 금액의 세부내역뿐만 아니라 우발상황 또는 약정사항과 같이 재무제표에 인식되지 않는 항목에 대한 추가 정보를 포함하여야 한다.

한국채택국제회계기준 등의 최초적용으로 인한 회계기준의 중요한 변동이 예상되는 경우, 기업의 준비상황 및 재무제표에 미칠 수 있는 영향 등을 추가 정보로 공시할 것을 권장한다.

주석은 일반적으로 재무제표이용자가 재무제표를 이해하고 다른 기업의 재무제표와 비교하는 데 도움이 될 수 있도록 다음의 순서로 작성한다.

① 일반기업회계기준에 준거하여 재무제표를 작성하였다는 사실의 명기

② 재무제표 작성에 적용된 유의적인 회계정책의 요약

③ 재무제표 본문에 표시된 항목에 대한 보충정보(재무제표의 배열 및 각 재무제표 본문에 표시된 순서에 따라 공시한다)

④ 기타 우발상황, 약정사항 등의 계량정보와 비계량정보

06 전자공시시스템

공시란 투자자에게 기업의 일정기간의 영업성과와 일정시점의 재무상태를 정기적으로 공시하는 것을 말하며, 사업보고서, 반기보고서, 분기보고서를 공시하는 것을 말한다. 도한 수시공시가 있는데 자본시장법에서는 증권시장에서 수시로 발생하는 기업의 주요 경영정보에 대하여 발생할 때마다 즉시 공시하도록 규정하고 있다. 보다 자세히 살펴보면 일정기간 동안 기업의 사업내용, 재무상황 및 경영실적 등 기업 내용 전반에 관한 사항을 정기적으로 공시하는 정기공시의 경우를 들 수 있다. 정기공시의 보고서는 3가지인데 첫째, 사업보고서를 들 수 있다. 사업보고서의 제출기한은 기업이 결산 후 90일 이내에 공시하도록 하고 있다. 둘째, 반기보고서인데 반기보고서의 제출기한은 반기 경과 후 45일 이내에 공시하도록 되어 있다.

셋째, 분기보고서로서 분기 경과 후 45일 이내에 공시하도록 되어 있다. 다음으로는 발행 공시를 들 수 있는데 발행 공시란 증권의 공모를 위한 서류로서 증권신고서로부터 증권발행실적보고서에 이르기까지 단계별로 공시하도록 되어 있다. 다음으로는 주요사항보고인데 사업보고서 제출대상법인(주권상장법인 등. 자본시장법 제150조 1항, 자본시장법 시행령 제167조 1항)은 경영활동과 관련된 사항 중 회사존립, 조직재편성, 자본증감 등 투자의사결정에 중요한 영향을 미치는 사실이 발행한 때 관련 내용을 공시하게 되어 있다. 외부감사관련 공시는 주주총회 종료 후 2주일 이내에 감사보고서를 K-IFRS기준 적용회사의 경우 감사보고서와 동시에 연결감사보고서를 제출하게 되어있고, K-IFRS을 적용하지 않는 회사는 사업연도 종료 후 120일 이내(직전 사업연도 말 자산총액 2조원 이상 : 사업연도 종료 후 90일 이내) 연결감사보고서를 제출하도록 되어 있다.

전자공시제도 관련규정을 살펴보면 자본시장과 금융투자업에 관한 법률 제436조(전자문서에 의한 신고 등)에 따라 금융위원회, 증권선물위원회, 금융감독원장, 거래소, 협회 또는 예탁결제원에 신고서, 보고서, 그 밖의 서류 또는 자료 등을 제출하는 경우에는 전자문서의 방법으로 할 수 있다로 규정되어 있다. 또한 자본시장과 금유투자업에 관한 법률 시행령 제385조(전자문서에 의한 신고 등) 제2항에서 전자문서의 방법에 의하여 신고서등을 제출할 때 필요한 표준서식, 방법, 절차 등은 금융위원회가 정하여 고시하며 이 경우 금융위원회는 해당 신고서 등이 거래서, 협회,

그림 3-2 전자공시시스템의 공시통합검색

그림 3-3 한국거래소의 기업공시채널(KIND)

또는 예탁결제원에 함께 제출되는 것일 때에는 그 표준서식, 방법, 절차 등을 정하거나 변경함에 있어서 미리 해당 기관의 의견을 들을 수 있다. 증권의 발행 및 공시 등에 관한 규정 제6장(전자문서에 의한 신고 등)에서는 자본시장과 금융투자업에 관한 법률 등 관계법규에 의하여 전자문서의 방법에 의한 신고서, 보고서, 그 밖의 서류 또는 자료 등의 제출에 관하여 필요한 사항을 정하고 있다. 증권시장에서 전자공시시스템(DART ; Data Analysis, Retrieval and Transfer System)은 상장법인 등이 공시서류를 인터넷으로 제출하고, 투자자 등 이용자는 제출 즉시 인터넷을 통해 조회할 수 있도록 하는 종합적 기업공시 시스템이다. 1997년 전자공시제도 추진 기본방향을 수립하고 1998년 전자공시시스템개발에 착수하여 1999년 4월 1단계 전자공시시스템 인터넷서비스를 실시하였다. 이듬해인 2000년 3월 모든 공시서류 대상으로 2단계 전자공시시스템 인터넷 서비스를 실시하였다. 〈그림 3-2〉에서는 금융감독원 전자공시시스템의 공시통합검색(www.dart.fss.co.kr)을 〈그림 3-3〉에서는 한국거래소에서 운영하고 있는 기업공시채널인 KIND(www.kind.krx.co.kr)이다.

07 재무제표(아성다이소를 중심으로)

1997년 국내 최초 균일가 생활용품 첫 매장을 열은 국민가게 아성다이소가 전자공시시스템에 공시한 2022년 제31기 재무제표(2022년 12월 31일 현재)를 중심으로 살펴본다.

재 무 상 태 표

제 31 기 2022년 12월 31일 현재

제 30 기 2021년 12월 31일 현재

주식회사 아성다이소 (단위 : 원)

과 목	제 31(당) 기말		제 30(전) 기말	
자산				
Ⅰ. 유동자산		950,609,094,229		785,463,809,948
(1)당좌자산		657,997,330,340		544,711,038,181
1.현금및현금성자산(주석9)	502,972,678,071		484,075,015,888	
2.단기금융상품(주석4)	80,484,879,795		-	
3.매출채권(주석17)	63,006,083,188		47,895,960,720	
대손충당금	(682,768,850)		(531,667,625)	
4.단기대여금	383,520,862		982,000,000	
대손충당금	(3,300,000)		(9,080,000)	
5.미수금(주석17)	1,415,932,028		2,299,132,611	
대손충당금	(364,761,809)		(321,235,559)	
6.미수수익	1,795,821,749		760,776	
대손충당금	(17,958,217)		(7,607)	
7.선급금	300,133,551		2,833,872,590	
대손충당금	(3,001,335)		(48,138,725)	
8.선급비용(주석17)	1,026,678,424		941,121,769	
9.이연법인세자산(주석12)	7,250,624,305		5,948,127,729	
10.기타당좌자산(주석8)	432,768,578		645,175,614	
(2)재고자산(주석3,15)		292,611,763,889		240,752,771,767
1.상품	290,517,069,488		239,296,411,295	
2.저장품	2,094,694,401		1,456,360,472	
Ⅱ. 비유동자산		582,745,575,462		567,246,019,970
(1)투자자산		5,051,708,134		3,101,092,507
1.장기대여금	342,749,026		330,000,000	
대손충당금	-		(3,300,000)	
2.퇴직연금운용자산(주석7)	4,708,959,108		2,774,392,507	
(2)유형자산(주석5,15,17)		356,751,120,687		358,745,262,561
1.토지	87,854,065,107		87,854,065,107	
2.건물	206,168,781,883		206,168,781,883	
감가상각누계액	(38,477,798,138)		(31,468,059,662)	
3.기계장치	116,036,614,463		115,681,614,463	
감가상각누계액	(83,451,630,898)		(72,166,553,548)	
정부보조금	(497,019,939)		(670,742,158)	
4.차량운반구	712,040,945		455,539,368	
감가상각누계액	(324,860,775)		(421,620,262)	
5.비품(주석8)	430,392,952,587		414,425,210,036	
감가상각누계액	(384,913,734,688)		(361,212,971,666)	
정부보조금	(1,000)		(1,000)	

전자공시시스템 dart.fss.or.kr Page 6

6.건설중인자산	23,251,711,140		100,000,000	
(3)무형자산(주석6)		3,535,314,401		4,301,869,276
1.임차권리금	664,253,678		1,559,958,305	
2.산업재산권	119,873,939		176,607,909	
3.소프트웨어	2,751,186,784		2,565,303,062	
(4)기타비유동자산		217,407,432,240		201,097,795,626
1.임차보증금(주석17)	212,108,899,855		198,485,114,055	
대손충당금	(2,121,088,998)		(1,984,851,140)	
2.보증금	1,635,864,261		1,504,970,861	
3.장기선급금	3,295,487,800		-	
대손충당금	(52,754,878)		-	
4.장기선급비용	296,293,568		596,603,587	
5.이연법인세자산(주석12)	2,244,730,632		2,495,958,263	
자산총계		1,533,354,669,691		1,352,709,829,918
부채				
Ⅰ. 유동부채		433,166,751,859		442,131,177,203
1.매입채무(주석17,21)	260,743,722,339		258,387,214,356	
2.미지급금(주석17,21)	37,480,414,874		30,482,801,584	
3.선수금	869,529,350		260,405,980	
4.선수수익	25,240,769		24,545,755	
5.예수금	2,068,917,640		1,552,646,228	
6.예수보증금(주석21)	24,235,000,000		22,765,000,000	
7.미지급비용(주석17,21)	71,334,281,223		54,078,278,427	
8.당기법인세부채(주석12)	28,669,577,985		68,794,861,455	
9.유동성충당부채(주석8)	4,306,067,679		4,242,423,418	
10.유동성임대보증금(주석21)	3,434,000,000		1,543,000,000	
Ⅱ. 비유동부채		13,606,349,830		15,754,911,902
1.임대보증금(주석21)	2,735,000,000		4,786,000,000	
2.퇴직급여충당부채(주석7)	126,006,605,640		113,039,956,180	
퇴직연금운용자산	(126,006,605,640)		(113,039,956,180)	
3.비유동성충당부채(주석8)	10,871,349,830		10,968,911,902	
부채총계		446,773,101,689		457,886,089,105
자본				
Ⅰ. 자본금(주석1,10)		3,218,500,000		3,218,500,000
1.보통주자본금	3,218,500,000		3,218,500,000	
Ⅱ. 자본잉여금		41,285,815,700		41,285,815,700
1.주식발행초과금	41,285,815,700		41,285,815,700	
Ⅲ. 자본조정		(1,219,120,433)		(1,219,120,433)
1.자본조정	(1,219,120,433)		(1,219,120,433)	
Ⅳ. 기타포괄손익누계액(주석4)		(5,702,227,438)		-
1.단기금융상품평가손실	(5,702,227,438)		-	
Ⅴ. 이익잉여금(주석11)		1,048,998,600,173		851,538,545,546
1.이익준비금	1,609,250,000		1,609,250,000	
2.미처분이익잉여금	1,047,389,350,173		849,929,295,546	

자본총계		1,086,581,568,002		894,823,740,813
부채및자본총계		1,533,354,669,691		1,352,709,829,918

생각해볼 문제 1 | "여기 다 있대~" 'MZ 백화점' 된 다이소의 인기 비결

얼마 전부터 온라인 커뮤니티에는 '다이소'에 대한 글이 꾸준히 게재되고 있다. 다이소에서 정보기술(IT) 액세서리 신제품을 출시하면서 나타난 일이다. 저가 상품을 판매하는 것으로 유명한 중국의 온라인 직구 플랫폼 '알리익스프레스'와 비교해도 가격이 낮다는 것이 장점으로 언급되면서 젊은층 사이에서는 'MZ 백화점', '갓이소(신을 뜻하는 갓과 다이소의 합성어)'라는 별칭까지 생겼다. 아성다이소가 운영하는 생활용품점 다이소는 MZ세대(밀레니얼+Z세대) 사이에서 '가성비 맛집'으로 언급되고 있다. 가격 대비 성능이 좋거나 품질이 괜찮은 제품을 많이 판매한다는 뜻이다. 최근 들어 호평이 더 많아지고 있다. '애플워치 호환용 스트랩'이 바로 그 이유다. 다이소는 7월 3일 애플워치와 호환되는 총 53종의 애플워치 액세서리를 출시했다. 스트랩·케이스·보호 필름 등이다. 이 가운데 '스트랩' 제품이 인기를 끌고 있다. 스포츠 스트랩, 실리콘 밴드, 패브릭 밴드, 자석 스틸 스트랩 등이다. 가격은 2,000원, 비싸도 5,000원이다. 애플에서 선보인 애플워치는 밴드(스트랩) 부분을 취향에 맞게 바꿔 사용할 수 있도록 설계됐다. 애플 역시 다양한 종류의 밴드를 판매하고 있는데, 가격은 6만5,000원부터 시작해 21만5,000원 수준이다. 프랑스 명품 브랜드 에르메스와 협업한 제품 등 일부는 40만원이 넘기도 한다. 다이소 제품 가격은 애플의 최저가 제품과 비교해도 32분의 1 수준에 그친다. 다이소에 대한 관심은 이번이 처음은 아니다. 가장 먼저 이목을 끈 것은 '화장품'이다. 다이소는 지난해 4월 네이처리퍼블릭의 식물원을 선보였다. 일반 화장품 브랜드에서 최소 3만~4만원대에 판매되는 세럼과 에센스 등이 5,000원에 출시된 게 인기에 영향을 미쳤다. 이후 뷰티 용품의 판매가 늘자 다이소는 올해 5월까지 총 14개의 브랜드 뷰티 용품을 선보였다. 가격과 함께 화장품의 품질이 입소문을 타면서 인기를 얻었다. 당시 온라인 커뮤니티에는 다이소가 출시한 화장품의 제조원이 '코스맥스'라는 사실이 화제가 됐다. 다이소는 좋은 품질의 상품을 선보이기 위해 책임판매업자, 제조업자개발생산(ODM)·주문자상표부착생산(OEM) 기업들인 화장품 전문 기업들의 상품을 공급받고 있다. 제조는 하지 않고 완제품을 매입해 판매하는 방식이다. 아모레퍼시픽과 LG생활건강 등 한국의 대표 화장품 회사의 제품을 생산하는 한국콜마·코스맥스·코스메카코리아 등이 대표적이다. 그 결과 다이소 뷰티 용품의 1~6월 매출은 전년 대비 약 70% 정도 증가했다. 같은 기간 기초 화장품은 약 90%, 색조 화장품은 약 50% 늘었다. 다이소의 주요 고객은 MZ세대다. 다이소에 따르면 전체 고객 가운데 20대 고객 비율이 30%로 가장 높다. 이어 30대가 25%, 10대와 40대가 각각 20%를 차지한다. 다이소가 MZ세대 사이에서 긍정적인 반응을 얻을 수 있는 이유로는 저렴한 가격, 접근성, 빠른 정보 수집 등이 꼽힌다.

다이소는 모든 상품을 500원, 1,000원, 1,500원, 2,000원, 3,000원, 5,000원 등 총 6가지 가격대에서만 판매하고 있다. 가격을 줄이기 위해 유통 과정을 최소한으로 줄이고 상품 패키지를 최소화하고 있다. '최대 5,000원'의 가격 정책은 박정부 아성다이소 회장이 1997년 천호동에 첫 매장을 열 때부터 고수해 왔다. 일반적인 유통 채널에서는 상품 원가에 마진을 더해 판매하지만 다이소는 '균일가'에 맞춰 상품을 유통한다. 박리다매 정책만으로 충분히 수익성을 개선할 수 있다는 자신감이다. 실제 아성다이소는 지난 2년간 매출 2조원대, 영업이익 2,000억원대를 유지하고 있다. 지난해에는 매출 2조9,458억원, 영업이익 2,393억원을 기록했다. 영업이익률은 지난해 기준 8.13%다. 특히 영업이익은 2019년 767억원 수준에서 3년 만에 212.0% 증가했다.

출처 : 한경비즈니스 2023.7.25. 발췌

생각해볼 **문제 2** | **"기후변화 실존적 위기…기업들, ESG 필히 공시해야"**

기후변화가 인류 존재 자체의 위기로 다가오면서 하루 빨리 기후 행동을 취해야 한다는 목소리가 나온다. 이를 위해 전 세계적으로 ESG(환경·사회·지배구조) 표준을 만들어 기업들의 활동을 투명하게 공개해야 한다는 제언이 나왔다. 노벨경제학상 수상자 조셉 스티글리츠 컬럼비아대학교 교수는 2일 서울 중구 소공동 롯데호텔에서 열린 세계경제연구원 국제컨퍼런스에 참석해 이같이 진단했다. 스티글리츠 교수는 "기후변화 이슈에 대해선 국제적인 공조화 협력이 그 어느 때보다 절실하다"며 "모두를 위해 발빠른 위기 대응이 이뤄진다면 좋겠지만, 우리는 모두 다른 사람이 어려운 일을 대신 해주길 바란다"고 지적했다.

그는 성장과 기후변화 대응이 상호보완적일 수 있다고 강조했다. 기후변화에 대한 강력한 대응을 조기에 시행하는 것은 오히려 당사자에게 이익을 작용할 수 있단 주장이다. 스티글리츠 교수는 "일반적으로 재생에너지, 그린빌딩, 그린교통 사업에 먼저 진출했을 경우 그만큼 앞서 나갈 수 있다"고 설명했다. 그는 재생에너지 가격이 과거에 비해 75~90% 가까이 떨어졌다는 점을 예로 들었다. 스티글리츠 교수는 기후 대응에 있어 기업들의 보다 적극적인 참여가 필요하다고 강조했다. 1950년 이후 신자유주의가 주류가 되면서 기업들은 주식 가치를 높이기 위한 방식으로만 운영됐고, 이는 사회 전체의 번영으로 나아가지 못했다는 것이다. 스티글리츠 교수는 ESG 공시의 중요성을 역설했다. 그는 "시장경제에 대한 신뢰는 기업들의 투명성으로부터 나온다"라며 "한 시민의 입장에서 우리는 도덕적인 회사에 투자하고 싶어 한다. 이를 위해선 공시가 필수적으로 요구돼야 한다"고 꼬집었다.

이어 그는 "주주만이 아닌 이해관계자 모두를 위하는 좋은 거버넌스는 ESG 가치 실현을 위한 다른 목표들이 달성될 수 있도록 하는 출발점"이라며 "전 세계적으로 표준화된 ESG 표준을 만들어 기업들의 활동을 투명하게 공개해야만, 기후 변화와 불평등을 비롯한 현 시대가 처한 복합위기에 공동으로 대응할 수 있다"고 부연했다. 스티글리츠 교수는 완벽하지 않더라도 하루 빨리 공시가 이뤄져야 한다고도 했다. 그는 "전통적인 회계 기준이 불안정할 수 있지만, 그럼에도 현재 상황에 대해 알린다면 ESG를 달성하기 위한 회사들을 참고 지표로 삼을 수 있다"며 "미국에선 현재 이런 노력이 진행되고 있다"고 했다. 이날 또 다른 기조연설자로 나선 반기문 전 UN 사무총장은 각계 '지도자'들의 리더십이 절실하다고 강조했다. 그는 "기후위기에 따른 위험성은 대통령, 총리, 기업 회장 등 누구도 차별하지 않고 닥친다"며 "지도자들이 심각한 인식을 하지 않으면, 밑에서도 일을 하지 않는다. 대통령부터, 회장님부터 해야 한다"고 당부했다. 특히 그는 파리기후협약을 도널드 트럼프 전 미국 대통령이 탈퇴한 것을 예로 들며 '무책임한 지도자'라고 평가했다. 반 전 총장은 정부의 역할을 재차 언급했다. 그는 "국제사회 분쟁과 글로벌 공급망 불안 등으로 국제사회가 화석연료로 회귀하는 경향을 보이면서 민간부문에서 ESG 활동이 다소 위축되는 모습을 보이는 건 매우 우려스럽다"며 "정부가 기업들이 ESG 경영 자체를 늦춰도 된다는 잘못된 신호를 주지 않도록 보다 세심하게 대처할 필요가 있다"고 지적했다. 그러면서 "2050 탄소 중립이나 2030 온실가스감축목표와 같은 의욕적인 선언으로 결의를 다지는 것도 중요하지만 정부와 기업, 시민사회를 비롯한 기후 대응 주체들이 기후변화 문제를 심각하게 인식하고 구체적인 행동과 실천에 즉각적으로 나서는 것이 중요하다"고 덧붙였다.

출처 : 이데일리 2023.11.2. 발췌

생각해볼 문제 3 “블록체인, 회계업계도 변화 이끌 것 … 신사업 분야 찾아야”

블록체인 기술의 확산이 회계업계에도 많은 변화를 불러올 것이라는 전망이 나왔다.

김유석 딜로이트 스타트업 자문그룹 상무는 2018년 9월 5일 여의도에서 열린 한국공인회계사회 세미나에서 ‘블록체인과 회계업계의 미래’를 주제로 강연을 열고 “블록체인은 4차 산업혁명을 이끌 핵심 기술”이라며 이같이 전망했다.

블록체인은 중앙집중기관 없이 시스템 참가자들이 공동으로 거래정보를 기록·검증·보관해 거래정보의 신뢰성을 확보하도록 설계된 분산장부 기술이다. 전 세계 많은 기업들이 내부 시스템 및 대고객 서비스에 블록체인 기술을 도입하고 있다.

김 상무는 기업회계에 블록체인이 전반적으로 도입되면 “거래 인식 과정에서 자동인식 처리가 증가하고, 거래 처리 과정에서는 분산원장기술로 이중인식이 방지되며 기존 진위확인 업무가 불필요해진다”고 말했다.

이어 김 상무는 “재무제표 작성 단계에서는 수기 보정 영역이 최대한 자동화하고 경영자의 추정과 판단 근거에 대한 상세한 설명 분량이 증가할 것”이라고 덧붙였다.

그는 또 “스타트업과 가상화폐 거래소 등을 대상으로 하는 블록체인 기술 지원·자문, 가상화폐에 대한 회계자문과 가치평가 등이 회계법인의 신사업 분야가 될 수 있다”고 설명했다.

가상화폐 회계처리에 대해서는 “현금화 목적에 따라 유동자산이나 비유동자산으로 구분하고, 가상화폐 특성을 나타낼 수 있는 계정과목명을 정해 재무제표에 표시할 수 있다”고 말했다.

연 | 습 | 문 | 제

객관식 문제

01. 2015년 12월 31일 현재 각 계정의 잔액은 다음과 같다. 2015년 12월 31일 단기차입금은 얼마인가? 63회 전산회계 2급

• 현 금 : 500,000원	• 외상매출금 : 250,000원	• 미 수 금 : 120,000원
• 선 수 금 : 150,000원	• 선 급 금 : 130,000원	• 미 지 급 금 : 70,000원
• 자 본 금 : 400,000원	• 단기차입금 : ?	• 장기차입금 : 160,000원

① 210,000원 ② 220,000원 ③ 310,000원 ④ 320,000원

02. (A), (B), (C) 및 (D)에 들어갈 용어를 올바르게 짝지어진 것은? 63회 전산회계 2급

> 재무상태표는 (A)의 (B)를 나타내는 재무제표이고,
> 손익계산서는 (C)의 (D)를 나타내는 재무제표이다.

① A : 일정기간, B : 재산상태, C : 일정시점, D : 경영성과
② A : 일정기간, B : 경영성과, C : 일정시점, D : 재산상태
③ A : 일정시점, B : 재산상태, C : 일정기간, D : 경영성과
④ A : 일정시점, B : 경영성과, C : 일정기간, D : 재산상태

03. 재무상태표에만 영향을 주는 거래는? 60회 전산회계 2급

① 외상대금 현금 회수 ② 대여금과 이자 현금 회수
③ 업무용 차량의 자동차세 현금 지급 ④ 차입금에 대한 이자 현금 지급

04. 다음 개인기업의 [기초 재무상태]와 [기말 손익계정]을 보고 기말자본금을 계산한 금액으로 옳은 것은? 60회 전산회계 2급

<table>
<tr><td>기초 재무상태</td><td>• 현 금 : 500,000원
• 상 품 : 50,000원
• 외상매입금 : 300,000원</td><td>• 외상매출금 : 100,000원
• 비 품 : 100,000원
• 단기차입금 : 150,000원</td></tr>
<tr><td>기말 손익계정</td><td colspan="2">손익
비용총액 500,000원 | 수익총액 700,000원
자 본 금 200,000원 |
700,000원 | 700,000원</td></tr>
</table>

① 400,000원 ② 450,000원 ③ 500,000원 ④ 550,000원

05. 다음 중 영업외비용만으로 묶은 것은? 59회 전산회계 2급

㉠ 여비교통비	㉡ 기타의 대손상각비	㉢ 기부금
㉣ 접대비	㉤ 퇴직급여	㉥ 개발비

① ㉠, ㉣ ② ㉡, ㉢ ③ ㉤, ㉥ ④ ㉣, ㉥

06. 자본에 대한 설명이다. 틀린 것은? 59회 전산회계 1급

① 자본금은 우선주자본금과 보통주자본금으로 구분하며, 발행주식수×주당 발행가액으로 표시된다.

② 잉여금은 자본잉여금과 이익잉여금으로 구분 표시한다.

③ 주식의 발행은 할증발행, 액면발행 및 할인발행이 있으며, 어떠한 발행을 하여도 자본금은 동일하게 표시된다.

④ 자본은 자본금·자본잉여금·이익잉여금·자본조정 및 기타포괄손익누계액으로 구분 표시한다.

07. 다음의 회계등식 중 옳지 않는 것은? 59회 전산회계 1급

① 기말자산＝기말부채＋기초자산＋이익

② 총비용＋이익＝총수익

③ 기말자본－기초자본＝이익

④ 자산＝부채＋순자산

08. 재무제표 작성과 표시의 일반원칙으로 가장 틀린 것은? 59회 전산회계 1급

① 전기 재무제표의 모든 계량정보를 당기와 비교하는 형식으로 표시한다.

② 재무제표의 작성과 표시에 대한 책임은 회계담당자에게 있다.

③ 재무제표는 이해하기 쉽도록 간단하고 명료하게 표시하여야 한다.

④ 재무제표는 기업의 재무상태, 경영성과, 현금흐름 및 자본변동을 공정하게 표시하여야 한다.

09. 다음 중 유형자산에 해당하지 않는 것은? 62회 전산회계 2급

① 토지 ② 특허권 ③ 기계장치 ④ 구축물

10. 아래 내용의 괄호에 해당하는 계정과목으로 옳은 것은? 62회 전산회계 2급

> 자산은 1년을 기준으로 유동자산과 비유동자산으로 구분되며,
> 유동자산은 ( )과 재고자산으로 분류된다.

① 상품 ② 미수금 ③ 건물 ④ 외상매입금

11. 다음 중 재무상태표의 설명으로 틀린 것은? 76회 전산회계 1급

① 정보이용자들이 기업의 유동성, 재무적 탄력성, 수익성과 위험 등을 평가하는 데 유용한 정보를 제공한다.

② 일정 기간 동안 기업의 경영성과에 대한 정보를 제공한다.

③ 자산, 부채, 자본으로 구성된다.

④ 자본은 자본금, 자본잉여금, 자본조정, 기타포괄손익누계액 및 이익잉여금(또는 결손금)으로 구분한다.

12. 다음은 재무상태표의 기본구조에 대한 설명이다. 틀린 것은? 69회 전산회계 1급

① 자산과 부채는 유동성이 작은 항목부터 배열하는 것을 원칙으로 한다.
② 자산은 유동자산과 비유동자산으로 구분한다.
③ 비유동자산은 투자자산, 유형자산, 무형자산 및 기타 비유동자산으로 구분한다.
④ 자본은 자본금, 자본잉여금, 자본조정, 기타포괄손익누계액 및 이익잉여금(또는 결손금)으로 구분한다.

13. 재무제표 표시에 대한 설명으로 옳은 것은? 2018년 국가직 9급 회계학

① 재무상태표에 자산과 부채는 반드시 유동성 순서에 따라 표시하여야 한다.
② 정상적인 영업활동과 구분되는 거래나 사건에서 발생하는 것으로 그 성격이나 미래의 지속성에 차이가 나는 특별손익 항목은 포괄손익계산서에 구분해서 표시하여야 한다.
③ 부적절한 회계정책이라도 공시나 주석 또는 보충 자료를 통해 잘 설명된다면 정당화될 수 있다.
④ 재무제표 항목의 표시와 분류방법의 적절한 변경은 회계정책 변경에 해당된다.

14. ㈜한국의 20×1년 재무상태 및 영업성과와 관련한 자료가 다음과 같을 때 기말부채는? 2018년 국가직 9급 회계학

• 기 초 자 산 ₩500	• 기 초 부 채 ₩400	• 기 말 자 산 ₩700
• 기 말 부 채 ₩ ?	• 총 수 익 ₩200	• 총 비 용 ₩120
• 유 상 증 자 ₩20	• 주주에 대한 현금배당 ₩50	

① ₩500 ② ₩520 ③ ₩550 ④ ₩570

15. 다음 자료를 기초로 매출총이익을 계산하면 얼마인가? 80회 전산회계1급

• 매 출 액 : 2,600,000원	• 당기 총 매입액 : 1,200,000원
• 기초상품재고액 : 700,000원	• 기말상품재고액 : 400,000원
• 상품 매입시 운반비 : 20,000원	• 매입환출 및 에누리 : 150,000원

① 1,230,000원 ② 1,370,000원 ③ 2,450,000원 ④ 2,600,000원

16. 당사의 결산 결과 아래의 내용을 확인하였다. 다음 항목들을 수정하면 당기순이익이 얼마나 변동하는가? 79회 전산회계 1급

- 손익계산서에 계상된 이자수익 중 28,000원은 차기의 수익이다.
- 손익계산서에 계상된 임차료 중 500,000원은 차기의 비용이다.
- 손익계산서에 계상된 보험료 중 100,000원은 차기의 비용이다.

① 572,000원 감소 ② 428,000원 감소 ③ 572,000원 증가 ④ 428,000원 증가

17. 다음 중 자본에 대한 설명으로 옳지 않은 것은? 제90회 전산회계1급

① 이익잉여금을 자본 전입하는 주식배당 시, 자본금은 증가하고 이익잉여금은 감소한다.

② 주식발행초과금은 주식의 발행가액이 액면가액을 초과하는 경우 그 초과 금액을 말한다.

③ 기말 재무상태표상 미처분이익잉여금은 당기 이익잉여금의 처분사항이 반영되기 전 금액이다.

④ 주식배당과 무상증자는 순자산의 증가가 발생한다.

주관식 문제

01. 다음은 승달산㈜의 재무상태표와 포괄손익계산서의 계정과목이다. 자산에 속하는 항목은 A, 부채에 속하는 항목은 L, 자본에 속하는 항목은 K, 수익에 속하는 항목은 I, 그리고 비용은 E를 기입하시오.

(1) 급 여( )	(7) 수입 수수료( )
(2) 차 입 금( )	(8) 사 채( )
(3) 유형자산 처분손실( )	(9) 매 입 채 무( )
(4) 이 자 수 익( )	(10) 미 수 금( )
(5) 매 출 액( )	(11) 상 품( )
(6) 주식발행 초과금( )	(12) 영 업 권( )

02. 다음 유달산㈜의 재무상태표의 (　　) 안에 알맞은 계정과목과 금액을 기록하시오.

재무상태표

자　　산	금　　액	부채 및 자본금	금　　액
현금 및 현금성자산	150,000	매 입 채 무	80,000
매 출 채 권	260,000	사　　채	50,000
상　　품	100,000	(　　　)	500,000
기 계 장 치	200,000	당기순이익	(　　)
영 업 권	(　　)		
	760,000		760,000

03. 다음은 승달산㈜의 2020년 12월 31일 회계자료이다. 승달산㈜의 재무상태표를 완성하시오.

(1) 현　　금 ₩50,000
(2) 매 입 채 무 ₩________
(3) 상　　품 ₩100,000
(4) 미지급 급여 ₩150,000
(5) 건　　물 ₩310,000
(6) 토　　지 ₩________
(7) 매출채권 ₩70,000
(8) 이익 잉여금(기초) ₩100,000
(9) 부 채 총 액 ₩350,000
(10) 당기순이익 ₩220,000
(11) 자　본　금 ₩400,000

재무상태표

승달산㈜　　　　2020년 12월 31일 현재　　　　(단위: 원)

자　　산	금　　액	부채 및 자본금	금　　액

04. 교현㈜의 2020년 1월 1일 현재의 자본은 ₩380,000이었다.

[2020년 12월 31일 재무상태]

- 현 금 ₩200,000
- 매 출 채 권 ₩200,000
- 매 입 채 무 ₩200,000
- 당 좌 예 금 ₩200,000
- 상 품 ₩200,000
- 미지급이자 ₩200,000
- 단기매매 금융자산 ₩200,000
- 토 지 ₩50,000
- 단기차입금 ₩100,000

(1) 2020년 12월 31일 현재의 자본은 얼마인가?
(2) 기말 자산 총액은 얼마인가?
(3) 기말 부채 총액은 얼마인가?
(4) 2020년도 순이익(순손실)은 얼마인가?

05. 청계상사의 2021회계연도의 비용과 수익에 대한 자료이다. 2021년 포괄손익계산서를 작성하시오.

[2021년도 비용과 수익]

- 감가상각비 ₩20,000
- 유형자산 처분이익 ₩50,000
- 매출액 ₩200,000
- 대손상각비 ₩10,000
- 외화 환산이익 ₩50,000
- 법인세 비용 ₩5,000
- 매출원가 ₩100,000
- 급 여 ₩50,000

06. 포괄손익계산서에서 얻을 수 있는 주요 재무정보는 어떠한 것들이 있는가?

07. 포괄손익계산서의 작성방법과 형식을 구분 요약하시오.

08. 수익의 의의와 구체적인 항목을 간단히 설명하시오.

09. 비용의 의의와 구체적인 항목을 간단히 설명하시오.

10. 다음 표의 공란에 적당한 금액을 기입하시오.

	①	②	③	④
기말자산		4,000,000	3,000,000	2,000,000
기말부채	600,000			
기말자본		2,800,000		1,800,000
기초자본	1,600,000		1,500,000	1,900,000
총 수 익		1,500,000		750,000
총 비 용	1,100,000		1,000,000	
순 이 익	400,000		400,000	
순 손 실		100,000		100,000

11. 승달산㈜(회계기간은 1월 1일부터 12월 31일까지)에 관한 다음 자료에 의해서 상품의 금액을 구하고, 12월 31일 현재의 재무상태표를 작성하시오. 단, 기초의 자본금은 ₩800,000이고, 기중에 증자·감자는 없다.

- 현　　금 ₩140,000
- 외상매출금 ₩810,000
- 상　　품 ₩_______
- 비　　품 ₩400,000
- 외상매입금 ₩780,000
- 차 입 금 ₩300,000
- 기말총자산 ₩2,030,000

재무상태표

청원㈜회사　　202×년 12월 31일 현재　　(단위 : 원)

자　　산	금　　액	부채 및 자본금	금　　액

12. 승달산㈜(회계기간은 1월 1일부터 12월 31일까지)에 관한 다음 자료에 의해서 손익계산서를 작성하시오.

• 매　　　출 ₩320,000	• 급　　　료 ₩80,000	• 매 출 원 가 ₩160,000
• 수도광열비 ₩27,000	• 지급임차료 ₩12,000	• 이 자 수 익 ₩2,000
• 운　반　비 ₩5,500	• 잡　　　비 ₩500	• 지급수수료 ₩3,000

손익계산서

청원㈜회사　　202×년 1월 1일부터 202×년 12월 31일　　(단위 : 원

자　　산	금　　액	수　　익	금　　액

P A R T

02

회계정보의 순환과정

Chapter 04

기업거래의 인식과 기록

01 거래

회계는 기업의 경제활동을 대상으로 기록·계산을 하지만, 기업의 경제활동은 다양한 관점에서 파악될 수 있다.

회계가 기록·계산의 대상으로 하는 기업의 경제적 사건을 거래라고 한다. 거래라고 하는 용어는 일상적으로도 사용되어 왔다. 회계상의 거래와 일상용어의 거래는 거의 동의어로 사용되어 온 경우가 많다. 일상용어의 거래는 우리가 통상적으로 사용하고 있는 경제학상의 거래라는 개념이다. 경제학상의 거래라고 함은 계약의 체결 또는 상품 주문을 의미한다.

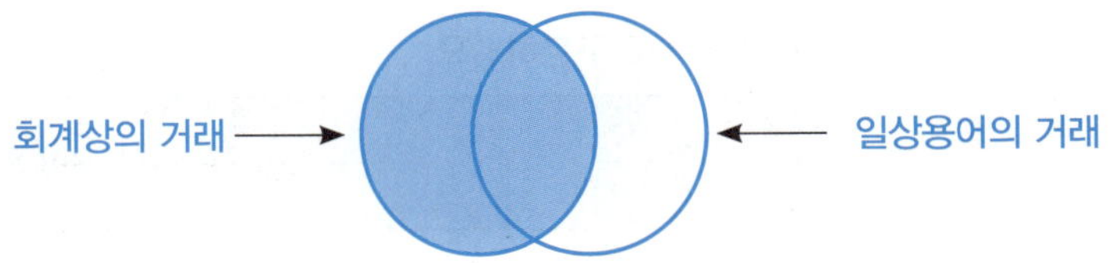

그러나 일부의 기업이 기업외부의 제3자와의 경제적 사건에 대해서 회계상에서는 거래라고 하지 않는 것도 일상용어에서는 거래라고 하는 것도 있다.

여기에서 회계상의 거래라고 하는 것은 기업과 관련한 활동들 중에서 자산·부채·자본·비용·수익에 증감변화를 미치는 경제적 사건으로 정의된다. 즉, 장부기록의 대상이 되는 사건이다. 장부기록의 대상이 되는 것은 재무상태의 변동을 신뢰성 있게 측정할 수 있다는 것을 의미한다. 일상용어에서는 거래라고 하지 않는 것도 회계상에서는 거래가 되어 기록·계상의 대상이 된다. 반대로 일상용어에서 거래라고 하는 경제적 사건도 자산·부채·자본(수익과 비용 포함)에 변동을 미치지 않는 것은 회계상의 거래가 되지 않으며, 기록·계상의 대상도 되지 않는다.

- 일반적인 거래지만 회계상 거래가 아닌 경우 : 상품주문접수, 고용계약체결, 토지, 임대차계약, 담보제공
- 회계상의 거래지만 일반적인 거래가 아닌 경우 : 상품의 도난, 화재, 파손 등

예제 4-1

다음 사항 중에 회계와 일상생활에서 거래가 되는 것에는 ○를, 회계상에서 거래가 되는 것에는 △를, 일상생활로만 거래가 되는 것에는 ×를 하시오.

1. 상품 ₩50,000을 매입하고, 현금으로 지급하다.
2. 건물 ₩12,000이 화재로 인하여 소실되다.
3. 현금 ₩30,000을 은행에서 차입하다.
4. 거래처에서 상품 ₩70,000을 주문받다.
5. 원가 ₩40,000의 상품을 ₩60,000에 판매하고, 대금은 외상으로 하다.

풀이

1. ○, 2. △, 3. ○, 4. ×, 5. ○

예제 4-2

다음 거래내용을 회계상 거래와 일상생활에서의 거래로 구분하시오.

거래내용	거래구분	
	회계상거래	일상생활거래
1. 자기자본 ₩30,000,000으로 영업을 개시하다		
2. 사무실 임차를 위해 보증금 ₩10,000,000에 계약서를 쓰다		
3. 사무실 비품 ₩1,000,000원을 현금으로 구입하다		
4. 신입사원을 연봉 ₩36,000,000원 조건으로 채용하다		
5. 은행에서 ₩50,000,000원을 현금으로 대출하다		
6. 거래처로부터 ₩10,000,000원의 상품을 주문받다		
7. A 거래처에 상품 ₩5,000,000원을 현금으로 판매하다		

이제 회계상의 거래를 여러 가지 기준에 따라 다양하게 분류할 수 있다. 첫째, 손익의 발생 여부에 따라 교환거래, 손익거래, 그리고 혼합거래로 구분할 수 있다. 즉, 기업의 다양한 활동에 따라 발생한 거래가 기업의 당기순이익에 영향을 주지 않는 거래는 교환거래이다. 교환거래에서는 기업의 거래로 인하여 자산, 부채, 자본의 증가와 감소만 일어나고 수익과 비용은 발생하지 않는 거래이다. 손익거래는 기업의 당기순이익에 영향을 미치는 거래이다. 즉, 수익이나 비용이 발생하는 거래를 의미한다. 손익거래는 수익이 발생하는 거래, 비용이 발생하는 거래, 그리고 수익과 비용이 동시에 발생하는 거래이다. 혼합거래는 교환거래와 손익거래가 동시에 발생하는 거래이다.

둘째, 현금의 수입 또는 지출이 수반 여부에 따라 현금거래와 대체거래로 구분할 수 있다. 현금거래는 현금이 수입되는 입금거래와 현금이 지출되는 출금거래로 구분된다. 대체거래는 현금이 수반되지 않는 거래를 의미한다.

셋째, 기업외부와의 활동여부에 따라 외부거래와 내부거래로 구분할 수 있다. 외부거래는 기업외부와의 활동에서 생기는 거래이다. 내부거래는 기업내부에서만 발생하고 기업외부와는 관련이 없는 거래이다.

① 교환거래 : 자산, 부채, 그리고 자본의 증가와 감소만 발생하고 수익과 비용은 발생하지 않는 거래

예 현금 ₩1,020,000으로 사업을 개시하다.
자산의 증가(₩1,000,000)와 자본의 증가가 발생하는 거래

② 손익거래 : 수익이나 비용이 발생하는 거래

예 급여 ₩100,000을 현금으로 지급하다.
비용의 발생(₩100,000)과 자산의 감소가 발생

③ 혼합거래 : 교환거래와 손익거래가 동시에 발생하는 거래

예 차입금 ₩100,000과 그에 대한 이자 ₩5,000을 현금으로 지급
부채의 감소(₩100,000), 비용의 발생(₩5,000)과 자산의 감소(₩105,000)가 발생

④ 현금거래 : 현금의 수입 또는 지출이 수반되는 거래

⑤ 대체거래 : 현금의 수입 또는 지출이 수반되지 않는 거래

⑥ 외부거래 : 기업외부와의 활동에서 생기는 거래

⑦ 내부거래 : 기업내부에서만 발생하는 거래

예제 4-3

다음 거래를 교환거래, 손익거래, 그리고 혼합거래로 분류하시오.

1. 은행에서 현금 ₩500,000을 차입하다.
2. 원가 ₩50,000원의 상품을 ₩65,000에 매출하다.
3. 대여금 ₩100,000과 그에 대한 이자 ₩10,000을 현금으로 회수하다.
4. 수수료 ₩100,000을 현금으로 받다.
5. 외상매출금 ₩100,000을 현금으로 받다.

풀이

1. 교환, 2. 혼합, 3. 혼합, 4. 손익, 5. 교환

02 계정에 의한 계산

회계에서는 거래를 대상으로 기업활동을 인식하고, 기록·계산을 하는데, 이때 각 항목별로 설정된 기록·계산의 단위 및 장소를 계정(account ; a/c)이라고 한다. 계정이란 거래에 대하여 발생된 자산, 부채, 자본의 증감과 수익과 비용의 발생을 기록하고 계산하기 위한 최소한의 단위이다. 예를 들면 기업에서 현금의 수입과 지출에 대한 거래가 동일한 회계연도 중에 지속적으로, 반복적으로 이루어질 때 현금계정이라는 자산계정을 이용하여 일괄적으로 기록하고 보고함으로써 업무의 효율성과 함께 현금 보유상태를 파악할 수 있다.

즉, 왼쪽과 오른쪽을 구분하기 위한 것으로 자산, 부채, 자본, 수익, 비용에 속하는 여러 항목들을 각기 구분하여 기록하는 장소를 의미한다. 미국에서는 은행에서의 첫 거래를 "open a new account" 표시한다.

계정의 정상적인 형식은 추후에 기술하겠지만, 일반적으로 간략한 형식인 T형식으로 구분해서 좌측을 차변(Debit ; Dr.), 우측을 대변(Credit ; Cr.)이라고 한다.

이를 T-계정양식이라고 한다. T-계정양식은 간편하여 주로 학생들의 연습용으로 많이 사용하는데 앞으로 수업시간이나 이 책에서도 이 양식을 활용하여 거래

를 파악하려 한다. 반면 보고식 계정은 자산, 부채, 그리고 자본을 순서대로 하나의 양식에 기록하는 방법이다.

차변	대변

이 차변과 대변이라고 하는 명칭은 회계의 초창기에는 기록하는 주체와 객체의 관계를 나타냈다. 그러나 현재는 이와 같은 의미는 거의 없다. 따라서 계정의 좌측과 우측을 나타내는 형식상의 용어라고 이해하는 것이 좋다.

일상적으로 가감산을 할 때에는 보고식 계산이라고 하는, 소위 사다리 계산 형식을 사용한다. 그러나 회계에서는 가감산을 하는 장소로 이용되는 것이 계정이다. 계정에 의한 형식을 계정식 계산이라고 한다. 보고식 계산에서는 가감의 수를 하나로 계산하는 것에 대해서, 계정식 계산에서는 가감의 수를 각각의 장소에 정리해서 계산한다. 즉, T형의 한 변에는 +수를, 또 한 변에는 −수를 정리해서 각각 장소의 수를 가산한 후, 양변의 합계가 동수가 되기 위해서는 부족하게 된 장소에 얼마를 가산하는 것이 좋을까를 생각한다. 양변의 장소가 동수가 되기 위해서는 가산해야

예제 4-4

예를 들어 현금이라고 가정하고 다음의 계산을 보고식과 계정식의 방법으로 기술하시오.

150+300−100+200−250+350

풀이

보고식 계산

150
300
−100
200
−250
350
650

계정식 계산

차변		대변
150		100
300		250
200	잔액	650
350		
1,000		1,000

a. 차변을 +, 대변이 −인 경우 잔액 650원은 차변 +가 650원이 많다는 것을 의미하고 있다.
b. 차변을 −, 대변을 +로 한 경우 a의 경우와 좌우 대칭된다.

할 수를 잔액이라고 한다. 이것이 가감산으로 되는 것이다. 이러한 방식은 보통 가산적 감산이라고 한다.

03 계정과목

앞에서 살펴본 계정을 내용이 같거나 유사한 것을 하나의 단위로 모아서 관리하기 위해서는 적절한 이름을 명명할 필요성이 있는데, 적정하게 분류하여 이름을 붙인 것이 계정과목이다.

회계에서 기록·계산되는 수는 금액 수치이다. 즉, 거래로써 인식된 사건(자산·부채·자본의 증감, 비용·수익의 발생 또는 소멸)이 대상이 된다. 그리고 기록·계산을 하는 것은 자산·부채·자본·비용·수익이라고 하는 커다란 요소로 구분하지 않고, 각각의 요소의 내용을 상세하게 구분해서 계정계산을 한다. 이와 같이 구분해서 각 계정에 부쳐진 명칭을 계정과목이라고 한다.

계정은 재무제표상의 분류에 따라 크게 재무상태표계정과 포괄손익계산서계정으로 구분된다. 재무상태표계정은 자산계정, 부채계정, 그리고 자본계정으로 구분되고 포괄손익계산서계정은 수익계정, 비용계정으로 구분된다.

- 자산 계정 : 현금 및 현금성 자산·단기금융상품·매도가능증권·외상매출금·받을어음·상품·대여금·건물·비품·토지 등
- 부채 계정 : 외상매입금·지급어음·단기차입금·사채 등
- 자본 계정 : 자본금·자본잉여금·이익잉여금 등

재무상태표계정은 크게 유동성 기준, 화폐성 기준, 그리고 물리적 형태를 기준으로 구분한다. 유동성 기준으로 재무상태표계정을 구분하면 유동항목과 비유동항목으로 구분할 수 있다.

유동성 기준이란 자산이 어느 정도 현금으로 빨리 전환될 수 있는가의 유동성(liquidity) 능력을 바탕으로 한다. 마찬가지로 부채의 경우도 만기가 도래하는 부채를 갚을 수 있는 기간을 나타내는 것이다. 유동성은 1년 기준에 따라 1년 이내에 현금으로 전환할 수 있는 자산을 유동자산, 그리고 1년 이내에 만기일이 도래하는 부

채를 유동부채로 분류하고 그 이외의 자산과 부채는 비유동 자산과 비유동 부채로 분류한다.

다음은 화폐성 기준인데 고정된 화폐금액으로 표시되는 항목으로서 기간이 경과하거나 화폐가치가 변동되더라도 변하지 않는 일정액의 화폐액인 화폐성 항목을 의미한다. 화폐성 자산으로는 현금, 매출채권 등을 들 수 있고 화폐성 부채는 사채, 매입채무 등을 들 수 있다. 비화폐성 항목이란 기간이 경과하거나 화폐가치가 변동되면 변화된 금액으로 표시하는 항목으로 외화환산과 같은 경우이다.

마지막으로 물리적 형태를 기준으로 하는 유형자산과 무형자산으로 구분할 수 있다. 이를 정리하면 다음과 같다.

- 유동성 기준 : 유동자산, 유동부채
- 화폐성 기준 : 화폐성 자산, 화폐성 부채
- 물리적 기준 : 유형자산, 무형자산

- 비용 계정 : 매출원가·급료·수도광열비·광고선전비·이자비용·잡비 등
- 수익 계정 : 상품매출·수입수수료·이자수익·잡수익 등

04 계정기록의 법칙

계정기록의 법칙이란 첫째, 거래의 이중성(duality), 둘째, 복식부기(double-entry book-keeping)를 의미한다. 거래의 이중성이란 어떠한 거래든 자산, 부채, 자본에 변화를 초래하는 원인과 결과라는 두 가지 속성이 함께 존재하는 것을 의미하며, 복식부기는 하나의 거래를 거래의 이중성에 따라 원인과 결과로 두 번 기록하는 방식을 의미한다. 따라서 각 계정에서는 거래가 기록되어진다. 기록되어진 것은 차변·대변의 어느 변이, 즉 차변을 +로 기록하는 경우 대변은 −로 기록하게 된다. 어느 변이 +이고 어느 변이 −인가는 자산·부채·자본·비용·수익의 각 요소에 다음과 같이 정해져 있다. 이러한 법칙은 모든 계정에 적용되어진다.

재무상태표는 왼쪽 차변에 자산, 오른쪽 대변에 부채와 자본이 기록된다.

자산	
증가 (+)	감소 (−)

자본	
감소 (−)	증가 (+)

부채	
감소 (−)	증가 (+)

비용	
발생 (+)	소멸 (−)

수익	
소멸 (−)	발생 (+)

자산계정은 재무상태표의 차변, 즉 왼쪽에 있으므로 자산의 증가는 차변에, 자산의 감소는 대변에 기입하고 잔액은 차변에 남는다. 마찬가지로 부채는 재무상태표의 대변 오른쪽에 있으므로 부채의 증가는 대변에, 부채의 감소는 차변에 기입하고 잔액은 대변에 남는다. 자본의 경우도 재무상태표의 대변, 즉 오른쪽에 있으므로 자본의 증가는 대변에, 자본의 감소는 차변에 기입하고 잔액은 대변에 남는다. 비용계정은 발생 시 차변에, 소멸 시 대변에 기입하고 잔액은 차변에 남는다. 수익계정은 발생 시 대변에, 소멸 시 차변에 기입하고 잔액은 대변에 남는다.

이러한 법칙은 모든 계정에 적용된다. 예를 들면 현금·단기금융상품 등의 자산에 속하는 계정은 차변에 증가, 대변에 감소가 기록된다. 다른 요소에 속하는 계정도 같다. 각각에 속하는 요소의 기록법칙에 따라서 기록되는 것이다.

그림 4-1 거래의 이중성

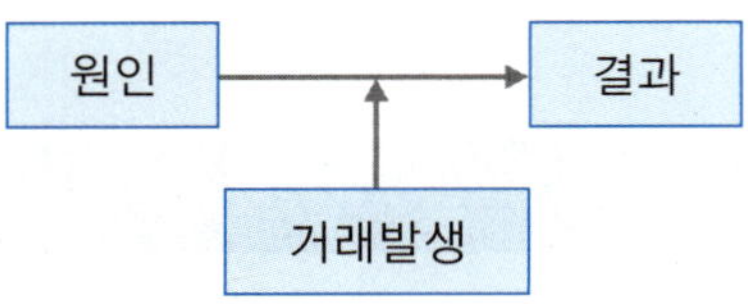

거래의 이중성(duality)이란 기업의 활동 결과 나타나는 거래에 자산, 부채, 자본의 변화를 가져오는 원인과 결과라는 두 가지 속성이 함께 있다는 것을 의미한다. 이를 살펴보면 [그림 4-1]과 같다.

예제 4-5

다음은 계정기록의 법칙에 따라 (　) 안에 차변 또는 대변을 쓰시오.

1. 자산의 증가는 (　)
2. 자본의 감소는 (　)
3. 수익의 발생은 (　)
4. 비용의 소멸은 (　)
5. 부채의 증가는 (　)
6. 자본의 증가는 (　)
7. 수익의 소멸은 (　)
8. 비용의 발생은 (　)
9. 부채의 감소는 (　)
10. 자산의 감소는 (　)

예제 4-6

다음 계정과목의 (　　) 안에 증가, 감소, 발생, 그리고 소멸을 쓰시오.

현금 a/c	
(　　)	

미수금 a/c	
	(　　)

건물 a/c	
	(　　)

보험료 a/c	
	(　　)

자본금 a/c	
(　　)	

외상매출금 a/c	
(　　)	

선급금 a/c	
(　　)	

수수료 a/c	
(　　)	

비품 a/c	
(　　)	

예제 4-7

다음의 거래를 분개하고 계정과목에 기록하시오.

1. 현금 ₩15,000을 출자하여 영업을 개시하다.

〈분개〉 (차변) 현　　금 ₩15,000　　(대변) 자 본 금 ₩15,000

2. 상품 ₩7,000을 현금으로 매입하다.

〈분개〉 (차변) 매　　입 ₩7,000　　(대변) 현　　금 ₩7,000

3. 은행에서 현금 ₩3,000을 차입하다.

〈분개〉 (차변) 현　　금 ₩3,000　　(대변) 차 입 금 ₩3,000

4. 원가 ₩4,000의 상품을 ₩6,000에 판매하고, 대금은 외상으로 하다(분기법).

〈분개〉 (차변) 외상매출금 ₩6,000　　(대변) 상　　품 ₩4,000
(대변) 상품매출이익 ₩2,000

5. 금월분 급료 ₩1,000을 현금으로 지급하다.

〈분개〉 (차변) 급　　료 ₩1,000　　(대변) 현　　금 ₩1,000

6. 차입금 중에 ₩2,500을 현금으로 상환하다.

〈분개〉 (차변) 차 입 금 ₩2,500　　(대변) 현　　금 ₩2,500

참고 실무에서는 상품계정을 대부분 2분법 상품매출계정 또는 3분법(이월상품계정, 매입계정, 매출계정)으로 분할 처리한다.

풀이

현 금			
①	15,000	②	7,000
③	3,000	⑤	1,000
		⑥	2,500

외상매출금			
④	6,000		

매 입			
②	7,000	④	4,000

차 입 금			
⑥	2,500	③	3,000

자 본 금			
		①	15,000

상 품			
		④	4,000

급 료			
⑤	1,000		

상품매출이익			
		④	2,000

연 | 습 | 문 | 제

exercise

객관식 문제

01. 다음 내용 중 회계상의 거래를 모두 고른 것은? 58회 전산회계 2급

> 대한가구는 사업 확장을 위해 (가)영업사원 1명을 채용하고, 거래처에 (나)판매용 가구 5백만원을 주문하다. 또한 (다)영업용 자동차 8백만원을 12개월 무이자할부로 구입하고 (라)차량에 휘발유 5만원을 현금으로 주유하다.

① 가, 나　　② 가, 다　　③ 나, 다　　④ 다, 라

02. 다음 보기에서 회계상의 거래에 해당되지 않는 것은? 59회 전산회계 2급

① 경영활동에 의하여 자산·부채의 증감변화를 일으키는 현상
② 경영활동에 의하여 수익·비용의 발생을 일으키는 현상
③ 수익·비용의 발생으로 자본의 증감변화를 일으키는 현상
④ 종업원채용·주문·계약 등의 일상적인 현상

03. 다음 중 회계상 거래에 속하지 않는 것은? 61회 전산회계 2급

① 7월 장마 폭우로 인해 1,000,000원의 건물 지붕이 소실되다.
② 매출대금으로 받아 보관중인 받을어음 1,000,000원이 지급거절되어 부도처리하다.
③ 공장에 화재가 발생하여 1,000,000원의 기계장치가 불에 전소되다.
④ 신제품 개발을 위하여 복판엔지니어와 1,000,000원의 연구개발 용역을 체결하기로 하다.

04. 다음 거래에 대한 설명이 틀린 것은? 60회 전산회계 2급

- 상품을 현금으로 매입하다.
- 은행에서 현금을 차입하다.
- 종업원 급여 지급시 소득세를 공제하다.

① 부채계정이 발생한다. ② 재고자산이 발생한다.
③ 예수금계정이 발생한다. ④ 수익계정이 발생한다.

05. 외상매입금 계정이 대변에 기입되는 거래 중 옳은 것은? 60회 전산회계 2급

① 상품을 외상으로 매입하였을 때
② 외상매입한 상품을 환출하였을 때
③ 외상매입대금을 할인 받았을 때
④ 외상매입금을 어음 발행하여 지급하였을 때

06. 3전표를 사용하는 회사에서 다음 각 거래에 대해서 작성하는 전표를 바르게 나타낸 것은? 62회 전산회계 2급

① 상품을 매출하고 대금은 현금으로 받다. : 대체전표
② 상품을 매입하고 대금은 보통예금통장에서 계좌이체하다. : 대체전표
③ 직원의 회식비를 현금으로 지급하다. : 입금전표
④ 거래처 외상매출금을 거래처 당좌수표로 받다. : 대체전표

07. 다음과 같은 거래의 결합관계와 거래의 종류로 이루어진 거래는? 64회 전산회계 2급

거래의 결합관계		거래의 종류
(차변) 자산의 증가	(대변) 자산의 감소	교환거래

① 비품 1,000,000원을 구입하고 현금으로 지급하다.
② 국민은행으로부터 5,000,000원을 단기차입하다.
③ 현금 5,000,000원을 출자하여 상품매매업을 시작하다.
④ 상품을 2,000,000원을 외상으로 구입하다.

08. 다음과 같은 결합관계로 이루어진 거래로 옳은 것은? 59회 전산회계 2급

[차변] 자산의 증가	[대변] 부채의 증가

① 건물을 2년간 임차하고 임차보증금 30,000,000원을 현금으로 지급하다.
② 매장의 유리창을 교체(수익적 지출)하고 대금 150,000원은 월말에 지급하기로 하다.
③ 차입금 60,000,000원과 그에 대한 이자 1,000,000원을 현금으로 지급하다.
④ 영업용 차량 10,000,000을 구입하고 대금은 12개월 무이자할부로 하다.

09. 다음 중 회계상 거래가 아닌 것은? 79회 전산회계 1급

① 사용하던 기계장치를 거래처에 매각처분하였다.
② 사무실 임차계약을 체결하고 임차보증금을 지급하였다.
③ 거래처에서 외상매입금을 면제해 주었다.
④ 경영진이 미래에 특정 자산을 취득하겠다는 의사결정을 하였다.

주관식 문제

01. 회계에서 거래라고 하는 것은 어떤 것인가를 설명하시오.

02. T계정이라고 하는 것은 어떠한 것이고, 차변과 대변도 표시해 보시오.

03. 다음의 계산을 계정식에서 계산하시오. 단, 차변을 －로 한다.

$$100 + 250 - 200 + 900 - 140$$

차변		대변	

04. 다음에 표시된 계정과목은 자산·부채·수익·비용의 어느 곳에 속하는가를 번호로 기입하시오.

(1) 외상매입금	(2) 급　　료	(3) 매　　출
(4) 현　　금	(5) 예　　금	(6) 차 입 금
(7) 수도광열비	(8) 광고선전비	(9) 수입수수료
(10) 이 자 수 익	(11) 이 자 비 용	(12) 외상매출금
(13) 상　　품	(14) 대 여 금	(15) 비　　품
(16) 잡　　비	(17) 잡 수 익	

자산							수익					
부채							비용					

05. 아래 계정과목차변에서 증가면 a, 감소는 b, 발생은 c, 소멸은 d로 기입하시오.

(1) 외상매입금 (　) (2) 급　　료 (　) (3) 매　　출 (　)
(4) 현　　금 (　) (5) 예　　금 (　) (6) 차 입 금 (　)
(7) 수도광열비 (　) (8) 광고선전비 (　) (9) 수입수수료 (　)
(10) 이 자 수 익 (　) (11) 이 자 비 용 (　) (12) 외상매출금 (　)
(13) 상　　품 (　) (14) 대 여 금 (　) (15) 비　　품 (　)
(16) 잡　　비 (　) (17) 잡 수 익 (　)

06. 다음 거래를 분개하고 계정과목에 기록하시오(일자도 병기함).

4월 1일 현금 ₩130,000을 자본으로 개업하다.
4월 2일 현금 ₩30,000을 은행에서 차입하다.
4월 3일 상품 ₩90,000을 외상으로 매입하다.
4월 4일 상품을 ₩30,000에 판매하고, 대금은 현금으로 받다.
4월 5일 급료 ₩20,000을 현금으로 지급하다.
4월 6일 차입금 ₩30,000과 이자 ₩3,000을 현금으로 지급하다.
4월 7일 외상매입금 ₩90,000을 현금으로 지급하다.

현 금	

상 품	

차 입 금	

외상매입금	

매 출	

자 본 금	

이 자 비 용	

급 료	

07. 다음은 성모 회사의 재무상태표 계정과목이다. 아래의 계정과목들을 유동성 기준에 의하여 유동자산과 비유동 자산, 유동부채와 비유동 부채로 구분하여 기입하시오.

(1) 매 출 채 권 (　)
(2) 사　　채 (　)
(3) 현금 및 현금성 자산 (　)
(4) 상　　품 (　)
(5) 매 입 채 무 (　)
(6) 단기 차입금 (　)
(7) 토　　지 (　)
(8) 선 수 금 (　)
(9) 영 업 권 (　)
(10) 미 지 급 금 (　)

08. 다음은 청계상회의 회계상 거래내역이다. 계정기록의 법칙에 따라 결합관계와 거래의 종류를 기록하시오.

> **예** 은행에서 현금 ₩500,000을 차입하다.
> (차변) 자산의 증가 (대변) 부채의 증가 : 교환거래

(1) 현금 ₩1,000,000을 출자하여 영업을 시작하다.

(2) 상품 ₩200,000을 외상으로 매입하다.

(3) 상품 ₩600,000을 매입하고 대금 중 ₩300,000은 현금 지급하고 나머지는 외상으로 하다.

(4) 단기차입금 이자 ₩50,000을 현금으로 지급하다.

(5) 광고선전비로 ₩100,000을 현금으로 지급하다.

(6) 차입금 ₩100,000과 이자 ₩5,000을 현금으로 지급하다.

(7) 원가 ₩200,000의 상품을 ₩300,000에 매출하고 대금은 현금으로 받다.

Chapter
05

분개와 전기

01 거래의 8요소

회계상의 거래로 기록될 수 있는 것은 앞에서 기술한 바와 같이 계정기록의 법칙에 따라서 차변과 대변에 거래의 8요소가 기록된다. 그리고 차변의 요소와 대변의 요소는 다음과 같으며, 거래의 기록은 차변요소 4개와 대변요소 4개의 상호 조합의 형태로 이루어진다. 거래의 이중성과 거래의 요소(8가지 항목)가 결합하여 다양한 형태의 거래를 표현할 수 있다.

이와 같은 8가지 요소를 거래의 8요소라고 한다.

거래의 8가지 요소가 서로 결합되어 여러 가지 조합을 이루는 관계를 다음 [그림 5-1]에서 살펴볼 수 있다. 거래의 8가지 요소의 결합관계는 복식부기의 가장 기본이 된다.

이때 재무상태표 요소 중 자산의 증가는 차변에 부채·자본의 증가는 대변에 기재하고 자산·부채·자본의 감소는 각각 그 반대편에 기재한다.

손익계산서 요소 중 비용의 발생은 차변에, 수익의 발생은 대변에 기재하며 비용·수익의 소멸(취소)은 각각 그 반대편에 기재한다.

[그림 5-2]에서는 자산의 증가를 중심으로 한 거래요소의 결합관계를 살펴본다.

그림 5-1 거래의 8요소 결합관계

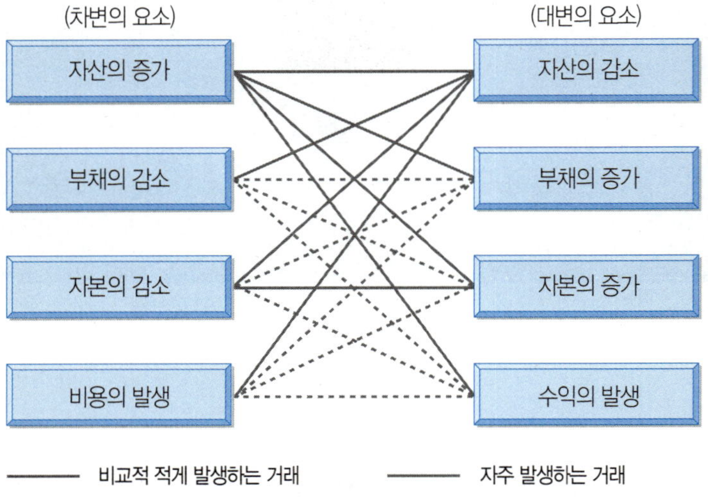

그림 5-2 자산의 증가를 중심으로 한 거래요소의 결합관계

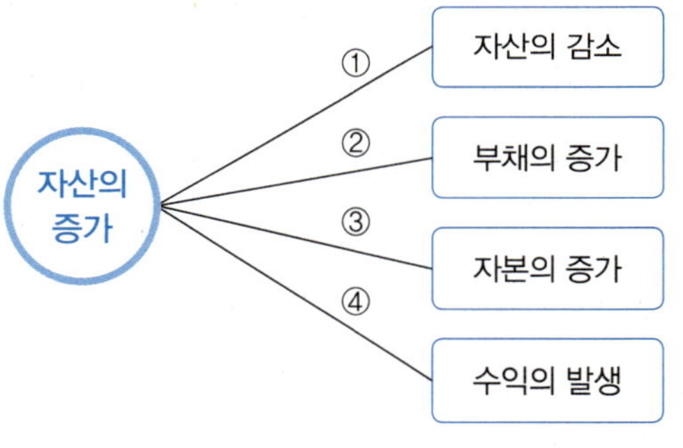

① 자산의 증가-자산의 감소 거래

- 상품 ₩100,000을 구매하고, 대금은 현금으로 지급하다.
- 상품 ₩35,000을 매출하고, 대금은 외상으로 하다.
- A사에 현금 ₩500,000을 대여하다.

② 자산의 증가-부채의 증가 거래

- A사에서 상품 ₩100,000을 구매하고 대금은 외상으로 하다.
- K은행에서 현금 ₩200,000을 차입하다.
- 영업용 책상과 의자 ₩300,000을 구입하고 대금은 월말에 지급하기로 하다.

③ 자산의 증가 – 자본의 증가 거래

- 현금 ₩500,000을 출자하여 영업을 개시하다.
- 주식을 발행하여 현금 ₩200,000을 수령하였다.
- 상품 ₩100,000과 건물 ₩1,000,000을 출자하여 영업을 개시하였다.

④ 자산의 증가 – 수익의 발생 거래

- 건물 임대료 ₩50,000을 현금으로 수령하였다.
- 단기 대여금에 대한 이자 ₩25,000을 현금으로 수령하였다.
- K은행에 정기예금 하였던 ₩5,000,000에 대한 이자 ₩20,000을 현금으로 수령하였다.

[그림 5 – 3]에서는 부채의 감소를 중심으로 한 거래요소의 결합관계를 살펴본다.

그림 5 – 3 부채의 감소를 중심으로 한 거래요소의 결합관계

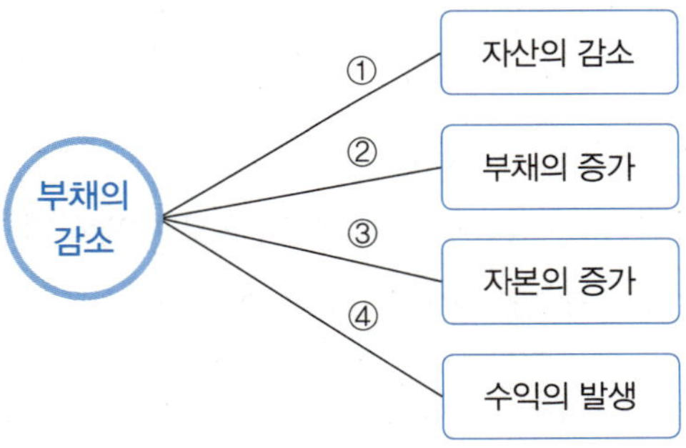

① 부채의 감소 – 자산의 감소 거래

- A사의 외상 매입금 ₩50,000을 현금으로 지급하다.
- K은행의 단기 차입금 ₩100,000을 현금으로 상환하다.
- 영업용 책상과 의자 미지급액 ₩300,000을 현금으로 지급하다.

② 부채의 감소 – 부채의 증가 거래

- B사의 외상 매입금 ₩100,000을 약속어음으로 발행하여 지급하다.
- C사에서 현금 ₩100,000을 차입하여 A사의 외상 매입금을 지급하다.

③ 부채의 감소 – 자본의 증가 거래

• A사의 외상 매입금 ₩500,000을 기업주가 개인의 현금으로 지급하다.

④ 부채의 감소 – 수익의 발생

• A사의 차입금을 조건없이 면제받다.

[그림 5 – 4]에서는 자본의 감소를 중심으로 한 거래요소의 결합관계를 살펴본다.

그림 5 – 4 자본의 감소를 중심으로 한 거래요소의 결합관계

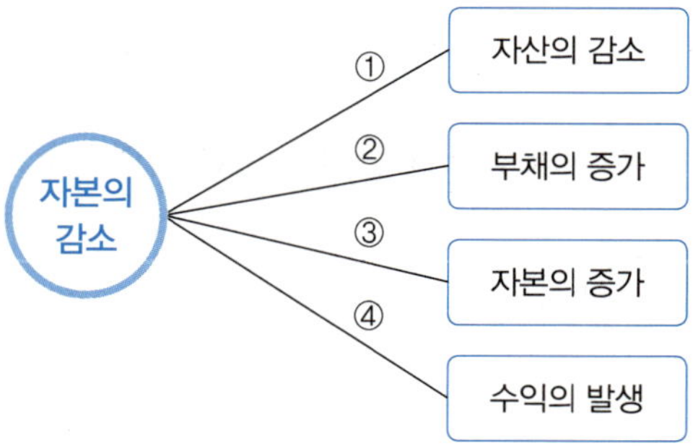

① 자본의 감소 – 자산의 감소 거래

• 기업의 이익잉여금 중 ₩100,000을 현금으로 배당하다.

• 기업소유주가 개인적으로 ₩100,000을 인출하다.

② 자본의 감소 – 부채의 증가 거래

• A사의 주주총회에서 B주주에게 배당금 ₩100,000을 주기로 의결하다.

• 기업소유주의 채무를 기업의 채무로 인수하다.

③ 자본의 감소 – 자본의 증가 거래

• A사의 주식발행 초과금 ₩100,000을 무상증자하였다.

④ 자본의 감소 – 수익의 발생

• 상속인 없이 사망한 주주의 출자금을 회사의 잡이익으로 처리하였다.

[그림 5 – 5]에서는 비용의 발생을 중심으로 한 거래요소의 결합관계를 살펴본다.

그림 5-5 **비용의 발생을 중심으로 한 거래요소의 결합관계**

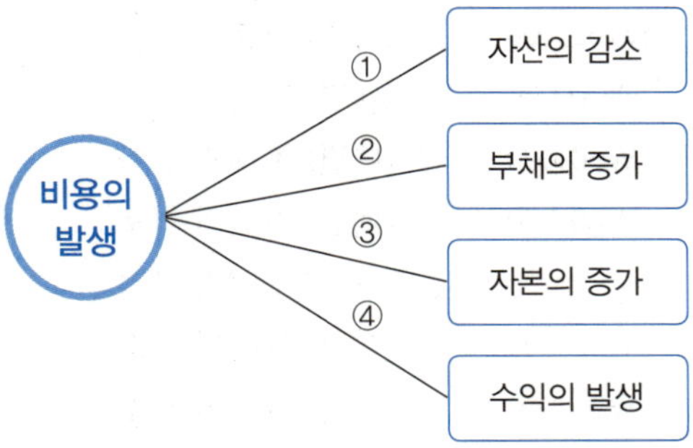

① 비용의 발생 – 자산의 감소 거래

- A사에게 임차료 ₩100,000을 현금으로 지급하였다.
- B사에게 화재보험료 ₩100,000을 현금으로 지급하였다.

② 비용의 발생 – 부채의 증가 거래

- 기말에 미지급급여 ₩100,000을 계상하였다.
- A사의 차입금이자 ₩100,000을 원금에 가산하였다.

③ 비용의 발생 – 자본의 증가 거래

- 종업원의 급여 ₩100,000을 주식으로 발행하여 지급하였다.

④ 비용의 발생 – 수입의 발생 거래(발생되지 않는 거래)

예제 5-1

다음 거래를 차변·대변의 요소로 나누어 분석하시오.

1. 현금 ₩150,000을 출자하여 영업을 개시하다.
2. 상품 ₩70,000을 현금으로 매입하다.
3. 은행에서 현금 ₩30,000을 차입하다.
4. 원가 ₩40,000의 상품을 ₩60,000에 판매하고 대금은 외상으로 하다
5. 금월분 급료 ₩10,000원을 현금으로 지급하다.
6. 차입금 중 ₩25,000을 현금 상환하다.

풀이

1. (차변) 자산의 증가	₩150,000	(대변) 자본의 증가	₩150,000
2. (차변) 자산의 증가	₩70,000	(대변) 자산의 감소	₩70,000
3. (차변) 자산의 증가	₩30,000	(대변) 부채의 증가	₩30,000
4. (차변) 자산의 증가	₩60,000	(대변) 자산의 감소	₩40,000
		(대변) 수익의 발생	₩20,000
5. (차변) 비용의 발생	₩10,000	(대변) 자산의 감소	₩10,000
6. (차변) 부채의 감소	₩25,000	(대변) 자산의 감소	₩25,000

02 대차평균의 원리

거래의 8요소에 의해 거래를 분석할 때 가장 기본이 되는 것은 대차평균의 원리이다. 대차평균의 원리라고 하는 것은 거래가 발생하게 되면 모든 회계상의 거래를 항상 차변과 대변에 동일한 금액으로 기록되는데 이때 거래의 이중성에 의해서 아무리 많은 거래가 발생하더라도 항상 계정 전체의 차변 합계금액과 대변 합계금액이 일치한다는 것이다. 통상 부기를 복식부기라고 부르는 이유는 바로 이것을 말한다. 차변의 요소와 대변의 요소는 각각 하나씩 한정된 것은 아니고, 어느 쪽이 하나 이상의 요소 혹은 양쪽 모두가 하나 이상의 요소로서 결합된 거래도 생길 수 있다. 이와 같은 경우에도 차변과 대변의 금액은 일치한다.

제3장에서 살펴본 재무상태표 등식을 통하여 자산, 부채, 자본 간의 관계를 살펴보았는데 다음식과 같다.

재무상태표 등식

자산=부채(채권자 청구권)+자본(소유자 청구권)

기말 자산=기말 부채+기말 자본(기초 자본+당기순이익)

=부채+(자본금+자본 잉여금+이익 잉여금)

=부채+(기초 자본+추가 출자+$\underbrace{\text{수익}-\text{비용}}_{\text{당기순이익}}$−배당금)

재무제표 등식은 항상 차변과 대변이 일치해야 하므로 대차평균의 원리가 적용되고 있다. 회계의 기본 모형인 재무제표 등식은 기업의 재무상태에 영향을 미치는 모든 거래를 기록하는데 지켜야 할 원칙이다. 이는 하나의 거래를 두 번 적게 하는 복식부기의 원리이다. 앞으로 우리는 재무제표 등식을 이용하여 거래를 기록할 것이다.

03 분개

분개(分介, Journalizing)란 거래에 내재된 원인과 결과를 서로 구분하여 차변과 대변에 따로 기록하는 절차이다. 이는 회계상 거래의 결합관계를 오른쪽, 왼쪽 즉 차변과 대변에 기록하는 절차를 의미한다.

회계에서 손익계산서와 재무상태표 등의 재무제표는 계정기록을 기초로 해서 작성된다. 그런데, 거래를 직접 계정계좌에 기록하면 계정과목마다 증가·감소, 발생·소멸의 내용은 파악할 수도 있지만, 거래의 시간적 경과, 즉 거래의 발생순서의 내용은 파악되지 않을 뿐만 아니라, 기록에 오류가 있어도 그것을 거래의 원시기록에 소급해서 확인·정정하는 것은 곤란하게 된다. 따라서 거래가 발생하게 되면 차변의 요소와 대변의 요소를 개별·발생순서로 기록하는 것이 좋다.

거래가 발생하면 거래의 8요소로 분석하고, 계정과목이 무엇인가? 그 계정과목의 차변·대변 중 어느 쪽에 기입할 것인가? 기입할 금액이 얼마인가?를 인식·결정하여 분개한다. 분개시 차변·대변의 증가·감소 또는 발생·소멸과 각각의 계정과목과 금액이 확정된다.

우리는 앞에서 거래가 발생하면 기업의 자산, 부채, 자본에 증감 변화가 나타나고 수익과 비용이 발생하게 되는데 이때 거래를 명확하게 기록하기 위하여 계정을 설정하였다. 계정의 형식은 보고식과 표준식이 있는데 그중 표준식의 약식인 T-계정을 사용한다. T-계정은 모양이 대문자 T와 유사하다고 해서 T-계정이라 한다. T-계정과 대차평균의 원리를 이용하여 분개를 한다.

분개는 기업의 거래로 인식된 경제적 사건들의 내용과 금액을 적정한 계정과목을 이용하여 기록한 것으로 다음과 같다.

(차변) 계정과목 ××× (대변) 계정과목 ×××

예제 5-2

2024년 1월 1일 경영학과 학생 2명은 학교 근처 컨설팅 회사 Rogan을 설립하고 현금 ₩1,000,000을 투자하여 영업을 개시하였다. 1월 한 달 동안 다음과 같은 거래가 발생하였다.

1. Rogan은 1월 2일 주주로부터 받은 현금 ₩200,000을 주고 건물을 임차하였다.
2. Rogan은 1월 3일 컴퓨터 및 책상을 ₩700,000에 구입하였는데, 대금은 2개월 후에 지급하기로 하였다.
3. K은행으로부터 1월 9일 ₩500,000을 차입하였다.
4. 1월 10일 A사에 컨설팅 용역을 수행하고 용역 대금으로 현금 ₩2,000,000을 수령하였다.
5. 1월 15일에 B사에 현금 ₩500,000을 빌려주었다.
6. 1월 16일에 차입금에 대한 이자 ₩60,000을 현금으로 지급하였다.
7. 1월 25일 직원에게 교통비 명목으로 ₩20,000을 현금으로 지급하였다.
8. 1월 27일 종업원에 대한 1월분 급여 ₩100,000이 발생하였는데 미지급하였다.
9. 1월 27일 신문 구독료 ₩8,000을 현금으로 지급하였다.
10. 1월 29일 S-oil에서 휘발유 ₩200,000을 주유하고 현금으로 지급하였다.

[예제 5-2]를 중심으로 Rogan회사의 1월 중의 거래를 회계등식과 T-계정을 이용하여 기록하고 손익계산서와 재무상태표를 작성하면 다음과 같다.

거래(0)

- 현금 ₩1,000,000으로 Rogan사를 설립하다.

[회계거래 분석] 자산의 증가-자본의 증가

자산	=	부채	+	자본
현금+1,000,000				자본금+1,000,000

현금	
1,000,000	

자본	
	1,000,000

[분개] (차변) 현금 ₩1,000,000 (대변) 자본금 ₩1,000,000

거래(1)

• 현금 ₩200,000을 지급하고 건물을 임차하였다.

[회계거래 분석] 비용의 발생 – 자산의 감소

자산	=	부채	+	자본	+	수익	–	비용
현금 – 200,000								– 200,000

현금	
	200,000

임차료	
200,000	

[분개] (차변) 임차료 ₩200,000 (대변) 현금 ₩200,000

거래(2)

• 컴퓨터 및 책상 등 ₩700,000 사무실 집기를 외상으로 구입하였다.

[회계거래 분석] 자산의 증가–부채의 증가

자산	=	부채	+	자본
비품+700,000		미지급금+700,000		

비품	
+700,000	

미지급금	
	+700,000

[분개] (차변) 비품 ₩700,000 (대변) 미지급금 ₩700,000

거래(3)

• K은행으로부터 ₩500,000을 차입하다.

[회계거래 분석] 자산의 증가–부채의 증가

자산	=	부채	+	자본
현금+500,000		차입금+500,000		

현금	
+500,000	

차입금	
	+500,000

[분개] (차변) 현금 ₩500,000 (대변) 차입금 ₩500,000

거래(4)

• A사에 컨설팅 용역을 수행하고 현금 ₩2,000,000 수령하였다.

[회계거래 분석] 자산의 증가－수익의 발생

자산	=	부채	+	자본	+	수익	-	비용
현금＋2,000,000						용역매출＋2,000,000		

현금	
＋2,000,000	

용역수익	
	＋2,000,000

[분개] (차변) 현금 ₩2,000,000 (대변) 용역수익 ₩2,000,000

거래(5)

• B사에 현금 ₩500,000을 빌려주었다.

[회계거래 분석] 자산의 증가－자산의 감소

자산	=	부채	+	자본
대여금＋500,000 현금－500,000				

대여금	
＋500,000	

현금	
	－500,000

[분개] (차변) 대여금 ₩500,000 (대변) 현금 ₩500,000

거래(6)

• 차입금에 대한 이자 ₩60,000을 현금으로 지급하다.

[회계거래 분석] 비용의 발생－자산의 감소

[회계거래 분석] 자산의 증가－수익의 발생

자산	=	부채	+	자본	+	수익	-	비용
현금－60,000								이자비용－60,000

현금	
	60,000

이자비용	
60,000	

[분개] (차변) 이자비용 ₩60,000 (대변) 현금 ₩60,000

거래(7)

• 직원에게 교통비 명목으로 ₩20,000을 현금으로 지급하다.

[회계거래 분석] 비용의 발생 – 자산의 감소

자산	=	부채	+	자본	+	수익	–	비용
현금 – 200,000								여비교통비 – 20,000

현금	
	20,000

여비교통비	
20,000	

[분개] (차변) 여비교통비 ₩20,000 (대변) 현금 ₩20,000

거래(8)

• 급여 ₩100,000을 미지급하다.

[회계거래 분석] 비용의 발생 – 부채의 증가

자산	=	부채	+	자본	+	수익	–	비용
		미지급비용 + 100,000						급여 – 100,000

현금	
	+100,000

급여	
100,000	

[분개] (차변) 급여 ₩100,000 (대변) 미지급 급여 ₩100,000

거래(9)

• 신문구독료 ₩8,000을 현금으로 지급하다.

[회계거래 분석] 비용의 발생 – 자산의 감소

자산	=	부채	+	자본	+	수익	–	비용
현금 – 8,000								도서인쇄비 – 8,000

현금	
	–8,000

도서인쇄비	
8,000	

[분개] (차변) 도서인쇄비 ₩8,000 (대변) 현금 ₩8,000

거래(10)

• S－oil에서 휘발유 ₩200,000을 주유하고 현금으로 지급하다.

[회계거래 분석] 비용의 발생－자산의 감소

자산	=	부채	+	자본	+	수익	－	비용
현금－200,000								차량유지비－200,000

현금	
	－200,000

차량유지비	
200,000	

[분개] (차변) 차량유지비 ₩200,000 (대변) 현금 ₩200,000

• Rogan의 거래를 분개하면 다음과 같다.

(0)	개시일 1월 1일	(차) 현　　금 1,000,000	(대) 자 본 금 1,000,000
(1)	1월 2일	(차) 임 차 료 200,000	(대) 현　　금 200,000
(2)	1월 3일	(차) 비　　품 700,000	(대) 미 지 급 금 700,000
(3)	1월 9일	(차) 현　　금 500,000	(대) 차 입 금 500,000
(4)	1월 10일	(차) 현　　금 2,000,000	(대) 용 역 수 익 2,000,000
(5)	1월 15일	(차) 대 여 금 500,000	(대) 현　　금 500,000
(6)	1월 16일	(차) 이 자 비 용 60,000	(대) 현　　금 60,000
(7)	1월 25일	(차) 여비교통비 20,000	(대) 현　　금 20,000
(8)	1월 26일	(차) 급　　여 100,000	(대) 미지급비용(급여) 100,000
(9)	1월 26일	(차) 도서인쇄비 8,000	(대) 현　　금 8,000
(10)	1월 29일	(차) 차량유지비 200,000	(대) 현　　금 200,000

포괄손익계산서

ROGAN㈜		2021년 12월 31일
수익 (4) 용역수익		₩2,000,000
비용 (1) 임차료	₩200,000	
(6) 이자비용	₩60,000	
(7) 여비교통비	₩20,000	
(8) 급 여	₩100,000	
(9) 도서인쇄비	₩8,000	
(10) 차량유지비	₩200,000	
		₩588,000
		₩1,412,000

재무상태표

ROGAN㈜	2021년 12월 31일
자산	
현금(₩1,000,000 − 200,000 + 500,000 − 500,000 + 2,000,000 − 60,000 − 20,000 − 8,000 − 200,000)	₩2,512,000
비품 + 700,000	700,000
대여금 + 500,000	500,000
자산 총계	₩3,712,000
부채	
미지급금 700,000	700,000
차입금 500,000	500,000
미지급급여 100,000	100,000
부채총계	₩1,300,000
자본	
자본금 1,000,000	1,000,000
이익잉여금 [기초(0) + 당기순이익(1,412,000) − 배당금(0)] = 1,412,000	1,412,000
자본 총계	₩2,412,000
부채와 자본 총계	₩3,712,000

예제 5-3

다음의 거래를 분개하시오.

1. 현금 ₩150,000을 출자하여 영업을 개시하다.
2. 상품 ₩70,000을 현금으로 매입하다.
3. 은행에서 현금 ₩30,000을 차입하다.
4. 상품을 ₩60,000에 판매하고 대금은 외상으로 하다.
5. 금월분 급료 ₩10,000원을 현금으로 지급하다.
6. 차입금 ₩25,000을 현금으로 지급하라.

풀이

1.	(차변) 현 금	₩150,000	(대변) 자 본 금	₩ 150,000
2.	(차변) 상 품	₩70,000	(대변) 현 금	₩70,000
3.	(차변) 현 금	₩30,000	(대변) 차 입 금	₩30,000
4.	(차변) 외상매출금	₩60,000	(대변) 상 품	₩60,000
5.	(차변) 급 료	₩10,000	(대변) 현 금	₩10,000
6.	(차변) 차 입 금	₩25,000	(대변) 현 금	₩25,000

예제 5-4

다음 거래자료에 대하여 분개하시오.

1. 10월 3일 국민은행의 단기차입금에 대한 이자 150,000원이 당사의 보통예금 계좌에서 자동이체됨을 확인하고 회계처리하다. 58회 전산회계 2급
2. 10월 5일 매장 건물을 장미전자에서 10,000,000원에 구입하고, 대금 중 2,000,000원은 현금으로 지급하며, 잔액은 미지급하다. 이 건물에 대한 등록면허세(취득원가 처리) 200,000원은 당사 보통예금 계좌에서 이체하다. 58회 전산회계 2급
3. 10월 10일 세운상사에서 상품 3,000,000원을 매입하기로 계약하고, 이 중 매입금액의 20%를 계약금 명목으로 당사 보통예금 계좌에서 이체하다. 58회 전산회계 2급
4. 7월 1일 공장의 기계장치에 대하여 삼일화재보험사에 화재보험(보험기간 2018.7.1.~2019.6. 30.)을 가입하고 4,800,000원을 현금지급하였다. 전액 자산으로 회계처리하시오. 59회 전산회계 1급

풀이

1. (차변) 이 자 비 용	₩150,000	(대변) 보 통 예 금	₩150,000
2. (차변) 건 물	₩10,200,000	(대변) 현 금	₩2,000,000
		미지급금(장미전자)	₩8,000,000
		보 통 예 금	₩200,000
3. (차변) 선급금(세운상사)	₩600,000	(대변) 보 통 예 금	₩600,000
4. 7월 1일 : (차변) 선급비용	₩4,800,000원	(대변) 현 금	₩4,800,000원

04 전기

전기(傳記, Posting)란 분개장의 거래기록을 각 해당 계정에 옮겨적는 것을 의미하며, 특정시점의 계정잔액을 파악하기 위하여 수행한다.

분개를 한 후, 이 분개기록을 기초로 해서 해당계정에 기록이 남게 되는데 이러한 절차를 전기라고 한다. 그리고 이들 계정이 설정되어 있는 장부를 총계정원장이라고 한다. 분개기록에서 차변의 계정과목과 금액은 해당 계정의 차변에, 또한 대변의 계정과목과 금액은 해당 계정의 대변에 옮겨 적는다.

이러한 과정이 끝나면 거래의 발생순으로 분개장의 차변 및 대변금액과 손익계산서와 대차대조표 등의 재무제표작성의 기초가 되는 계정과목 전체의 차변 및 대변금액이 일치하는 것을 알 수 있다.

[예제 5 - 2]의 분개를 전기하면 다음과 같다.

현금 a/c

(0)	1,000,000	(1)	200,000
(3)	500,000	(5)	500,000
(4)	2,000,000	(6)	60,000
		(7)	20,000
		(9)	8,000
		(10)	200,000
	3,500,000		

자본금 a/c

		(0)	1,000,000

임차료 a/c

차변		대변	
(1)	200,000		

비품 a/c

차변		대변	
(2)	700,000		

미지급금 a/c

차변		대변	
		(2)	700,000

차입금 a/c

차변		대변	
		(3)	500,000

용역수익 a/c

차변		대변	
		(4)	2,000,000

대여금 a/c

차변		대변	
(5)	500,000		

이자비용 a/c

차변		대변	
(6)	60,000		

여비교통비 a/c

차변		대변	
(7)	20,000		

급여 a/c

차변		대변	
(8)	100,000		

미지급급여 a/c

차변		대변	
		(8)	100,000

도서인쇄비 a/c

차변		대변	
(9)	8,000		

차량유지비 a/c

차변		대변	
(10)	200,000		

예제 5-5

예제 5-3의 분개를 계정계좌에 전기하시오.

풀이

현 금

차변		대변	
①	150,000	②	70,000
③	30,000	⑤	10,000
		⑥	20,500

외상매출금

차변		대변	
④	60,000		

상 품

차변		대변	
②	70,000	④	40,000

차 입 금

차변		대변	
⑥	25,000	③	30,000

자 본 금

차변		대변	
		①	150,000

급 료

차변		대변	
⑤	10,000		

05 분개장과 총계정원장

기업의 다양한 경영활동을 통하여 발생하는 다양한 거래를 기록하고 계산하기 위하여 장부가 필요하다. 이러한 장부는 크게 발생되는 모든 거래를 기입하는 장부인 주요부와 보충하는 장부인 보조기입장과 보조원장과 같은 보조부가 있다. 주요부는 분개장과 총계정원장을 의미한다.

기업에서 거래가 발생하면 분개를 통하여 분개장과 보조부에 기록(전기)하고 이러한 기록은 총계정원장에 집계되고 결산과 마감 과정을 거쳐 재무상태표와 포괄손익계산서가 완성된다.

다음은 분개장과 총계정원장에 대해 자세히 살펴보도록 한다.

① 분개장

회계상의 기록은 각종의 장부에 의해서 이루어지는데, 분개를 기입하는 장부를 분개장이라고 한다. 즉, 분개장은 거래의 발생순으로 분개하고 기입하는 장부이다. 분개장의 형식은 다음과 같다.

분개장

1

일 자		적 요	원 면	차 변	대 변

회계에서 분개장을 시발점으로 각종 장부를 사용하지만, 장부의 형식 그 자체도 회계를 공부하는 데 중요하다. 회계장부의 형식을 정하기 위한 괘선은 예외 없이 붉은 선으로 그어져 있다. 그리고 분개장의 경우 차변과 대변의 난에는 금액이 기입된다. 그 밖의 난에는 문자나 금액 이외의 숫자가 기입된다.

분개장의 오른편 위의 숫자는 분개장의 페이지이다. 전술한 바와 같이 실선부분은 기입자가 그은 적요란의 선을 포함해서 모두 붉은 선으로 긋는다.

예제 5-6

다음 거래의 분개를 분개장으로 기록하시오.

1. 5월 1일 현금 ₩150,000을 투자하여 영업을 개시하다.

2. 5월 10일 상품 ₩75,000을 매입하고, 대금 중 ₩40,000은 현금으로 지급, 잔액은 외상으로 하다.

3. 5월 20일 광고선전비 ₩20,000과 잡비 ₩10,000을 현금으로 지급하다.

4. 5월 30일 상품을 ₩85,000으로 매출하고, 대금 중 ₩35,000은 현금으로 수취하고 잔액은 외상으로 하다.

풀이

분개장

1

일 자		적 요	원 면	차 변	대 변
5	1	(현 금)		150,000	
		(자본금)			150,000
		현금을 투자하여 개업			
		(매 입) 제좌		75,000	
		(현 금)			40,000
		(외상매입금)			35,000
		상품매입			
		제좌 (현 금)			30,000
		(광고선전비)		20,000	
		(잡 비)		10,000	
		제경비 지급			
				255,000	255,000

분개장에 기입할 때에는 먼저 거래의 일자를 기입한다. 일자 중에 월은 실제로 변하지만, 분개장의 페이지가 변하지 않는 한 다시 쓸 필요는 없다. 또한 동일 일자에서 두 개 이상의 거래가 있는 경우 두 번째 거래에는 같다(″)는 표시를 사용한다. 그리고 분개의 기입에 있어서는 반드시 차변의 계정과목과 금액을 기입한다. 차변의 계정과목은 적요란의 좌측에 기입한다. 대변의 계정과목은 적요란의 중앙에서 우측에 기입한다. 분개를 기입한 후 거래의 간단한 내용을 기입한다. 한 거래의 분개를 기입한 후 다음 분개와 구분하기 위해 적요란에만 한 줄을 긋는다. 또한 이 단계에서는 원면란에는 어떠한 것도 기입하지 않는다.

복수의 계정과목이 있는 경우에는 계정과목의 기입에 앞서 복수의 계정계좌라고 하는 의미로「제좌」라고 하는 문자를 넣는다. 즉, 예제 5-1의 4번 거래와 같이 차변 계정과목이 2개이고 대변은 하나인 경우 대변의 계정과목은 1행에 쓸 수 있다. 왜냐하면 차변을 먼저 기입한 것과 1행의 금액란이 자동적으로 공백이 되기 때문에 공백을 피하기 위해서이다. 회계에서 기록의 수정이나 부정을 방지하기 위해 가능한 한 공백부분을 줄이는 방식을 취한다.

한 거래의 분개는 반드시 같은 페이지에 기입한다. 기입할 여지가 없는 경우에는 최종 행에서 차변·대변의 금액 합계를 계산해서 다음 페이지로 이월한다.

합계를 계산할 때에는 금액란에 한 줄을 긋는다. 그 경우 비어 있는 행이 있는 경우에는 적요란의 우측부분에 대각선을 넣어 합계선을 연장한다.

❷ 총계정원장

기업의 모든 계정과목을 설정해 놓은 장부를 총계정원장이라고 한다. 분개장에서 거래의 역사적인 기록이, 총계정원장의 각 계정계좌에 전기된다. 포괄손익계산서와 재무상태표 등의 재무제표는 총계정원장의 각 계정계좌의 기록을 기초로 해서 작성된다.

분개장과 총계정원장은 기업이 회계처리를 하는데 반드시 설정되어야 하는 장부이기 때문에 주요부라고도 한다. 필요에 의해서 설정된 기타의 장부는 보조부라고 한다. 주요부로서의 총계정원장을 단순히 원장이라고도 한다.

총계정원장에 설정된 계정계좌의 형식에는 표준식과 잔액식의 두 가지가 있다. 각각의 형식은 다음과 같다.

① 표준식

계정과목

1

일자		적요	분면	금액	일자		적요	분면	금액

② 잔액식

계정과목

							1
일자		적요	분면	차변	대변	차대	잔액

❸ 전기방법

총계정원장의 계정계좌의 기입은 분개장으로부터 전기에 의해 이루어진다. 분개장의 차변의 기록은 해당계정계좌의 차변에, 대변기록은 해당 계정계좌의 대변에 전기된다. 분개장에서 전기된 내용을 확인하기 위해 분개장의 원면란과 총계정원장의 분면란을 이용한다. 즉, 총계정원장의 분면란에는 해당 전기의 분개가 기록된 분개장 페이지 번호를 기입한다. 또한 분개장의 원면란에는 해당 분개를 전기한 총계정원장의 페이지 번호를 기입한다.

예제 5-7

예제 5-6의 분개장의 기록을 총계정원정에 전기하시오<표준식>.

풀이

총계정원장

현 금 　　1

일자		적요	분면	금액	일자		적요	분면	금액
5	1	자본금	1	150,000	5	10	상품	1	40,000
	30	제좌	2	35,000		20	제좌	1	30,000

외상매출금

일자		적요	분면	금액	일자		적요	분면	금액
5	30	제좌	2	55,000					

상품

일자		적요	분면	금액	일자		적요	분면	금액
5	10	제좌	1	75,000					

외상매입금

일자		적요	분면	금액	일자		적요	분면	금액
					5	10	제좌	1	35,000

자본금

일자		적요	분면	금액	일자		적요	분면	금액
					5	1	현금	1	150,000

광고선전비

일자		적요	분면	금액	일자		적요	분면	금액
5	20	현금	1	20,000					

잡비

일자		적요	분면	금액	일자		적요	분면	금액
5	20	현금	1	10,000					

매 출

일자		적요	분면	금액	일자		적요	분면	금액
					5	30	제좌	2	85,000

총계정원장의 계정계좌의 적요란에 기입되어 있는 것은 분개의 상대계정이다. 예를 들면, 현금계정에 5월 1일의 차변이 적요란에 자본금이라고 하는 기입은

(차변) 현금 ××× (대변) 자본금 ×××

이라고 하는 분개를 차변=현금에 대한 상대=자본금을 의미하고 있다. 그러나 예를 들면 외상매출금계정에 5월 30일과 같이 상대계정이 둘 이상인 경우 제좌라고 기입되어지는 것은 실제로 상대계정은 알 수가 없다. 원래 적요란의 기입은 계정기록으로서 거래의 내용을 알 수 있게 하는 취지라고 한다. 따라서 제좌라고 하는 기입이 있다면 적요 내용을 의미하는 것은 아니다.

④ 전표를 이용한 기록방법

앞에서 살펴본 바와 같이 분개장 및 총계정원장과 같은 장부를 이용하여 회계처리하는 방법을 살펴보았다. 그러나 기업실무에서는 회계거래를 분개장에 기록하는 대신, 증빙서류를 첨부한 전표(傳票, Slip)에 의해 기록하기도 하며, 전산을 이용하여 입력하기도 한다. 매일 엄청난 양의 거래가 발생하는 기업일수록 전표와 전산을 활용하는 것이 일반적이다. 대표적인 전표로는 입금전표, 출금전표, 그리고 대체전표가 있다.

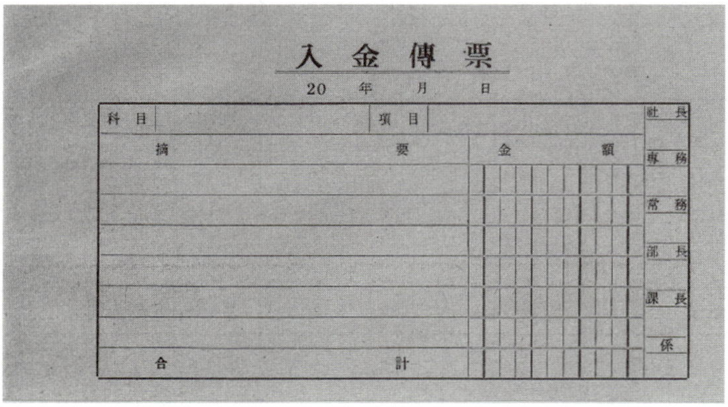

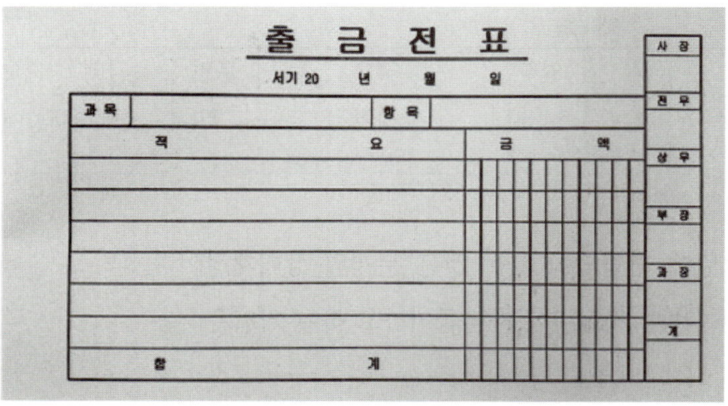

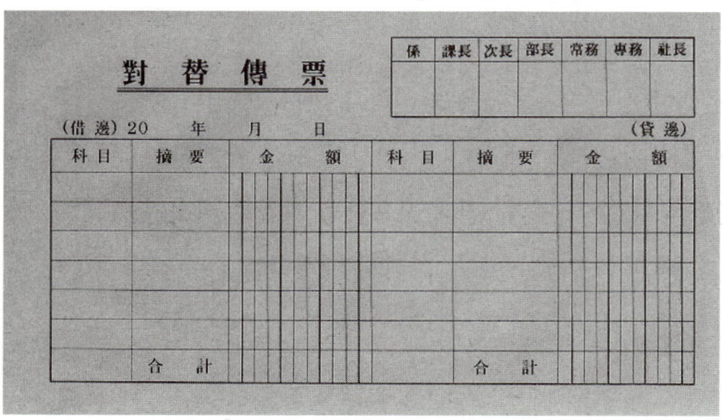

입금전표는 전표의 색상이 빨강색으로 되어 있으며, 현금이 유입되는 거래를 기록하는 전표로서 이미 차변에 현금을 기록한 것과 마찬가지의 의미이다. 즉, 차변에 현금을 분개할 필요가 없고, 단지 대변에 분개할 사항만 기록하면 되는 전표이다.

출금전표는 전표의 색상이 파랑색으로 되어 있으며 기업에서 현금이 유출되는 거래를 기록하는 전표로서 입금전표와는 반대로 대변에 현금을 이미 기록한 것과 마찬가지의 의미이다.

대체전표는 전표의 색상이 검정색으로 되어 있으며 기업에서 현금의 입금이나, 출금이 없는 거래를 기록할 때 사용하는 전표이다. 예를 들어 복사지를 구입하고 대금은 월말에 지급하기로 한 거래의 경우 현금의 유출이 없는 거래로서 대체전표에 기록한다.

연 습 문 제

객관식 문제

01. 다음과 같은 결합관계로 이루어진 거래로 옳은 것은? 59회 전산회계 2급

> [차변] 자산의 증가　　　[대변] 부채의 증가

① 건물을 2년간 임차하고 임차보증금 30,000,000원을 현금으로 지급하다.
② 매장의 유리창을 교체(수익적지출)하고 대금 150,000원은 월말에 지급하기로 하다.
③ 차입금 60,000,000원과 그에 대한 이자 1,000,000원을 현금으로 지급하다.
④ 영업용 차량 10,000,000을 구입하고 대금은 12개월 무이자할부로 하다.

02. 다음 [거래]에 대한 잘못된 [분개]로 재무제표에 미치는 영향으로 옳은 것은? 59회 전산회계 2급

> [거래] 본사 건물에 대한 냉·난방 장치를 설치하고 대금 20,000,000원을 당좌수표를 발행하여 지급하였다. 이는 자본적 지출에 해당한다.
> [분개] (차변) 수선비 20,000,000　　　(대변) 당좌예금 20,000,000

① 자산의 과대계상　　② 당기순이익의 과대계상
③ 부채의 과소계상　　④ 비용의 과대계상

03. 다음 거래에서 계정의 증감 내용이 기입될 곳으로 바른 것은? 61회 전산회계 2급

> [거래] 외상매입금 1,000,000원을 당사 보통예금 계좌에서 이체하여 지급하다.

자산계정		부채계정	
가	나	다	라

① 가, 다　　② 가, 라　　③ 나, 다　　④ 다, 라

04. 다음 중 주요장부로만 짝지어진 것은? 62회 전산회계 2급

① 총계정원장, 상품재고장　　② 분개장, 매입장
③ 분개장, 총계정원장　　④ 매입장, 매출장

05. 다음 거래에서 대변에 외상매입금계정으로 회계처리할 수 있는 것은? 64회 전산회계 2급

① 업무용 컴퓨터를 구입하고 대금을 외상으로 한 경우
② 부동산매매업자가 판매용 토지를 매입하고 대금을 월말에 지급하기로 한 경우
③ 영업부 복사기를 구입하고 대금을 월말에 지급하기로 한 경우
④ 상품을 매입하고 대금은 약속어음을 발행하여 지급한 경우

06. 다음 중 계정잔액의 표시가 잘못된 것은? 64회 전산회계 2급

①

선수금	
	120,000원

②

가수금	
	120,000원

③

미수금	
	120,000원

④

예수금	
	120,000원

07. 다음은 회계거래의 결합관계를 표시한 것이다. 옳지 않은 것은? 77회 전산회계1급

거래	거래의 결합관계
① 커피머신을 50,000원에 현금 구입하였다.	자산의 증가 – 자산의 감소
② 주식발행으로 1억원을 현금 조달하였다.	자산의 증가 – 자본의 증가
③ 공장청소비 10만원을 현금 지급하였다.	비용의 발생 – 자산의 감소
④ 상품을 20만원에 현금으로 매출하였다.	자산의 증가 – 비용의 감소

08. 다음 중 회계순환과정의 순서가 가장 올바른 것은? 69회 전산회계 1급

① 거래식별 → 전기 → 분개 → 수정전시산표 작성 → 기말 수정분개
② 수정전시산표 작성 → 수익비용계정의 마감 → 수정후시산표 작성 → 기말 수정분개 → 집합손익계정의 마감 → 자산부채자본계정의 마감 → 재무제표 작성
③ 수정후시산표 작성 → 기말 수정분개 → 자산부채자본계정의 마감 → 집합손익계정의 마감 → 수익비용계정의 마감 → 재무제표 작성
④ 기말 수정분개 → 수정후시산표 작성 → 수익비용계정의 마감 → 집합손익계정의 마감 → 자산부채자본계정의 마감 → 재무제표 작성

09. 다음 거래를 분개할 때 거래의 8요소 중 잘못된 것은? 80회 전산회계 1급

> ㈜한세는 기계장치 17,000,000원을 ㈜서울에서 구입하고, 먼저 지급하였던 계약금 1,700,000원을 차감한 나머지는 1개월 후에 지급하기로 하였다.

① 자산의 증가　② 자산의 감소　③ 부채의 증가　④ 부채의 감소

10. 다음 중 계정의 성격이 올바르게 설명되지 않은 것은? 80회 전산회계 1급

	계정명	분개 방식	결산시 계정잔액
①	급여 계정	증가시 차변에 기록	차변
②	소모품 계정	감소시 대변에 기록	대변
③	매입채무 계정	증가시 대변에 기록	대변
④	매출채권 계정	감소시 대변에 기록	차변

11. 다음은 회계거래의 결합관계를 표시한 것이다. 옳지 않은 것은? 2020년 특별회차 전산회계 1급

	거래	거래의 결합관계
①	수선비 10만원을 현금 지급하였다.	비용의 발생 - 자산의 감소
②	정수기를 500,000원에 현금 구입하였다.	자산의 증가 - 비용의 발생
③	주식발행으로 1억원을 현금 조달하였다.	자산의 증가 - 자본의 증가
④	상품을 20만원에 현금 매출하였다.	자산의 증가 - 수익의 발생

12. ㈜승달은 ㈜유달산에 제품을 판매하기로 약정하고, 계약금으로 제3자인 ㈜철원이 발행한 당좌수표 100,000원을 받았다. 다음 중 회계처리로 옳은 것은? 108회 전산회계 1급

①	(차) 수현금	100,000원	(대) 선수금	100,000원
②	(차) 당좌예금	100,000원	(대) 선수금	100,000원
③	(차) 현금	100,000원	(대) 제품매출	100,000원
④	(차) 당좌예금	100,000원	(대) 제품매출	100,000원

주관식 문제

01. 다음 거래를 분개하시오.

5/1 현금 ₩200,000, 비품 ₩30,000, 건물 ₩100,000을 출자하여 영업을 개시하다.

5/2 상품 ₩50,000 매입하고, 대금 중 ₩30,000은 현금으로 지급하고 나머지는 외상으로 하다.

5/3 현금 ₩50,000을 대여하다.

5/8 상품을 ₩30,000에 판매하고, 대금은 외상으로 하다.

5/11 외상매입금 ₩20,000을 현금으로 상환하다.

5/20 외상매출금 ₩30,000을 현금으로 수취하다.

5/25 급료 ₩10,000을 현금으로 지급하다.

5/31 대여금 ₩50,000과 그에 대한 이자 ₩1,000을 현금으로 수취하다.

월/일	차 변	금 액	대 변	금 액
5/1				
5/2				
5/3				
5/8				
5/11				
5/20				
5/25				
5/31				

02. 문제 1의 분개를 총계정원장에 전기하시오.

현 금

외상매출금

매 입

대여금

비 품

건 물

외상매입금

자본금

매 출

이자수익

급 료

03. 다음 제시한 장부의 형식은 표준식의 총계정원장이다. 공란을 채워 완성하시오.

계정과목

일자	( )	분면	( )변	일자	( )	분면	( )변

04. 다음 거래의 분개를 분개장에 기입하시오.

1. 현금 ₩500,000을 출자하여 영업을 개시하다.
2. 상품 ₩300,000을 외상으로 매입하다.
3. 승달상회에서 상품 ₩700,000을 매입하고 대금은 수표를 발행하여 지급하다.
4. 상품 ₩550,000을 매입하고 대금 중 ₩300,000은 현금으로 지급하고 나머지는 외상으로 하다.
5. 단기대여금에 대한 이자 ₩50,000을 현금으로 수령하다.
6. 업무용 휴대폰 통화요금 10월 분 ₩70,000을 현금으로 납부하다.
7. 종업원 급여 ₩1,000,000을 현금으로 지급하다.
8. 영업용 화물차 유류대금 ₩300,000을 현금으로 지급하다.
9. 사무실 전기요금 ₩50,000이 보통예금 계좌에서 이체·납부하였다.
10. 건물 임대료 ₩100,000을 현금으로 받다.
11. 업무와 관련된 도서 구입대금 ₩20,000을 현금으로 지급하다.

분개장

일자		적요	원면	차변	대변

05. 다음의 분개장과 총계정계좌 (　　)에 계정과목 또는 금액을 기입하시오.

분개장

일자		적요	원면	차변	대변
6	14	(상 품)		(　　)	
		(　　)			50,000
	15	(상 품) 제좌		150,000	
		(현 금)			(　　)
		(　　)			100,000
	20	(외상매출금)		100,000	
		(매 출)			100,000
	25	(급 료)		(　　)	
		(　　)			10,000
	30	(현 금) 제좌		105,000	
		(대여금)			(　　)
		(　　)			5,000

총계정원장

현 금 1

날짜	금액	날짜	금액
6/1	250,000	6/2	100,000
6/30	(　　)	6/14	50,000
		6/15	50,000
		6/25	10,000

외상매출금 2

날짜	금액	날짜	금액
6/20	(　　)		

상 품 3

날짜	금액	날짜	금액
6/5	50,000	6/20	(　　)
6/14	50,000		
6/15	(　　)		

대여금 4

날짜	금액	날짜	금액
6/2	100,000	6/30	100,000

외상매입금 5

날짜	금액	날짜	금액
		6/5	50,000
		6/15	100,000

자본금 6

날짜	금액	날짜	금액
		6/1	250,000

매 출 7

날짜	금액	날짜	금액
		6/20	100,000

이자수익 8

날짜	금액	날짜	금액
		6/30	5,000

급 료 9

날짜	금액	날짜	금액
6/25	10,000		

Chapter 06

시산표와 정산표

제4장 기업거래의 인식과 기록에서 거래가 발생하면 계정기록의 법칙에 따라 분개장에 차변과 대변으로 구분하여 기입한 후 대차평균의 원리에 의하여 총계정원장의 각각의 계정별로 전기(기록)하였다. 이제 이렇게 기록한 자료가 정확한지를 확인할 필요가 있다. 이렇게 기록이 정확한가를 검증하기 위하여 작성하는 집계표가 시산표와 정산표이다.

01 시산표의 의의와 기능

손익계산서와 재무상태표 등의 재무제표는 총계정원장의 계정계좌의 기록을 기초로 해서 작성되기 때문에 총계정원장의 기록에 오류가 있다면 올바른 재무제표를 작성할 수가 없다. 물론 분개장의 기록이 잘못되어 있다면 당연한 것이지만, 분개기록이 정확하게 되어 있는 것도 계정계좌에 전기할 때 잘못이 있다면, 올바른 재무제표를 바랄 수가 없다. 그래서 분개장에서 총계정원장으로 전기할 때 오류가 있는지 없는지를 검산하기 위해서 시산표(Trial Balance ; T/B)를 작성하게 된다. 시산표는 총계정원장에 있는 모든 계정의 차변 합계액과 대변 합계액을 단순히 한곳에 모아놓은 표를 의미한다. 따라서 시산표가 기본적으로 가지고 있는 기능은 전기의 검산기능이다(자기검증기능).

그런데 실제로 기업의 거래는 다양해서 그 기록은 상당히 팽창되어 있다. 총계정원장의 기록도 상당한 양에 달해서 모든 계정계좌의 기록내용을 한 표로 하는 것은 용이하지 않다. 그렇지만 시산표에서는 모든 계정계좌의 기록이 집계된다. 따라서 검산이 끝난 후의 시산표는 단순히 검산의 기능뿐만 아니라 계정기록의 집계·일람표시의 기능을 가지고 있다. 통상 시산표에 대해서는 검산기능만을 앞에서 설명했지만, 재무제표의 작성 등을 하기 위한 결산을 할 때에는 일람표시의 기능도 중요한 것으로 유의하는 것이 좋다. 시산표 등식은 다음과 같다.

시산표 등식

자산+비용=부채+자본+수익

시산표는 작성하는 방법에 따라 형식을 구분할 수 있다.

시산표의 형식은 ① 합계시산표, ② 잔액시산표, ③ 합계잔액시산표의 3가지가 있다. 형식상으로는 3가지 종류이지만 합계잔액시산표는 합계시산표와 잔액시산표를 한 표로 표시한 것이므로, 실제적으로는 2종류라고 할 수 있다.

02 합계시산표

합계시산표는 총계정원장으로 각 계정의 차변 합계액과 대변 합계액을 집계한 시산표로서 합계시산표의 합계 금액은 일정한 기간 동안의 거래총액을 의미하며, 분개장의 합계액과도 일치한다.

합계시산표는 다음과 같은 형식이다.

합계시산표

××회사 201×년 ×월 ×일

차 변	원 면	계 정 과 목	대 변

계정과목란에는 총계정원장에 설정된 모든 계정계좌의 계정과목명이 들어간다. 원면란에는 총계정원장에 있어서 해당 계정계좌의 최초의 페이지 번호가 들어간다. 그리고 차변란에는 각 계정계좌의 차변합계액이 들어간다. 대변란에도 똑같이 각 계정계좌의 대변합계액이 들어간다.

앞에서 기술한 대차평균의 원리로 분개장에 기입된 분개의 거래 하나씩을 보면, 정확히 차변의 금액과 대변의 금액이 일치하고 있다. 그래서 분개의 차변기록은 해당 계정계좌의 차변에, 대변기록은 해당 계정계좌의 대변에 전기된다.

따라서 총계정원장상의 모든 계정계좌의 차변금액과 대변금액을 각각 합계하면 양자는 일치한다. 이것은 전기의 정·부를 검산하는 시산표 중 합계시산표라 한다.

예제 6-1

다음 계정계좌의 기록에서 합계시산표를 작성하시오. 즉, 각 계정계좌의 차변·대변의 금액은 차변·대변 각각의 합계액이다.

총계정원장

현 금 1	
95,000	76,000

외상매출금 2	

상 품 3	

대 여 금 4	

건 물 5	

비 품 6	

토 지 7	

외상매입금 8	

차 입 금 9	

자 본 금 10	

매 출 11	

급 료 12	

광고선전비 13	

수도광열비 14	

이 자 비 용 15	

잡 비 16	

매 출 원 가 17	

수입수수료 18	

이 자 수 익 19	

풀이

합계시산표

차 변	원 면	계정과목	대 변
95,000	1	현 금	
37,000	2	외상매출금	
90,000	3	상 품	
5,000	4	대 여 금	
48,000	5	건 물	
19,000	6	비 품	
30,000	7	토 지	
26,000	8	외상매입금	55,000
3,000	9	차 입 금	19,000
	10	자 본 금	100,000
	11	매 출	67,000
29,000	12	매출원가	
20,000	13	급 료	
5,000	14	광고선전비	
2,000	15	수도광열비	
4,000	16	이자비용	
1,000	17	잡 비	
	18	수입수수료	2,000
	19	이자수익	3,000
414,000			414,000

합계시산표의 경우 차변·대변의 최종합계금액은 분개장의 최종합계금액에 일치한다. 혹시 합계시산표상에서 차변·대변의 합계금액이 일치한다 해도 그것이 분개장의 합계금액과 일치하지 않으면 전기에 오류가 있는 것이다. 예를 들면, 한 거래의 전기를 빠뜨린다거나, 이중으로 전기를 한 경우에는 그와 같은 결과가 된다. 또한 합계시산표의 합계금액과 분개장의 합계금액이 일치한다고 해도, 반드시 전기가 정확하다고는 할 수 없다. 예를 들면, 한 거래의 분개를 전기할 때 차변과 대변을 바꾸어 전기하게 되는 경우가 그렇다. 그렇지만 합계시산표상에서는 차변·대변의 금액합계가 일치하며 동시에 금액합계가 분개장의 합계에도 일치하기 때문에 이중으로 검산을 할 수 있는 것이다. 다음의 잔액시산표에서는 이중으로 검산은 할 수 없다.

03 잔액시산표

잔액시산표는 총계정원장의 각 계정의 차변합계와 대변합계와의 차액인 잔액을 산출하여 작성하는 시산표이다. 잔액시산표는 다음과 같은 형식으로 되어 있다.

잔액시산표

××회사　　　　　　　　　　　　　　　　　　　　　　　　　201×년 ×월 ×일

차　변	원　면	계 정 과 목	대　변

잔액시산표에서도 계정과목란과 원면란은 합계시산표와 똑같이 기입된다. 그런데 차변과 대변의 난에는 총계정원장에 설정된 모든 계정계좌의 잔액금액이 들어갈 수 있다.

여기에서 잔액이라고 하는 것은 앞에서도 기술한 바와 같이 각 계정의 차변과 대변을 비교해서 작은 변에 얼마의 금액을 가산하면 양자가 일치할 것인가 하는 그 금액이다. 보다 구체적으로 예를 들면 차변의 금액과 대변의 금액의 차액이다. 그리고 차변과 대변을 비교해서 차변이 많은 경우 잔액을 차변잔액, 대변이 많은 경우 잔액을 대변잔액이라고 한다. 예를 들면 현금계정과 외상매입금계정의 합계가 각각 다음과 같은 경우 현금계정의 잔액은 차변잔액으로 ₩19,000, 외상매입금계정의 잔액은 대변잔액으로 ₩29,000이다.

현　금	
95,000	76,000

외상매출금	
26,000	55,000

그리고 잔액시산표에 의한 검산은 모든 계정계좌의 잔액의 합계가 차변과 대변이 일치하는 것에 의해서 이루어진다. 이러한 것은 합계시산표의 구성도를 그려보면 이해할 수 있다.

합계잔액시산표

계정A의 차변합계	계정A의 대변합계
(a)	(b)
계정B의 차변합계	계정B의 대변합계
(c)	(d)
계정A, B의 차변합계	계정A, B의 대변합계

이 그림에서 계정 A의 잔액은 차변잔액에서 a의 부분, 계정 B의 잔액은 대변잔액에서 d의 부분, 계정 B의 잔액은 차변잔액에서 c의 부분이다. 차변잔액의 합계(a+c)는 대변의 잔액과 일치하고 있다. 계정계좌의 수가 증가해도 결과는 같다. 이와 같이 차변잔액의 합계와 대변잔액의 합계가 일치하는가에 의해서 전기의 옳고 그름을 검산하는 시산표가 잔액시산표이다.

예제 6-2

예제 6-1의 계정계좌의 기록에서 잔액시산표를 작성하시오.

잔액시산표

차변	원면	계정과목	대변
19,000	1	현금	
16,000	2	외상매출금	
23,000	3	상품	
1,000	4	대여금	
48,000	5	건물	
19,000	6	비품	
30,000	7	토지	
	8	외상매입금	29,000
	9	차입금	16,000
	10	자본금	100,000
	11	매출	67,000
29,000	12	매출원가	
20,000	13	급료	
5,000	14	광고선전비	
2,000	15	수도광열비	
4,000	16	이자비용	
1,000	17	잡비	
	18	수입수수료	2,000
	19	이자수익	3,000
217,000			217,000

풀이

여기에서 중요한 것은 계정과목이 자산, 부채, 자본, 비용, 수익의 어느 쪽에 속하는 것에 의해서 잔액의 방향이 일정하게 되는 것이다. 자산과 비용은 반드시 차변잔액, 부채 및 자본과 수익은 반드시 대변잔액이다. 결국 회계에서는 각 계정과목마다 +측이 −측보다 큰가, 양자가 같은가이다. 양자가 같은 경우에는 잔액은 0이고 잔액이 0인 계정과목은 잔액시산표상에 기재되지 않는다. 잔액이 있는 경우에는 반드시 +측이다.

또한 중요한 것 중에 하나는 잔액시산표가 총계정원장의 계정기록을 가장 요약해서 일람표시를 한 것이다. 자주 기술한 바와 같이 손익계산서와 대차대조표 등의 재무제표는 총계정원장의 계정계좌의 기록을 정리해서 작성된 것이다. 그 경우 기록이 크게 부풀어진 것은 잔액시산표에 집계·요약된 계정기록을 기초로 하는 것이 많기 때문이다.

04 합계잔액시산표

합계잔액시산표는 다음과 같은 형식으로 되어 있다.

합계잔액시산표

××회사 202×년 ×월 ×일

차 변		원 면	계정과목	대 변	
잔 액	합 계			잔 액	합 계

합계잔액시산표는 합계시산표와 잔액시산표를 한 표로 작성한 것이다. 그 외의 특별한 것은 없지만, 총계정원장의 계정계좌기록을 요약해서 잔액시산표를 작성하는 경우 합계잔액시산표를 사용하는 것이 편리하다. 그러한 것은 각 계정기록의 차변과 대변의 각각의 합계를 집계하는 것에 의해서 내부적으로 합계시산표를 작성하고, 그 후 차변과 대변의 합계액을 비교해서 외부적으로 잔액을 계산·기입해서 작성하기 때문이다.

예제 6-3

예제 6-1의 계정계좌의 기록에서 합계잔액시산표를 작성하시오.

풀이

합계잔액시산표

차변		원면	계정과목	대변	
잔액	합계			잔액	합계
19,000	95,000	1	현금	76,000	
16,000	37,000	2	외상매출금	21,000	
23,000	90,000	3	상품	67,000	
1,000	5,000	4	대여금	4,000	
48,000	48,000	5	건물		
19,000	19,000	6	비품		
30,000	30,000	7	토지		
	26,000	8	외상매입금	55,000	29,000
	3,000	9	차입금	19,000	16,000
		10	자본금	100,000	100,000
		11	매출	67,000	67,000
29,000	29,000	12	매출원가		
20,000	20,000	13	급료		
5,000	5,000	14	광고선전비		
2,000	2,000	15	수도광열비		
4,000	4,000	16	이자비용		
1,000	1,000	17	잡비		
		18	수입수수료	2,000	2,000
		19	이자수익	3,000	3,000
217,000	414,000			414,000	217,000

05 정산표

정산표(Work Sheet ; W/S)는 잔액시산표를 통해서 재무상태표와 손익계산서를 작성하기 위한 예비 작업으로 재무제표의 작성 과정을 체계적으로 정리하는 작업표이다. 정산표에는 금액란의 수에 따라서 6위식, 8위식, 10위식 정산표 등이 있다. 본 장에서는 이 중에 가장 기본적인 6위식 정산표를 공부한다.

6위식 정산표는 다음과 같은 형식이다.

정산표

××회사 202×년 ×월 ×일

계정과목	원 면	잔액시산표		손익계산서		대차대조표	
		차 변	대변	차 변	대 변	차 변	대 변

▶ 정산표는 다음과 같은 순서로 작성된다.

① 잔액시산표를 작성한다.

② 계정과목 중에 비용에 속하는 금액을 손익계산서란의 해당 행의 차변에, 또한 수익에 속하는 금액을 손익계산서란의 해당 행의 대변에 넣는다. 또한 자산에 속하는 금액을 재무상태표란의 차변에, 부채와 자본에 속하는 금액을 재무상태표란의 대변에 넣는다.

③ 손익계산서와 재무상태표는 차변의 금액과 대변의 금액을 합계한다. 손익계산서의 차변합계와 대변합계는 통상 일치하지 않는다. 또한 재무상태표의 차변합계와 대변합계도 일치하지 않는다. 그래서 각각의 차액이 나오면 손익계산서의 차변과 대변의 차액과 재무상태표의 차변과 대변의 차액이 일치하는 것을 알게 된다.

④ 손익계산서의 대변의 금액이 차변의 금액보다 크다면, 계정과목란에 당기순이익은 붉은 글씨로 차액을 쓰고 손익계산서에도 해당 행의 차변에 붉은 글씨로 쓴다. 그 경우에 재무상태표는 차변 쪽이 크기 때문에 차액을 대차대조표의 해당 행의 대변에 검은 글씨로 쓴다. 반대로 손익계산서의 차변의 금액이

대변의 금액보다 크다면, 당기순손실은 붉은 글씨로 쓰고 차액을 손익계산서의 대변에 붉은 글씨로 쓰며, 동시에 재무상태표의 차변에는 검은 글씨로 기록한다.

⑤ 그 결과 손익계산서의 차변과 대변의 합계는 일치하고, 재무상태표의 차변과 대변도 일치한다. 그래서 집계를 위해 한 줄을 긋고, 손익계산서와 재무상태표의 합계를 계산한 다음 이중선을 그어 마감한다.

예제 6-4

다음 정산표를 완성하시오(당초 기입되어 있는 것은 계정과목, 원면, 잔액시산표이다).

풀이

정 산 표

××회사 202×년 ×월 ×일

계정과목	원면	잔액시산표		손익계산서		대차대조표	
		차변	대변	차변	대변	차변	대변
현금	1	19,000				19,000	
외상매출금	2	16,000				16,000	
상품	3	23,000				23,000	
대여금	4	1,000				1,000	
건물	5	48,000				48,000	
비품	6	19,000				19,000	
토지	7	30,000				30,000	
외상매입금	8		29,000				29,000
차입금	9		16,000				16,000
자본금	10		100,000				100,000
매출	11		67,000		67,000		
매출원가	12	20,000		20,000			
급료	13	5,000		5,000			
광고선전비	14	2,000		2,000			
수도광열비	15	4,000		4,000			
이자비용	16	1,000		1,000			
잡비	17	29,000		29,000			
수입수수료	18		2,000		2,000		
이자수익	19		3,000		3,000		
당기순이익	20			11,000			11,000
		217,000	217,000	72,000	72,000	156,000	156,000

연 | 습 | 문 | 제

객관식 문제

01. 다음 중 시산표 작성에서 발견할 수 있는 오류는? 62회 전산회계 2급

① 1,000,000원의 정기예금 계정과목을 정기적금 계정과목으로 사용한 경우
② 200,000원의 현금잔액이 부족한 현금과부족계정과목을 잡손실 계정과목으로 대체하지 않은 경우
③ 출장여비로 판명된 150,000원의 가지급금 계정과목을 여비교통비 계정과목으로 대체하지 않은 경우
④ 대변에 기말대손충당금 100,000원을 설정하면서 차변에 대손상각비 10,000원으로 분개한 경우

02. 다음은 시산표에서 발견할 수 없는 오류를 나열한 것이다. 이에 해당하지 않는 것은? 63회 전산회계 1급

① 동일한 금액을 차변과 대변에 반대로 전기한 경우
② 차변과 대변의 전기를 동시에 누락한 경우
③ 차변과 대변에 틀린 금액을 똑같이 전기한 경우
④ 차변만 이중으로 전기한 경우

03. 다음 중 빈 칸에 들어갈 금액으로 옳은 것은? 64회 전산회계 2급

① 외상대금 현금 회수
② 대여금과 이자 현금 회수
③ 업무용 차량의 자동차세 현금 지급
④ 차입금에 대한 이자 현금 지급

04. (A), (B), (C) 및 (D)에 들어갈 용어를 올바르게 짝지어진 것은? 63회 전산회계 2급

기 초	기 말			당기순손실
자 본	자 산	부 채	자 본	
8,000,000원	㉮	9,000,000원	㉯	1,000,000원

	㉮	㉯		㉮	㉯
①	16,000,000원	7,000,000원	②	16,000,000원	9,000,000원
③	18,000,000원	7,000,000원	④	18,000,000원	9,000,000원

05. 다음 합계잔액시산표상 A, B, C에 들어갈 금액의 합은? 69회 전산회계 1급

차 변		계 정 과 목	대 변	
잔액(원)	합계(원)		잔액(원)	합계(원)
10,000	(A)	현 금	240,000	
20,000	(B)	외상매출금	310,000	
	110,000	외상매입금	(C)	10,000
		자본금	500,000	500,000
250,000	250,000	여비교통비		110,000
		이자수익	110,000	

① 560,000원 ② 620,000원 ③ 680,000원 ④ 700,000원

주관식 문제

01. 다음 각 표의 공란을 채우고 시산표의 형식을 완성하시오.

합계시산표 또는 잔액시산표

(　)변	원 면	(　　)	(　)변

합계잔액시산표

(　)변		원 면	(　　)	(　)변	
(　)	(　)			(　)	(　)

02. 다음 계정계좌의 기록에서 합계시산표를 작성하시오.

현　　금

5/1	30,000	5/1	3,000
5/2	11,500	5/3	5,000
5/31	5,100	5/11	2,000
		5/25	1,000

외상매출금

5/8	1,500	5/2	15,000

상　　품

5/2	15,000		

대 여 금

5/3	5,000	5/31	5,000

비　　품

5/1	3,000		

건　　물

5/1	10,000		

외상매입금

5/11	2,000	5/2	15,000

자 본 금

		5/1	33,000

매　　출

		5/8	11,500

이 자 수 익

		5/31	7,100

급　　료

5/25	1,000		

매 출 원 가

5/31	10,000		

03 ㈜승달산에서 잔액시산표를 작성한 것이 다음과 같이 대차의 합계금액이 일치하지 않았다. 각 계정과목의 금액에는 차이가 없기 때문에 대차가 바뀐 것으로 생각된다. 수정하여 바른 잔액시산표를 작성하시오.

잔액시산표

차 변	원 면	계 정 과 목	대 변
31,000	1	현 금	
41,900	2	외상매출금	
53,000	3	상 품	
5,000	4	대 여 금	
28,000	5	건 물	
15,000	6	비 품	
30,000	7	토 지	
39,000	8	외상매입금	
	9	차 입 금	50,000
	10	자 본 금	110,000
	11	매 출	60,000
10,000	12	급 료	
8,000	13	광고선전비	
3,000	14	수도광열비	
	15	잡 비	1,400
34,000	16	매 출 원 가	
	17	이 자 수 익	1,300
397,900			227,700

잔액시산표

차 변	원 면	계 정 과 목	대 변
	1	현 금	
	2	외상매출금	
	3	상 품	
	4	대 여 금	
	5	건 물	
	6	비 품	
	7	토 지	
	8	외상매입금	
	9	차 입 금	
	10	자 본 금	
	11	매 출	
	12	급 료	
	13	광고선전비	
	14	수도광열비	
	15	잡 비	
	16	매 출 원 가	
	17	이 자 수 익	

04. 다음 총계정원장의 잔액으로 잔액시산표를 작성하시오. 다만, 상품매출이익은 역산할 것

- 현 금 : ₩25,000
- 외상매출금 : ₩65,000
- 상 품 : ₩54,000
- 비 품 : ₩13,000
- 건 물 : ₩15,000
- 외상매입금 : ₩33,000
- 차 입 금 : ₩60,000
- 자 본 금 : ₩20,000
- 매 출 : ₩122,000
- 매 출 원 가 : ₩50,000
- 급 료 : ₩10,000
- 잡 비 : ₩1,000
- 이 자 비 용 : ₩2,000

잔액시산표

차 변	원 면	계 정 과 목	대 변
	1	현 금	
	2	외상매출금	
	3	상 품	
	4	비 품	
	5	건 물	
	6	외상매입금	
	7	차 입 금	
	8	자 본 금	
	9	매 출	
	10	매 출 원 가	
	11	급 료	
	12	잡 비	
	13	이 자 비 용	
	14	당기순이익	

05. 다음의 합계잔액시산표를 완성하시오.

합계잔액시산표

차변 잔액	차변 합계	원면	계정과목	대변 잔액	대변 합계
19,000	(　　)	1	현금	66,000	
(　　)	16,000	2	외상매출금		
8,000	(　　)	3	상품	77,000	
1,000	(　　)	4	대여금	(　　)	
40,000	(　　)	5	건물		
(　　)	0	6	비품		
30,000	(　　)	7	토지		
	(　　)	8	외상매입금	85,000	39,000
	15,000	9	차입금	20,000	(　　)
		10	자본금	100,000	100,000
(　　)	(　　)	11	급료		
5,000	5,000	12	광고선전비		
1,000	(　　)	13	수도광열비		
2,000	(　　)	14	잡비		
(　　)	3,000	15	이자비용		
		16	상품매출이익	6,000	(　　)
		17	수입수수료	(　　)	3,000
		18	이자수익	(　　)	2,000
(　　)	(　　)			359,000	155,000

06. 다음의 총계정원장 잔액으로 정산표를 작성하시오.

- 현　　금 : ₩15,000
- 외상매출금 : ₩25,000
- 상　　품 : ₩12,000
- 대 여 금 : ₩30,000
- 비　　품 : ₩13,000
- 건　　물 : ₩40,000
- 토　　지 : ₩90,000
- 외상매입금 : ₩13,000
- 차 입 금 : ₩50,000
- 자 본 금 : ₩150,000
- 매　　출 : ₩70,000
- 수입수수료 : ₩3,300
- 이 자 수 익 : ₩1,000
- 급　　료 : ₩10,000
- 광고선전비 : ₩3,000
- 수도광열비 : ₩2,500
- 잡　　비 : ₩6,800
- 매 출 원 가 : ₩40,000

정 산 표

××회사　　　　202×년 ×월 ×일

계정과목	원면	잔액시산표		손익계산서		대차대조표	
		차변	대변	차변	대변	차변	대변
현　　금	1						
외상매출금	2						
상　　품	3						
대 여 금	4						
비　　품	5						
건　　물	6						
토　　지	7						
외상매입금	8						
차 입 금	9						
자 본 금	10						
매　　출	11						
매출원가	12						
수입수수료이자	13						
이자수익	14						
급　　료	15						
광고선전비	16						
수도광열비	17						
잡　　비	18						
당기순(　)							

07. ㈜목포컨설팅은 컨설팅 용역을 제공하며, 매월 결산 후 재무제표를 작성한다. 6월 30일 현재 수정전시산표가 주어지고 아래와 같은 추가정보가 주어졌을 때 요구사항에 답하시오.

수정전시산표

㈜목포컨설팅 2020년 6월 30일 현재

계정과목	차변	대변
현금 및 현금성자산	1,000,000	
매출채권	120,000	
건물	280,000	
비품	150,000	
소모품	50,000	
미지급금		50,000
차입금		340,000
선수수익		45,000
자본금		1,000,000
이익잉여금		200,000
급여		
합계	1,635,000	1,635,000

1) 7월1일 현금 ₩400,000을 은행에서 차입하다.

2) 7월1일 자동차보험을 들고 현금 ₩1,200,000을 지급하다.

3) 7월20일 소모품을 현금 ₩70,000으로 구입하였다.

4) 7월30일 광고선전비 ₩30,000을 현금으로 지급하다.

5) 8월4일 팔도라면㈜에 ₩1,500,000의 컨설팅을 제공하고 대금은 받지 못하였다. 팔도라면㈜는 주요거래처이다.

6) 8월6일 비품 ₩100,000을 현금 ₩50,000을 지급하고 나머지는 외상으로 구매하다.

7) 9월 10일 건물을 임대한 대가로 현금 ₩500,000을 받다.

8) 10월 30일 금호고속㈜에 컨설팅을 제공하고 현금 ₩700,000을 수령하다.

9) 11월 30일 종업원 급여 ₩300,000을 지급하다.

10) 12월 5일 차입금 이자로 현금 ₩50,000을 지급하다.

〈요구사항〉

1. 자료에 대하여 분개를 하고 총계정원장(T계정)에 전기하세요.

2. 수정전 시산표(12/31일 기준)를 작성하세요.

3. 재무상태표와 포괄손익계산서를 작성하세요.

힌트 : 수정전시산표를 반영하여 총계정원장에 전기(예를 들면 현금은 6/30일1,000,0000이고 7월 1일 400,000이 입금되므로 7월1일 현재 현금은 1,4000,000임)

Chapter 07

수익·비용 개념과 발생주의

01 수익과 비용의 개념

수익은 일반적으로 기업의 다양한 경영활동을 통하여 나타나는 것으로서 보통 영업활동인 재화의 판매 또는 용역의 제공을 통하여 기업에 유입된 경제적 가치를 말한다. 일반적으로 매출이라고 하는 거래가 대표적인 수익의 발생 거래로 볼 수 있다. 일반적으로 기업이 영위하는 영업활동이 무엇이냐에 의하여 수익은 다양한 형태로 발생한다. 예를 들어 하이트맥주처럼 제조회사라면 생산완료한 제품을 판매함으로써 발생한 수익을 제품매출이라고 하며, 컨설팅 회사라면 컨설팅 용역을 제공함으로써 발생한 수익으로서 컨설팅 용역수익이라고 한다. 또한 금융권의 은행이라면 대출금에 대한 이자를 부과함으로써 발생한 수익을 이자수익이라고 한다. 이렇게 다양한 업종별로 여러 가지 수익이 발생한다. 수익은 기업의 한 회계기간 동안, 고객에게 재화나 용역을 제공함으로써 나타나는 자산의 증가 또는 부채의 감소로 나타나는 경제적 효익의 총유입액을 의미한다. 기업에서 수익이 발생하면 자산이 증가하거나 부채가 감소하므로 정확한 수익의 인식과 측정이 필요하다.

비용은 기업이 한 회계기간 동안 재화나 서비스를 판매하거나 구매하는 등 다양한 기업활동을 통하여 이익을 얻기 위하여 희생된 가치, 즉 수익을 창출하는 과정에서 소비된 자산의 원가를 말한다. 따라서 비용은 수익을 창출하기 위하여 발생한 자산의 유출액 또는 부채의 증가액이다. 비용은 수익과 마찬가지로 현금을 지급해야만 발생하는 것은 아니다. 예를 들어, 접대비 지출을 카드로 하였을 경우 카드

대금이 결제되는 시점이 아니라, 접대행위가 이루어진 시점에서 접대비라는 비용이 발생하는 동시에, 미지급비용이라는 부채가 발생하는 것이다. 마찬가지로 종업원에 대한 급여비용을 추후에 지급하겠다고 한다면 급여지급일에 급여라는 비용이 발생하는 동시에 미지급급여라는 부채가 발생하는 것이다.

기업의 다양한 활동들은 지속적으로 수행되기 때문에 기업의 영업성과인 이익을 측정하는 것은 필요하다. 왜냐하면 기업의 수명은 계속 기업의 가정에 의하여 영구적이기 때문이다. 기업에 관심이 있는 투자자나 채권자 등은 수시로 기업에 관한 의사결정을 하기 위하여 기업의 이익정보가 필요하다.

그림 7-1 수익과 비용의 관계

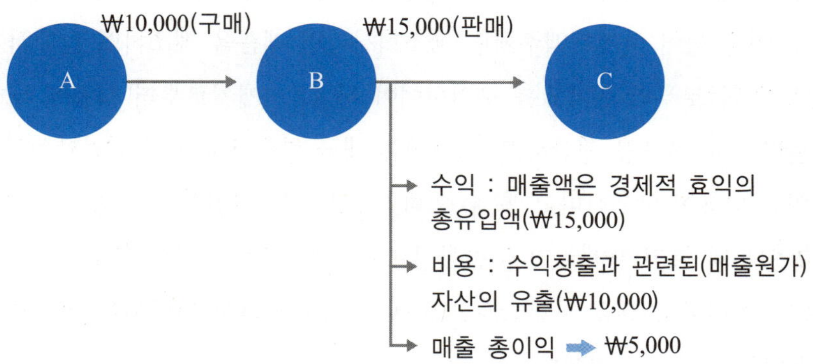

[그림 7-1]에서는 수익과 비용의 관계를 보여주고 있다. 기업B는 거래처인 A로부터 10,000원의 상품을 구매하여 매출처인 C에게 15,000원에 판매하였다. 이때 매출액은 경제적 효익의 총유입액(15,000원)으로서 수익이 발생하게 되었고 이러한 경제적 효익의 결과는 자산의 증가나 부채의 감소로 나타난다. 반면 수익 창출과 관련된 자산이 유출로서는 매출원가로서 비용이 발생하게 된다. 따라서 매출원가는 매출을 창출하기 위하여 희생된 자원의 가치인 것이다.

02 수익과 비용의 대응

❶ 수익과 비용의 인식과 측정

앞에서 수익과 비용의 개념에서 살펴본 것처럼 수익과 비용의 인식이 어려운 이유는 기업의 수명은 계속 기업의 가정에 의하기 때문에 기업활동에 대한 정보를 적시에 제공하기 위해서는 기업의 활동을 보고 기간에 맞추어 인위적으로 분리할 수 있어야 하기 때문이다. 따라서 기업의 활동을 보고 기간에 맞추어 인위적으로 분리할 필요가 있기 때문에 수익과 비용을 인식하는 원칙과 구체적으로 수익과 비용의 인식 시점 등 수익과 비용을 언제 인식하고 측정해야 하는지를 살펴보아야 한다.

먼저 수익을 살펴보면 수익은 영업활동이 이루어지는 매순간마다 지속적으로 발생한다. 예를 들어 하이트맥주처럼 제조회사라면 제품을 제조하여 판매하기 위하여 협력업체들로부터 원재료를 구입하여야 하고, 거래처로부터 제품에 대한 주문을 받는다든지, 제품을 생산하고, 판매하여 대금 회수까지 모든 영업활동의 단계마다 수익과 비용이 발생한다고 볼 수 있다. 특히 모든 영업활동 단계마다 수익이 창출되고 있는데 측정한다는 것은 현실적으로 불가능하다. 따라서 수익창출 과정을 살펴보아 어떠한 중요한 사건(critical event)이 일어났다고 판단되는 시점에서 수익을 인식하는 것이 일반적이다.

❷ 수익의 인식기준

수익의 인식기준은 기본적으로 실현기준(realized)과 가득기준(earned)을 채택하고 있다.

실현기준에서의 수익은 현금의 수입시점과 관계 없이 실현되었거나(realized) 또는 실현가능한(realizable)시점에서 인식한다. 실현되었거나 실현가능하다는 말은 상품이나 제품 등의 비현금 자산이 현금이나 현금 청구권으로 전환되었거나 전환 가능하다는 말이다.

가득기준(earned)은 기업이 수익창출을 위해 수행해야 하는 재화나 용역이 제공되어 수익 가득과정이 완료되었거나 사실상 완료되는 시점에서 수익을 인식한다는 것이다.

수익 가득활동은 재화의 생산, 인도 또는 용역의 제공 등과 같은 일련의 활동을 통하여 기업의 경제적 효익에 대한 권리를 주장하기에 충분한 정도를 수행한 것을 의미한다. 수익의 인식이 판매시점 이전인 생산 도중이거나 생산 완료시점에서 이루어지는 경우도 존재한다. 예를 들면 건설업체의 경우이다. 건설업체는 많은 경우 건설공사를 시작하기 전에 고객과 계약을 체결하여 비교적 장기간 동안 건설공사를 수행한다. 이러한 장기 건설공사의 경우 건설에 소요되는 비용을 합리적으로 추정할 수 있을 때 공사의 진행정도에 따라 대금을 수령하는 경우가 있다. 따라서 수익인식의 조건이 재화의 공급(가득기준)과 현금의 수취(실현기준)가 없더라도 공사기간 중이라도 수익을 인식할 수 있다.

3 비용의 인식기준

비용의 인식기준이란 비용을 어느 회계기간에 인식하고 보고하여 손익을 산출할 것인가에 대한 기준으로써 비용의 귀속기간을 결정하는 기준을 의미한다. 비용의 기준은 대응원칙(matching principle)에 의하여 인식한다. 이는 매 기간마다 수익을 창출하기 위하여 소모된 자산의 원가인 비용을 그 기간에 인식된 수익에 대응시킨다는 것이다. 이는 특정한 수익을 창출하기 위하여 발생한 비용은 당해 수익이 인식된 회계기간과 동일한 기간에 인식되어야 한다는 기준이다. 즉, 수익·비용 대응의 원칙이다.

포괄손익계산서의 매출액은 수익인데 매출의 직접적인 비용인 매출원가는 비용으로서 수익인 매출에 대응하여 매출원가라는 비용을 인식한다. 그러나 비용 중에는 특정수익과 직접적으로 대응시킬 수 없는 비용이 있다. 예를 들면 판매비와 관리비의 경우 발생하는 기간에 전액을 비용으로 처리하는 방법이다. 또는 유형자산의 경우 사용기간에 걸쳐서 조직적이고 합리적인 방법으로 기간에 배분하는 유형의 비용도 있다.

구체적으로 비용의 대응방법을 살펴보면 크게 다섯 가지로 구분할 수 있다.

첫째, 수익과 직접 대응시키는 방법이다. 수익과 비용이 확실한 인과관계가 있기 때문에 수익의 발생과 비용의 발생이 분명하게 연계되는 경우이다. 앞에서 살펴본 바와 같이 매출액과 매출원가의 경우이다.

둘째, 회계기간에 대응시키는 방법이다. 어떤 비용들은 기간이 경과함에 따라 발생하는 경우 회계기간에 직접 대응되어 발생했다고 볼 수 있다. 예를 들면 임차료, 이자 비용, 그리고 급여의 경우로서 특정한 수익과 직접 대응되는 것이 아니라 시간이 경과함에 따라 발생하는 경우이다. 이러한 경우가 회계기간 동안의 수익에 대하여 당해 회계기간 동안의 비용으로 인식되는 경우이다.

셋째, 취득원가에 인위적으로 배분하는 방법이다. 자산을 취득하여 영업활동에 사용하는 경우, 합리적으로 기간을 추정할 수 있을 때 자산의 취득원가를 인위적으로 배분하여 비용으로 인식하는 경우이다. 예를 들면 감가상각비의 경우이다.

넷째, 직접 비용처리방법이다. 현금이 지불되었지만 그 효익이 소멸되었거나 불확실한 경우는 현금 지출금액을 전액 비용화한다.

다섯째, 자산 또는 부채의 평가방법이다. 회계기간 말에 자산을 평가한 결과 회계기간 초보다 가치가 감소한 경우 차이를 비용으로 인식하는 방법이다. 예를 들면 대손상각비의 경우이다.

03 발생주의(accrual basis of accounting)

기업에서 거래가 발생할 때 현금이 유입되거나 유출되는 경우가 많기 때문에 당기 중에 현금이 유입되고 유출되는 시점에서 수익과 비용에 대한 장부기장을 할 수도 있다.

회계에서는 이를 현금주의라고 한다. 즉, 현금주의란 현금을 수령하고 지급하는 시점에서 수익 및 비용에 대한 거래가 발생한 것으로 보고 이를 장부에 기록하는 것을 말한다.

그러나 현금주의에 의해서 재무제표를 작성하면 당기 중에 현금의 입금 및 출금의 내역은 확실하게 보고할 수 있으나, 당기의 적정한 경영성과 및 당기 말 현재 적정한 재무 상태를 보고할 수 없다. 왜냐하면 결산일 현재 비용이 발생하였지만 현금을 지급하지 않을 수 있으며, 결산일 현재 수익이 발생하였지만 현금을 수령하지 않을 수 있기 때문이다.

따라서 회계에서는 현금의 입·출금과 관계없이 수익 및 비용의 발생 사실에 기초하여 수익과 비용을 장부에 기록하는데 이를 발생주의라고 한다.

발생주의는 수익은 실현된 시점에서 인식하고 비용은 발생된 시점에서 인식하는 기준이다. 발생주의 회계는 기업의 경영성과와 재무 상태를 측정하는데 중요한 사건의 결과를 현금의 유입과 유출여부와 관계없이 수익과 비용을 인식하고 기록하여야 한다는 것을 의미한다.

04 현금주의(Cash basic of accounting)

현금주의는 발생주의와 대비되는 개념으로서, 수익은 현금이 유입시점에서 인식하고 비용은 현금의 유출시점에서 인식하는 기준을 의미한다. 이는 현금이 실지 수령되거나 지출된 시점을 기준으로 회계에 반영하는 방식을 의미한다. 현금회수기준 또는 현금지급기준이라고 한다. 예를 들면 회사가 보유하고 있는 단기매매증권의 가격이 하락하였다면 현금주의에서는 실제 단기매매증권의 매매가 이루어져 현금이 회수되거나 지급되었을 때 회계처리를 하는 것을 의미한다. 이와 반대로 발생주의에서는 현금의 회수나 지급이 없더라도 단기매매증권의 가격 상승이나 하락부분을 자산의 변동으로 인식하여 회계처리 하는 것을 의미한다. 발생주의 회계에서는 현금 유·출입이 수반되지 않는 자산과 부채 항목이 인식될 수 있다. 그러므로 발생주의 회계와 현금주의 회계의 주된 차이는 수익과 비용을 인식하는 시점이 다르다는 데 있다. 기업실체가 재화 및 용역을 생산하기 위해 설비 등에 투자하는 기간과 생산된 재화 및 용역을 판매하여 수익으로 회수하는 기간은 일반적으로 일치하지 않는 경우가 많다. 설비투자에 현금이 지출되는 시점에서부터 판매된 제품의 대가가 현금으로 회수될 때까지는 상당한 기간이 소요될 수 있다. 그러므로 일년 정도의 짧은 기간에 대해 현금유입과 현금유출만을 단순 대비하는 것은 기업실체의 재무적 성과를 적절히 나타내지 못할 수 있다. 그러나 발생주의 회계에서는 회계기간별로 기업실체의 경영성과를 적절히 측정하기 위하여 발생과 이연의 절차를 통해 수익과 비용을 기간별로 관련시키고 동시에 자산과 부채의 증감도 함께 인식하게 된다.

예제 7-1

승달산㈜는 컨설팅용역을 제공하고 있다. 2024년 10월 24일 다음과 같은 거래에 대해 현금주의와 발생주의에 의한 회계처리를 하시오.

- 다 음 -

1. 유달산㈜의 경영평가 컨설팅계약을 체결하고 2024년 10월 24일에 현금 1,000,000원을 수령하였다. 컨설팅은 2024년 12월 1일부터 2024년 12월 31일까지 컨설팅을 수행하기로 하였다.

   〈10월 24일 현금주의에 의한 회계처리〉

   (차변) 현　　금　1,000,000　　(대변) 컨설팅용역 매출　1,000,000

   〈10월 24일 발생주의에 의한 회계처리〉

   (차변) 현　　금　1,000,000　　(대변) 선 수 수 익　1,000,000

2. 유달산㈜는 신한은행으로부터 2024년 1월 5일 10,000,000원을 차입하였고 2024년 10월 24일 차입금에 대한 이자비용 250,000원이 발생하였는데 2024년 11월 5일에 지급할 예정이다.

   〈10월 24일 현금주의에 의한 회계처리〉

   분개없음

   〈10월 24일 발생주의에 의한 회계처리〉

   (차변) 이 자 비 용　250,000　　(대변) 미지급이자　250,000

3. 승달산㈜는 월출산㈜에게 본사 건물 중 유휴시설인 건물1동을 2024년 10월 24일 임대하였으나 한 달 임대료 5,000,000원은 다음 달에 받기로 하였다.

   〈10월 24일 현금주의에 의한 회계처리〉

   분개없음

   〈10월 24일 발생주의에 의한 회계처리〉

   (차변) 미 수 수 익　5,000,000　　(대변) 임대료 수익　5,000,000

예제 7-2

승달산㈜는 컨설팅용역을 제공하고 있다. 2023년 9월과 10월 중에 발생한 다음과 같은 거래들에 따른 현금주의와 발생주의에 의한 손익을 계산하고 그 차이를 설명하시오.

1. 승달산㈜는 유달산㈜와 경영평가 컨설팅계약을 체결하고 2023년 9월 24일에 현금 5,000,000원을 수령하였다. 컨설팅은 2023년 12월 1일부터 2023년 12월 31일까지 컨설팅을 수행하기로 하였다.
2. 승달산㈜는 신한은행으로부터 2023년 9월 5일 10,000,000원을 차입하였고 2023년 10월 4일 차입금에 대한 이자비용 250,000원이 발생하였는데 2024년 1월 5일에 지급할 예정이다.
3. 승달산㈜는 월출산㈜에게 본사 건물 중 유휴시설인 건물1동을 2023년 10월 24일 임대하였으나 한 달 임대료 1,000,000원은 다음 달에 받기로 하였다.
4. 10월 25일 급여 500,000원이 발생하였으나 미지급하였다.

과목	2023년 9월 1일 ~ 10월 31일	
	발생주의	현금주의
수익	거래 1 용역수익 5,000,000	거래 1 용역수익 5,000,000
	거래 3 임대수익 1,000,000	거래 3 : X
수익합계	6,000,000	5,000,000
비용	거래 2 이자비용 250,000	거래 2 : X
	거래 4 급여 500,000	거래 4 : X
비용합계	750,000	0
손익(수익 – 비용)	5,250,000	5,000,000

연 습 문 제

객관식 문제

01. 발생기준에 따른 재무제표 작성시 발생과 이연의 개념을 사용하여 기말결산을 하게 되는데, 이와 관련된 계정과목이 아닌 것은? 58회 1급 전산회계

① 선수수익 ② 선급금 ③ 선급비용 ④ 미지급비용

02. 다음 중 일반기업회계기준에 의한 수익의 인식시점이 옳지 않은 것은? 58회 1급 전산회계

① 위탁매출은 수탁자가 상품을 판매한 시점
② 상품권매출은 상품권이 고객으로부터 회수된 시점
③ 할부매출은 할부금이 회수된 시점
④ 시용매출은 매입자의 의사표시가 있는 시점

03. 다음 중 영업외비용만으로 묶은 것은? 59회 전산회계 2급

㉠ 여비교통비	㉡ 기타의 대손상각비	㉢ 기부금
㉣ 접대비	㉤ 퇴직급여	㉥ 개발비

① ㉠, ㉣ ② ㉡, ㉢ ③ ㉤, ㉥ ④ ㉣, ㉥

04. 다음의 자료로 매출총이익, 영업이익과 당기순이익을 계산하면 얼마인가?

61회 전산회계 1급

• 매 출 액 : 1,000,000원	• 기 부 금 : 20,000원	• 급 여 : 100,000원
• 이 자 비 용 : 50,000원	• 매 출 원 가 : 600,000원	• 접 대 비 : 30,000원

	매출총이익	영업이익	당기순이익
①	1,000,000원	220,000원	200,000원
②	400,000원	220,000원	200,000원
③	400,000원	270,000원	200,000원
④	1,000,000원	270,000원	220,000원

05. ㈜오정은 A사로부터 갑상품을 12월 10일에 주문받고, 주문받은 갑상품을 12월 24일에 인도하였다. 갑상품 대금 100원을 다음과 같이 받을 경우, 이 갑상품의 수익인식시점은 언제인가?

62회 전산회계 1급

날 짜	대금(합계 100원)
12월 31일	50원
다음 해 1월 2일	50원

① 12월 10일 ② 12월 24일 ③ 12월 31일 ④ 다음해 1월 2일

06. 지방자치단체 수익에 대한 설명으로 옳지 않은 것은?

2018 국가직 9급

① 지방자치단체가 과세권을 바탕으로 징수하는 세금은 자체조달 수익으로 분류한다.

② 지방자치단체가 기부채납방식으로 자산을 기부받는 경우 기부시점에 수익으로 인식한다.

③ 회계실체가 국가 또는 다른 지방자치단체로부터 이전받은 수익은 정부간이전수익으로 분류한다.

④ 교환거래로 생긴 수익은 수익창출이 끝나고 그 금액을 합리적으로 측정할 수 있을

때에 인식한다.

07. 다음 중 수익과 비용에 대한 설명으로 가장 잘못된 것은? 92회 전산회계 1급

① 관련 수익과 직접적 인과관계를 파악할 수 있는 비용은 해당기간에 합리적이고 체계적인 배분을 하여 비용으로 인식한다.

② 수익은 특정 회계기간 동안에 발생한 경제적 효익의 증가로서, 지분참여자에 의한 출연과 관련된 것은 제외한다.

③ 수익이란 기업실체의 경영활동과 관련된 재화의 판매 또는 용역의 제공 등에 대한 대가로 발생하는 자산의 유입 또는 부채의 감소이다.

④ 수익은 자산의 증가나 부채의 감소와 관련하여 미래의 경제적 효익이 증가하고 이를 신뢰성 있게 측정할 수 있을 때 인식한다.

08. 다음 중 수익의 인식에 대한 설명으로 가장 옳은 것은? 108회 전산회계 1급

① 시용판매의 경우 수익의 인식은 구매자의 구매의사 표시일이다.

② 예약판매계약의 경우 수익의 인식은 자산의 건설이 완료되어 소비자에게 인도한 시점이다.

③ 할부판매의 경우 수익의 인식은 항상 소비자로부터 대금을 회수하는 시점이다.

④ 위탁판매의 경우 수익의 인식은 위탁자가 수탁자에게 제품을 인도한 시점이다.

주관식 문제

01. 수익·비용 대응의 원칙에 대해 설명하시오.

02. 발생주의의 의의에 대해 간략히 설명하시오.

03. 현금주의의 의의에 대해 간략히 설명하시오.

Chapter 08

기말수정분개

01 기말수정분개의 의의

우리는 앞장에서 수익·비용의 개념과 발생주의에 대해 공부하였다. 회계순환과정을 통하여 기업활동의 결과 거래가 발생하였고 이러한 거래를 거래의 8요소와 대차평균의 원리를 이용하여 분개장에 분개하고 이를 총계정원장에 전기하였다.

총계정원장에 전기된 것을 계정기록의 정확성 여부를 점검해 보기 위하여 시산표를 작성하였다. 또한 이제 계정잔액과 결산 정리사항을 통합하는 정산표를 작성하기 전에 수정분개가 필요하다.

수정분개는 기말결산 시점에서 계정잔액을 수정하는 것으로서 기업의 일상적인 거래에 대한 기록인 분개장과 총계정원장을 보완하여 회계기간 말에 추가로 분개할 사항을 정리하는 절차를 의미한다.

이는 두 회계기간에 걸쳐 수행되고, 수행한 활동 중에서 현금의 수령은 없었지만 수익이 실현된 것도 있고 현금의 지출은 있었지만 비용화 되지 않은 거래들도 있다. 따라서 수익과 비용, 자산과 부채를 조정(수정)함으로써 발생주의에 의한 정확한 경영성과와 재무상태를 도출하기 위하여 회계기간 말에 수정분개가 필요하다.

02 수정분개의 종류

❶ 수정분개의 분류

수정분개의 목적은 회계기간 말에 수익과 비용을 적절히 대응시켜 당 회계기간 동안의 경영성과를 정확히 파악하고 자산과 부채를 적정하게 평가하기 위한 것으로 그 내용은 이연항목, 발생항목, 추정항목, 기타의 항목으로 나누어진다.

(1) 이연항목(deferred items)

이연항목(defered items)은 비용의 이연과 수익의 이연으로 구분할 수 있다. 현금은 유입 또는 유출되었으나 수익 및 비용이 결산일 현재 발생하지 않은 상태일 때 적절한 수정분개가 필요하다. 즉, 현금의 유입 및 유출이 발생한 시점에서 회계처리를 하였으나, 아직 수익 및 비용이 발생하지 않았다면 기말시점에서 수익 및 비용을 미래 기간으로 이연(defered)시키는 수정분개가 필요하다.

먼저 비용의 이연인 선급비용에 대해 살펴보면 당기에 비용으로 처리된 금액에 대하여 결산 시에 그 비용 중 차기에 속하는 부분을 계산하여 당기의 비용에서 차감한다.

분개의 예는 다음과 같다.

(차) 선급비용(선급 보험료)	×××	(대) 보 험 료	×××
(차) 선급비용(선급 임차료)	×××	(대) 임 차 료	×××

예를 들어 6월 1일에 향후 12개월분 자동차 보험료 ₩120,000을 현금으로 지급하고 다음과 같이 분개하였다.

(차) 보 험 료	120,000	(대) 현 금	120,000

6월 1일의 현금 지급액 ₩120,000 중 당해 회계기간에 부담해야 할 보험료를 미리 지급한 것으로, 12월 회계기간 말에 수정분개가 필요하다. 즉, 미리 지급한 보험료 ₩50,000은 선급비용(선급보험료)이라는 자산으로 기록하여야 한다. 따라서 회계기간 말에 다음과 같은 수정분개가 필요하다.

수정분개

(차) 선급비용(선급 보험료) 50,000 (대) 보 험 료 50,000

이연항목을 그림으로 표시하면

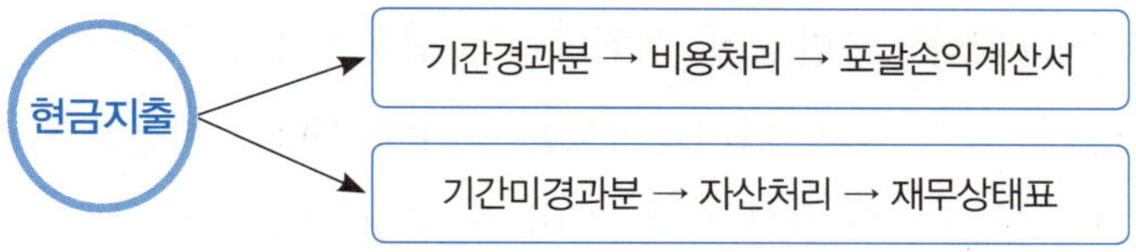

다음으로는 수익의 이연인 선수수익에 대해 살펴본다. 선수수익의 경우 당기에 현금으로 수입된 수익은 일단 수익계정으로 처리하고 회계기간 말에 그 수익 중 차기에 속하는 부분을 계산하여 당기수익 계정에서 차감하는 동시에 선수수익 계정에 계상하는 수정분개가 필요하다.

분개의 예는 다음과 같다.

(차) 이 자 수 익 ××× (대) 선수수익(선수이자) ×××
(차) 임 대 료 ××× (대) 선수수익(선수임대료) ×××

예를 들어 6월 1일의 대여금에 대하여 향후 12개월 분 이자수익 ₩120,000을 현금으로 수령하였다. 이때 다음과 같이 분개하였다.

(차) 현 금 120,000 (대) 이 자 수 익 120,000

6월 1일의 현금 수령액 ₩120,000 중 당해 회계연도의 이자수익은 ₩70,000뿐이고 나머지 ₩50,000은 다음 회계기간의 수익을 미리 받은 금액으로서 부채가 된다. 그러나 이자수익 계정에는 12월 현재 5개월 분에 해당하는 서비스 대가인 이자수익 ₩50,000이 기록되어 있다. 따라서 이자수익계정에는 ₩50,000을 차감하여 선수수익이라는 부채 계정으로 옮겨주어야 하는 수정분개가 필요하다.

수정분개

(차) 이 자 수 익 50,000 (대) 선 수 수 익 50,000

(2) 발생항목(accrued items)

발생항목(accrued items)은 수익 및 비용은 발생하였으나 아직 현금의 유입 및 유출이 없는 상태일 때와 마찬가지로 수정분개가 필요하다. 즉, 당기에 현금의 유입 및 유출이 없었기 때문에 아무런 회계처리를 하지 않았으나, 현금흐름과 관계없이 수익 및 비용 거래가 발생하였다면 기말 시점에서 수정분개가 필요하다. 발생항목은 미지급비용과 미수수익이 있다. 미지급비용은 당기에 속하는 비용을 당기에 지급하지 못해 기장되지 않은 경우 결산 시에 그 미지급액을 계산하여 당기의 비용으로 계상한다.

분개의 예는 다음과 같다.

(차) 이 자 비 용	×××	(대) 미지급비용(미지급이자)	×××
(차) 급 여	×××	(대) 미지급비용(미지급급여)	×××
(차) 지급임차료	×××	(대) 미지급비용(미지급임차료)	×××
(차) 미수수익(미수임대료)	×××	(대) 임 대 금	×××

예를 들어 12월분 이자비용 ₩12,000을 아직 지급하지 않은 경우 이자 비용이 이미 발생하였는데 이자비용을 아직 지급하지 않은 경우이기 때문에 기말에 수정분개가 필요하다.

수정분개

(차) 이 자 비 용	12,000	(대) 미지급이자	12,000

다음은 미수수익으로서 당기분에 해당하는 수익이지만 아직 수입되지 않은 미수금에 대해 기말에 수정분개를 하여야 한다.

분개의 예는 다음과 같다.

(차) 미수수익(미수수수료)	×××	(대) 수수료수익	×××
(차) 미수수익(미수이자)	×××	(대) 이 자 수 익	×××

예를 들어 12월분 이자수익 ₩12,000을 아직 받지 못한 경우 이자수익이 이미 발생하였는데 이자를 아직 받지 못한 경우이기 때문에 기말에 수정분개가 필요하다.

수정분개

(차) 미 수 이 자	12,000	(대) 이 자 수 익	12,000

위의 수정분개 내용들은 정산표와 재무제표 작성 등 학습의 편의를 위하여 자산항목과 수익 및 비용항목으로 분류하여 살펴보기로 한다.

① 이연항목(deferred items)

- 비용의 이연 : 비용에서 차감하여 자산으로 인식
  예 현금
- 수익의 이연 : 수익에서 차감하여 부채로 인식
  예 선수수익

② 발생항목(accrued items)

- 비용의 발생 : 비용에 가산하여 부채로 인식
  예 미지급비용
- 수익의 발생 : 수익에 가산하여 자산으로 인식
  예 미수수익

③ 추정항목(estimated items)

- 비용의 추정 : 비용에 가산하고, 자산의 평가계정으로 인식
  예 대손상각비

④ 기타의 항목

현금계정, 재고자산계정의 정리 등

2 자산의 결산정리

자산계정의 결산정리는 총계정원장의 자산에 속하는 각 계정의 잔액이 기말 현재의 실제가치를 반영하고 있는지를 조사하여 수정하는 절차를 의미한다. 다음과 같은 사항을 정리하여야 한다.

① 현금과부족의 경우

현금계정 잔액과 실제액이 다른 경우 수정분개해야 한다.

예제 현금의 장부잔액 ₩90,000 실제액 ₩95,000

풀이

(차) 현금과부족	₩5,000	(대) 잡 이 익	₩5,000

※ 실제 현금 부족시 반대가 된다.

② 유가증권의 평가

예제 단기매매증권 장부가액 ₩137,500 공정가액 ₩50,000

풀이

(차) 단기매매증권평가손실	₩87,500	(대) 단기매매증권	₩87,500

※ 평가이익 발생시는 반대로 처리한다.

③ 매출채권의 대손상각

매출채권의 회수불능액을 추정하여 비용처리하고 대손충당금계정으로 계상한다.

예제 외상매출금 장부잔액 ₩100,000 대손추정 2%, 받을어음 장부잔액 ₩200,000 대손추정 2%

풀이

(차) 대손상각비	₩2,000	(대) 대손충당금(외상매출금)	₩2,000
(차) 대손상각비	₩4,000	(대) 대손충당금(받을어음)	₩4,000

④ 상품계정의 수정과 매출원가 산출

상품계정의 기말정리는 상품을 어느 계정으로 처리하는가에 따라 달라진다. 일반적으로 두 가지 방법이 있는데 첫째, 매출원가 계정으로 처리하는 방법 둘째, 매입계정으로 처리하는 방법이 있다.

먼저 매출원가계정으로 처리하는 방법을 살펴보면 상품계정을 이월상품, 매입, 매출의 3분법으로 처리할 경우 각 계정의 잔액은 기초상품, 순매입액, 순매출액을 나타낼 뿐 기말상품재고액을 알 수 없으므로 상품매출손익도 알 수 없다.

따라서 결산 시 상품재고액을 조사하여 기말상품재고액을 결정함으로서 전기에 이월된 기초상품은 당기에 매입된 상품과 함께 매출원가에 포함되어야 하고, 당기에 매입된 상품 중 아직 판매되지 않은 상품재고액은 매출원가에서 차감되어야 하므로 이에 대한 수정분개를 해야 한다.

또한 손익계산서의 매출이익을 산출하기 위한 절차로 매입계정에 집계된 금액을 매출원가로 대체해야 한다. 즉 매출원가를 확정하기 위하여 기말에 팔리지 않고 남아 있는 재고자산이 얼마인지를 파악하여야 한다.

매출원가는 다음과 같이 구하게 된다.

매출원가=기초상품재고액+당기상품순매입액−기말상품재고액
상품 매출이익=순매출액−매출원가

따라서 다음과 같은 절차에 따라 매출원가로 집계된다.

기초상품을 매출원가로 대체하는 분개

(차) 매 출 원 가 ×××　(대) 상품(기초) ×××

매입계정의 재고액을 상품(기말)계정으로 대체하는 분개

(차) 상품(기말) ×××　(대) 매 출 원 가 ×××

매입계정에 집계된 금액을 매출원가로 대체하는 분개

(차) 매 출 원 가 ×××　(대) 매　입 ×××

매출원가계정에는 매출원가를 결정하는 모든 계정들을 대체분개하여 집합한다.

산출된 매출원가는 집합손익계정에 모아지고 수정후시산표와 손익계산서에 매입계정과 대체되어 표기된다.

매출원가

상품(기초)	×××	상품(기말)	×××
매입	×××	매입에누리와 환출	×××
매입운임	×××	매입할인	×××

예를 들면 유달산㈜는 기초상품이 ₩7,000 기말상품은 ₩14,000, 매입액은 ₩43,000일 경우 매출원가계정을 이용하여 기말수정분개를 하면 다음과 같다.

매출원가 a/c

상품(기초)	7,000	상품(기말)	14,000
매입	43,000		

(차변) 매출원가	7,000	(대변) 상품(기초)	7,000
(차변) 상품(기말)	14,000	(대변) 매출원가	14,000
(차변) 매출원가	43,000	(대변) 매입	43,000

수정분개결과 매출원가는

매출원가 = 기초상품재고액 + 매입액 - 기말상품재고액
(₩7,000) + (₩43,000) - (₩14,000)

두 번째 방법인 매입계정으로 처리하는 방법을 살펴보면 다음과 같다. 먼저 기초 상품을 매입 계정 차변으로, 기말 상품을 매입계정 대변으로 대체하는 분개를 한다.

(차) 매입	×××	(대) 상품(기초)	×××
(차) 상품(기말)	×××	(대) 매입	×××

매 입

상품(기초)	×××	상품(기말)	×××

앞에서 매출원가계정이용의 유달산㈜의 예를 적용해서 두 번째 방법인 매입계정으로 처리하면 다음과 같다.

매입 a/c

상품(기초)	7,000	상품(기말)	14,000

(차변) 매입	7,000	(대변) 상품(기초)	7,000
(차변) 상품(기말)	14,000	(대변) 매입	14,000

예제

전기이월상품액이 ₩65,000, 당기상품매입액이 ₩300,000, 차기이월액상품이 ₩52,500 이었다면 각각 다음과 같이 분개한다.(매입계정이용)

풀이

(차) 매입	₩65,000	(대) 상품(기초)	₩65,000
(차) 상품(기말)	₩52,500	(대) 매입	₩52,500
(차) 매출원가	₩312,500	(대) 매입	₩312,500

⑤ 재고자산평가손실과 재고자산감모손실

재고조사결과 장부상의 재고액과 실지재고조사액에 차이가 날 경우 재고자산감모손실 및 재고자산 평가손실이 나타난다. 재고자산감모손실은 파손, 도난 등의 원인으로 일치하지 않는 경우이고 재고자산평가손실은 실지재고액의 시가가 취득원가보다 하락한 경우, 그 차액을 의미한다. 정상적인 경우 매출원가에 가산하고 비정상적인 경우 영업외 비용으로 처리한다.

예제

재고자산에 대하여 ₩18,750 평가손실처리하다.

풀이

(차) 재고자산평가손실 ₩ 18,750 (대) 상품 ₩18,750(재고자산평가손실충당금)

⑥ 유형자산의 감가상각

유형자산 사용에 의한 경제적 가치의 감소를 비용으로 회계처리해야 한다.

예제

건물에 대해 당기 감가상각비 ₩40,500을 계상하다.

풀이

(차) 감가상각비	₩40,500	(대) 감가상각누계액(건물)	₩40,500

※ 광업권 등의 무형자산에 대하여는 직접상각한다.
(차) 감가상각 ×××　　(대) 광업권 ×××

⑦ 외화자산 및 외화부채의 환산

화폐성 외화자산(현금, 예금, 매출채권)이나 화폐성 외화부채(매입채무, 차입금)의 경우 거래당시와 결산일 현재의 환율차이에서 발생하는 손익을 영업외비용 또는 영업외수익으로 당기손익계산에 포함해야 한다.

예제

외화차입금 $100,000(차입당시 $1 : ₩1,250 현재환율 1$: ₩1,100)으로 외화환산이익을 계상하다.

풀이

(차) 외화차입금 ₩15,000,000 (대) 외화환산이익 ₩15,000,000

예제

외화표시외상매출금 $80,000(매출 시 $1 : ₩1,380)에 대해 결산 시 환율 $1 : ₩1,250으로 외화환산손실을 계상하다.

풀이

(차) 외화환산손실 ₩10,400,000 (대) (외화)매출채권 ₩10,400,000

3 수익과 비용의 결산정리

① 선수수익

수입임대료, 수입이자 등 결산일 당시 미경과분은 손익계산의 수익에서 공제되어야 한다.

예제

3월 1일 1년분 수입임대료 ₩120,000 중 선수액은 ₩20,000이다.

풀이

(차) 수입임대료 ₩20,000 (대) 선수임대료 ₩20,000

② 선급비용

지급임차료, 보험료, 지급이자, 광고료 등 지급한 비용 중 미경과분은 손익계산의 비용에서 공제되어야 한다.

예제

9월 1일 화재보험료 1년분 ₩6,000 중 선급분 ₩4,000은 차기로 이월한다.

풀이

(차) 선급보험료 ₩4,000 (대) 보험료 ₩4,000

③ 미수수익

당기의 수익 중 아직 입금되지 않은, 수입 확실한 미수분은 당기수익에 포함시켜 당기손익계산에 가산해야 한다.

예제 결산일 당시 미수임대료 3개월 분 ₩9,000을 계상한다.

풀이

(차) 미수임대료 ₩9,000 (대) 임대료 ₩9,000

④ 미지급비용

당기에 용역을 제공받고 결산일 현재 지급하지 않은 비용은 당기의 비용으로 포함시켜야 한다.

예제 결산일 현재 미지급 임차료 ₩12,000을 계상한다.

풀이

(차) 지급임차료 ₩12,000 (대) 미지급임차료 ₩12,000

⑤ 소모품비의 정리

소모품은 기업에서 사용하는 복사지나 문구류, 그리고 제조현장의 경우 기계장치에 투입하는 윤활유 등이 있다. 기업이 소모품을 구입하고 지출하였을 때 전체 소모품 중 당기중에 사용한 비용은 소모품비계정(비용)으로 사용하지 않은 부분은 소모품계정(자산)으로 보고되어야 한다.

소모품비로 회계처리한 소모품 미사용분은 소모품비에서 차감하여 손익계산에 반영하여야 한다.

예제 결산일 현재 재고 조사결과 소모품비로 회계처리한 미사용 소모품 ₩17,000을 자산으로 계상하다.

풀이

(차) 소모품 ₩17,000 (대) 소모품비 ₩17,000

⑥ 가지급금

현금을 지출하였으나 이를 처리한 계정과목이 설정되지 않았거나, 또는 계정과목이 결정됐어도 금액이 확정되지 않은 경우 일시적으로 처리하는 계정과목이다.

예를 들어 가지급금계정금액이 여비 교통비로 판명된 경우 다음과 같이 수정분개한다.

(차) 여비 교통비	×××	(대) 가지급금	×××

⑦ 가수금

가지급금과 반대로 현금을 받았으나 이를 처리할 계정과목이 결정되지 않았거나 또는 계정과목은 결정되었어도 금액이 확정되지 않은 경우이다. 예를 들어 가수금계정과목금액이 외상 대금 회수로 판명시 다음과 같이 수정분개한다.

(차) 가수금	×××	(대) 외상 대금 회수	×××

수정후시산표는 수정분개 내용을 정산표의 수정기입란에 옮겨 기입하고 시산표에 없는 계정은 신설하여 기입한 후 각 계정잔액을 정리한 것이다. 정산표는 잔액시산표를 자료로 하여 결산분개한 기말정리사항들을 일목요연하게 정리하여 원장결산과 대차대조표, 손익계산서의 작성을 정확하고 용이하게 한다. 정산표의 작성요령은 결산정리분개한 금액을 정산표 계정과목의 수정기입란 차변 또는 대변에 기입해 준다.

수정후시산표와 정산표 작성은 결산의 필수적인 절차가 아니기 때문에 회계실무에서는 수정분개의 내용을 각 원장에 기입해서 계정별 수정후잔액에 의해 재무제표를 작성하고, 정산표나 수정후시산표는 생략하기도 한다.

예제 8-1

다음의 결산정리사항을 정리분개하고, 원장계정잔액과 시산표를 참고하여 정산표를 완성하시오.

[원장계정잔액]

현 금	₩90,000	지 급 어 음	₩45,000
당 좌 예 금	₩45,500	사 채	₩75,000
단기매매증권	₩137,500	자 본 금	₩491,500
외상매출금	₩100,000	매 출	₩210,000
대손충당금	₩30,000	수입임차료	₩75,000
상품(기초)	₩65,000	상각채권추심이익	₩27,500
건 물	₩500,000	매 입	₩172,500
건물감가상각누계액	₩95,000	보 험 료	₩6,000
외상매입금	₩67,500		

[결산정리사항]

(1) 기말상품재고액 〈3분법으로 회계처리할 것〉
장부재고액 300개(취득원가) @₩175 ₩52,500
실사재고액 300개(시 가) @₩112.5 ₩33,750

(2) 현금, 장부잔액 ₩90,000 실제액 ₩95,000(원인불명)

(3) 소유중인 단기매매증권 장부가액 ₩137,500 @₩2,750(50주)을 @₩1,000으로 평가하다.

(4) 외상매출금에 대한 ₩28,000을 대손충당금을 환입하다.

(5) 건물에 대하여 장부가액(취득원가 ₩500,000 감가상각누계액 ₩95,000)의 10%를 감가상각하다.

(6) 보험료지급액 ₩6,000 중 ₩1,000은 미경과분이다.

(7) 이자 미지급분 ₩1,500이 있다.

[기말정리분개]

(1)	(차) 매 입	₩65,000	(대) 상품(기초)	₩65,000
	상품(기말)	₩52,500	(대) 매 입	₩52,500
	(차) 재고자산평가손실	₩18,750	(대) 기 말 상 품	₩18,750
(2)	(차) 현 금	₩5,000	(대) 잡 이 익	₩5,000
(3)	(차) 단기매매증권평가손실	₩87,500	(대) 단기매매증권	₩87,500
(4)	(차) 대손충당금	₩28,000	(대) 대손충당금환입	₩28,000
(5)	(차) 감가상각비	₩40,500	(대) 건물감가상각누계액	₩40,500
(6)	(차) 선급보험료(선급비용)	₩1,000	(대) 보 험 료	₩1,000
(7)	(차) 이 자 비 용	₩1,500	(대) 미지급이자(미지급비용)	₩1,500

풀이

정산표

202×년 12월 31일

계정과목	잔액시산표		수정기입		손익계산서		대차대조표	
	차 변	대 변	차 변	대 변	차 변	대 변	차 변	대 변
현 금	90,000		②5,000				95,000	
당좌예금	45,500						45,500	
단기매매증권	137,500			③87,500			50,000	
외상매출금	100,000						100,000	
대손충당금		30,000	④28,000					2,000
상 품	65,000		①52,500	①65,000 ①18,750			33,750	
건 물	500,000						500,000	
건물감가상각누계액		95,000		⑤40,500				135,500
외상매입금		67,500						67,500
지급어음		45,000						45,000
사 채		75,000						75,000
자본금		491,500						491,500
매 출		210,000				210,000		
매 입	172,500							
매출원가			①65,000	①52,500	185,000			
수입임차료		75,000				75,000		
상각채권추심이익		27,500				27,500		
보험료	6,000			⑥1,000	5,000			
재고자산평가손실			①18,750		18,750			
잡이익				②5,000		5,000		
단기매매증권평가손실			③87,500		87,500			
대손충당금환입				④28,000		28,000		
감가상각비			⑤40,500		40,500			
선급보험료			⑥1,000				1,000	
미지급이자				⑦1,500				1,500
이자비용			⑦1,500		1,500			
당기순이익					7,250			7,250
합 계	1,116,500	1,116,500	299,750	299,750	345,500	345,500	825,250	825,250

예제 8-2

㈜승달산은 2021년 1월 1일부터 12월 31일까지의 회계기간 동안에 컨설팅 용역을 제공하며, 매년 결산 후 재무제표를 작성한다. 다음과 같은 계정잔액을 확인하고 기말정리사항에 대한 분개와 10위식정산표를 작성하시오.

[총계정원장의 각 계정잔액]

현 금	₩50,000	단기대여금	₩30,000
비 품	₩100,000	매 출 채 권	₩60,000
건 물	₩50,000	차 입 금	₩30,000
매도가능금융자산	₩20,000	상 품	₩50,000
매 입 채 무	₩70,000	단기매매금융자산	₩70,000
매 입	₩100,000	매 출	₩150,000
소 모 품	₩150,000	광고선전비	₩20,000
이 자 비 용	₩15,000	보 험 료	₩25,000
이 자 수 익	₩30,000	수수료수익	₩10,000
자 본 금	₩450,000		

[기말정리사항]

(1) 기말상품재고액 ₩60,000 → 매출원가계정을 이용하여 기말수정사항 정리
(2) 건물감가상각비 ₩5,000
(3) 보험료미경과액(선급보험료) ₩8,000
(4) 미수이자 ₩10,000
(5) 매출채권에 대한 대손충당금 ₩5,000 설정
(6) 미지급이자 ₩5,000
(7) 미사용 소모품 ₩50,000

풀이

[기말정리사항 분개]

(1)	(차) 매 출 원 가	₩50,000	(대) 상품(기초)	₩50,000
	매 출 원 가	₩100,000	(대) 매 입	₩100,000
	(차) 상품(기말)	₩60,000	(대) 매 출 원 가	₩60,000
(2)	(차) 건물감가상각비	₩5,000	(대) 건물감가상각누계액	₩5,000
(3)	(차) 선급보험료	₩8,000	(대) 보 험 료	₩8,000
(4)	(차) 미 수 이 자	₩10,000	(대) 이 자 수 익	₩10,000
(5)	(차) 대손상각비	₩5,000	(대) 대손충당금	₩5,000
(6)	(차) 이 자 비 용	₩5,000	(대) 미지급이자	₩5,000
(7)	(차) 소 모 품 비	₩100,000	(대) 소 모 품	₩100,000

<u>정산표(10위식)</u>

2021년 12월 31일

계정과목	수정전시산표		수정분개		수정후시산표		재무상태표		손익계산서	
	차변	대변	차변	대변	차변	대변	차변	대변	차변	대변
현금	50,000				50,000		50,000			
매출채권	60,000				60,000		60,000			
대손충당금				⑤5,000		5,000		5,000		
매도가능금융자산	20,000				20,000		20,000			
단기매매금융자산	70,000				70,000		70,000			
단기대여금	30,000				30,000		30,000			
미수이자			④10,000		10,000		10,000			
소모품	150,000			⑦100,000	50,000		50,000			
상품	50,000		①60,000		60,000		60,000			
선급보험료			③8,000		8,000		8,000			
건물	50,000				50,000		50,000			
건물감가상각누계액				②5,000		5,000		5,000		
비품	100,000				100,000		100,000			
차입금		30,000				30,000		30,000		
매입채무		70,000				70,000		70,000		
미지급이자				⑥5,000		5,000		5,000		
자본금		450,000				450,000		450,000		
매출		150,000				150,000				150,000
이자수익		30,000		④10,000		40,000				40,000
수수료수익		10,000				10,000				10,000
매입	100,000			①100,000						
매출원가			①50,000	①60,000	90,000				90,000	
			①100,000							
건물감가상각비			②5,000		5,000				5,000	
보험료	25,000			③8,000	17,000				17,000	
광고선전비	20,000				20,000				20,000	
이자비용	15,000				20,000				20,000	
소모품비					100,000				100,000	
대손상각비					5,000				5,000	
이익잉여금								57,000		57,000
합계	740,000	740,000	343,000	343,000	765,000	765,000	565,000	565,000	257,000	257,000

연 습 문 제

객관식 문제

01. 다음 중 기말결산 시의 결산정리사항과 관련 없는 것은? 61회 전산회계 1급

① 선급보험료 ② 선수이자 ③ 선수수수료 ④ 선수금

02. 다음의 회계거래와 관련하여 발생하는 것과 다르게 설명한 것은? 62회 전산회계 2급

- 대손충당금 10,000원을 설정하다.
- 감가상각비 20,000원을 설정하다.
- 선급비용 30,000원을 계상하다.

① 기말수정분개를 한다. ② 당기순손익에 영향을 미친다.
③ 자본에 영향을 미치지 않는다. ④ 재무제표에 영향을 미친다.

03. 다음 기말결산정리사항 중 수익과 비용의 이연에 해당하는 것으로 짝지어진 것은? 63회 전산회계 2급

① 임대료 선수분 계상 및 임차료 선급분 계상
② 임대료 선수분 계상 및 임차료 미지급분 계상
③ 임대료 미수분 계상 및 임차료 선급분 계상
④ 임대료 미수분 계상 및 임차료 미지급분 계상

04. 손익에 관한 결산 정리 중 수익의 이연에 해당하는 계정과목은? 58회 전산회계 2급

① 선수임대료 ② 미수이자 ③ 선급보험료 ④ 미지급임차료

05. 2013년에 자동차 보험료 24개월분(2013.3월~2015.2월) 480,000원을 현금으로 지급하고 미경과분을 선급비용처리한 경우, 2014년 비용으로 인식할 보험료 금액은?

60회 전산회계 1급

① 200,000원　② 220,000원　③ 240,000원　④ 260,000원

06. 다음 중 기말결산 시의 결산정리사항과 관련 없는 것은?

61회 전산회계 1급

① 선급보험료　② 선수이자　③ 선수수수료　④ 선수금

07. 다음 내용을 보고 결산시점 수정분개로 적절한 것은?

80회 전산회계1급

- 9월 1일 본사 건물에 대한 화재보험료 1,500,000원을 보통예금계좌에서 이체하였다.
- 경리부에서는 이를 전액 비용처리하였다.
- 12월 31일 결산시점에 화재보험료 미경과분은 1,000,000원이다.

	차변		대변	
①	보 험 료	500,000원	미지급비용	500,000원
②	보 험 료	1,000,000원	선 급 비 용	1,000,000원
③	미지급비용	500,000원	보 험 료	500,000원
④	선 급 비 용	1,000,000원	보 험 료	1,000,000원

08. 다음의 내용을 수정 분개하는 경우 적절한 회계 처리로 옳은 것은?

90회 전산회계 1급

임직원의 퇴직금과 관련하여 외부 금융기관에 보통예금 계좌에서 500,000원을 예치하면서 회계담당자가 확정급여형(DB) 퇴직연금으로 회계처리하였다. 그러나 기업은 퇴직금을 확정기여형(DC) 퇴직연금으로만 운영하고 있다.

	차변		대변	
①	퇴직급여	500,000원	보통예금	500,000원
②	퇴직연금운용자산	500,000원	보통예금	500,000원
③	퇴직급여	500,000원	퇴직연금운용자산	500,000원
④	퇴직연금운용자산	500,000원	퇴직급여	500,000원

09. 다음의 내용을 결산시점에 결산수정분개로 반영하였을 경우 당기순이익의 변동은?

91회 전산회계 1급

- 매출채권잔액 5,500,000원에 대해 2%의 대손충당금을 설정하지 않았다. 단, 설정전 대손충당금 기말잔액은 30,000원이라고 가정한다.
- 12월 15일에 가수금으로 회계 처리하였던 50,000원에 대하여 기말에 가수금에 대한 원인이 파악되지 아니하여 결산수정분개를 해야 하는데 하지 않고 있다.

① 당기순이익을 30,000원 감소시킨다. ② 당기순이익을 60,000원 감소시킨다.
③ 당기순이익을 130,000원 감소시킨다. ④ 당기순이익을 160,000원 감소시킨다.

주관식 문제

01. 다음 자료를 이용하여 요구사항을 완성하시오.

[기말 정리사항]

(1) 감가상각비는 설비에 대하여 ₩350 건물에 대하여 ₩250이 발생하다.

(2) 1개월분 광고료는 ₩50이다.

12월 1일	₩600,000을 현금출자하여 동화사를 설립하고, ₩300,000의 설비를 구입하고 ₩265,000은 현금 지급하고 ₩35,000은 미지급하다.
2일	건물을 ₩200,000에 구입하고 대금은 수표 지급하다.
3일	향후 6개월의 광고료로 ₩300을 수표로 선급하다.
7일	용역매출 ₩10,000 중 ₩3,740은 현금수취하고 나머지는 외상하다.
10일	급여 ₩5,120을 현금으로 지급하다.
13일	소모품 ₩3,400을 외상으로 구입하다.
24일	미수용역금 중 ₩6,260을 현금 회수되다.
28일	13일의 소모품 대금 중 ₩2,000을 수표로 지급하다.
29일	전력요금 ₩90을 현금으로 지불하다.
30일	현금 ₩100,000을 추가 출자하다.

(3) 12월 31일 현재 ₩1,420의 소모품 재고액이 남아있다.

(4) 12월 31일 현재 ₩480의 급여가 발생하였으나 미지급 상태이다.

〈요구사항〉

1. 12월 중의 거래를 분개하고 T계정에 전기하시오.

2. 정산표의 수정 전 시산표란을 기입하시오.

3. 수정사항을 분개하고 수정후시산표를 완성하시오.

분개장

일자		적요	원면	차변	대변

원 장

현 금	미수용역료	선급광고료
소 모 품	건 물	기 계 설 비
미 지 급 금	자 본 금	용 역 매 출
전 력 료	급 료	당 좌 예 금

수정후시산표

202×년 12월 31일

계정과목	시산표		수정기입		수정후시산표	
	차 변	대변	차 변	대 변	차 변	대 변

Chapter 09

마감분개 및 결산

01 마감분개

마감분개(closing entry)란 경영성과와 재무상태를 평가하기 위하여 회계기간 말에 영구계정(permanent account)인 재무상태표와 임시계정(temporary account)인 포괄손익계산서계정을 현재잔액을 파악하기 위하여 마감하는 절차를 의미한다. 임시계정인 포괄손익계산서계정인 수익계정과 비용계정의 잔액을 '0'으로 만들어서 다음 회계기간이 시작할 때 수익과 비용계정의 잔액이 '0'으로 시작할 수 없도록 만들어야 한다. 왜냐하면 수익과 비용은 한 회계기간 동안의 경영활동의 결과인 성과를 보고하기 위해 작성되는 것이기 때문이다.

사회적 제도로서 회계는 기본적으로 기간손익계산의 직능을 담당하고 있다. 이 기간손익계산은 통상 1년을 회계기간(또는 사업연도)으로 하여 행하여진다. 그래서 회계기간이 끝나면 모든 장부의 기록을 정리해서 마감하고, 손익계산서와 대차대조표 등의 재무제표를 작성함과 동시에 다음 회계기간의 장부기록을 계속하기 위한 절차를 결산이라고 한다. 결산의 기준일이 되는 회계기간의 종료일을 결산일 또는 대차대조표 작성일이라고 한다. 결산일은 회계기말 또는 단순히 기말, 혹은 사업연도 말 또는 단순히 연도 말이라고도 한다.

결산(closing)이란 이렇게 회계기간 말 시점에서 회계기간이 끝난 후 회계기간 동안의 영업활동 결과 나타난 경영성과와 기업의 재무상태를 정확히 파악하기 위하여 여러 가지 절차를 의미한다.

02 결산

결산을 할 때에는 우선 결산예비절차로서 기간 중에 발생한 모든 거래를 기입한 분개장을 마감하고, 거래에 대한 전기의 옳고 그름을 검산하기 위해 시산표를 작성한다. 그때 분개장의 마감은 거래의 기입이 종료한 행의 금액란에 한 줄로 집계선을 그어 차변과 대변의 금액을 각각 합계해서 일자란과 금액란을 이중선으로 마감한다.

다음으로 결산본절차를 통하여 총계정원장의 각 계정을 마감한다.

1 결산의 의의와 절차

회계기간 동안의 회계사항들을 총정리하여 재무상태와 손익을 확정하고 모든 장부를 마감하는 것을 결산(closing)이라 한다. 결산절차는 다소 복잡하지만 회계담당자는 이를 숙달하여야 한다. 거래가 발생하면 분개하여 각 계정(원장)에 기입하지만 각 계정(원장)은 여러 가지 원인으로 장부와 실제가 일치하지 않는 경우가 발생하고, 수익과 비용을 해당 회계기간에 배분하는 문제와 회계기간 중 추정 처리했던 내용의 조정 문제 및 일상적 거래가 아니어서 결산시점에 회계 처리해야 할 거래 등이 있기 때문에 이런 것들을 정리해 주어야 한다.

이와 같이 결산의 가장 중요한 의미는 장부를 실제에 맞추는 수정기입과 수정한 내용을 정산표에 정리하여 재무제표를 작성하는 것이다. 따라서 회계담당자는 결산을 효율적으로하기 위하여 결산절차를 3단계로 진행하는데 이것을 결산예비절차, 결산본절차, 결산보고서작성이라 한다.

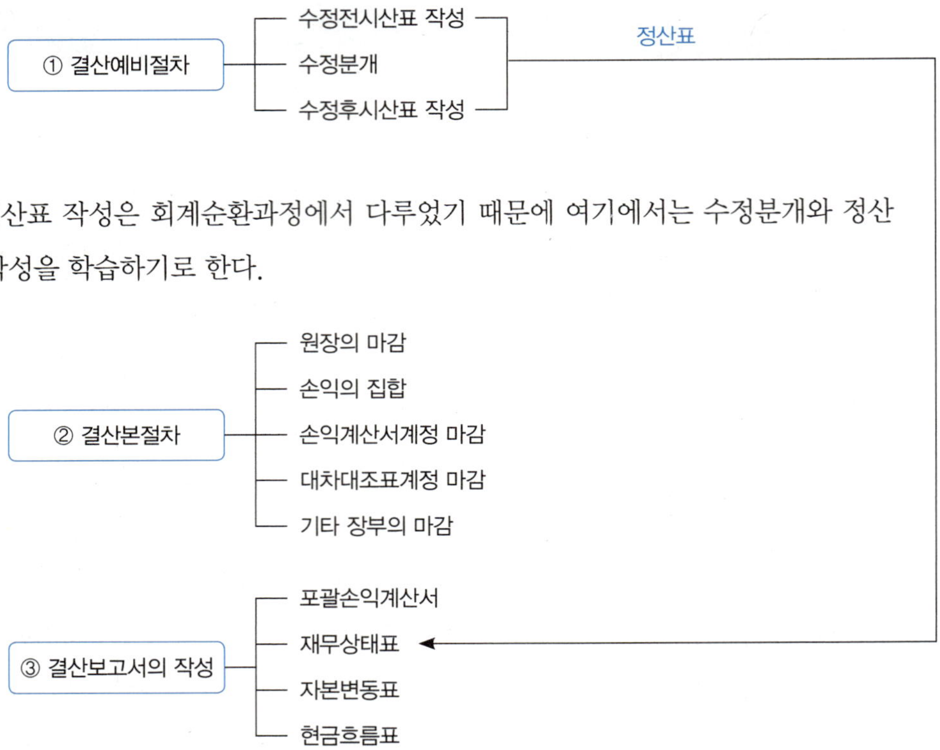

시산표 작성은 회계순환과정에서 다루었기 때문에 여기에서는 수정분개와 정산표 작성을 학습하기로 한다.

2 결산예비절차

결산예비절차는 주로 시산표 작성과 결산수정분개로 행하여진다.

① 시산표를 작성해서 장부기록의 옳고 그름을 검산한다.

② 결산수정분개를 통하여 발생주의 회계에 따라 수익과 비용을 해당된 회계기간에 합리적으로 배분하고 자산과 부채를 적정하게 평가한다.

③ 정산표의 작성을 통하여 포괄손익계산서와 재무상태표가 작성되는 과정을 살펴본다.

3 결산본절차

결산본절차는 주로 계정을 마감하고 부속 명세서를 작성하는 것으로 구성되며 다음과 같은 순서로 실시된다.

① 비용·수익에 속하는 계정잔액을 집합손익계정에 대체하고, 비용·수익에 속

하는 계정계좌를 마감한다.

② 집합손익계정의 잔액으로부터 당기순이익 또는 당기순손실을 구해, 그것을 자본금계정에 대체한다. 동시에 손익계정을 마감한다.

③ 자산·부채·자본에 속하는 계정의 잔액을 차기로 이월하고, 자산·부채·자본에 속하는 계정계좌를 마감과 동시에 차기의 개시기입을 한다. 자산·부채·자본에 속하는 계정의 이월기입에 옳고 그름을 검산하기 위해 이월시산표를 작성하기도 한다.

④ 손익계산서와 재무상태표, 현금흐름표, 잉여금처분계산서 및 부속명세서를 작성한다.

회계에서는 이와 같이 장부기록으로부터 일관된 절차를 통해서 거래의 인식으로부터 기장, 결산까지의 일련의 절차의 흐름을 회계의 순환과정이라고 한다.

03 마감분개 요령

❶ 비용·수익계정의 마감 : 비용·수익계정을 집합손익계정으로 대체

결산본절차는 비용과 수익에 속하는 계정의 잔액을 손익계정에 대체하는 것으로부터 시작한다. 손익계정은 다수 설정되어 있는 비용과 수익에 속하는 계정계좌의 기록내용을 집합손익계정이라는 하나의 계정계좌에 집계하고 거기에서 손익을 계산하려고 하는 결산 특유의 계정이다. 따라서 손익계정은 집합손익계정이라고도 한다. 그리고 결산 대체분개라고 하는 것을 통해서 비용·수익 계정의 잔액을 손익계정에 모으는 분개는 다음과 같이 한다.

총계정원장에 집합손익계정을 설정한 후 수익계정 잔액을 집합손익계정 대변에 대체하고, 비용계정잔액은 집합손익계정 차변에 대체한다. 이렇게 집합손익계정에 집계된 비용과 수익의 대·차 합계에 의하여 순손익을 계산하여 자본계정에 대체한다.

이를 살펴보면 [그림 9-1]과 같다.

그림 9-1 비용 · 수익 계정 마감 절차

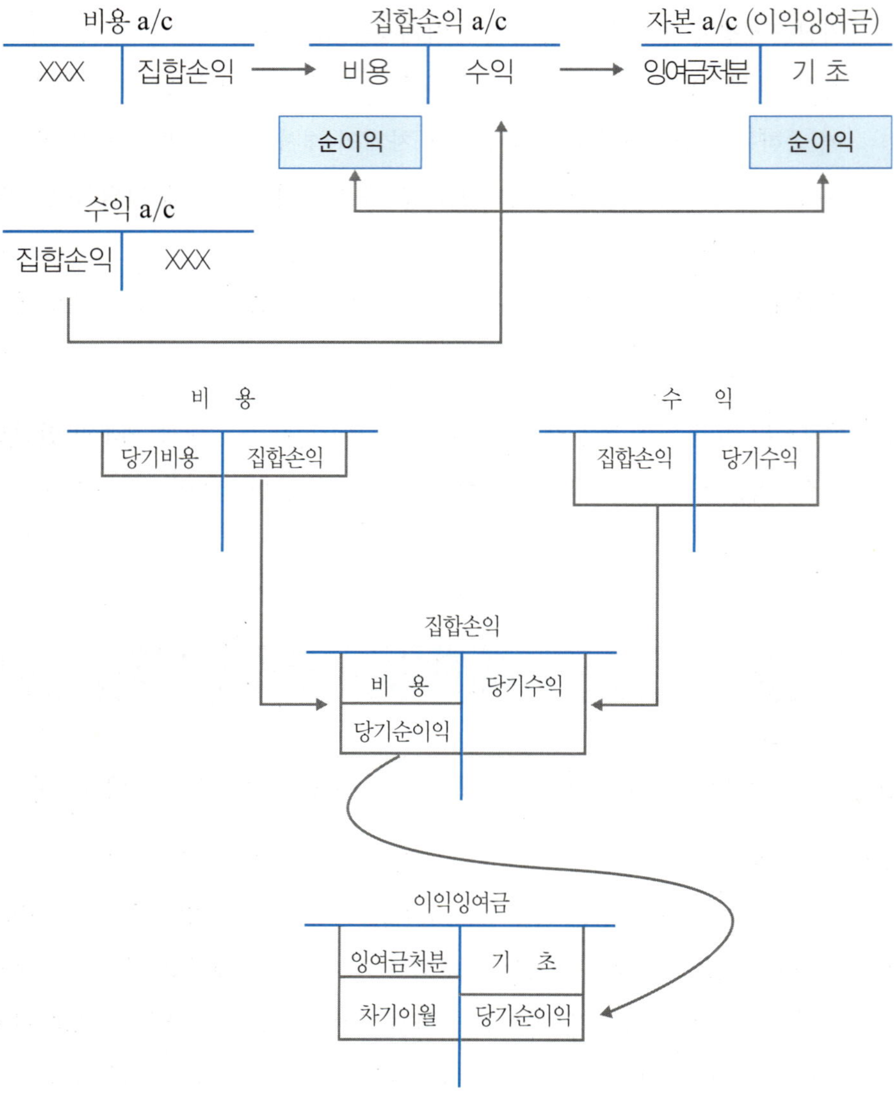

(차변) 집합손익 ×××	(대변) 비용계정 ×××
(차변) 수익계정 ×××	(대변) 집합손익 ×××

예제 9-1

비용과 수익의 계정을 손익계정에 대체하기 위한 분개를 분개장으로 기입하고, 계정을 마감하시오(손익계정은 마감하지 않아도 됨).

풀이

급　　료　　11

일자		적요	분면	금액	일자		적요	분면	금액
12	25		2	20,000					

광고선전비　　12

일자		적요	분면	금액	일자		적요	분면	금액
12	5		1	3,500					
	10		〃	1,500					

수도광열비　　13

일자		적요	분면	금액	일자		적요	분면	금액
12	18		1	2,000					

이 자 비 용　　14

일자		적요	분면	금액	일자		적요	분면	금액
12	10		1	2,000					

잡　　비　　15

일자		적요	분면	금액	일자		적요	분면	금액
12	20		1	4,000					

매 출 원 가　　16

일자		적요	분면	금액	일자		적요	분면	금액
12	31		2	28,000					

매　　출　　17

일자		적요	분면	금액	일자		적요	분면	금액
					12	7		1	16,000
						18		〃	18,000
						30			24,000

수입수수료 18

일자		적요	분면	금액	일자		적요	분면	금액
			1		12	24		2	2,000

이 자 수 익 19

일자		적요	분면	금액	일자		적요	분면	금액
			1		12	15		1	3,000

분개장

					385,000	385,000
12	31	본 일 결 산				
		(손 익)	제 좌	20	63,000	
			(매 출 원 가)	16		28,000
			(급 료)	11		20,000
			(광고선전비)	12		5,000
			(수도광열비)	13		2,000
			(이 자 비 용)	14		4,000
			(잡 비)	15		1,000
		비용계정을 집합손익계정에 대체				
		제 좌	(손 익)	20		63,000
		(매 출)		17	58,000	
		(수입수수료)		18	2,000	
		(이 자 수 익)		19	3,000	
		집합수익계정을 손익계정에 대체				

총계정원장

급 료 11

12	25		2	20,000	12	31	집합손익	2	20,000

광고선전비 12

12	5		1	3,500	12	31	집합손익	2	5,000
	10		〃	1,500					
				5,000					5,000

수도광열비 13

12	18		1	2,000	12	31	집합손익	2	2,000

이 자 비 용 14

12	10		1	4,000	12	31	집합손익	2	4,000

잡 비 15

12	20		1	1,000	12	31	집합손익	2	1,000

매 출 원 가 16

12	31		1	28,000	12	31	집합손익	2	28,000

매 출 17

12	31	집합손익	2	58,000	12	7	집합손익	1	16,000
						18		〃	18,000
						30		2	24,000
				58,000					58,000

수입수수료 18

12	31	집합손익	2	2,000	12	24		2	2,000

이 자 수 익 19

12	31	집합손익	2	3,000	12	15		1	3,000

집합손익 20

12	31	급 료	2	20,000	12	31	매 출	2	58,000
	〃	광고선전비	〃	5,000		〃		〃	2,000
	〃	수도광열비	〃	2,000		〃		〃	3,000
	〃	이 자 비 용	〃	4,000					
	〃	잡 비	〃	1,000					
	〃	매 출 원 가	〃	28,000					

한편 매출원가 산출을 위하여 매출원가계정을 설정하여 매출원가계정의 차변에는 기초재고액과 당기매입액을 기록하고 대변에는 기말재고액을 기록하며 차액인 매출원가는 손익계정으로 대체하여 당기순이익을 산출하게 된다.

매출원가는 기초상품재고액+당기매입액−기말재고액으로 산출하며 이를 매출액에서 감산하여 당기순이익을 구하게 된다.

대량판매하는 상품매매회사의 경우 대부분 이 방법을 이용한다.

이를 표시하면 다음과 같다.

상품매출원가

기초재고	×××	기말재고	×××
당기매입	×××	집합손익계정으로 마감	

집합손익

매출원가	×××	매 출	×××

2 당기순이익 또는 순손실을 자본계정으로 대체

손익계정의 잔액은 당기순이익 또는 당기순손실을 의미하고 있다. 제2장에서 배운 바와 같이 당기순이익 또는 당기순손실은 총수익과 총비용의 차액으로 구할 수 있다. 총수익이 총비용을 초과한 경우 그 차액이 당기순이익이고, 총비용이 총수익을 초과한 경우 당기순손실이다.

한편 당기순이익은 미처분이익잉여금에 대체되어 자본계정으로 옮겨진 후 배당금이나 적립금 등으로 처분된다. 대체분개는 다음과 같다.

(차변) 집합손익	×××	(대변) 미처분이익잉여금	×××

예제 9-2

예제 9-1의 손익계정을 마감하시오.

풀이

집합손익 19

월	일	적요	면	금액	월	일	적요	면	금액
12	31	급　　료	2	20,000	12	31	매　　출	2	58,000
	〃	광고선전비	〃	5,000		〃		〃	2,000
	〃	수도광열비	〃	2,000		〃		〃	3,000
	〃	이자비용	〃	4,000					
	〃	잡　　비	〃	1,000					
	〃	매출원가		28,000					
		당기순이익		3,000					
				63,000					63,000

04 자산·부채·자본계정의 이월과 마감

자산, 부채, 자본계정을 마감하는 방법으로 영미식과 대륙식이 있다. 영미식은 자산, 부채, 자본을 차기이월, 전기이월로 마감하는 방법이며, 대륙식은 자산, 부채, 자본계정의 잔액을 분개장에 분개를 하여 총계정원장에 전기하여 계정의 차변과 대변의 금액을 일치시켜 마감하는 방법이나, 복잡하여 기업실무에서 잘 사용되지 않는다.

영미식에서는 수익과 비용에 속한 제계정의 기말잔액은 손익계정으로 집계되지만, 차기에는 0의 단계에서 출발한다. 이에 대해서 자산·부채·자본에 속한 제계정의 기말잔액은 다음회계기간으로 이월되어 차기로 계속 이어진다.

이를 구체적으로 살펴보면 자산계정은 잔액이 차변에 있으므로 대변에 차기이월이라는 붉은 글씨로 기입하여 차변과 대변의 금액을 일치시켜 마감한다. 마찬가지로 부채와 자본계정은 잔액이 대변에 있으므로 대변에 차기이월이라는 붉은 글씨로 기입하여 차변과 대변의 금액을 일치시켜 마감한다. 다음 회계연도의 첫 날짜로 (1/1) 차기이월을 기입한 반대쪽에 전기이월이라 기입하고 이월한 금액을 기입한다.

자산에 속한 계정과목	
차변합계	대변합계
	차기이월
전기이월	

부채·자본에 속한 계정과목	
차변합계	대변합계
차기이월	
	전기이월

부채와 자본에 속한 계정과목에 대해서 잔액은 대변잔액이 되기 때문에 자산에 속하는 계정과목과 대차가 반대의 기입방법이 된다.

예제 9-3

다음의 제 계정을 마감하고, 개시기입을 하시오(해답을 요구한 부분은 차기이월 기입을 행한 집계선과 마감선, 즉 전기이월이라고 기입한다).

풀이

현 금

		(차변합계)		95,000			(대변합계)		76,000
					12	31	차기이월		19,000
				95,000					95,000
1	1	전기이월		19,000					

외상매출금

		(차변합계)		37,000			(대변합계)		21,000
					12	21	차기이월		16,000
				37,000					37,000
1	1	전기이월		16,000					

상 품

		(차변합계)		90,000			(대변합계)		67,000
					12	31	차기이월		23,000
				90,000					90,000
1	1	전기이월		23,000					

대 여 금

		(차변합계)		9,000			(대변합계)		5,000
					12	31	차기이월		4,000
				9,000					9,000
1	1	전기이월		4,000					

건 물

월	일	적요	분면	금액	월	일	적요	분면	금액
		(차변합계)		48,000	12	31	차기이월		48,000
1	1	전기이월		48,000					

비 품

월	일	적요	분면	금액	월	일	적요	분면	금액
		(차변합계)		19,000	12	31	차기이월		19,000
1	1	전기이월		19,000					

토 지

월	일	적요	분면	금액	월	일	적요	분면	금액
		(차변합계)		30,000	12	31	차기이월		30,000
1	1	전기이월		30,000					

외상매입금

월	일	적요	분면	금액	월	일	적요	분면	금액
		(차변합계)		26,000			(대변합계)		55,000
12	31	차기이월		29,000					
				55,000					55,000
					1	1	전기이월		29,000

차 입 금

월	일	적요	분면	금액	월	일	적요	분면	금액
		(차변합계)		3,000			(대변합계)		19,000
12	31	차기이월		16,000					
				19,000					19,000
					1	1	전기이월		16,000

자 본 금

월	일	적요	분면	금액	월	일	적요	분면	금액
12	31	차기이월		110,000			(대변합계)		100,000
					12	31	차기이월		10,000
				110,000					110,000
					1	1	전기이월		110,000

여기서 자본금은 손익계정에서 대체분을 합해서 이월한 것에 주의해 둘 필요가 있다. 또한 차기이월의 기입은 일자, 적요, 분면, 금액의 모든 난은 붉은 글씨로 기록된다.

05 이월시산표

이월이산표를 마감시산표라고도 하는데 원장을 마감하여 모든 결산분개와 전기가 끝난후 원장의 자산·부채·자본에 속하는 모든 계정을 하나의 표에 집계하여 대차평균이 되는지를 확인하는 것을 의미한다. 이월기입은 분개를 경유하지 않기 때문에 기입에 오류가 있어도 원시기록인 분개장에서 확인할 수가 없다. 그 때문에 자산·부채·자본의 각 계정잔액을 모아 표로 만들어 대차평균이 되는지를 확인할 필요가 있다. 이월시산표는 형식상 잔액시산표와 유사한 데가 있으며, 이월기입된 각 계정의 잔액이 기록된다.

예제 9-4

예제 9-3의 계정기록에서 이월시산표를 계산하시오.

풀이

이월시산표

202×년 12월 31일

차 변	원 면	계 정 과 목	대 변
19,000	1	현 금	
16,000	2	외상매출금	
23,000	3	상 품	
1,000	4	대 여 금	
48,000	5	건 물	
19,000	6	비 품	
30,000	7	토 지	
	8	외상매입금	29,000
	9	차 입 금	16,000
	10	자 본 금	111,000
156,000			156,000

예제 9-5

예제 9-2의 손익계정의 기록 및 예제 9-4의 이월시산표의 기록에서 포괄손익계산서와 재무상태표를 작성하시오.

풀이

포괄손익계산서

202×년 1월 1일부터 202×년 12월 31일

비용	금액	수익	금액
매출원가	28,000	매출	58,000
급료	20,000	수입수수료	2,000
광고선전비	5,000	이자수익	3,000
수도광열비	2,000		
이자비용	4,000		
잡비	1,000		
당기순이익	3,000		
	63,000		63,000

재무상태표

202×년 12월 31일 현재

자산	금액	부채 및 자본	금액
현금	19,000	외상매입금	29,000
외상매출금	16,000	차입금	16,000
상품	23,000	자본금	111,000
대여금	4,000	당기순이익	3,000
건물	48,000		
비품	19,000		
토지	30,000		
	159,000		159,000

종합예제 I

2023년 12월 31일 현재 승달산㈜의 재무상태는 다음과 같다.

재무상태표

승달산㈜ 2023년 12월 31일

계 정 과 목	차 변	대 변
현금 및 현금성자산	105,000	
매 출 채 권	95,000	
상 품	500,000	
건 물	500,000	
비 품	100,000	
소 모 품	50,000	
미 지 급 금		50,000
차 입 금		700,000
보통주자본금		480,000
이익잉여금		120,000
합 계	1,350,000	1,350,000

2024년의 거래는 다음과 같다.

[보기]

1) 1월 20일 : 보통주를 발행하여 현금 ₩350,000이 입금되었다
2) 1월 25일 : 영업부직원에게 교통비 명목으로 ₩40,000을 현금으로 지급하였다.
3) 2월 5일 : 매출처 ㈜유달산으로부터 외상대금 중 ₩15,000을 현금으로 회수하였다.
4) 2월 16일 : 현금 ₩100,000을 기업은행(보통예금) 통장에 입금하였다.
5) 3월 3일 : 본사 관리부 신문구독료 ₩15,000을 경향신문에 현금으로 지급하였다
6) 3월 20일 : 매출처 ㈜유달산에 등산화 30개(단가 ₩15,000, 원가는 ₩10,000)를 판매하고 세금계산서를 교부하였다. 대금은 전액현금으로 수령하였다.
7) 4월 25일 : 차입금 ₩2,000을 현금으로 변제하였다
8) 5월 10일 : 급여 ₩140,000을 현금으로 지급하였다
9) 9월 1일 : 건물에 대한 보험료로 삼성화재에 ₩120,000을 현금으로 지급하고 선급비용으로 회계처리하였다. 단 보험계약은 1년이다.
10) 12월 31일 기말수정사항은 다음과 같다.
   ① 건물감가상각비는 ₩10,000으로 계산되었다.
   ② 차입금에 대한 이자비용 ₩2,000이 발생되었는데 지급하지 못하였다.
   ③ 12월 급여 ₩120,000을 미지급하였다.
   ④ 12월 말 현재 미사용 소모품은 ₩20,000이다.

1. 위의 2021년의 거래에 대해 거래를 분석하시오.

- 거래의 8요소, 거래의 종류 등

2. 위의 2021년 거래에 대해 분개를 하시오

3. 2021년의 분개에 대하여 T－계정을 이용하여 각 계정별로 원장에 전기하시오.

4. 수정분개를 실시하고 T－계정에 전기하고, 수정 후 잔액 시산표를 작성하시오.

5. 정산표를 작성하시오.

6. 마감을 하고 재무상태표와 포괄손익계산서를 작성하시오.

풀이

1. 거래의 분석

1) 자산의 증가와 자본의 증가, 교환거래
자산(＋350,000)＝자본(＋350,000)

2) 비용의 발생과 자산의 감소, 혼합거래
비용(40,000)＝자산(－40,000)

3) 자산의 증가와 자산의 감소, 교환거래
자산(현금＋15,000)＝자산(외상매출금－15,000)

4) 자산의 증가와 자산의 감소, 교환거래
자산(보통예금＋15,000)＝자산(현금－15,000)

5) 비용의 발생과 자산의 감소, 혼합거래
비용(도서인쇄비 15,000)＝자산(현금－15,000)

6) 자산의 증가와 자산의 감소＋수익의 발생
자산(현금 450,000)＝ 자산의 감소(300,000)＋수익의 발생(150,000)

7) 비용의 발생과 자산의 감소
비용(차입금이자 2,000)＝자산의 감소(현금 2,000)

8) 비용의 발생과 자산의 감소
비용(급여 140,000)＝자산의 감소(현금 140,000)

9) 자산의 증가와 자산의 감소
자산(선급보험료 120,000)＝자산(현금120,000)

2. 분개(分介)

	차변	금액	대변	금액
1)	차변) 현 금	350,000	대변) 보통주 자본금	350,000
2)	차변) 교 통 비	40,000	대변) 현 금	40,000
3)	차변) 현 금	15,000	대변) 매출채권(외상매출금)	15,000
4)	차변) 보 통 예 금	100,000	대변) 현 금	100,000
5)	차변) 도서인쇄비	15,000	대변) 현 금	15,000
6)	차변) 현 금	450,000	대변) 상 품	300,000
			상품매출이익	150,000
7)	차변) 차 입 금	2,000	대변) 현 금	2,000
8)	차변) 급 여	140,000	대변) 현 금	140,000
9)	차변) 선급보험료	120,000	대변) 현 금	120,000
	또는 차변) 보 험 료	120,000	대변) 현 금	120,000

3. 전기(轉記)

현금 a/c

차변	금액	대변	금액
1/1 전기이월	105,000	1) 교통비	40,000
1) 보통주자본금	350,000	4) 보통예금	100,000
3) 외상매출금	15,000	5) 도서인쇄비	15,000
6) 제좌	450,000	7) 차입금	2,000
		8) 급여	140,000
		9) 선급보험료	120,000
합계액	920,000	합계액	417,000
		차기이월	503,000

보통주자본금 a/c

차변	금액	대변	금액
차기이월	830,000	1/1 전기이월	480,000
		1) 현 금	350,000

교통비 a/c

차변	금액	대변	금액
2) 현 금	40,000	집합손익	40,000

매출채권(외상매출금) a/c

차변	금액	대변	금액
1/1 전기이월	95,000	3) 현 금	15,000
		차기이월	80,000
합계액	95,000	합계액	95,000

보통예금 a/c

차변	금액	대변	금액
4) 현 금	100,000	차기이월	100,000

도서인쇄비 a/c

5) 현 금	15,000	집합손익	15,000

상품 a/c

1/1 전기이월	500,000	6) 현 금	300,000
		차기이월	200,000

상품매출이익 a/c

집합손익	150,000	6)	150,000

차입금 a/c

7) 현 금	2,000	1/1 전기이월	700,000
차기이월	698,000		

급여 a/c

8) 현 금	140,000	집합손익	260,000
③ 미지급급여	120,000		

선급보험료 a/c

9) 현 금	120,000	차기이월	120,000

4. 수정분개

① 차변) 건물감가상각비	10,000	대변) 건물감가상각누계액	10,000
② 차변) 이 자 비 용	2,000	대변) 미지급비용	2,000
③ 차변) 급 여	120,000	대변) 미지급급여	120,000
④ 차변) 소 모 품 비	30,000	대변) 소 모 품	30,000

건물감가상각비 a/c

① 건물감가상각누계액	10,000	집합손익	100,000

이자비용 a/c

② 미지급비용	2,000	집합손익	2,000

미지급비용 a/c

차기이월	2,000	② 이자비용	2,000

미지급급여 a/c

차기이월	120,000	③ 급 여	120,000

소모품 a/c

1/1 전기이월	50,000	④ 소모품비	30,000
		차기이월	20,000

소모품비 a/c

④ 소모품	30,000	집합손익	30,000

5. 수정후시산표

수정후시산표

승달산㈜ 2024년 12월 31일

계 정 과 목	차 변	대 변
현금 및 현금성자산	503,000	
매 출 채 권	80,000	
선급보험료	120,000	
건 물	500,000	
건물감가상각누계액	- 10,000	
보 통 예 금	100,000	
상 품	200,000	
비 품	100,000	
소 모 품	20,000	
미 지 급 금		50,000
차 입 금		698,000
미지급비용		2,000
미지급급여		120,000
보통주자본금		830,000
이익잉여금		120,000
교 통 비	40,000	
도서인쇄비	15,000	
상품매출이익		150,000
급 여	260,000	
건물감가상각비	10,000	
이 자 비 용	2,000	
소 모 품 비	30,000	
합 계	1,970,000	1,970,000

6. 정산표

계정과목	수정전시산표		수정분개		수정후시산표		재무상태표		손익계산서	
	차 변	대 변	차 변	대 변	차 변	대 변	차 변	대 변	차 변	대 변
현금 및 현금성자산	503,000				503,000		503,000			
매 출 채 권	80,000				80,000		80,000			
선급보험료	120,000				120,000		120,000			
건 물	500,000				500,000		500,000			
건물감가상각누계액				①10,000	(10,000)		(10,000)			
보 통 예 금	100,000				100,000		100,000			
상 품	200,000				200,000		200,000			
비 품	100,000				100,000		100,000			
소 모 품	50,000			④30,000	20,000		20,000			
미 지 급 금		50,000				50,000		50,000		
차 입 금		698,000				698,000		698,000		
미지급비용				②2,000		2,000		2,000		
미지급급여				③120,000		120,000		120,000		
보통주자본금		830,000				830,000		830,000		
이익잉여금		120,000				120,000		120,000		
교 통 비	40,000				40,000				40,000	
도서인쇄비	15,000				15,000				15,000	
상품매출이익		150,000				150,000				150,000
급 여	140,000		③120,000		260,000				260,000	
감가상각비			①10,000		10,000				10,000	
이 자 비 용			③2,0000		2,000				2,000	
소 모 품 비			④30,000		30,000				30,000	
당기순손실								(207,000)		207,000
합 계	1,848,000	1,848,000	162,000	162,000	1,970,000	1,970,000	1,613,000	1,613,000	357,000	357,000

7. 결산 및 마감

1) 재무상태표의 마감 : 차기이월

2) 포괄 손익계산서의 마감 :

- 집합손익 a/c 설정

집합손익 a/c

교 통 비	40,000	상품미출이익	150,000
도서인쇄비	15,000		
급 여	260,000		
감가상각비	10,000	당기순손실	207,000
이 자 비 용	2,0000		
소 모 품 비	30,000		

- 수익계정 마감

차변) 상품매출이익	150,000	대변) 집 합 손 익	150,000

- 비용계정 마감

차변) 집 합 손 익	40,000	대변) 교 통 비	40,000
차변) 집 합 손 익	15,000	대변) 도서인쇄비	15,000
차변) 집 합 손 익	260,000	대변) 급 여	260,000
차변) 집 합 손 익	10,000	대변) 감가상각비	10,000
차변) 집 합 손 익	2,000	대변) 이 자 비 용	2,000
차변) 집 합 손 익	30,000	대변) 소 모 품 비	30,000

- 당기순손실 발생

차변) 이익잉여금	207,000	대변) 집 합 손 익	207,000

8. 재무상태표와 포괄손익계산서

재무상태표

2021.12.31

현금 및 현금성자산	503,000	차 입 금	698,000
보 통 예 금	100,000	미 지 급 금	50,000
매 출 채 권	80,000	미지급비용	2,000
선급보험료	120,000	미지급급여	120,000
상 품	200,000	보통주자본금	830,000
비 품	100,000	이익잉여금	120,000
소 모 품	20,000	당기순손실	(207,000)
건 물	500,000		
감가상각누계액	(10,000)		
자 산 합 계	1,613,000	부채와 자본합계	1,613,000

포괄손익계산서

2021.1.1~2021.12.31

교 통 비	40,000	상품매출이익	150,000
도서인쇄비	15,000	당기순손실	207,000
급 여	260,000		
건물감가상각비	10,000		
이 자 비 용	2,000		
소 모 품 비	30,000		
차 변 합 계	357,000	대 변 합 계	357,000

종합예제 Ⅱ

승달산㈜는 가전제품을 판매하고 있으며 실지재고조사법을 채택하고 있다. 다음은 2025년 거래를 기록한 것이다.

1. 분개장에 분개하고 총계정원장에 전기하시오.

2. 또한 원장에 전기한 후 수정전시산표를 작성하고 기말수정분개를 행하시오.

3. 기말수정분개를 원장에 전기하고 수정후시산표를 작성하고, 10위식 정산표와 재무제표를 작성하시오.

4. 수익과 비용계정에 대한 마감분개를 하시오.

[2025년 회계연도]

1) 1월 1일 승달산㈜는 다른 회사를 인수하여 설립하였다. 인수한 자산은 건물 ₩350,000, 상품 ₩300,000, 기계장치 ₩150,000이었다. 승달산㈜는 운영자금확보를 위하여 액면가 ₩5,000의 주식 200주를 발행하였고 현금으로 수령하다.
2) 1월 10일 신한은행에서 현금 ₩400,000을 당좌예금하다.
3) 2월 5일 지리산㈜로부터 상품 ₩500,000을 매입하고 대금 중 ₩200,000은 수표발행하여 지급하고 잔액은 외상으로 하였다.
4) 3월 5일 K자동차회사에서 차량운반구 ₩100,000을 현금으로 구매하다.
5) 3월 20일 상품을 ₩100,000에 현금으로 판매하여 당좌예금하다.
6) 4월 1일 보험료 ₩120,000을 현금으로 지급하다.(비용으로 계산함)
7) 4월 20일 사무용 소모품을 ₩200,000에 현금으로 구입하다.
8) 5월 3일 거래은행인 신한은행으로부터 현금 ₩300,000을 차입하였다.
9) 5월 26일 유달산㈜에 상품을 350,000에 판매하고 이 중 ₩150,000은 현금으로 받아 당좌예금하고 잔액은 외상으로 하였다.
10) 6월 3일 직원의 여교통비로 ₩120,000을 현금으로 지급하다
11) 7월 1일 지리산㈜에 대한 외상매입금 중 ₩100,000을 현금으로 지급하다.
12) 7월 25일 경향신문에 상품광고를 의뢰하고 광고료로 ₩50,000을 현금으로 지급하다.
13) 8월 5일 월출산㈜에 현금 ₩100,000을 대여하다.
14) 9월 1일 상품을 ₩190,000에 현금으로 매입하다.
15) 9월 20일 월출산㈜에 상품 ₩900,000에 현금으로 매출하다.
16) 9월 25일 직원에 대한 급료 ₩120,000을 수표발행하여 지급하다.
17) 12월 1일 건물에 대한 수선비로 현금 ₩75,000을 지급하였다.
18) 12월 10일 월출산㈜로부터 대여금 중 일부인 ₩50,000과 이자 ₩1,000을 현금으로 회수하다.

12월 31일 기말수정사항은 다음과 같다.

① 창고에 재고조사를 실시하였더니 기말상품재고액은 ₩520,000이었다. 매출원가계정을 이용하시오

② 건물감가상각비는 ₩12,000, 차량감가상각비는 ₩8,000이었다.

③ 4월 1일 보험료 선급액을 계산하여 수정분개하시오.

④ 소모품 재고액은 ₩100,000이었다.

⑤ 광고료 미지급액은 ₩20,000이었다.

⑥ 대여금에 대한 이자 미수액은 ₩15,000이었다.

⑦ 외상매출금에 대한 회수불능예상액은 잔액의 1%이다.

풀이

분개(分介)

	차변	금액	대변	금액
1)	차변) 건 물	350,000	대변) 자 본 금	1,800,000
	상 품	300,000		
	기 계 장 치	150,000		
	현 금	1,000,000		
2)	차변) 당 좌 예 금	400,000	대변) 현 금	400,000
3)	차변) 매 입	500,000	대변) 당 좌 예 금	200,000
			외상매입금	300,000
4)	차변) 차량운반구	100,000	대변) 현 금	100,000
5)	차변) 당 좌 예 금	100,000	대변) 매 출	100,000
6)	차변) 보 험 료	120,000	대변) 현 금	120,000
7)	차변) 소 모 품	200,000	대변) 현 금	200,000
8)	차변) 현 금	300,000	대변) 차 입 금	300,000
9)	차변) 당 좌 예 금	150,000	대변) 매 출	350,000
	외상매출금	200,000		
10)	차변) 여비교통비	120,000	대변) 현 금	120,000
11)	차변) 외상매입금	100,000	대변) 현 금	100,000
12)	차변) 광 고 료	50,000	대변) 현 금	50,000
13)	차변) 대 여 금	100,000	대변) 현 금	100,000
14)	차변) 매 입	190,000	대변) 현 금	190,000
15)	차변) 현 금	900,000	대변) 매 출	900,000
16)	차변) 급 료	120,000	대변) 당 좌 예 금	120,000
17)	차변) 수 선 비	75,000	대변) 현 금	75,000
18)	차변) 현 금	51,000	대변) 대 여 금	50,000
			이 자 수 익	1,000

12월 13일 기말수정사항은 다음과 같다.

	차변	금액	대변	금액
①	차변) 매 출 원 가	300,000	대변) 상　　품	300,000
	매 출 원 가	690,000	매　　입	690,000
	상품(기말)	520,000	매 출 원 가	520,000

기초 + 매입 - 기말 = 매출원가 → 470,000

	차변	금액	대변	금액
②	차변) 감가상각비	20,000	대변) 건물감가상각누계액	12,000
			차량감가상각누계액	8,000
③	차변) 선급보험료	30,000	대변) 보　험　료	30,000
④	차변) 소 모 품 비	100,000	대변) 소　모　품	100,000
⑤	차변) 광　고　료	20,000	대변) 미지급광고료	20,000
⑥	차변) 미 수 이 자	15,000	대변) 이 자 수 익	15,000
⑦	차변) 대손상각비	2,000	대변) 대손충당금	2,000

건물 a/c

차변		대변	
1) 자본금	350,000		

상품 a/c

차변		대변	
1) 자본금	300,000		

기계장치 a/c

차변		대변	
1) 자본금	150,000		

현금 a/c

차변		대변	
1) 자본금	1,000,000	2) 당좌예금	
8) 차입금	300,000	4) 차량운반구	
15) 매 출	900,000	6) 보험료	
18) 제 좌	51,000	7) 소모품	
		10) 여비교통비	
		11)외상매입금	
		12) 광고료	
		13) 대여금	
		14) 매 입	
		17) 수선비	
		차기이월	
	2,251,000		2,251,000

자본금 a/c

차변		대변	
		1) 제 좌	1,800,000

당좌예금 a/c

차변		대변	
2) 현 금	400,000	3) 매 입	200,000
5) 매 출	100,000	16) 급 료	120,000
9) 매 출	150,000	차기이월	330,000
	2,251,000		2,251,000

매입 a/c

3) 제 좌	500,000	① 매출원가	690,000
14) 현 금	190,000		

외상매입금 a/c

11) 현 금	100,000	3) 매 입	300,000

차량운반구 a/c

④ 현 금	100,000		

매출 a/c

		5) 당좌예금	100,000
		15) 현 금	900,000
		9) 제 좌	350,000

보험료 a/c

6) 현 금	120,000	③ 선급보험료	30,000

소모품 a/c

7) 현 금	200,000	④ 소모품비	100,000

차입금 a/c

		8) 현 금	300,000

외상매출금 a/c

9) 매 출	200,000		

여비교통비 a/c

10) 현 금	120,000		

광고료 a/c

12) 현 금	50,000		
⑤ 미지급광고료	20,000		

대여금 a/c

13) 현 금	100,000	18) 현 금	50,000

급 료 a/c

16) 당좌예금	120,000		

수선비 a/c

17) 현 금	75,000		

기말수정분개

이자수익 a/c

		18) 현 금	1,000
		⑥ 미수이자	15,000

매출원가 a/c

① 상품(기초)	300,000	상품(기말)	520,000
매 입	690,000		

기초+매입 - 기말=매출원가

=470,000

감가상각비 a/c

② 제 좌	20,000		

건물감가상각누계액 a/c

		② 감가상각비	12,000

차량감가상각누계액 a/c

차변	대변
	② 감가상각비 8,000

선급보험료 a/c

차변	대변
③ 보험료 30,000	

소모품비 a/c

차변	대변
④ 소모품 100,000	

미지급광고료 a/c

차변	대변
	⑤ 광고료 20,000

미수이자 a/c

차변	대변
⑥ 이자수익 15,000	

대손상각비 a/c

차변	대변
⑦ 대손충당금 2,000	

대손충당금 a/c

차변	대변
	⑦ 대손상각비 2,000

수정전시산표

승달산㈜ 2022년 12월 31일 (단위 : 원)

계 정 과 목	차 변	대 변
현 금	796,000	
당 좌 예 금	330,000	
상 품	300,000	
소 모 품	200,000	
외상매출금	200,000	
대 여 금	50,000	
차량운반금	100,000	
기 계 장 치	150,000	
건 물	350,000	
외상매입금		200,000
차 입 금		300,000
자 본 금		1,800,000
매 출		1,350,000
이 자 수 익		1,000
매 입	690,000	
보 험 료	120,000	
여비교통비	120,000	
급 료	120,000	
수 선 비	75,000	
광 고 료	50,000	
	3,651,000	3,651,000

수정후시산표

승달산(주)	2022년 12월 31일	(단위 : 원)
계 정 과 목	차 변	대 변
현 금	796,000	
당 좌 예 금	330,000	
상 품	520,000	
소 모 품	100,000	
외상매출금	200,000	
대손충당금		2,000
대 여 금	50,0000	
미 수 이 자	15,000	
선급보험료	30,000	
차량운반구	100,000	
차량감가상각누계액		8,000
기 계 장 치	150,000	
건 물	350,000	
건물감가상각누계액		12,000
외상매입금		200,000
차 입 금		300,000
미지급광고료		20,000
자 본 금		1,800,000
매 출		1,350,000
이 자 수 익		16,000
매 출 원 가	470,000	
보 험 료	90,000	
여비교통비	120,000	
감가상각비	20,000	
소 모 품 비	100,000	
급 료	120,000	
수 선 비	75,000	
광 고 료	70,000	
대손상각비	2,000	
	3,708,000	3,708,000

마감분개(포괄손익계산서)

- 비용계정 마감

차변	금액	대변	금액
차변) 집 합 손 익	470,000	대변) 매 출 원 가	470,000
차변) 집 합 손 익	90,000	대변) 보 험 료	90,000
차변) 집 합 손 익	120,000	대변) 여비교통비	120,000
차변) 집 합 손 익	20,000	대변) 감가상각비	20,000
차변) 집 합 손 익	100,000	대변) 소 모 품 비	100,000
차변) 집 합 손 익	120,000	대변) 급 료	120,000
차변) 집 합 손 익	75,000	대변) 수 선 비	75,000
차변) 집 합 손 익	70,000	대변) 광 고 료	70,000
차변) 집 합 손 익	2,000	대변) 대손상각비	2,000

- 수익계정 마감

차변	금액	대변	금액
차변) 매 출	1,350,000	대변) 집 합 손 익	1,350,000
차변) 이 자 수 익	16,000	대변) 집 합 손 익	16,000

당기순이익 299,000을 이익잉여금 계정으로

차변	금액	대변	금액
차변) 집 합 손 익	299,000	대변) 이익잉여금	299,000

<u>손익계산서</u>

승달산㈜ 2022년 1월 1일부터 2022년 12월 31일 (단위 : 원)

비 용		금 액	수 익	금 액
매 출 원 가			매 출	1,350,000
기초재고액	300,000		이 자 수 익	16,000
(+)매입액	690,000			1,366,000
판매가능액	990,000			
(−)기말재고액	(520,000)	470,000		
보 험 료		90,000		
여비교통비		120,000		
감가상각비		20,000		
소 모 품 비		100,000		
급 료		120,000		
수 선 비		75,000		
광 고 료		70,000		
대손상각비		2,000		
당기순이익		299,000		
		1,366,000		1,366,000

재무상태표

승달산㈜	2022년 12월 31일 현재		(단위 : 원)
자 산	금 액	부채와 자본	금 액
현 금	796,000	외상매입금	200,000
당 좌 예 금	330,000	차 입 금	300,000
상 품	520,000	미지급광고료	20,000
소 모 품	100,000	자 본 금	1,800,000
외상매출금	200,000	이익잉여금	299,000
대손충당금	(2,000)		
대 여 금	50,000		
미 수 이 자	15,000		
선급보험료	30,000		
차량운방구	100,000		
차량운반구감가상각누계액	(8,000)		
기 계 장 치	150,000		
건 물	350,000		
건물감가상각누계액	(12,000)		
자 산 총 계	2,619,000	부채와 자본총계	2,619,000

정산표(10위식)

계정과목	수정전시산표		수정분개		수정후시산표		재무상태표		손익계산서	
	차 변	대 변	차 변	대 변	차 변	대 변	차 변	대 변	차 변	대 변
현 금	796,000				796,000		796,000			
당좌예금	330,000				330,000		330,000			
상 품	300,000		①520,000	①300,000	300,000		300,000			
외상매출금	200,000				200,000		200,000			
대손충당금				⑦2,000		2,000	-20,000			
대 여 금	50,000				50,000		50,000			
미수이자			⑥15,000		15,000		15,000			
소 모 품	200,000			④100,000	100,000		100,000			
선급보험료			③30,000		30,000		30,000			
건 물	350,000				350,000		350,000			
건물감가상각누계액				②12,000		12,000	-12,000			
차량운반구	100,000				100,000		100,000			
차량감가상각누계액				②8,000		8,000	-8,000			
기계장치	150,000				150,000		150,000			
차 입 금		300,000				300,000		300,000		
외상매입금		200,000				200,000		200,000		
미지급광고료				⑤20,000		20,000		20,000		
자 본 금		1,800,000				1,800,000		1,800,000		
매 출		1,350,000				1,350,000				1,350,000
이자수익		1,000		⑥15,000		16,000				16,000
매 입	690,000			①690,000						
매출원가			①300,000 ①690,000	①520,000	470,000				470,000	
보 험 료	120,000			③30,000	90,000				90,000	
여비교통비	120,000				120,000				120,000	
급 료	120,000				120,000				120,000	
수 선 비	75,000				75,000				75,000	
광 고 료	50,000				70,000				70,000	
감가상각비					20,000				20,000	
소모품비					100,000				100,000	
대손상각비					2,000				2,000	
이익잉여금								299,000	299,000	
합 계	3,651,000	3,651,000	1,679,000	1,679,000	3,708,000	3,708,000	2,619,000	2,619,000	1,366,000	1,366,000

연 | 습 | 문 | 제

객관식 문제

01. 회계의 순환과정 중 일부이다. (가), (나)에 들어갈 용어로 옳은 것은? 60회 전산회계 2급

거래의 발생 —(가)→ 분개장 —(나)→ 총계정원장

① (가) : 대체, (나) : 이월
② (가) : 분개, (나) : 전기
③ (가) : 이월, (나) : 대체
④ (가) : 전기, (나) : 분개

02. 기말 결산시 당기에 미지급된 임차료를 회계처리하지 않았을 때 당기 재무제표에 미치는 영향으로 올바른 것은? 60회 전산회계 2급

① 비용의 과대계상
② 순이익의 과소계상
③ 수익의 과소계상
④ 부채의 과소계상

03. 다음 중 장부 마감 시 차기이월로 마감할 수 없는 계정은? 61회 전산회계 2급

① 당좌예금
② 매입채무
③ 매출채권
④ 유형자산처분이익

04. 다음 중 회계순환과정을 바르게 나타낸 것은? 63회 전산회계 2급

① 거래의 인식 → 분개장 → 시산표 → 총계정원장 → 재무제표
② 거래의 인식 → 시산표 → 분개장 → 총계정원장 → 재무제표
③ 거래의 인식 → 총계정원장 → 분개장 → 시산표 → 재무제표
④ 거래의 인식 → 분개장 → 총계정원장 → 시산표 → 재무제표

05. 다음 내용을 회계의 순환과정으로 바르게 나열한 것은? 58회 전산회계 2급

가. 거래의 발생	나. 시산표 작성
다. 재무제표 작성	라. 총계정원장 기입

① 가 → 나 → 다 → 라　　② 가 → 나 → 라 → 다
③ 가 → 다 → 나 → 라　　④ 가 → 라 → 나 → 다

06. 다음 중 기말 결산 후 차기로 이월되어 사용할 수 없는 계정과목은? 59회 전산회계 2급

① 매입채무　　② 매출채권
③ 매출원가　　④ 현금성자산

07. 다음 중 장부 마감 시 차기이월로 마감할 수 없는 계정은? 61회 전산회계 2급

① 당좌예금　　② 매입채무
③ 매출채권　　④ 유형자산처분이익

08. 다음 중 결산시 미수이자를 계상하지 않은 경우 당기 재무제표에 미치는 영향으로 올바른 것은? 71회 전산회계 1급

가. 자산의 과소계상	나. 자산의 과대계상
다. 수익의 과소계상	라. 수익의 과대계상

① 가, 다　　② 가, 라　　③ 나, 다　　④ 나, 라

09. 다음 중 기말 결산 시 계정별 원장의 잔액을 차기에 이월하는 방법을 통하여 장부를 마감하는 계정과목은? 78회 전산회계 1급

① 광고선전비　　② 접대비　　③ 개발비　　④ 기부금

주관식 문제

01. 다음 내용은 결산에 대해서 설명한 것이다. (   )에 아래 보기에서 적당한 말을 선택해서 기입하시오(중복해도 좋음).

사회적 제도로서의 회계는 기본적인 기간 (   )계산의 직능을 담당하고 있다. 그래서 통상 1년의 (   )기간(사업연도라고도 한다)으로 한다. 그래서 사업연도를 마칠때에 제장부의 기록을 정리해서 마감하고, (   )와 (   ) 등의 재무제표를 작성하는 것과 함께 다음의 사업연도의 장부기록을 이어서 행하는 것을 결산이라고 한다. 결산의 기준일이 되는 회계기간의 종료일을 결산일 또는(   )일이라고 한다. 결산일은 (   ) (   ), 혹은 사업연도 말 또는 단순히 연도 말이라고도 한다.

결산은 다음과 같은 순서로 실시된다.

(1) 결산예비절차 : (   )을 작성하고, (   )의 정부를 검산한다.

(2) 결산본절차 : 결산본절차는 주로 (   )를 마감하는 것으로 구성되어, 다음과 같은 순서로 실시된다.

1) (   ) (   )에 속한 계정의 잔액을 손익계정에 대체하고, 그들에 속하는 계정계좌를 마감한다.

2) 손익계정의 잔액으로서 당기 (   ) 또는 당기(   )을 (   ) 계정에 대체한다. 동시에 손익계정을 마감한다.

3) (   )·(   )·(   )에 속한 계정의 잔액을 차기에 이월하고, 그들에 속한 계정계좌를 마감과 동시에 차기의 개시기입을 행한다.

4) (   )·(   )·(   )에 속한 계정의 이월기입의 정부를 검산하기 위해 이월(   )를 작성한다.

5) 손익계정의 기록내용에서 (   )를 또한 이월(   )의 기록내용에서 재무상태표를 작성한다.

이와 같은 거래의 인식으로부터 기장, 결산까지 일련의 절차의 흐름을 (   )이라고 한다.

[보기]

재무상태표	포괄손익계산서	시산표	장부	장부기록
회계	회계기간	기말자산	부채	자본
수익	비용	손익	순이익	순손실
회계정보순환과정	자본금	예비절차	본절차	결산수정분개
기말	회계기말			

02. ㈜한국의 2017년 수정전시산표와 결산수정사항을 근거로 재무 상태표에 공시될 자본은?

2018년 지방직 공무원 9급

<2017년 수정전시산표>

현 금	15,000	매입채무	3,000
매출채권	5,000	미지급금	?
재고자산	3,500	단기차입금	25,000
토 지	10,000	감가상각누계액	?
건 물	50,000	자 본 금	10,000
소 모 품	1,500	이익잉여금	21,000
매출원가	2,500	매 출	18,000
보 험 료	500		
급 여	1,000		
합 계	89,000	합 계	89,000

[결산수정사항]

- ○ 광고선전비 ₩1,000이 발생하였으나 결산일 현재 지급하지 않았다.
- ○ 결산일 현재 소모품 잔액은 ₩500이다.
- ○ 건물은 2016년 7월 1일 취득하였으며 취득가액 ₩50,000, 내용연수 4년, 잔존가치 ₩10,000, 연수합계법을 적용하여 월할 감가상각한다.
- ○ 토지는 2017년 중 취득하였으며 2017년 결산 시 공정 가치모형을 적용한다. 2017년 말 공정가치는 ₩7,000이다.
- ○ 단기차입 조건은 무이자 조건이며, 매출채권에 대한 대손충당금은 고려하지 않는다.

Chapter 10

ERP와 전산회계

지금까지 회계를 배우는 이유, 회계의 기초개념, 재무제표, 기업거래의 인식과 기록, 분개와 전기, 시산표와 정산표, 수익비용개념과 발생주의, 기말수정분개, 그리고 마감분개 및 결산에 대한 회계정보의 처리과정을 자세히 살펴보았다. 지금까지 살펴본 회계정보의 처리과정은 일일이 수작업을 통하여 진행하였다면 이번 장에서는 컴퓨터를 활용하여 작업하는 ERP와 전산회계에 대해서 살펴보도록 한다. ERP(Enterprise Resource Planning, 전사적 자원관리)란 기업 내 생산, 물류, 재무, 회계, 영업과 구매, 재고 등 경영 활동 프로세스들을 통합적으로 연계해 관리해 주며, 기업에서 발생하는 정보들을 서로 공유하고 새로운 정보의 생성과 빠른 의사결정을 도와주는 전사적 자원관리시스템 또는 전사적 통합시스템을 말한다(노규성·조남재, 2010; Laudon & Laudon, 2006). 독립적으로 분리된 전산시스템인 생산, 자재, 영업, 인사, 회계 등 전 부분에 걸쳐 있는 경영자원을 하나의 체계로 통합, 재구축하여 기업의 생산성 향상 및 지속적인 성장을 가능케 하는 21세기 대표 정보시스템이다. 따라서 ERP는 일반 업무를 단순히 컴퓨터로 처리하는 기존 정보시스템과는 개념부터 다르며, 기업의 이익을 최대화하기 위해 기업의 기간업무를 조직 횡단적으로 파악하고 전사적으로 경영자원의 활용을 최적화하는 계획과 관리를 위한 경영개념이다. ERP는 ICT 환경 변화에 따라 발생한 것으로, 제조업체의 핵심이라고 할 수 있는 생산 부문의 효율적인 관리를 위한 시스템인 MRP(자재 소요량 계획 : Material Requirement Planning)에서 비롯되었다. 대기업의 경우 일반적으로 자사의 정보화 부서를 중심으로 자체개발을 하여 사용하고 있으나, 중소기업의 경우는 자체개발보다는 이미 만들어진 ERP 프로그램을 사용하고 있다. 한국생산성본부에서는 기업의 모든 업무가 통합적으로 이루어져 업무중복, 업무대기 시간 등의 비부가가치 활동을 제거하는 등 전반적인 ERP시스템에 대한 이해 및 활용이 가능한 미래지향적인 인력양성을 위해 ERP정보관리사 자격시험제도를 도입, 그 능력과 수준을 평가하여 ERP국가공인자격으로 인증해주고 있다. 이에 대해 자세히 살펴보면 다음과 같다. 한국생산성본부에서는 ERP정보관리사(회계/인사/생산/물류)를 통하여 지식정보화를 주도하는 현대 기업인의 최고의 필수자격시험으로 경영정보기술 산업발전을 통한 국가경쟁력 향상에 많은 기여를 할 것으로 기대된다. ERP 정보관리사 시험과목을 살펴보면 회계, 생산, 인사, 물류로 구분하여 1급 시험과 2급 시험으로 나누어진다. 시험은 이론 40분, 실무 40분이다. 합격 결정기준은 1급의 경우 70점 이상(이론형, 실무형 각 60점 이상시 합격)이고, 2급의 경우는 60점 이상(이론형, 실무형 각 40점 이상시 합격)이다.

시험방식으로는 CBT(Computer Based Testing)방식, IBT(Internet Based Testing) 방식을 채택하고 있으며, 실무능력평가 솔루션은 더존다스의 핵심 ERP와 영림원의 SystemEver 중 선택이 가능하다. 시험의 문항수를 살펴보면 1급의 경우 이론문제 32문항(인사모듈은 33문항)과 실무문제 25문항(이론문제는 해당 과목의 개론 수준 출제)으로 이루어져 있다. 2급의 경우 이론문제 20문항, 실무문제 20문항(이론문제는 해당 과목의 원론 수준 출제)으로 이루어져 있다. ERP 시험의 출제기본방향에 대해 살펴보면 회계 1, 2급의 경우, ERP정보관리사(1급, 2급) 자격시험에 응시하는 자는 기업에서 ERP정보관리를 담당할 사원이라는 전제하에 이들에게 부여되는 직무는 상당부분 회계 관리에 필요한 이론적 지식을 갖추고 실무에 필요한 지식과 기능일 것이다. 그러므로 이들 자격(1급)에 응시하는 자들에게는 ERP정보관리를 수행할 관계지식과 관련지식을 중심으로 평가를 하는 것이 중요할 것이다. 따라서 ERP정보관리사(1급) 자격시험 출제범위는 회계 관리를 위해 필요한 재무회계, 세무회계, 관리회계의 이론적 지식과 실무지식을 습득하고 있는가의 여부에 초점을 맞춘다.

01 ERP의 정의

ERP란 용어는 미국의 "ERP벤더"라는 소프트웨어 개발회사가 자사의 소프트웨어 제품에 붙인 명칭에서 유래했다. 그 이후 미국의 시장조사, 컨설턴트 회사가 이를 ERP패키지라고 부른 것에서 시작되었다. ERP의 정의에 대해 살펴보면 첫째, 가트너 그룹의 ERP 정의를 들 수 있는데 ERP를 제조, 회계, 물류 및 기타 업무 기능들이 조화롭게 제대로 발휘될 수 있도록 지원하는 응용시스템 소프트웨어들의 집합(A set of applications software that brings manufacturing, financial, distribution and other business functions into balance)이라고 정의하였다. 둘째, 미국생산재고관리협의(APICS)의 ERP 정의를 살펴보면, 고객의 주문을 제작, 운송, 회계 처리함에 있어 필요한 전사적인 자원을 인식하고 계획하기 위한 회계중심의 정보시스템(An accounting-oriented information system for identifying and planning the enterprise-wide resources needed to make, ship, and account for customer orders)으로 정의하였다.

02 ERP의 발전과정

ERP는 ICT(Information and Communication Technology; 정보통신기술)환경 변화에 따라 발생한 것으로, 제조업체의 핵심이라고 할 수 있는 생산 부문의 효율적인 관리를 위한 시스템인 MRP(자재 소요량 계획 : Material Requirement Planning)에서 비롯되었다. 1970년대 초부터 기업에 널리 보급되기 시작한 MRP[1]는 전체적인 생산 계획에 의해 산출된 결과에 따라 부품별로 제조가 필요한 부품은 생산 주문(factory order release)을, 구매가 필요한 부품은 구매주문(purchase order release)을 내려서 적시, 적소에 자재를 공급, 관리하는 기능을 수행하는 것을 말한다. 이러한 MRP시스

1) MRP(Material Requirements Planning : 자재 소요량 계획
1970년도에 개발된 MRP는 종속적인 수요를 가지는 품목의 재고관리 시스템이다. 구성 품목의 수요를 산출하고 필요한 시기를 추적하며, 품목의 생산 혹은 구매에 사용되는 리드타임을 고려하여 작업주문 혹은 구매주문을 내기 위한 컴퓨터 재고 통제 시스템으로 개발된 것이다. 제품을 구성하는 요소인 원자재, 반제품, 완제품 등에 대한 자재수급계획을 관리하였는데, MRP는 제품구성정보(BOM, Bill of Material), 표준공정도(Routing sheet), 기준 생산계획(MPS, Master Production Schedule), 기준생산계획과 부품표, 재고정보의 세 가지를 기반으로 구체적인 제조일정, 자재생산, 조달계획을 계획한다.

템에 의해 많은 기업들은 합리적으로 생산 계획이 가능하게 되어 생산 활동뿐만 아니라 마케팅, 구매 부문의 활동이 보다 조정이 잘 될 수 있었다.

1980년대에 들어 컴퓨터의 발달에 힘입어 생산 활동에 관련된 관리 부문의 업무가 추가되면서 MRP II 개념이 생겨나게 되었다. MRP II[2)]는 기존 MRP의 기술적인 문제를 해결함은 물론 실시간으로 데이터를 반영하고, 그 적용 범위를 확장해 자재 관리뿐만 아니라 수주·재무·판매 관리 등 기업 내 모든 자원의 사용을 통합적으로 계획하고 관리하는 개념으로 발전했다. 이러한 통합 시스템은 MRP라는 용어의 의미가 '자재 소요량 계획'이라는 개념에서 '생산 자원 계획(Manufacturing Resource Planning)'의 개념으로 확장되어 MRP II로 표현되었다(노규성·조남재, 2010). 1990년대 들어 ICT의 급속한 발전으로 MRP II가 제공하지 못하는 기능을 추가시키면서 분산화, 개방화한 시스템으로 ERP 시스템이 등장했으며, SCM(Supply Chain Management; 공급자관리) 차원에서 기업의 통합 범위를 공급자와 고객으로 확장할 수 있는 기능을 제공했다.

03 ERP의 장점

ERP의 장점으로는 첫째, ERP를 도입하는 것은 시스템을 자체 개발하는 것보다 단기간에 이룩될 수 있다. 기업환경의 변화는 가속화되고 있으며, 이러한 환경변화에 적응하기 위한 기업의 업무프로세스도 급속도로 전환되어야 한다. 그러나 이를 지원하기 위하여 기존의 시스템을 재구축하는 데는 장기간에 소요되지만 이미 구축된 ERP는 짧은 시간 내에 파라미터 변경을 통해 전환이 쉽고 빠르게 이루어질 수 있다는 것이다. 둘째, ERP는 통합정보시스템이므로 기업정보를 통합적으로 관리하는데 기여할 수 있다. 과거의 시스템은 부문이나 사업부의 업무만을 지향하는 단위 시스템이 많기 때문에 시스템 전체의 유연성이 크게 떨어졌으나 ERP는 데이터 통합을 가능하도록 하므로 기업의 경영활동을 통합할 수 있는 장점을 갖고 있다. 셋

2) 1980년도에 자재뿐만 아니라 생산에 필요한 모든 자원을 효율적으로 관리하기 위하여 MRP가 확대된 개념이라고 할 수 있다. MRP시스템이 보다 확장되고 생산능력이나 마케팅, 재무등의 영역과 다양한 모듈과 특징들이 추가되면서 자재에 국한된 소요계획을 작성한다는 의미의 MRP는 부적절하게 되었고, 새로운 의미의 MRP인 MRP II 가 다양한 제조자원의 사용계획을 수립한다는 의미로 등장하게 되었다.

째, 공간적, 시간적 한계를 초월할 수 있다. 과거에는 지역적으로 흩어진 기업의 자원을 중앙집중적으로 관리하기 어려웠다. ERP는 흩어져 있는 자원을 마치 중앙에서 통괄관리하는 것처럼 운영하여 중앙집권의 장점인 규모의 경제를 이룩할 수 있다. 즉, ERP는 본사와 영업소, 지점, 현장과의 관계를 밀접하게 만드는 인프라로 활용될 수 있다. 넷째, ERP는 비즈니스 프로세스 모델을 혁신하는 비즈니스 리엔지니어링을 구현할 수 있다. ERP를 도입하는 기업은 'Best Practice'(우수사례, 모범사례)에 의해 제공된 '비즈니스 프로세스 모델'을 이용해서 자사의 업무와 비교하여 더 탁월한 방식을 채택할 수 있다. 이에 따라 ERP의 도입과 비즈니스 리엔지니어링을 동시에 실현할 수 있다. 다섯째, ERP는 정보를 다양한 원천에서 실시간으로 모아 통합적으로 제공하고 있기 때문에 업무 원활화를 꾀할 수 있다. 이에 따라 업무시간을 대폭적으로 축소할 수 있다. 여섯째, ERP는 공급사슬관리(Supply Chain Management : SCM)를 강화할 수 있다.

04 ERP 회계 1, 2급 프로그램의 예

핵심ERP 2023 메인화면

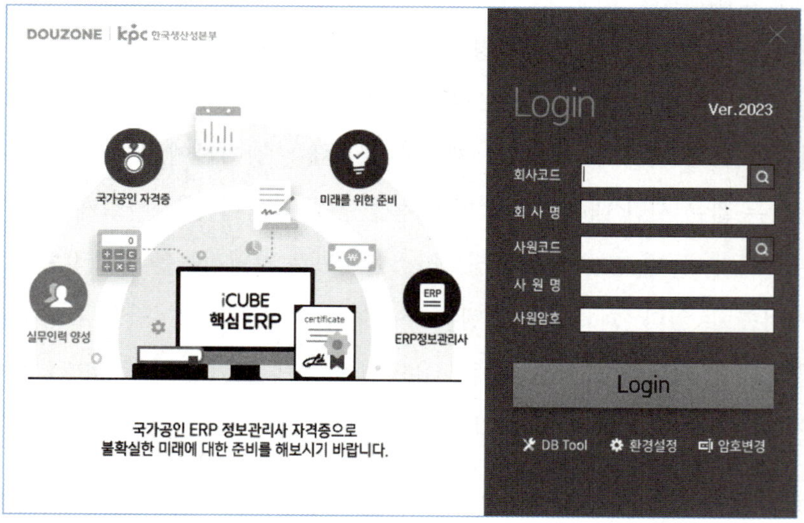

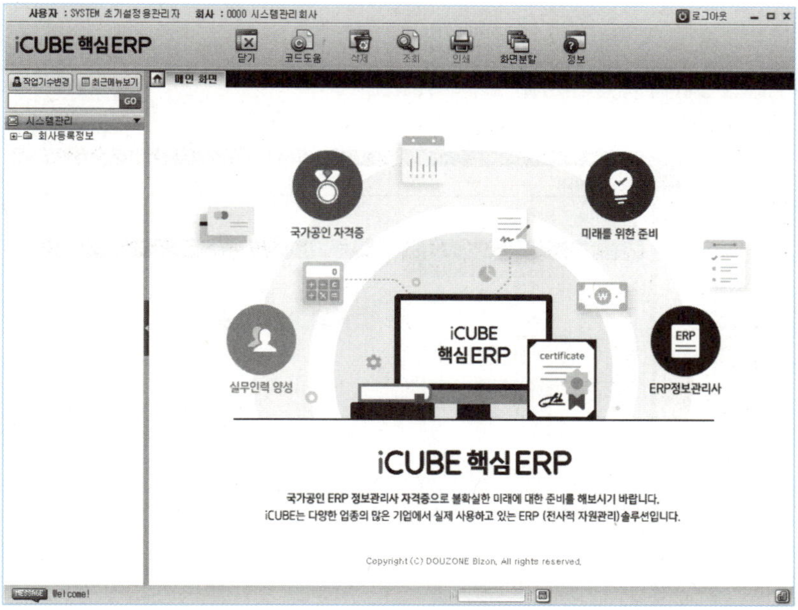

회사등록

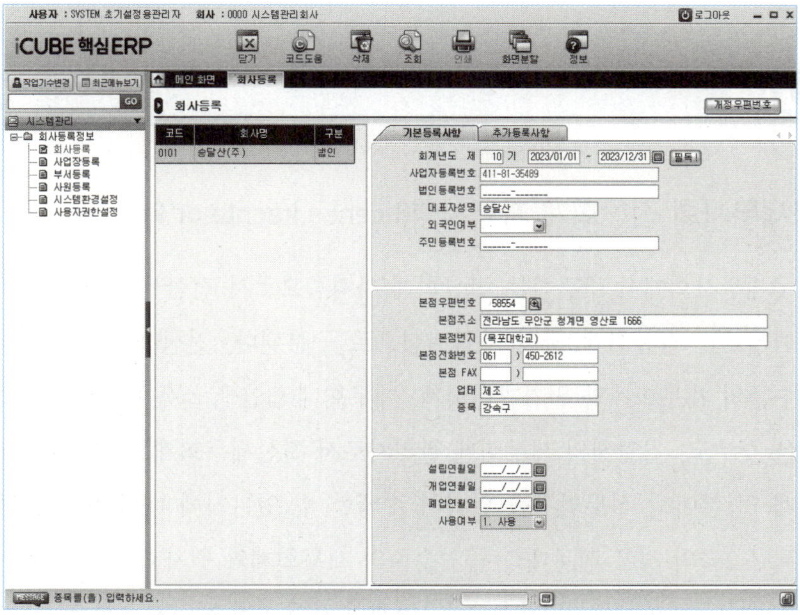

관련계정등록

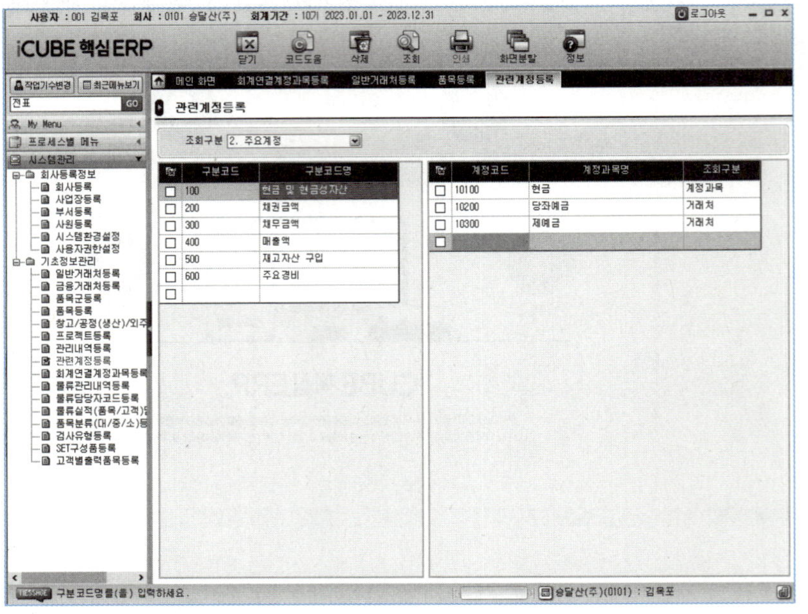

05 전산회계 시험

❶ 한국세무사회 전산회계 자격시험(license.kacpta.or.kr)

한국세무사회에서 주관하는 전산회계 자격증으로서 전산세무1급, 전산세무2급, 전산회계1급, 전산회계2급의 자격시험으로 구분된다. 전산세무 1급의 경우 대학 졸업수준의 재무회계와 원가관리회계, 세무회계(법인세, 소득세, 부가가치세)에 관한 지식을 갖추고, 기업체의 세무회계 관리자로서 전산세무회계프로그램을 활용한 세무회계 전 분야의 실무업무를 완벽히 수행할 수 있는지에 대한 능력을 평가한다. 전산세무 2급의 경우 전문대학 졸업수준의 재무회계와 원가회계, 세무회계(소득세, 부가가치세)에 관한 지식을 갖추고, 기업체의 세무회계 책임자로서 전산세무회계프로그램을 활용한 세무회계 전반의 실무처리 업무를 수행할 수 있는지에 대한 능력을 평가한다. 전산회계 1급의 경우 전문대학 중급수준의 회계원리와 원가회계, 세무회계(부가가치세 중 매입매출전표와 관련된 부분)에 관한 기본적 지식을 갖추고, 기업체의 회계실무자로서 전산세무회계프로그램을 활용한 세무 회계 기본업무를 처리할 수 있는지에 대한 능력을 평가한다. 전산회계 2급의 경우는 대학 초급 또는 고등학교 상급수준의 재무회계(회계원리)에 관한 기본지식을 갖추고 기업체의 세무 회계 업무보조자로서, 전산회계 프로그램을 이용한 회계업무 처리능력을 평가한다. 실무검정 프로그램으로는 KcLep 수험용 전산회계 프로그램을 운용하고 있다.

전산회계 회계관리 프로그램(KcLep)

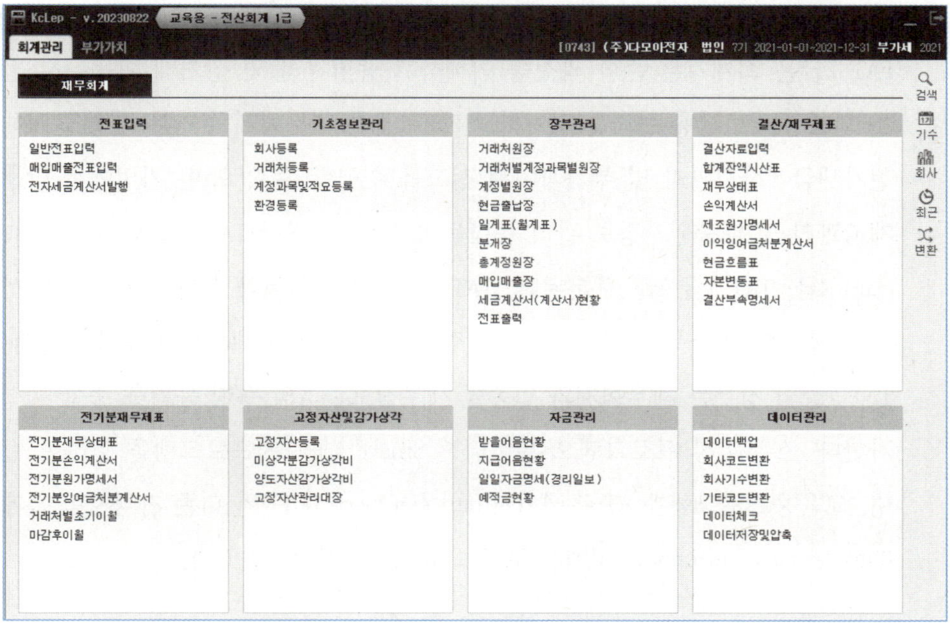

일반전표 입력 예(KcLep)

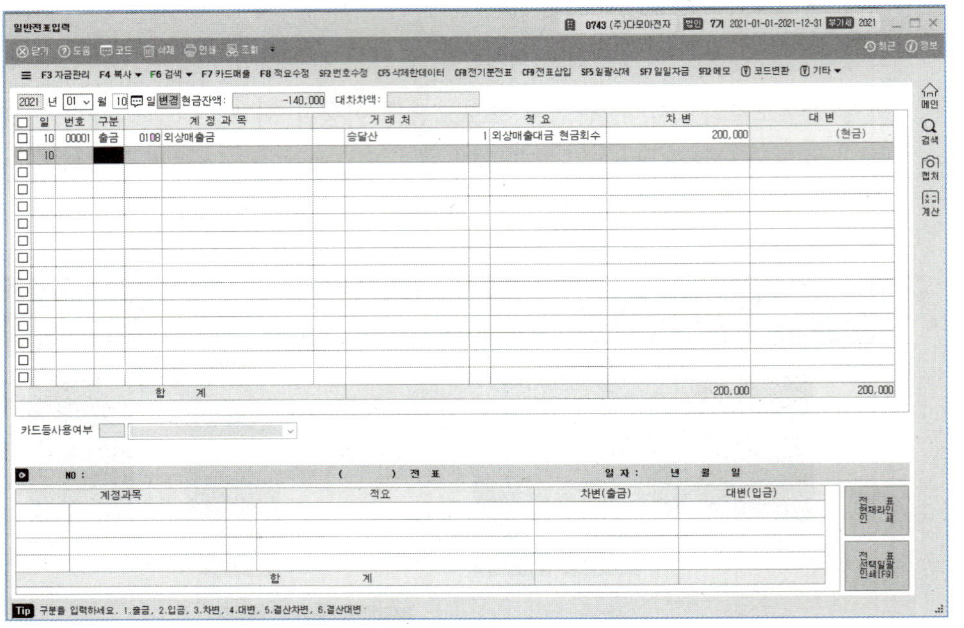

❷ 한국공인회계사의 AT(Accounting Technician)자격시험

한국공인회계사에서 주관하는 국가공인 "회계실무 자격"으로 기업에서 사용하는 회계, 세무 실무프로그램의 회계 및 세무 처리능력을 인증하는 실무자격시험. 자격 등급으로는 FAT(Financial Accounting Technician) 2급, FAT 1급으로 구분된다. FAT 2급은 회계기본 순환 과정을 이해하고 증빙관리 및 상거래 활동에서 발생하는 회계정보의 활용 능력을 평가하고 FAT 1급은 재무회계의 기본 과정을 이해하고 전자세금계산서관리 및 부가가치세 신고를 수행할 수 있으며, 기업에서 발생하는 재고관리 및 매출원가정보 관리 능력을 평가한다. 또한 TAT(Tax Accounting Technician) 2급, TAT 1급으로 구분된다. TAT 2급은 재무회계와 부가가치세 부속 서류작성 수행능력 및 소득세 원천징수와 연말정산 등의 세무정보 분석 능력을 평가하며, TAT 1급의 경우는 재무회계와 업종별 세무정보관리의 수행 능력을 종합적으로 평가한다. 실무검정 프로그램으로는 더존 Smart A(iPLUS)프로그램을 통하여 실시하며, 교육용프로그램은 AT 홈페이지(http://at.kicpa.or.kr)와 더존 자격시험 홈페이지(http://license.duzontv.com)에서 무료로 다운로드 받을 수 있다.

더존 회계프로그램(SmartA iPlus)

PART

03

계정과목별 회계처리

Chapter 11

현금 및 현금성자산과 수취채권 및 기타 금융자산

01 현금 및 현금성자산과 금융상품

① 현금 및 현금성자산과 금융상품 계정

기업은 경영활동을 수행하는데 있어 현금을 보유하고 있으며, 회계처리 과정에 있어 현금을 재무제표의 구성계정에 대한 특정에 기준이 되며 이는 현금이라는 화폐금액으로 환산되어진다. 기업은 경영활동 결과를 보유하고 있으며, 채무에 대하여 현금으로 지급할 수 있는 능력이 필요하다. 그러나 기업이 초과 보유현금을 기업의 금고에 보관하는 것은 현명한 일이 아니다. 기업들은 여유현금을 다양한 투자상품을 이용하여 수익을 추구한다. 특히 자산을 현금으로 전환할 수 있는 능력인 유동성(liquidity) 확보가 필요하다. 1년 이내에 현금화가 가능한 유동성을 기준으로 자산을 유동자산과 비유동자산으로 구분한다.

K-IFRS 제1032호 금융상품의 표시에서 금융상품은 금융자산을 발생시키며 상대방에게는 금융부채나 지분상품을 발생시키는 계약으로 정의하고 있다. 즉, 금융상품이란 일반적으로 화폐액으로 지급하거나 받을 금액이 정해진다.

금융상품(financial instrument)은 금융자산, 금융부채, 그리고 지분상품을 발생시키는 모든 종류의 계약을 의미한다. 즉, 거래 상대방과 현금이 오고갈 수 있는 계약을 체결하였는데 돈을 받게 될 가능성이 있는 유리한 계약이라면 이를 금융자산으로 인식하고, 반대로 현금을 변제하거나 지급해야 할 가능성이 더 높은 불리한 계약이라면 이를 금융부채로 인식한다. 한국채택국제회계기준에 의하면 금융자산은 크게 현금 및 현금성자산, 대여금 및 수취채권, 그리고 유가증권을 비롯한 기타 금융자산으로 구분하고 있다. 현금 및 현금성자산은 현금(통화, 통화대용증권), 예금, 그리고 현금성자산으로 구분한다. 유가증권을 비롯한 기타금융자산은 당기손익인식지정금융자산, 만기보유금융자산, 그리고 매도가능금융자산으로 구분한다. K-IFRS(한국채택국제회계기준)는 기존의 현금과 예금의 계정과목을 현금 및 현금성자산으로 변경하였다.

현금은 유동성이 가장 높은 자산으로서 교환의 매개수단이 되나 수중에 현금을 가지고 있는 경우 안전상의 문제와 이자수익기회의 상실 때문에 예금, 금융상품, 유가증권 등으로 활용하고 있다. 현금은 이와 같은 특성으로 현금, 현금성 자산, 단기금융상품 등으로 분류하여 보고하고 있다.

현금은 수중에 있는 현금(cash on hand)과 은행에 있는 현금(cash in banks)인 예금으로 구분한다. 수중에 있는 현금은 통화(지폐 및 주화)와 통화대용증권(통화와 마찬가지로 통용될 수 있는 것으로서 금융기관이 발행한 자기앞수표, 당좌수표, 송금환, 우편환, 여행자수표, 배당금지급통지서 등)을 말한다. 은행에 있는 현금은 당좌예금 및 보통예금 등의 요구불예금으로서 현금으로 바꾸는 데 전혀 지장이 없는 예금을 말한다.

현금성자산(cash equivalents)은 회계처리상 현금으로 취급할 수 있는 자산을 말한다. 이 자산은 큰 거래 비용이 없이 현금으로 전환이 용이하고, 이자율변동에 따른 가치변동의 위험이 크지 않다고 판단되는 채무증권(사채나 국채 등) 및 단기금융상품으로서, 취득 당시 만기(상환일)가 3개월 이내에 도래하는 것을 말한다. 현금성자산에는 상환일이 3개월 이내의 채권, 상환우선주, 환매채, 양도성예금증서(CD; certificate of deposits), 수익증권 등의 단기금융상품 등이 있다.

[현금성 자산]

현금을 단기간 운용할 목적으로 취득한 금융상품으로서
① 큰 거래비용 없이 현금으로 전환이 용이
② 이자율 변동에 따른 가치변동의 위험이 적다
③ 취득당시 만기(상환일)가 3개월 이내

기업의 경영활동에 의해서 발생된 현금의 증감은 현금계정에 기입한다. 현금의 수령은 현금계정의 차변에, 현금의 지출은 대변에 기입한다. 따라서 현금계정의 잔액은 차변에 생기며, 이는 현금계정 현재액을 나타낸다.

현 금	
현금의 증가	감소
(잔액)	} 현금잔액

예제 11－1

다음 거래를 분개하시오.

승달산㈜로부터 상품매출대금으로 현금 ₩70,000 동점발행수표 ₩30,000권 1매를 받다.

풀이

(차) 현 금	₩70,000	(대) 상 품 매 출	₩100,000
당 좌 예 금	₩30,000		

② 현금과부족계정

현금은 유동성이 높은 자산으로서 현금 보유액이 낮으면 유동성 부족으로 기업이 도산할 수도 있고 반대로 초과 보유현금을 그대로 두면 이익을 확보할 수 없다. 따라서 기업은 현금관리가 중요한데 현금이 취급이나 기록과정에서 오류나 부정이 있으면 효율적이지 못하다. 이는 현금을 효율적이고 효과적으로 관리할 필요성이 있다. 예를 들면 현금의 내부통제를 위하여 현금의 수입과 지출업무, 기록업무, 보관업무 등 현금과 관련된 여러 가지 업무를 구분하여 관리하도록 감시하고 통제한다. 특히 현금을 취급할 경우 시재액이 장부잔액과 일치하지 않을 경우가 많다. 즉, 현금시재액과 장부잔액 초과 또는 부족액은 현금과부족계정(cash short and over a/c)으로 처리한다.

현금시재액이 장부잔액을 초과할 때는 현금과부족계정의 대변에, 부족할 때에는 차변에 기입하며 과부족 원인이 판명되면 해당 계정에 대체하고 결산 시까지 원인이 밝혀지지 않을 경우 잡이익계정, 혹은 잡손실계정에 대체한다.

현금과부족	
실제잔액 < 장부잔액 (현금부족) 의 경우 부족액	실제잔액 > 장부잔액 (현금초과) 의 경우 초과액

예제 11-2

다음 거래를 분개하시오.

1. 현금을 실사한바, 실제액이 장부잔액보다 ₩10,000 초과한 것으로 나타나다.

2. 위의 원인을 조사한 결과 수입수수료 ₩6,000의 기장 누락임을 알다.

3. 결산 시까지 나머지 ₩4,000에 대한 원인은 밝히지 못하다.

풀이

1. (차) 현 금	₩10,000	(대) 현금과부족	₩10,000
2. (차) 현금과부족	₩6,000	(대) 수입수수료	₩6,000
3. (차) 현금과부족	₩4,000	(대) 잡 이 익	₩4,000

3 소액현금계정

현금은 도난, 분실 등의 사고가 잦아 그 관리에 위험이 따르기 때문에 가능한 기업 내부에 현금을 보관하지 않고 수표와 은행을 이용한다. 그러나 교통비, 통신비, 소모품비 등 소액의 지출은 용도계(또는 소액현금계)에 선급하여 충당하게 하면 편리하므로 소액현금계정(petty cash a/c)에서 처리한다. 선급액은 차변에 지출액은 대변에 기입한다. 소액현금의 제도는 정액자금선급법(정액소액현금제도)과 단순자금선급법(수시소액현금제도)의 두 가지로 분류된다. 이 중 정액지금선급법이 실무에서 많이 사용된다.

소액현금

용도계에 전도해 준 때 (선금액 또는 보충액)	용도계로부터 지급보고를 받은 때 (지급보고액)

(1) 정액자금선급법(imprest system)

정액자금선급법(정액소액현금제도)은 사용 부서에서 일정액의 현금을 먼저 지급하고 부족한 경우는 보충해주는 방법이다. 즉, 사전에 당좌예금에서 일정액을 인출하여 소액현금으로 설정해 두었다가, 경비로 지출된 금액만큼을 주기적으로 당좌예금에서 인출하여 보충하는 것으로서 필요액을 월초에 일정액을 선급하였다가 월

말에 소비내용을 보고하면 소비액만큼을 다시 월초에 보충하는 방법이다. 용도계는 언제나 정액의 자금이 공급된다.

(2) 단순자금선급법(petty cash system)

부정액기금전도제도로서 기간과 금액을 정하지 않고 필요시에 수시로 선급하는 방법으로 수시소액현금제도라고도 한다.

예제 11-3

다음 거래를 분개하시오.

1. 소액현금으로 수표 ₩30,000을 발행하여 용도계에 주다.

2. 용도계로부터 금월분 지출액을 다음과 같이 보고 받다.

여비교통비	₩6,000	통 신 비	₩8,000
소 모 품 비	₩6,000	잡 비	₩7,000

3. 용도계에 수표를 발행하여 보급하다.

풀이

1.	(차) 소 액 현 금	₩30,000	(대) 당 좌 예 금	₩30,000
2.	(차) 여비교통비	₩6,000	(대) 소 액 현 금	₩27,000
	통 신 비	₩8,000		
	소 모 품 비	₩6,000		
	잡 비	₩7,000		
3.	(차) 소 액 현 금	₩27,000	(대) 당 좌 예 금	₩27,000

4 당좌예금 VS 보통예금

예금에는 당좌예금, 보통예금, 정기예금 등 여러 가지가 있지만 대표적인 것은 당좌예금이다. 이는 은행과의 당좌거래 계약에 의하여 일정액을 은행에 예입하고 예입한도 내에서 수표를 발행하여 언제든지 인출할 수 있는 예금으로 현금지급과 관리에 편리하다. 원칙적으로 당좌수표는 당좌예금잔액의 범위 내에서만 발행하여야 한다. 만약 잔액이 없는데도 불구하고 수표를 발행하면 은행은 지급거절을 할 것이고 이는 부도수표가 된다. 따라서 기업은 은행과 일정한 범위 내에서 당좌차월 계약을 체결한다.

당좌예금계정(current deposit a/c)은 자산계정이므로 예입 시에는 차변에 기록하고 수표를 발행하였을 경우 대변에 기록한다. 잔액은 차변에 남아서 당좌예금의 현재액을 나타낸다. 당좌예금은 입출금의 횟수와 방식이 자유로운 예금과 당좌수표를 통한 출금이 가능한 예금을 말한다.

당좌예금

차변	대변
전기이월액	인출액 (수표발행)
예입액	} 예금잔액

예제 11-4

다음 거래를 분개하시오.

1. 현금 ₩100,000을 당좌예입하다.

2. 유달산㈜에 상품 ₩70,000을 매출하고 대금은 당점발행 수표로 받다.

3. 승달산㈜로부터 상품 ₩60,000을 매입하고 대금은 수표발행 지급하다.

풀이

1.	(차) 당 좌 예 금	₩100,000	(대) 현 금	₩100,000
2.	(차) 당 좌 예 금	₩70,000	(대) 상 품	₩70,000
3.	(차) 상 품	₩60,000	(대) 당 좌 예 금	₩60,000

5 당좌차월계정

당좌거래 시 예금잔액 범위 내에서만 인출이 가능하나 당좌차월계약을 체결하면 계약된 범위 내에서 초과인출할 수 있다. 예금잔액을 초과하여 수표를 발행한 부분을 당좌차월(bank overdraft)이라 하고 일정한 이자를 지급하여야 한다. 이러한 당좌차월에 대한 회계처리는 당좌차월 시 단기차입금계정 대변에 기록한다.

당좌차월

차변	대변
예입액	차월액
차월잔액 {	

예제 11－5

다음의 연속된 거래를 분개하시오.

1. 남해상사에 대한 외상매입대금 ₩100,000을 수표 발행지급하다.
(당좌차월한도 ₩200,000, 당좌예금잔액 ₩80,000)

2. 광천상회로부터 외상매출대금 ₩60,000을 현금으로 받아 즉시 당좌예입하다.

3. 당좌차월액에 대한 이자 ₩300을 당좌예금에서 공제하였다는 통보를 받다.

풀이

	차변	금액	대변	금액
1.	(차) 외상매입금	₩100,000	(대) 당 좌 예 금	₩80,000
			단기차입금	₩20,000
2.	(차) 단기차입금	₩20,000	(대) 외상매출금	₩60,000
	당 좌 예 금	₩40,000		
3.	(차) 이 자 비 용	₩300	(대) 당 좌 예 금	₩300

❻ 단기금융상품

기업은 채무를 지급하기 위하여 현금이라는 유동성을 확보하여야 한다. 그러나 앞에서 살펴본 바와 같이 과도한 현금보유는 현명한 일이 아니므로, 기업은 여유현금을 다양하게 투자한다. 즉, 현금으로 전환이 쉬운 예금에 가입하거나 유가증권을 구입하게 된다.

단기금융상품은 정기예금·정기적금 등 금융상품으로 단기적 자금운용목적으로 소유하거나 만기일이 1년 이내에 도래하는 금융상품이다. 또한 금융기관이 취급하는 정형화된 상품인 신종기업어음(CP),[1] 양도성예금증서(CD),[2] 어음관리계좌(CMA),[3] 환매조건부채권(RP),[4] 기업금전신탁,[5] 표지어음,[6] 초단기금융상품[7] 등도

1) 기업어음(CP; commercial paper) : 대규모 기업이 발행한 단기무담보어음을 말하며, 발행기업이 화폐시장을 통하여 타 기업이나 은행, 보험회사 또는 일반투자자들에게 이 어음을 직접 매각하여 자금을 조달한다.

2) 양도성예금증서(CD; certificate of deposit) : 금융기관의 정기예금에 대하여 발행하는 예금증서로서 제3자에게 양도할 수 있는 예금증서를 말한다.

3) 어음관리계좌(CMA; cash management account) : 금융기관이 다수의 고객(투자자)들로부터 자금을 받아 이를 각종 어음에 투자하여 운용하되 그 운용수익을 예탁기간에 따라 투자자에게 차등 지급하는 금융상품을 말한다.

4) 환매조건부채권(RP; repurchase agreement) : 금융기관이 일정기간 후에 다시 일정한 이자를 가산한

단기적인 자금운용을 목적으로 하거나 기한이 1년 내에 도래하는 경우에도 단기 금융상품으로 분류한다.

❼ 금융자산

(1) 금융자산의 의의

금융자산은 그 내용이 다양하고 보는 시각에 따라 다르기 때문에 정의하기가 쉽지 않다. 한국회계기준원 회계기준위원회는 국제회계기준위원회가 국제회계기준 제39호(IAS 39) '금융상품 : 인식과 측정(Financial Instruments : Recognition and Measurement)'과 국제재무보고기준 제7호(IFRS 7) '금융상품 : 공시(Financial Instruments : Disclosures)'를 개정함에 따라 금융자산에 대한 기준서를 개정하기로 결정하였다. 「기업회계기준서」에서는 먼저 금융상품(financial instruments)을 정의한다. 금융상품을 거래당사자 일방에게 금융자산을 발생시키고 다른 거래상대방에게는 금융부채나 지분상품을 발생시키는 모든 계약으로 정의하고 있다.

기업회계기준서 제1032호 '금융상품 : 표시'와 제1039호 '금융상품 : 인식과 측정 중심'으로 살펴보고자 한다. 금융자산은 거래 상대방과 계약을 체결하고 돈을 받거나, 돈을 받게 될 가능성이 있는 유리한 계약이라면 이를 금융자산으로 인식한다. 금융부채는 금융자산과 반대의 개념으로서 돈을 지급하거나 지급할 가능성이 높은 계약이라면 금융부채로 인식한다.

금융자산은 다음의 자산을 말한다.

① 현금 및 현금성자산

② 다른 기업의 지분상품

③ 다음 중 하나에 해당하는 계약상 권리

- 거래상대방에게서 현금 등 금융자산을 수취할 계약상 권리

가격으로 매수할 것을 조건으로 하여 고객에게 채권을 매도하는 형태의 금융상품을 말한다.

5) 기업금전신탁 : 금융기관이 금전을 신탁받아 유가증권, 신탁대출 등에 운용하고 신탁원금과 신탁이익을 금전신탁자(고객)에게 지급하는 금융상품을 말한다.

6) 표지어음 : 기업들이 자금조달을 목적으로 발행하는 기업어음, 무역어음, 팩토링어음 등을 근거로 금융기관이 별도의 자체어음을 발행하여 일반투자자에 판매하는 어음을 말한다.

7) 초단기금융상품(MMF; money market fund) : 투자신탁 회사가 고객들의 자금을 모아 펀드를 구성한 후 금리가 높은 만기 1년 미만의 기업어음(CP), 양도성예금(CD) 등의 단기금융상품에 집중투자하여 얻은 수익을 고객에게 되돌려주는 30일 이내의 금융상품.

- 잠재적으로 유리한 조건으로 거래상대방과 금융자산이나 금융부채를 교환하기로 한 계약상 권리

④ 기업 자신의 지분상품(이하 '자기지분상품'이라 한다)으로 결제되거나 결제될 수 있는 다음 중 하나의 계약

- 수취할 자기지분상품의 수량이 변동가능한 비파생상품
- 확정 수량의 자기지분상품에 대하여 확정 금액의 현금 등 금융자산을 교환하여 결제하는 방법이 아닌 방법으로 결제되거나 결제될 수 있는 파생상품

  이러한 목적상 자기지분상품에는 다음의 금융상품은 포함되지 않는다.

  - 수취할 자기지분상품의 수량이 변동 가능한 비파생상품
  - 확정 수량의 자기지분상품을 확정 금액의 현금 등 금융자산과 교환하여 결제하는 방법 외의 방법으로 결제하거나 결제할 수 있는 파생상품

반면 금융부채는 다음의 부채를 말한다.

① 다음 중 하나에 해당하는 계약상 의무

- 거래상대방에게 현금 등 금융자산을 인도하기로 한 계약상 의무
- 잠재적으로 불리한 조건으로 거래상대방과 금융자산이나 금융부채를 교환하기로 한 계약상 의무

② 자기지분상품으로 결제되거나 결제될 수 있는 다음 중 하나의 계약

- 인도할 자기지분상품의 수량이 변동가능한 비파생상품
- 확정 수량의 자기지분상품에 대하여 확정 금액의 현금 등 금융자산을 교환하여 결제하는 방법이 아닌 방법으로 결제되거나 결제될 수 있는 파생상품

  이러한 목적상 자기지분상품에는 다음의 금융상품은 포함되지 않는다.

  - 문단 16A와 16B에 따라 지분상품으로 분류되는 풋가능 금융상품
  - 발행자가 청산되는 경우에만 거래상대방에게 지분비율에 따라 발행자 순자산을 인도해야 하는 의무를 발행자에게 부과하는 금융상품으로서 문단 16C와 16D에 따라 지분상품으로 분류되는 금융상품
  - 자기지분상품을 미래에 수취하거나 인도하기 위한 계약인 금융상품

예외적으로, 금융부채의 정의를 충족하는 금융상품이 문단 16A와 16B 또는 문단 16C와 16D에 기술하고 있는 모든 특성을 가지고 있으며 동 문단에 기술하고 있는 조건을 충족하는 경우, 그 금융상품을 지분상품으로 분류한다.

■ 지분상품

기업의 자산에서 모든 부채를 차감한 후의 잔여지분을 나타내는 모든 계약

(2) 금융자산의 분류

금융자산의 인식은 최초에 공정가치로 측정한다. 그 후 금융자산을 네 가지 범주로 분류하여 적절하게 공정가치모형 또는 상각후원가모형을 적용한다.

1) 당기손익인식금융자산 : 단기매매금융자산

당기손익인식금융자산은 단기매매항목으로 분류되거나, 최초 인식지점에 당기손익인식항목으로 지정한 금융자산을 의미한다.

① 단기매매항목으로 분류된다. 금융자산이나 금융부채는 다음 중 하나에 해당하면 단기매매항목으로 분류된다.

- 주로 단기간 내에 매각하거나 재매입할 목적으로 취득하거나 부담한다.
- 최초 인식 시점에, 최근의 실제 운용형태가 단기적 이익획득 목적이라는 증거가 있으며, 그리고 공동으로 관리되는 특정 금융상품 포트폴리오의 일부이다.
- 파생상품이다(다만, 금융보증계약인 파생상품이나 위험회피수단으로 지정되고 위험회피에 효과적인 파생상품은 제외한다).

② 최초인식시점에 당기손익인식항목으로 지정한다. 문단 11A에서 허용하는 경우 또는 지정하는 것이 다음 중 하나 이상을 충족하여 더 목적적합한 정보를 제공하는 경우에만 당기손익인식항목으로 지정할 수 있다.

- 당기손익인식항목으로 지정하면, 서로 다른 기준에 따라 자산이나 부채를 측정하거나 그에 따른 손익을 인식함으로써 발생할 수 있는 인식이나 측정상의 불일치('회계불일치'라 불리기도 한다)가 제거되거나 유의적으로 감소된다.
- 문서화된 위험관리전략이나 투자전략에 따라, 금융상품집합(금융자산, 금융부채 또는 금융자산과 금융부채의 조합으로 구성된 집합)을 공정가치기준으로 관리하고 그 성과를 평가하며 그 정보를 이사회, 대표이사 등 주요 경영진(기업회계기준서 제1024호 '특수관계자 공시'의 정의 참조)에게 공정가치기준에 근거하여 내부적으로 제공한다.

2) 만기보유금융자산

만기가 고정되어 있고 지급금액이 확정되었거나 확정될 수 있는 금융상품으로

기업이 만기까지 보유하고자 하는 금융자산이다.

3) 대여금 및 수취채권

지급금액이 확정되었거나 결정가능하며 활성시장에서 가격이 공시되지 않는 비파생금융자산. 다만, 다음의 비파생금융자산은 제외한다.

① 즉시 또는 단기간 내에 매각할 의도가 있는 금융자산(이 경우 단기매매항목으로 분류한다)과 최초인식시점에 당기손익인식항목으로 지정한 금융자산
② 최초인식시점에 매도가능금융자산으로 지정한 금융자산
③ 채무자의 신용악화를 제외한 다른 이유 때문에 최초 투자액의 대부분을 회수하지 못할 수도 있는 금융자산. 이 경우에는 매도가능금융자산으로 분류하여야 한다.

대여금 및 수취채권이 아닌 다른 종류의 자산으로 구성된 자산집합(예 : 뮤추얼펀드나 이와 유사한 펀드)에 대한 지분은 대여금 및 수취채권으로 분류하지 아니한다.

4) 매도가능금융자산

매도가능항목으로 지정한 비파생금융자산 또는 다음으로 분류되지 않는 비파생금융자산으로 현금이 필요할 때 언제든지 처분하여 현금화할 수 있도록 매도가능항목으로 지정한 금융상품

① **대여금 및 수취채권 :** 만기가 고정되어 있고, 지급금액이 확정되었거나 확정될 수 있는 금융자산
② **만기보유금융자산 :** 매도가능금융자산의 회계처리는 기말공정가액이 장부가액보다 상승 시 상승금액을 매도가능금융자산계정 차변과 매도가능금융자산평가이익 계정 대변에 손실액을 차변에 기록한다.

(차) 매도가능금융자산	×××	(대) 매도가능금융자산 평가이익	×××
(차) 매도가능금융자산평가손실	×××	(대) 매도가능금융자산	×××

GUIDE K-IFRS 금융상품

K-IFRS 제1032호 금융상품 : 표시
K-IFRS 제1039호 금융상품 : 인식과 측정
K-IFRS 제1107호 금융상품 : 공시
K-IFRS 제1109호 금융상품 : 기업회계기준서 제1109호 '금융상품'

③ 당기손익인식금융자산

금융자산
- (1) 현금 및 현금성자산 — 현금과 유동성이 높은 통화, 통화대용증권, 보통예금, 당좌예금
- (2) 상각 후 원가측정 금융자산 — 금융기관의 금융상품(정기예금 등), 수취채권, 국공채, 회사채
- (3) 공정가치측정 금융자산
  - ① 당기손익인식 금융자산 : 단기매매목적
  - ② 기타포괄손익인식금융자산 : 공정가치측정 금융자산으로 지정한 지분상품, 중도매각목적 채무상품

GUIDE K-IFRS 금융자산

현금 및 현금성자산

금융상품 →
1. 금융기관의 금융상품: 보통예금, 당좌예금, 정기예금 등
2. 수취채권: 매출채권, 대여금, 미수금 등
3. 유가증권: 지분상품(주식), 채무상품(국공채, 회사채) 등

02 유가증권

1 유가증권의 의의와 분류

우리는 앞장에서 IFRS 금융자산에 대하여 살펴보았다. 금융자산 당기손익인식금융자산, 만기보유금융자산, 대여금 및 수취채권, 그리고 매도가능금융자산으로 구분하였다. K-GAAP에서는 단기매매증권, 매도가능증권, 그리고 만기보유증권으로 구분한다.

유가증권은 값이 나가는 재산권을 나타내는 증권을 의미한다. 유가증권은 크게 지분증권과 채무증권으로 분류할 수 있다. 지분증권(debt securiteis)은 소유자가 발행자에게 약정에 의해 금전을 청구할 수 있는 권리인 국채, 공채, 사채 등이 있다.

기업은 본연의 영업활동과정에서 창출된 유휴자금을 활용하여 부수적으로 유가증권에 투자하기도 한다. 회계상 유가증권이라 함은 타사 발행의 주식이나 사채,

정부나 지방자치단체가 발행한 국채나 지방채 등을 말한다.

기업이 유가증권에 투자하는 목적에 따라 단기매매증권, 매도가능증권 및 만기보유증권·지분법적용주식으로 분류한다. 단기매매증권은 주로 단기간의 매매차익을 얻을 목적으로 취득한 유가증권(주식, 사채)으로서 유동자산에 속한다. 만기보유증권과 매도가능증권은 투자자산으로 분류하며 만기보유증권은 만기와 상환금액이 확정된 채무증권으로서 만기까지 보유할 적극적인 의도와 능력이 있는 경우 이에 속한다.

매도가능증권은 만기보유증권이나 단기매매증권으로 분류되지 않은 모든 증권으로서 장기매매차익, 배당금수익 그리고 이자수익을 투자목적으로 한다.

지분법적용주식(투자주식)은 투자회사가 피투자회사에 중대한 영향력(발행주식 총수의 20% 이상 보유)을 행사할 수 있는 주식이다. 여기에서는 유동자산에 해당되는 단기매매증권를 중심으로 일반적인 유가증권의 평가방법과 회계처리를 다루고 나머지는 투자자산에서 언급하도록 한다.

유가증권

취득액	처분액 (원가)
	} 잔액

주식과 국채의 형태(LG전자, 삼성전자발행주식) 자료: http://www.naver.com

국채(제1종 국민주택채권)

❷ 유가증권의 회계처리

유가증권은 투자하는 방법에 따라 지분증권과 채무증권으로 구분된다. 지분증권(지분을 나타내는 증권)은 소유권을 나타내는 주식을 의미하며 채무증권(채무를 나타내는 증권)은 앞으로 갚아야할 의무가 있는 국공채와 사채를 의미한다. 유가증권인 지분증권과 채무증권은 최초 취득 시 공정가치로 측정한다. 공정가치란 합리적인 판단력과 거래의사를 통한 교환가격이며, 유가증권의 취득과 직접 관련된 부대비용은 당기손익인식금융자산의 경우 자산의 원가에 가산하지 않고 당기비용으로 처리하고, 매도가능금융자산은 취득원가에 가산한다. 구체적으로 지분증권과 채무증권의 취득과 관련한 회계처리는 다음과 같다.

(1) 지분증권의 취득 시 회계처리

지분증권은 공정가치로 기록한다. 이는 취득할 때 지불한 시장가격을 의미한다. 예를 들어, 승달산㈜는 여유자금을 가지고 유달산㈜의 주식을 취득하였다. 보통주 5,000주를 총 ₩3,000,000에 취득하였으며 수수료 등 제비용으로 ₩100,000을 지출하였다. 이때 당기손익인식금융자산(단기매매금융자산)의 경우 취득과 직접 관련되는 수수료 등 제비용은 발생시 비용으로 처리한다. 그러나 만기보유금융자산이나 매도가능 금융자산의 경우는 취득시 취득원가에 가산한다.

① 당기손익인식금융자산(단기매매금융자산)

(차) 당기손익인식금융자산	₩3,000,000	(대) 현 금	₩3,100,000
수수료 비용	₩100,000		

② 매도가능금융자산

(차) 매도가능금융자산	₩3,100,000	(대) 현 금	₩3,100,000

(2) 채무증권의 취득 시 회계처리

채무증권의 취득 시 회계처리는 지분증권의 취득 시 회계처리와 마찬가지로 당기손익인식금융자산으로 분류되는 채무상품으로 공정가치인 시장가격을 취득원가로 기록하고 취득과정에서 발생한 수수료 등은 비용으로 인식한다.

(3) 지분증권의 기말평가 회계처리

지분증권의 결산일 평가는 취득 시와 마찬가지로 공정가치로 평가해야 한다. 공정가치란 합리적인 교환가격을 의미한다. 지분증권의 가치변동을 회계장부에 반영하는 이유는 단기차익 목적의 유가증권이므로 시장가격의 변동이 반영되며 언제나 시장가격으로 처분이 가능하기 때문이다.

결산일에 지분증권의 장부가와 기말 현재의 공정가치를 비교하여 당기손익인식금융자산(단기매매금융자산) 평가이익 또는 당기손익인식금융자산(단기매매금융자산) 평가손실을 인식한다.

회계처리는 다음과 같다.

① 공정가치>장부가액

(차) 당기손익인식금융자산	×××	(대) 당기손익인식금융자산 평가이익	×××

② 공정가치<장부가액

(차) 당기손익인식금융자산 평가손실 ×××　　(대) 당기손익인식금융자산　　×××

(4) 지분증권의 처분 시 회계처리

지분증권의 처분 시 처분하는 주식의 장부금액을 대변에 기록하여 주식의 장부금액을 소멸시키고, 주식의 처분금액과 장부금액 간의 차이인 처분손익을 인식해야 한다. 이렇게 인식된 처분손익은 당기순이익에 반영한다. 즉, 처분금액이 장부금액보다 높으면 처분이익, 반대인 경우는 처분손실을 인식한다.

① 처분금액>장부금액

(차) 현　　금　　×××　　(대) 당기손익인식금융자산　　×××
　　　　　　　　　　　　　　　당기손익금융자산 처분이익　×××

② 처분금액<장부금액

(차) 현　　금　　×××　　(대) 당기손익인식금융자산　　×××
　　당기손익금융자산 처분손실 ×××

3 유가증권의 평가

자산은 취득원가로 기록하는 것이 원칙이며, 유가증권도 일단 기록된 원가는 대차대조표를 작성하는 회계기말에 취득원가로 보고하여야 한다. 그러나 취득원가주의 예외기준으로서 만기보유증권과 시장성이 없는 매도가능증권을 제외한 시장성 있는 유가증권은 공정가액으로 평가하여 대차대조표에 공시하도록 규정하고 있다.

단기매매증권을 공정가액으로 평가하는 경우에는 단기매매증권의 시가를 대차대조표 가액으로 하며, 시가는 결산기말 현재의 종가를 말한다. 단기매매증권의 시가가 취득원가 또는 장부가액보다 상승하면 그 차액은 단기매매증권 평가이익으로 계상하고 단기매매증권의 장부가액을 증가시킨다.

반면에 시가가 취득원가보다 하락하면 단기매매증권 평가손실로 계상하고 단기매매증권의 장부가액을 감소시킨다. 이때 단기매매증권의 손익은 손익계산서상에 영업외비용과 수익으로 계상한다.

예제 11－6

승달상사는 결산일인 12월 31일 현재 대동사 주식과 코롱사 주식을 다음과 같이 보유하고 있다.

종 목	취득원가	시가(2023.12.31)	시가(2024.12.31)
대동사주식	₩620,000	₩560,000	₩580,000
코롱사주식	₩300,000	₩320,000	₩310,000
합 계	₩920,000	₩880,000	₩890,000

1. 2023. 12. 31의 유가증권평가에 관한 분개를 하시오.
2. 2024. 12. 31의 유가증권평가에 관한 분개를 하시오.

풀이

1. (차) 단기매매증권 평가손실	₩40,000	(대) 단기매매증권	₩40,000
2. (차) 단기매매증권	₩10,000	(대) 단기매매증권 평가이익	₩10,000

03 수취채권 및 지급채무

수취채권은 특정기업이 재화나 용역을 고객에게 외상으로 판매·제공하거나 다른 기업 등에게 돈을 빌려주고 일정시점에 현금을 수취하기로 한 경우 등에 발생하는 채권을 말하고 그 종류는 매출채권(외상매출금, 받을어음)과 비매출채권(단기대여금, 미수금, 미수수익 등)으로 분류된다. 채권이란 장래에 재화나 용역에 대하여 청구할 수 있는 청구권을 의미한다.

지급채무는 수취채권의 반대 개념으로 기업이 재화나 용역을 타 기업 등으로부터 외상으로 구입·제공받거나 돈을 빌리고 일정시점에 현금을 지급하기로 한 경우에 발생하는 채무를 말하고, 그 종류는 매입채무(외상매입금, 지급어음)와 비매입채무(단기차입금, 미지급금, 미지급비용 등)로 나눌 수 있다. 채무란 장래에 재화나 용역을 타인에게 제공하여야 할 의무를 의미한다.

1 매출채권과 매입채무의 의의

매출채권은 기업이 일반적 상거래에서 상품, 제품, 원재료나 서비스를 제공하고 그 대금을 나중에 회수하기로 함으로써 발생한 채권을 말한다. 매출채권에는 외상매출금(accounts receivables)과 받을어음(notes receivables)이 있다. 이들 계정은 각각 설정하기도 하고 매출채권으로 통합 처리하기도 한다. 매입채무는 기업이 일반적 상거래에서 상품, 제품, 원재료나 서비스를 구입하고 그 대금을 나중에 지급하기로 함으로써 발생한 채무이다. 매입채무에는 외상매입금(accounts payables)과 지급어음(notes payables)이 있다. 이들을 매입채무계정으로 통합 처리하기도 한다.

2 외상매출금

일반적 상거래에서 상품을 외상으로 매출하는 경우에 발생하는 매출채권은 매출채권계정의 차변에 기재하며, 그 대금을 회수하였을 때에는 대변에 기입한다. 따라서 매출채권계정의 잔액은 차변에 나타난다.

외상매출처가 많은 경우에는 보조부로서 매출처원장을 두어 매출처별로 외상매출금의 증감을 기록하는데 이를 인명계정(personal account)이라고 한다. 인명계정이라고 함은 총계정원장에 거래처의 이름(인명)으로 계정을 설정하는 방법이다.

예제 11-7

다음 거래를 분개하시오.

1. 9/5 승달산㈜에 상품 ₩500,000을 매출하고, 대금 중 ₩200,000은 현금으로 받고 잔액은 외상으로 하다.

2. 9/12 위의 외상매출금 중 ₩100,000을 현금으로 회수하다.

풀이

1. 9/5	(차) 현 금	₩200,000	(대) 매 출	₩500,000
	매 출 채 권	₩300,000		
2. 9/12	(차) 현 금	₩100,000	(대) 매 출 채 권	₩100,000

총계정원장

외상매출금

날 짜	적 요	차 변	대 변	차 또는 대	잔 액
9/5	상 품	300,000		차	300,000
9/12	현 금		100,000	차	200,000

매출처원장(인명계정)

승달상사

날 짜	적 요	차 변	대 변	차 또는 대	잔 액
9/5	상 품	300,000		차	300,000
9/12	현 금		100,000	차	200,000

3 외상매입금

일반적 상거래에서 상품을 외상매입함으로써 매입채무가 발생하면 외상매입금 계정의 대변에 기입하고, 외상매입금을 지급하게 되면 차변에 기입하여 감액시킴으로써 외상매입금의 잔액은 대변에 나타난다. 외상매입처가 많은 경우에는 보조부로서 매입처원장을 두어 매입처별로 외상매입금의 증감을 기록하는데 이를 인명계정(personal account)이라고 한다.

예제 11-8

다음의 거래를 분개하고 총계원장과 매입처원장에 기입하시오.

10/1 승달사로부터 상품 ₩500,000을 외상으로 매입하다.

10/10 승달사의 외상값 중 ₩300,000을 현금으로 지급하다.

10/15 한국자기로부터 상품 ₩500,000을 외상으로 매입하다.

10/25 전일 한국자기의 외상대금 중 ₩200,000을 수표발행하여 지급하다.

풀이

10/1	(차) 매 입	₩500,000	(대) 외상매입금 (승달사)	₩500,000
10/10	(차) 외상매입금 (승달사)	₩300,000	(대) 현 금	₩300,000
10/15	(차) 매 입	₩500,000	(대) 외상매입금 (한국자기)	₩500,000
10/25	(차) 외상매입금 (한국자기)	₩200,000	(대) 당 좌 예 금	₩200,000

총계정원장

외상매입금

날 짜	적 요	차 변	대 변	차 또는 대	잔 액
10/1	매 입		500,000	대	500,000
10/10	현 금	300,000		대	200,000
10/15	매 입		500,000	대	700,000
10/25	당좌예금	200,000		대	500,000

매입처원장

승달사

날 짜	적 요	차 변	대 변	차 또는 대	잔 액
10/1	매 입		500,000	대	500,000
10/10	현 금	300,000		대	200,000

한국자기

날 짜	적 요	차 변	대 변	차 또는 대	잔 액
10/15	매 입		500,000	대	500,000
10/25	당좌예금	200,000		대	300,000

4 받을어음과 지급어음

(1) 받을어음계정

일반적인 상거래에서 어음(bill)이란 발행인이 특정수취인이나 어음의 소지인에게 일정한 금액을 만기일에 지급할 것을 약속한 증서(약속어음)이다. 또한 제3자로 하여금 일정한 금액을 만기일에 지급할 것을 위탁하는 증서(환어음)를 말한다. 일반적인 상거래에서 상품의 판매대금으로 어음을 받게 되면 받을어음계정의 차변에 기입한다. 어음대금을 회수하거나 어음을 타인에게 양도한 경우에는 받을어음계정의 대변에 기입한다.

예제 11-9

다음 거래를 분개하시오.

1. 7월 1일 한국냉동에 상품을 매출하고, 그 대금 ₩200,000을 동사발행의 약속어음으로 받다.
2. 8월 1일 한국냉동 발행의 약속어음이 만기가 되어 ₩200,000을 현금으로 회수하다.

풀이

1.	(차) 받 을 어 음	₩200,000	(대) 매　　출	₩200,000
2.	(차) 현　　금	₩200,000	(대) 받 을 어 음	₩200,000

(2) 지급어음계정

상품을 매입하고 어음을 발행하여 지급하게 되면 지급어음계정의 대변에 기입하며 어음대금을 지급하면 차변에 기입한다.

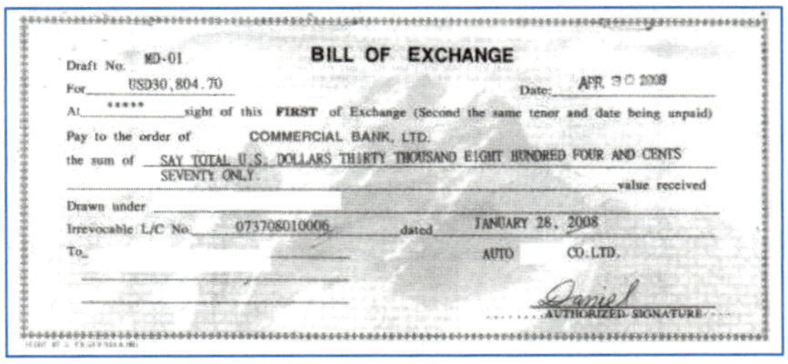

예제 11-10

위 예제 11-9의 거래를 한국냉동의 입장에서 분개하시오.

풀이

1.	(차) 매　　입	₩200,000	(대) 지 급 어 음 (매입채무)	₩200,000
2.	(차) 지 급 어 음 (매입채무)	₩200,000	(대) 현　　금	₩200,000

(3) 어음의 양도

■ 배서어음

배서란 어음상의 권리를 제3자에게 양도하기 위해 어음의 뒷면에 양도의 의사를 표시하고 기명날인하는 것을 말한다. 배서하면 받을어음계정의 대변에 기입하고, 타인으로부터 배서양수하면 그 차변에 기입한다.

예제 11 – 11

다음 거래를 분개하시오.

1. 대동상사에 상품 ₩200,000을 매출하고, 대금은 대동상사발행의 약속어음으로 받다.

2. 코롱상사에서 상품 ₩100,000을 매입하고, 대금은 앞서 대동상사에서 받은 약속어음을 배서양도하다.

풀이

	차변	금액	대변	금액
1.	(차) 받 을 어 음 (매출채권)	₩200,000	(대) 매 출	₩200,000
2.	(차) 매 입	₩100,000	(대) 받 을 어 음 (매출채권)	₩100,000

■ 부도어음

받을어음에 부도가 발생한 경우에는 받을어음계정의 대변에 기입하여 받을어음을 감소시키고 동시에 부도어음계정 또는 외상매출금계정의 차변에 기입한다.

어음 소지인은 그 어음의 발행인이나 배서인에게 지급을 청구할 수 있으며 부도된 어음의 금액과 지급거절증서 작성비용 등의 여러 비용을 부도어음계정 또는 외상매출금계정의 차변에 기입한다. 그 후 대금이 회수되면 부도어음계정 또는 외상매출금계정의 대변에 기입한다.

예제 11-12

다음 거래를 분개하시오.

1. ㈜라인으로부터 받았던 약속어음 ₩500,000이 만기가 되었으나 부도되어 배서인에게 상환청구하다.

2. 상환청구하였던 부도어음에 대하여 청구대금과 법정이자 ₩1,000을 현금으로 받다.

풀이

1.	(차) 부 도 어 음 (매출채권)	₩500,000	(대) 받 을 어 음 (매출채권)	₩500,000
2.	(차) 현 금	₩501,000	(대) 부 도 어 음 이 자 수 익	₩500,000 ₩ 1,000

5 매출채권에 대한 대손처리

오늘날 대다수의 기업들이 제품판매 시 현금을 선호하나 외상판매를 허용하고 있다. 거래회사에 상품을 외상으로 판매한 경우 거래처의 부도나 파산 등 여러 가지 이유로 대금회수가 불가능한 경우가 있다.

이와 같이 매출채권 대금이 회수불가능하게 되었을 때 그 채권을 회수불능채권이라 하며, 회수가 불가능하여 발생하는 손실을 대손(貸損)이라고 하며, K-IFRS에서는 금융자산의 손상이라고 한다. 이러한 회수불능채권은 대손상각비라는 비용으로 처리되며, 이는 외상판매거래의 결과이므로 외상판매활동비용의 일부이다. 이러한 회수불능채권에 대해 적절한 회계기록을 하여야 하는데 대손회계처리방법은 크게 직접상각법과 충당금설정법으로 구분한다.

(1) 직접상각법

직접상각법은 실제로 대손이 발생하여 회수불가능한 것으로 결정되면 대손상각비용을 기록하고 매출채권을 상각하는 방법이다. 직접상각법은 대손이 확정되기까지는 아무런 회계처리를 하지 않는다. 즉, 외상판매가 이루어진 기간이 아닌, 외상판매대금의 회수가 불가능함을 발견한 기간 중에 회계처리를 하는 방법이다.

(차) 대손상각비	×××	(대) 매출채권	×××

예제 11 - 13

다음 거래를 분개하시오.

1. 2023년 12월 15일 승달산㈜는 지리산㈜에 상품₩250,000을 외상으로 매출하다.

2. 2024년 2월 지리산㈜로부터 위 금액 중 ₩150,000을 현금으로 회수하다.

3. 2024년 3월 지리산㈜의 부도로 ₩100,000을 받을 수 없게 되어 대손처리하다.

풀이

1. (차) 외상매출금	250,000	(대) 매　　출	250,000
2. (차) 현　　금	150,000	(대) 외상매출금	150,000
3. (차) 대손상각비	100,000	(대) 외상매출금	100,000

(2) 충당금설정법

충당금설정법은 외상판매가 이루어진 기간 말에 앞으로 회수불가능할 것이라고 예상되는 외상매출금에 대하여 추정을 통하여 회계기말에 미리 수정분개를 실시하여 차변에 대손상각비를 계상하고 대변에 대손충당금을 설정하는 방법이다. 발생주의 회계원칙에 따라 수익·비용대응의 원칙이 적용되는 방법이다. 기업실무에서는 충당금설정법으로 회계처리한다.

① 대손추정

기말에 외상매출금 중 회수불능으로 예상되는 금액을 산정한다.

(차) 대손상각비	×××	(대) 대손충당금	×××

② 대손확정

대손충당금을 설정한 다음해에 실제로 특정 매출채권이 회수불가능한 것으로 판명 시 대손추정 시 설정한 대손충당금을 차변에 기록하고, 대변에는 해당 외상매출금을 기록한다. 만약 대손충당금 잔액이 회수불가능 매출채권 금액보다 적을 때는 추가로 대손상각비를 차변에 기록한다.

(차) 대손충당금	×××	(대) 외상매출금	×××
부족 시 ⇒ 대손상각비	×××		

③ 대손으로 처리된 매출채권을 회수한 경우

회계기간 중에 대손이 확정되어 대손으로 처리된 매출채권이 다시 회수되는 경우 대손상각처리를 취소하는 분개를 한 후 외상매출금의 회수를 기록한다.

(차) 외상매출금	×××	(대) 대손충당금	×××
(차) 현　　　금	×××	(대) 외상매출금	×××

(3) 대손충당금 추정방법

대손충당금을 추정하는 방법은 외상매출금 기말잔액 기준과 외상매출액 기준의 두 가지 방법이 있다.

① 외상매출금 기말잔액 기준

기말 현재의 외상매출금 잔액에 과거의 경험에 의한 회수불능 예측치인 상각률을 기준으로 대손충당금을 설정하는 방법이다.

예제 11 – 14

다음 거래를 분개하시오. 승달산㈜의 외상매출금 대손충당금 추정방법은 외상매출금 기말잔액 기준으로 회계처리한다.

1. 2023년 12월 31일 결산일 현재 외상매출금 잔액 ₩100,000에 대하여 2%가 회수불가능한 금액으로 추정되었다. 대손충당금 현재 대변 잔액은 ₩1,000이다.

풀이

(차) 대손상각비	₩1,000	(대) 대손충당금	₩1,000

₩100,000×0.02=₩2,000

₩2,000−₩1,000=₩1,000

② 외상매출액 기준

대손충당금을 설정시 대손추정시 당기의 외상매출액을 기준으로 하여 일정률의 대손비율에 근거하여 계산하는 방법이다.

대손상각비=외상매출액×대손율

6 기타 채권 및 채무계정

(1) 대여금과 차입금

기업에서 타인에게 현금을 대여한 경우 자산계정인 대여금계정 차변에 기록한다. 대여기간이 1년 이내인 경우 단기대여금으로 기록하고, 1년 이상인 경우는 장기대여금(투자자산)으로 표시한다. 차입금은 타인으로부터 자금을 빌린 경우에 발생하는 채무이다.

(2) 선급금과 선수금

선급금과 선수금은 상품이나 원재료 등의 매매에 있어 미리 대금의 일부를 지급하거나 수취시 기록하는 계정이다. 즉, 거래의 실행을 확실하게 하기 위해 지급하는 계약금이나 착수금을 의미한다. 선급금은 유동자산으로 선수금은 유동부채로 기록한다.

(3) 미수금과 미지급금

상품이나 원재료 또는 용역제공과 같은 일상적인 상거래 이외의 거래에서 발생하는 채권 및 채무계정이다. 즉, 주요 영업활동과 관련이 없는 유형자산과 유가증권의 취득이나 처분과정에서 발생한 채권, 채무를 말한다. 미수금과 미지급금은 일반적 상거래 이외의 거래에서 발생하는 채권과 채무이다.

(4) 예수금

예수금이란 종업원 개인이 지급해야 되는 세무서나 보험회사 등의 기관에게 납부하여야 할 세금이나 보험료를 종업원이나 다른 기업으로부터 수령하여 회사가 일시적으로 보관 후 대신 지급할 때 기록하는 부채계정이다.

(5) 가지급금과 가수금

현금은 지급되었지만 정확한 거래의 내용이나 금액을 알 수가 없어 일시적으로 처리하는 채권계정은 가지급금으로, 반대로 현금을 수령한 경우는 가수금계정에 기록한다.

연 | 습 | 문 | 제

객관식 문제

01. 단기금융상품은 만기 1년이내인 정기예금 및 정기적금 등을 말한다. 만기 1년 이내의 기준일로 적절한 것은? 58회 2급 전산회계

① 정기예금 및 정기적금을 가입한 기준일
② 재무상태표 기준일
③ 정기예금 및 정기적금을 찾는 기준일
④ 정기예금 및 정기적금의 이자지급 기준일

02. 다음 중 나머지 셋과 계정과목의 성격이 다른 하나는? 59회 전산회계 1급

① 단기매매증권평가손실　　② 단기매매증권처분손실
③ 매도가능증권평가손실　　④ 매도가능증권처분손실

03. 경리담당자는 현재시재액이 장부잔액보다 30,000원 많은 것을 발견하였으나, 그 원인을 알 수 없어서 현금과부족계정을 이용하여 차이를 조정하였다. 그 후 현금불일치의 원인이 임대료수입의 기장누락에 있었음을 발견하였다. 현금불일치의 원인이 발견된 시점에서 필요한 분개는? 59회 전산회계 2급

① (차) 현금과부족 30,000　　(대) 현　　금 30,000
② (차) 현금과부족 30,000　　(대) 임 대 료 30,000
③ (차) 현　　금 30,000　　(대) 현금과부족 30,000
④ (차) 임 대 료 30,000　　(대) 현금과부족 30,000

04. 다음 현금과부족계정의 ( ) 안에 들어갈 계정과목은? 61회 전산회계 2급

현금과부족

12/10 이자수익	15,000	12/8 현 금	30,000
12/31 ( )	15,000		

① 현금과부족 ② 잡이익 ③ 잡손실 ④ 차기이월

05. 다음 중 현금및현금성자산에 해당하지 않는 것은? 62회 전산회계 1급

① 우편환증서
② 배당금지급통지표
③ 타인발행약속어음
④ 만기도래한 국채이자표

06. 다음 괄호 안에 들어갈 내용을 순서대로 적은 것으로 옳은 것은? 64회 전산회계 1급

( )에 대한 미실현보유손익은 당기손익항목으로 처리한다. ( )에 대한 미실현보유손익은 기타포괄손익누계액으로 처리한다.

① 단기매매증권, 만기보유증권
② 단기매매증권, 매도가능증권
③ 매도가능증권, 만기보유증권
④ 매도가능증권, 지분법적용투자주식

07. 다음 중에서 「현금 및 현금성자산」에 속하지 않는 것은? 79회 전산회계 1급

① 현금 및 지폐
② 타인발행 당좌수표
③ 자기앞수표
④ 취득 당시 5개월 후 만기 도래 기업어음(CP)

08. 다음은 당기 중에 거래된 ㈜무릉(12월 결산법인임)의 단기매매증권 내역이다. 다음 자료에 따라 당기말 재무제표에 표시될 단기매매증권 및 영업외수익은 얼마인가? 79회 전산회계 1급

- 5월 23일 : ㈜하이테크전자의 보통주 100주를 10,000,000원에 취득하다.
- 7월 01일 : ㈜하이테크전자로부터 중간배당금 50,000원을 수령하다.
- 12월 31일 : ㈜하이테크전자의 보통주 시가는 주당 110,000원으로 평가되다.

	단기매매증권	영업외수익		단기매매증권	영업외수익
①	11,000,000원,	1,050,000원	②	11,000,000원,	1,000,000원
③	10,000,000원,	1,050,000원	④	10,000,000원,	1,000,000원

09. 다음 중 현금 및 현금성자산 금액을 모두 합하면 얼마인가? 2020년 특별회차 전산회계1급

- 선일자수표 : 300,000원
- 타인발행 당좌수표 : 400,000원
- 당좌예금 : 500,000원
- 차용증서 : 500,000원
- 취득 당시 만기가 2개월인 양도성 예금증서 : 600,000원

① 800,000원 ② 1,100,000원
③ 1,200,000원 ④ 1,500,000원

10. 다음 계정과목 중 대손충당금 설정 대상으로 적절하지 않은 것은? 58회 2급 전산회계

① 미지급금 ② 받을어음
③ 외상매출금 ④ 단기대여금

11. 기말현재 보유하고 있는 유가증권의 현황이 다음과 같을 경우 적절한 회계처리는?

58회 1급 전산회계

- 취득원가 1,000,000원의 갑회사 주식(단기보유목적), 기말공정가액 1,200,000원
- 취득원가 9,000,000원의 을회사 주식(장기투자목적, 시장성 있음), 기말공정가액 8,500,000원

①	(차) 유가증권평가손실	300,000	(대) 유가증권	300,000
②	(차) 단기매매증권	200,000	(대) 단기매매증권평가이익	200,000
	(차) 매도가능증권평가손실	500,000	(대) 매도가능증권	500,000
③	(차) 단기매매증권	200,000	(대) 단기매매증권평가이익	200,000
	(차) 매도가능증권평가손실	500,000	(대) 매도가능증권평가손실충당금	200,000
④	(차) 유가증권평가손실	300,000	(대) 유가증권평가손실충당금	300,000

12. 유가증권에 대한 설명이다. 옳은 것은? 61회 전산회계 1급

① 유가증권 중 채권은 취득한 후에 단기매매증권이나 매도가능증권 중의 하나로만 분류한다.
② 단기매매증권이 시장성을 상실한 경우에는 매도가능증권으로 분류하여야 한다.
③ 단기매매증권과 만기보유증권은 원칙적으로 공정가치로 평가한다.
④ 매도가능증권은 주로 단기간 내의 매매차익을 목적으로 취득한 유가증권이다.

13. 다음 거래를 모두 반영하였을 경우 나타날 결과에 대한 설명으로 옳은 것은?

제90회 전산회계1급

- 6월 1일 : 시장성 있는 ㈜세무의 주식(액면금액 5,000원) 100주를 단기간 보유할 목적으로 주당 5,200원에 취득하였다(단, 취득과정에서 수수료 10,000원이 발생하였다).
- 8월 1일 : ㈜세무로부터 중간배당금으로 주당 300원씩 수취하였다.
- 9월 1일 : ㈜세무의 주식 100주를 주당 5,100원에 처분하였다.

① 당기순이익이 10,000원 감소한다. ② 당기순이익이 20,000원 감소한다.
③ 당기순이익이 10,000원 증가한다. ④ 당기순이익이 20,000원 증가한다.

14. 다음은 유가증권에 대한 일반기업회계기준의 설명이다. 가장 옳지 않은 것은?

91회 전산회계 1급

① 유가증권은 증권의 종류에 따라 지분증권과 채무증권으로 분류한다.
② 단기매매증권과 매도가능증권은 공정가치로 평가하는 것을 원칙으로 한다.
③ 만기보유증권은 상각후원가로 평가하며, 유효이자율법을 적용하여 상환기간에 걸쳐 배분한다.
④ 유가증권 처분 시 발생하는 증권거래 수수료 등의 비용은 판매비와일반관리비로 회계처리한다.

15. 다음 자료에서 당기 중에 외상으로 매출한 금액은 얼마인가? 58회 2급 전산회계

- 외상매출금 기초잔액 : 100,000원
- 외상매출금 당기회수액 : 400,000원
- 외상매출금 중 에누리액 : 20,000원
- 외상매출금 기말잔액 : 80,000원

① 300,000원 ② 360,000원 ③ 400,000원 ④ 500,000원

16. 다음 계정과목에 대한 설명으로 잘못된 것은? 59회 2급 전산회계

① 가수금 : 현금의 지출이 있었으나 그 내용이 확정되지 않은 경우
② 선수금 : 상품 매출에 대한 주문을 받고 미리 계약금을 받은 경우
③ 미수금 : 상품 이외의 것을 매각하고 대금을 외상으로 처리하는 경우
④ 예수금 : 급여 지급 시 종업원이 부담할 소득세 등을 회사가 일시적으로 받아두는 경우

17. 다음 중 대손충당금 설정대상자산으로 적합한 것은? 61회 1급 전산회계

① 미지급금 ② 대여금 ③ 외상매입금 ④ 예수금

18. 다음 중 받을어음계정 대변에 기록되는 거래가 아닌 것은? 61회 2급 전산회계

① 거래처로부터 받아 보관 중인 약속어음 100,000원을 만기전 은행에서 할인하다.
② 매출대금으로 받아 보관 중인 거래처발행 약속어음 100,000원이 만기가 되어 현금으로 받다.
③ 거래처가 발행한 환어음 100,000원의 인수제시가 있어 인수를 승낙하다.
④ 외상매입금을 지급하기 위해 소지하고 있던 거래처 발행 약속어음 100,000원을 배서양도하다.

19. 다음 자료에서 당기 손익계산서에 보고되는 대손상각비는 얼마인가? 61회 2급 전산회계

- 전기 말 외상매출금에 대한 대손충당금 잔액은 20,000원이다.
- 당기 중 거래처의 파산으로 외상매출금 10,000원을 대손처리하다.
- 당기 말 외상매출금 잔액 5,000,000원에 대해 1%의 대손을 설정하다.

① 20,000원 ② 30,000원 ③ 40,000원 ④ 50,000원

20. ㈜세원은 대손충당금을 보충법에 의해 설정하고 있으며, 매출채권 잔액의 1%로 설정하고 있다. 기말 재무상태표상 매출채권의 순장부가액은 얼마인가? 62회 1급 전산회계

매출채권 (단위: 원)

기초	50,000	회수 등	200,000
발생	500,000		

대손충당금 (단위: 원)

대손	8,000	기초	10,000

① 346,500원 ② 347,000원 ③ 347,500원 ④ 348,000원

21. 일반적으로 상거래 이외에서 발생한 일시적인 계정으로 소득세나 지방세 등의 원천징수액 또는 예치금을 상대방에게 받은 경우 사용하는 계정과목은? 62회 2급 전산회계

① 가수금 ② 선수금 ③ 미수금 ④ 예수금

22. 다음 중 매출채권에 대한 설명으로 틀린 것은? 68회 전산회계 1급

① 매출채권이란 영업활동으로 제품이나 서비스를 제공하고 아직 대금을 받지 못한 경우의 금액을 말한다.

② 매출채권에는 외상매입금과 지급어음이 있다.

③ 매출채권에 대한 대손충당금 설정은 순실현가능가치로 평가하고, 매출채권에 대한 자산 평가를 적정하게 한다.

④ 매출채권에 대한 대손충당금 설정은 대손이 예상되는 회계연도에 대손예상액만큼을 대손충당금으로 적립하였다가 실제로 대손이 확정되는 시점에 대손충당금과 상계처리한다.

23. ㈜미래는 8월에 영업을 개시하여 다음과 같이 거래를 하였다. 8월말 현재 회수할 수 있는 매출채권 잔액은 얼마인가? 80회 전산회계 1급

[거래 내역]

8/2 ㈜우리에게 제품 5,000,000원을 외상으로 납품하다.

8/4 납품한 제품 중 하자가 발견되어 100,000원이 반품되다.

8/20 ㈜우리의 외상대금 중 3,000,000원을 회수시 조기 자금 결제로 인하여 약정대로 50,000원을 할인한 후 잔액을 현금으로 받다.

① 2,000,000원 ② 1,900,000원 ③ 1,950,000원 ④ 2,050,000원

주관식 문제

01. 승달산㈜는 소액현금제도를 실시하고 있다. 다음 거래를 분개하시오.

(1) 용도계의 소액현금자금으로 ₩100,000을 수표로 발행하여 지급하다.

(2) 용도계에서 다음과 같은 지출내역을 보고 받고 ₩97,000을 수표로 발행하여 주다.

교통비 ₩10,000　　우편요금 ₩18,000　　잡　비 ₩16,000
소모품비 ₩10,000　　판매비 ₩20,000

	차 변	금 액	대 변	금 액
(1)				
(2)				

02. 다음 거래를 분개하시오.

(1) 갑 회사의 주식 1,000주(주당 액면 ₩5,000)을 주당 ₩6,000에 매입하고 대금은 수표로 발행하여 지급하고, 증권회사의 수수료 ₩100,000을 현금으로 지급하다.

(2) 상기 주식 중 700주를 주당 ₩70,000에 처분하고 대금을 현금으로 받다. 증권회사의 수수료는 ₩40,000이다.

(3) 2020년 12월 31일 결산 시 소유하고 있는 주식 300주(취득원가 ₩6,100) @₩5,000에 평가하다.

(4) 2021년 12월 31일 결산시 위의 주식을 @₩5,000에 평가하다.

	차 변	금 액	대 변	금 액
(1)				
(2)				
(3)				
(4)				

03. 단기매매금융자산의 의의를 설명하시오.

04. 만기보유금융자산과 매도가능금융자산을 비교설명하시오.

Chapter 12

재고자산

01 재고자산의 의의와 종류

재고자산(inventories)이란 기업이 정상적인 영업활동과정에서 판매나 생산을 목적으로 보유하고 있는 자산을 말하며, 재고자산에 대한 회계처리는 중요하다. 재고자산의 종류는 판매업의 경우 상품, 적송품, 미착상품 등이 있고 제조업의 경우 제품, 반제품, 재공품, 원재료 등이 있다.

일반적으로 대부분의 판매업이나 제조업에 속하는 기업들의 재고자산 규모는 크다. 따라서 재고자산의 효율적 관리를 위하여 기업들은 보다 많은 노력을 하고 있다. 한국채택국제회계기준(K-IFRS) 1002호 재고자산에 의하면 다음의 자산을 말한다.

1 재고자산의 의의

① 정상적인 영업과정에서 판매를 위하여 보유 중인 자산

② 정상적인 영업과정에서 판매를 위하여 생산 중인 자산

③ 생산이나 용역 제공에 사용될 원재료나 소모품

K-IFRS 1002호 재고자산은 영업활동을 통하여 판매되는 상품 및 제품뿐만 아니라 제품생산을 위하여 생산 중인 재공품, 그리고 생산이나 용역 제공에 사용될 원재료나 저장품 등이 모두 재고자산에 포함된다.

재고자산의 특징은 취득원가와 순실현가능가치 중 낮은 금액으로 측정한다. 재고자산의 취득 원가는 모든 매입원가, 전환원가 및 재고자산을 현재의 장소에 현재의 상태로 이르게 하는데 발생한 기타 원가를 포함한다.

❷ 재고자산의 종류

기업의 재고자산의 종류는 기업의 특성에 따라 다르다. 판매업의 경우에는 상품이 주요한 재고자산이며, 제조업의 경우는 제품, 반제품, 재공품, 그리고 원재료가 주요한 재고자산이다. 재고자산은 궁극적으로 모두 판매를 목적으로 하고 있으나 가공 중인 자산, 생산 중인 자산, 그리고 다양한 형태로 존재할 수 있다. 각 재고자산은 다음과 같이 분류할 수 있다.

1) 상품

판매를 위하여 보유하고 있는 재고자산으로 추가적인 가공 없이 판매할 수 있도록 외부에서 구입하여 보유하고 있는 재고자산이다.

2) 제품

판매를 목적으로 제조된 것으로 기업 내부에서 생산한 생산품, 부산물 등의 재고자산이다.

3) 반제품

기업 내부에서 제조한 중간 제품과 부분품 등의 재고자산이다.

4) 재공품

기업 내부에서 제조과정에 있는 공정상의 제품으로서 아직 제품으로 완성되지 않은 재고자산이다.

5) 원재료

제품으로 가공처리할 목적으로 구매한 것으로 생산공급에 투입되는 원료, 재료 등의 재고자산이다.

6) 저장품

소모품, 소모공구기구비품, 수선용부분품 및 기타 저장품을 의미한다.

7) 기타 재고자산

위에 속하지 아니하는 재고자산을 말한다.

02 상품계정

① 상품매매의 분개

회계상 상품이란 기업이 판매 목적으로 소유하는 물품으로서 영업상 주목적과 관계되는 것을 말한다. 그렇기에 상품매매업과 서비스기업의 회계처리는 다르다. 상품매매업은 상품(goods)이라고 불리는 재고자산이 존재하나 서비스기업은 상품인 재고자산이 존재하지 않는다. 상품매매업은 상품을 구입하고 그 상품을 소비자에게 판매하여 이익을 창출하는 기업으로서 예를 들면 하이마트 같은 경우이다. 상품을 구입하는 것을 매입, 판매에 의한 매도를 매출이라 한다. 상품매매거래는 주로 매입거래와 매출거래로 나타난다. 또한 상품매매거래는 거래형태에 의해서 일반매매와 특수매매로 나눌 수 있다. 일반매매는 특수한 매매조건이 없는 일반적 상품매매이고, 특수매매는 위탁판매, 시용판매, 예약판매, 할부판매 등 특수한 매매계약에 의한 상품판매이다.

상품매매거래의 회계처리 방법은 몇 가지로 나누어지는데 상품계정만으로 처리하는 분기법과 총기법, 그리고 상품계정을 이월상품계정·매입계정·매출계정으로 나누어 상품매매를 기장하는 삼분법 등이 있다.

② 분기법과 총기법

(1) 분기법(순수상품계정으로 기장하는 방법)

상품계정은 순수한 자산으로서 상품의 증가 및 감소만을 표시하는 것이며, 상품의 매출을 통하여 발생한 상품매출이익 또는 상품매출손실을 상품계정에서 분리하여 기장하는 방법을 말한다. 또한 상품매매거래를 상품계정과 매출원가 또는 상품매출이익계정으로 분리하여 회계처리하는 방법을 분기법이라고 한다. 이 방법은 상품을 매입한 때에는 운임비 및 매입제비용을 포함한 매입원가를 상품계정의 차변에 기입(자산의 증가)하고, 상품을 매출한 때에는 원가와 매출이익을 구별하여 그 매입원가는 상품계정의 대변에 기입(자산의 감소)하며, 차액은 상품매출이익(손실)계정에 기입한다. 고가품의 소량매매거래에서 이용한다. 따라서 상품계정은 순수한 자산계정이기 때문에 잔액은 항상 차변에 나타나서 상품의 현재액을 표시하게 된다. 기말에는 상품계정의 잔액은 판매되지 않고 재고로 남아 있는 기말상품재고액이 된다.

이와 같이 상품을 매출할 때 발생하는 상품매출이익(또는 손실)을 분리하여 기록하고, 상품계정은 순수한 자산계정으로 취급하는 방법을 분기법이라 한다.

상품 a/c

전기이월상품 매입액(원가)	매출상품

상품매출이익 a/c

	매출이익

분기법을 적용한 기업은 언제라도 원장을 보면 상품의 현재액과 상품매출이익을 파악할 수 있기 때문에 관리가 수월하다. 그러나 상품의 종류가 많고 매매가 빈번해진다면 상품의 매출 시마다 일일이 원가와 이익을 구분하여 기입한다는 것은 실용성이 떨어진다. 따라서 부동산매매업이나 귀금속과 같은 고가의 물품을 매매하는 기업의 경우 분기법을 사용한다.

예제 12-1

다음 거래를 분기법으로 분개하고 상품계정·상품매출이익계정·손익계정에 기입하시오.

5/ 9 상품 ₩30,000을 매입하고 대금은 수표 발행 지급하다.

5/15 상품 ₩48,000을 외상매출하다(매출원가 ₩40,000).

5/31 매출원가 또는 상품매출이익을 손익계정에 대체하다.

풀이

1. 매출원가계정을 설정하는 경우

날짜	차변	금액	대변	금액
5/ 9	(차) 상 품	₩30,000	(대) 당 좌 예 금	₩30,000
5/15	(차) 매 출 채 권	₩48,000	(대) 매 출	₩48,000
	매 출 원 가	₩40,000	상 품	₩40,000
5/31	(차) 집 합 손 익	₩40,000	(대) 매 출 원 가	₩40,000
	매 출	₩48,000	집 합 손 익	₩48,000

상 품

5/9 당좌예금	350,000	5/15 매출원가	40,000

매 출

5/31 집합손익	48,000	5/15 매출채권	48,000

매출원가

5/15 상 품	40,000	5/31 집합손익	40,000

집합손익

5/31 매출원가	40,000	5/31 매 출	48,000

2. 상품매출이익계정을 설정하는 경우

5/ 9	(차) 상 품	₩30,000	(대) 당 좌 예 금	₩30,000
5/15	(차) 매 출 채 권	₩48,000	(대) 상 품	₩40,000
			상품매출이익	₩8,000
5/31	(차) 상품매출이익	₩8,000	(대) 집 합 손 익	₩8,000

결산 시에는 상품계정의 잔액은 차기에 이월하고 상품매출이익계정의 잔액은 손익계정의 대변에 대체한다. 위의 예제를 계정계좌에 표시하면 다음과 같다.

상 품

5/9 당좌예금	30,000	5/15 매출채권	80,000

상품매출이익

5/31 손 익	8,000	5/15 매출채권	8,000

손 익

		5/31 상품매출이익	8,000

분기법에서는 상품의 현재액이 상품계정의 잔액(예제에서는 ₩10,000)으로 명확하게 표시되며, 상품매출이익도 상품매출이익계정에서 명시된다(₩8,000). 그러나 분기법은 상품을 판매할 때마다 상품원가를 조사해서 판매가격과 원가와의 차액(매출이익)을 계산할 수 있다는 가정하에서만 성립될 수 있는 방법이다. 예컨대, 귀금속상이나 고급가구점 등과 같이 취급상품의 종류가 비교적 적고 거래횟수가 적은 업종에서는 적용가능하지만, 취급상품이 많고 판매거래가 빈번한 업종에서 적용하기에는 문제가 있다.

(2) 총기법

판매할 때마다 상품의 매출원가와 매출이익을 결정하기에는 실무상 번잡하므로 매출할 때에 양자를 분리하지 않고 판매가액으로 상품계정의 대변에 기입하는 방법이다. 즉, 분기법의 결점을 보완하기 위하여 상품을 판매했을 때 이익을 포함한 매가로 상품계정의 대변에 기입하고 상품매출이익(또는 손실)은 기말결산 시에 기말상품재고액을 조사한 후 일괄적으로 한꺼번에 계산하는 방법을 사용하게 된다.

이와 같이 상품매매거래에서 상품매출이익을 구분하지 않고 상품계정만으로 처리하는 방법을 총기법이라 한다. 총기법에 의하면 분기법이 갖는 문제점을 일단 해소할 수 있다.

상 품

차변		대변	
전기이월액	(원가)	총매출액	(매가)
총매입액		매입품환출액	(원가)
매입제비용		매출에누리액및할인	
매출품환입액	(매가)		
매출에누리액및할인			

예제 12 – 2

예제 12 – 1을 총기법으로 분개하시오.

5/ 9	(차) 상 품	30,000	(대) 당 좌 예 금	30,000
5/15	(차) 매 출 채 권	48,000	(대) 상 품	48,000

상 품

5/1 전기이월	20,000	5/15 외상매출금	48,000
5/9 당좌예금	30,000		

풀이

5/31	(차) 매 출 채 권	40,000	(대) 상 품	40,000
또는 5/31	(차) 상품매출이익	8,000	(대) 집 합 손 익	8,000

분기법에 의한 매입원가와 상품매출이익을 총기법에 의한 상품계정에서는 구할 수 없기 때문에 상품매출이익을 계산하려면 우선 기말에 상품의 실제보유액을 조사하여 기말상품재고액을 산정한 다음, 아래의 공식에 의하여 매출원가와 상품매출이익을 계상한다.

매출원가 = 전기이월상품재고액 + 당기매입액 − 기말상품재고액
상품매출이익 = 매출액 − 매출원가

앞의 예제 [12 - 2]를 가지고 위 식을 계산하면 다음과 같다.

매출원가 = 전기이월상품재고액 + 당기매입액 − 기말상품재고액

₩40,000 = ₩20,000 + ₩30,000 − ₩10,000

상품매출이익 = 당기매출액 − 매출원가

(상품계정의 대변합계액)

₩8,000 = ₩48,000 − ₩40,000

위의 식에 의해서 상품매출이익을 계산하고 그 합계액을 상품계정에서 손익계정으로 대체하여, 계정계좌에 표시하면 아래의 표와 같다. 실지재고조사액을 상품계정의 대변에 기입하면 자동적으로 상품매출이익이 산정된다.

상 품

전기이월	20,000	매출채권	48,000
외상매입금	30,000	기말상품재고액	10,000
상품매출이익	8,000		

③ 상품계정의 분할

분기법에 의한 순수상품계정이나 총기법에 의한 혼합상품계정은 매입활동·판매활동·재고관리활동에 필요한 회계정보를 효율적으로 제공해 주지 못한다. 따라서 상품계정을 분할하여 계정기입 내용을 간명하게 하고, 필요한 정보를 적기에 이용할 수 있다. 상품계정은 대개 거래내용의 중요성과 빈도에 따라 이분법, 삼분법, 사분법, 오분법 등이 있는데 기초단계에서는 삼분법 또는 이분법을 많이 이용한다.

(1) 이분법

이분법에서는 상품계정을 매출계정과 매출원가 계정으로 나누어서 회계처리한다. 즉, 상품을 매입하였을 때는 상품계정에 기입하고 매출시에는 매출계정에 기입한다. 계속기록법에서는 매출시 매출원가가 계산되므로 매출원가계정에 대체한다.

이러한 경우는 기말결산분개가 필요없다.

매입시 분개	차) 상 품	100,000	대) 현 금	100,000
매출시 분개	차) 현 금	150,000	대) 매 출	150,000
	차) 매 출 원 가	100,000	대) 상 품	100,000

(2) 삼분법

삼분법에서는 상품계정을 이월상품(재고자산)계정, 매입계정, 매출계정으로 나누어서 회계처리한다.

이월상품

차변		대변	
전기이월	×××		
(자산)			

매 입

차변		대변	
매입액	×××	매입환출액	×××
		매입에누리	×××
(자산)		매입할인	×××

매 출

차변		대변	
매출환입	×××	매출액	×××
매출에누리	×××	(수익)	
매출할인	×××		

1) 매입계정(purchases a/c)

상품을 취득하였을 경우 매입가액에 제부대비용을 합하여 차변에 기입하고 매입환출 및 매입에누리액·매입할인은 대변에 기입한다. 잔액은 항상 차변에 남아 순매입액을 표시하며, 비용계정에 속한다.

■ **매입환출**(purchases return) **및 매입에누리**(purchases allowances)

매입한 상품 중 하자가 있어서 반품한 경우를 매입환출이라 하며 반품하는 대신에 매입처와 합의하여 값을 깎아 받는 것을 매입에누리라고 한다. 매입계정의 대변에 기입하거나 별도로 매입환출 및 에누리계정을 설정하여 처리한다.

예제 12-3

서울상회는 청계상회로부터 A상품 500개 @₩500을 외상매입하고 인수운임 ₩5,000과 매입수수료 ₩6,000을 현금지급하다. 이 거래를 분개하고 매입계정에 기입하시오.

풀이

(차) 매　　입	₩ 261,000	(대) 외상매입금	₩ 250,000
		현　　금	₩ 11,000

매 입

제 좌	261,000		

예제 12-4

서울상회는 청계상회로부터 전일 외상매입하였던 A상품 중 불량품 20개 @₩500을 반품하다.

풀이

(차) 외상매입금	₩10,000	(대) 매　　입	₩10,000
또는 (차) 외상매입금	₩10,000	(대) 매 입 환 출	₩10,000

매 입

제 좌	261,000	외상매입금	10,000

■ 매입할인(purchases discount)

상품을 외상으로 매입하였을 때에 외상매입금을 약정된 기간('2/10, n/30'의 조건) 내에 지급함으로써 일정금액을 외상매입금에서 할인받는 경우에 그 할인액을 말한다. 매입계정의 대변에 기입하여 매입액을 차감한다.

2) 매출계정(sale a/c)

상품을 판매하였을 경우 매출액은 매출계정의 대변에 기입하고, 매출환입 및 매출에누리·매출할인은 차변에 기입한다. 잔액은 항상 대변에 남아 순매출액을 표시하여, 수익계정에 속한다. 단, 그 부대비용은 별도로 비용계정의 차변에 기입한다.

■ **매출환입**(sale return) **및 매출에누리**(sale allowances)

매출한 상품 중 하자가 있어 반품되어 온 경우를 매출환입이라고 하고, 반품 받는 대신에 값을 깎아 주는 것을 매출에누리라고 한다. 매출환입 및 매출에누리는 매출에 대한 감소항목이기 때문에 매출계정 차변에 기입하거나 별도로 매입환입 및 매출에누리계정을 설정하여 처리한다.

예제 12-5

다음 거래를 분개하시오.

1. 서울상회에 A상품 ₩1,000,000을 외상매출하고 운임 ₩10,000은 현금지급하다.
2. 부산상점에 A상품 ₩500,000을 외상매출하고 동점부담운임 ₩6,000을 대신 현금지급하다.

풀이

1. (차) 매 출 채 권	₩1,000,000	(대) 매 출	₩1,000,000
지 급 운 임	₩10,000	현 금	₩10,000
2. (차) 매 출 채 권	₩506,000	(대) 매 출	₩500,000
		현 금	₩6,000

예제 12-6

다음 거래를 분개하시오.

서울상회에 외상매출하였던 A상품 중 ₩40,000이 반품되다.

풀이

(차) 매 출	₩40,000	(대) 매 출 채 권	₩40,000
또는 (차) 매 출 환 입	₩40,000	(대) 매출 채 권	₩40,000

예제 12-7

다음 거래를 분개하시오.

청계상점에 외상매출한 상품 중 부분하자가 있어 매출액 중 ₩300,000을 감액하여 주다.

풀이

(차) 매출에누리	₩300,000	(대) 매 출 채 권	₩300,000

■ **매출할인**(sale discount)

상품을 외상으로 매출할 경우에 약정된 기간(할인기간) 내에 외상매출금을 회수하게 되면 외상매출금 중의 일부를 할인해 주는 경우에 그 할인액을 말한다. 매출계정의 차변에 기입하여 매출액을 차감한다.

03 재고자산의 평가

❶ 재고자산평가의 의의

재고자산의 평가는 기업의 당기순이익의 크기에 영향을 준다. 즉, 재고자산을 과대평가하면 매출원가가 과소계상되어 그만큼 당기순이익은 과대계상되고, 반대로 재고자산을 과소평가하면 매출원가가 과대계상되어 그만큼 당기순이익은 과소계상된다. 따라서 재고자산의 적정평가는 기간손익과 재무상태의 적정평가와 직결된다.

판매기업의 매출액은 수익으로서, 한 회계기간 동안 판매된 상품수량에 상품단위당 판매금액을 곱하여 계산되어진다. 반면 비용으로서의 매출원가는 한 회계기간 동안 판매된 상품수량에 단위당 매입가격을 곱하여 계산된다.

일반적으로 재고자산등식은 [그림 12 - 1]과 같다.

그림 12 - 1 재고자산등식

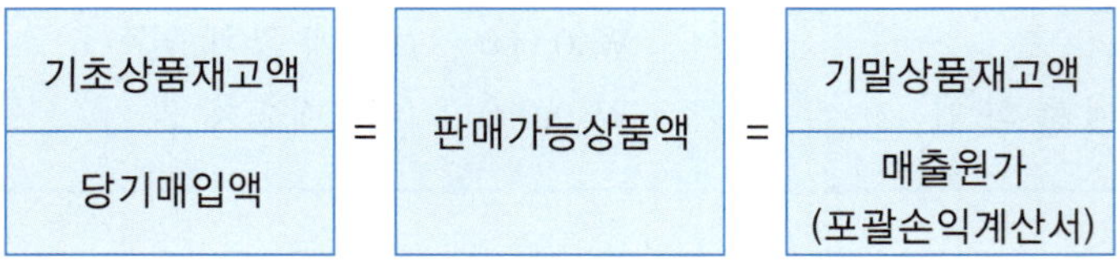

기초상품재고액+당기매입액=기말상품재고액+매출원가

[그림 12 - 1]의 재고자산등식에서 보는 바와 같이 기업에서 기말 현재 아직 판매되지 않고 남아있는 부분은 기말상품재고액이라고 하고 판매된 부분은 매출원가라 한다. 기말에 팔리지 않고 창고에 남아있는 상품을 기말재고라 하고, 그 수량을 기말재고수량이라 한다. 기말재고수량을 파악하는 방법은 재고자산의 매입과 매출을

철저하게 기록함으로써 장부에서 기말재고량을 확인하는 방법인 계속기록법과 기말에 창고에 가서 실제 상품을 파악하는 실지재고조사법이 있다.

2 재고자산의 수량

재고자산의 적정평가는 정확한 수량과 그 단위당 가격에 의해 결정된다. 즉, 재고자산가액은 보유재고수량에 단가를 곱하여 산출된다. 재고수량결정을 위한 방법에는 계속기록법과 실지재고조사법이 있다.

(1) 계속기록법

계속기록법(perpetual inventory method)이란 상품의 매입(입고)과 매출(출고)내용을 일일이 장부에 기입하여, 언제나 장부(상품재고장)를 통하여 매출수량과 기말재고수량을 산출하는 방법이다. 이 방법은 다음과 같은 등식으로 표시된다.

기초상품재고액 + 당기상품매입액 − 매출원가 = 기말상품재고액

계속기록법은 상품의 매매거래가 발생할 때마다 차례로 상품의 증감과 매출원가가 계산되어 기록되는 시스템으로서 재고자산에 대한 상세한 기록을 통하여 장부에서 기말재고량을 파악하는 방법이다.

계속기록법에서는 상품 구매 시 상품이라는 자산이 증가가 되며 따라서 상품계정 차변에 분개하게 된다. 대변에는 상품구매 대가로 지불되는 현금이나 또는 매입채무, 지급어음 등으로 분개한다.

예를 들어, 승달산㈜에서 상품 ₩40,000을 외상으로 매입한 경우의 분개는 다음과 같다. 즉, 자산의 증가와 부채의 증가가 된다.

(차) 상　　품	₩40,000	(대) 매 입 채 무	₩40,000

이제 유달산㈜의 상품을 외상으로 ₩50,000(취득원가 ₩35,000)에 판매하면 차변의 자산의 증가(현금, 매출채권)와 대변에 수익의 발생(매출)이라는 거래가 발생하며 동시에 차변에 매출원가라는 비용의 발생과 대변에 상품이라는 자산의 감소라는 거래가 발생한다. 계속기록법에서는 상품매매 거래가 발생할 때마다 상품의 증감과 매출원가가 산정되는 시스템이기 때문이다. 이를 분개하면 다음과 같다.

(차) 매 출 채 권	₩50,000	(대) 매	출	₩50,000
매 출 원 가	₩35,000	상	품	₩35,000

계속기록법하에서 결산 시 마감분개를 할 필요가 없다. 왜냐하면 상품거래 내역을 계속 기록하기 때문에 상품매출 시 매출원가가 계산되기 때문이다. 계속기록법을 사용하는 경우 상품계정의 차변에 기초상품과 당기에 매입한 상품의 원가가 계속적으로 기록되고 판매 시에는 대변에 매출원가가 기록된다. 승달산㈜의 경우 기초상품이 8,000원이라면 계속기록법에서 기말상품재고액은 다음과 같다.

기초＋당기매입액－매출원가＝기말상품재고액

₩8,000＋₩40,000－₩35,000＝₩13,000

상품 a/c(계속기록법)

기초상품원가	8,000	매출원가	35,000
당기매입상품원가	40,000	기말상품원가	13,000
	48,000		48,000

계속기록법을 사용할 때 취급 상품별로 상품재고장이라는 별도의 장부를 기록하여야 한다. 따라서 상품재고장을 통하여 기말상품재고액을 즉시 파악할 수 있는 방법이다.

(2) 실지재고조사법

실지재고조사법(physical inventory method)이란 상품의 출고 시마다 그 출고량을 계속 기록하지 않고 결산 시 창고에 보관하고 있는 상품의 수량을 실제 확인하여 기말재고수량을 파악하는 방법이다. 따라서 실제 확인한 기말재고수량을 근거로 기초상품재고액과 당기상품매입수량의 합계에서 차감함으로써 당기순매출량을 간접적으로 파악하는 방법이다. 이 방법은 다음과 같은 등식으로 표시된다.

기초상품재고액＋당기상품매입액－기말상품재고액＝매출원가

실지재고조사법은 기중에 판매거래가 발생할 때마다 계속기록법에서처럼 상품의 매출원가를 파악하여 기록할 필요가 없다. 따라서 추후 기말결산 시점에서 매출원가를 기록하여야 하기 때문에 기말수정분개가 필요하다.

실지재고조사법은 기말에 창고에 들어가 기말재고수량을 직접 눈으로 파악하는 방법이기 때문에 할인점 등에서 하루에도 수십 번 매출거래가 발생하는 경우 매출이 이루어질 때마다 그 수량과 매출원가를 장부에 기록할 필요가 없다는 장점을 가지고 있다.

예를 들어, 승달산㈜에서 상품 ₩40,000을 외상으로 매입한 경우의 분개는 다음과 같다.

(차) 매 입	₩40,000	(대) 매 입 채 무	₩40,000

계속기록법에서는 상품계정 차변에 기록하였지만 실지재고조사법에서는 기초상품재고액을 상품계정에 기록하고 이후 회계기간 중의 상품 매매거래는 매입계정에 기록한다. 실지재고조사법에서는 상품의 매입을 자산의 증가로 보지 않고 비용의 발생으로 보아 비용계정의 하나인 매입계정 차변에 분개한다.

이제 유달산㈜에 상품을 ₩50,000으로 외상판매하면 실지재고조사법에서는 기말에 창고에서 기말재고액이 파악되어야 매출원가가 기록되기 때문에 기말시점에서 수정분개를 통하여 기록한다. 따라서 이를 분개하면 다음과 같다.

(차) 매 출 채 권	₩50,000	(대) 매 출	₩50,000

실지재고조사법은 기말결산 시점에서 기말재고액을 파악하기 위하여 수정분개가 필요하다. 이는 기말재무상태표에 기말상품재고액을 기록하고 포괄손익계산서에 매출원가를 기록해야 하기 때문이다. 승달산㈜의 경우 기초상품이 ₩8,000이 있었고 기말에 창고에서 파악한 기말상품재고액이 ₩13,000이었다면 재고자산등식에서 매출원가가 ₩35,000이 계산된다.

$$\text{기초재고액} + \text{당기매입액} - \text{기말상품재고액} = \text{매출원가}$$

$$₩8,000 + ₩40,000 - ₩13,000 = ₩35,000$$

이제 기초상품 ₩8,000과 기말상품 ₩13,000을 정리하는 분개가 필요하다. 결산정리 문제는 매출원가계정을 사용하는 방법과 매입계정을 사용하는 방법으로 구분할 수 있다. 먼저 매입계정을 사용하는 방법은 다음과 같다.

판매가능상품액을 계산하기 위하여 기초상품재고액을 상품계정에서 차감하고 대신 매입계정에 가산해주는 분개와 판매가능상품액이 기록된 매입계정에서 기말

상품재고액을 차감하여 매출원가를 계산하는 수정분개를 하여야 한다. 따라서 기초상품 ₩8,000을 매입계정에 차변으로 기록하고 기말상품 ₩13,000을 매입계정 대변으로 기록하는 수정분개를 하여야 한다.

(차) 매 입	₩8,000	(대) 상품(기초)	₩8,000
(차) 상품(기말)	₩13,000	(대) 매 입	₩13,000

매입 a/c

상품(기초)	8,000	상품(기말)	13,000
매 입	40,000	매출원가	35,000

다음으로 매출원가계정을 사용하는 방법은 다음과 같다. 즉, 상품계정, 매입계정, 매출원가계정을 이용하는 방법과 매출원가계정을 사용하는 방법으로 별도로 매출원가계정을 설정하여야 한다. 기초상품 ₩8,000을 매출원가계정 차변으로 기록하고 기말상품 ₩13,000을 매출원가계정 대변으로 기록한다. 이제 매입액 ₩40,000을 매출원가계정 차변으로 전기한다. 이를 분개하면 다음과 같다.

① (차) 매 출 원 가	₩8,000	(대) 상품(기초)	₩8,000
② (차) 상품(기말)	₩13,000	(대) 매 출 원 가	₩13,000
③ (차) 매 출 원 가	₩40,000	(대) 매 입	₩40,000

이상을 전기하면 다음과 같다.

상품 a/c

① 매출원가(기말)	13,000	① 매출원가(기초)	8,000

매입 a/c

매 입	40,000	매출원가(기초)	40,000

매출원가 a/c

① 상품(기초)	8,000	② 상품(기말)	13,000
③ 매 입	40,000		

위의 수정분개 결과를 살펴보면 상품 a/c의 잔액은 기말상품재고액 ₩13,000으로 기록되며, 매입 a/c은 ₩0으로, 그리고 매출원가 a/c은 ₩35,000인 것으로 나타났다.

즉, 매출원가 = 기초 + 매입 − 기말

₩8,000 + ₩40,000 − ₩13,000 = ₩35,000

3 재고자산의 가격결정

재고자산의 가격을 결정하는 방법에는 원가법, 시가법, 예정원가법 및 저가법 등과 같은 원가흐름의 가정이 필요하다.

(1) 원가법

원가법(cost method)이란 취득원가를 재무상태표상 재고자산가액으로 계상하는 방법이며 일반적으로 인정된 자산평가는 원가주의에 바탕을 두고 있다.

원가법은 개별법, 선입선출법, 후입선출법, 평균원가법으로 분류되며 평균원가법은 단순평균법, 이동평균법, 총평균법 또는 가중평균법 등이 있다.

① 개별법

개별법(specific identification method)이란 기말재고자산에 대한 적용단가를 취득원가가 다른 것은 개별적으로 각각의 취득원가를 적용하여 계상하는 방법이다. 재고자산의 단위당 가격이 높고 구별가능한 경우 채택된다.

② 선입선출법

선입선출법(first − in first − out method; FIFO)은 재고자산의 구입순으로 먼저 구입한 재고자산이 먼저 판매되거나 소비된다는 가정하에 기말재고자산가액을 결정하는 방법이다. 원가와 실물흐름이 같지만 가격상승의 경우 원가배분액이 적고 기말재고자산이 높게 평가되어 과대이익이 계상되어 절세효과를 기대할 수 없다.

③ 후입선출법

후입선출법(last − in first − out method; LIFO)은 재고자산의 매입역순으로 판매되거나 사용된다는 가정하에 기말재고자산가액을 결정하는 방법으로 가격상승의 경우 원가배분액이 많고 재고자산가액이 적게 평가되며 가격상승의 경우 이익이 축소계상되어 절세효과를 기대할 수 있다.

④ 평균원가법

평균원가법(average cost method)은 해당 기간에 재고자산의 평균단가를 산출하여 기말재고자산에 적용하는 방법으로 단순평균법, 이동평균법(moving average method)과 총평균법 또는 가중평균법(weighted average method)으로 구분된다. 일반적으로 평균원가법은 적용이 쉽고 타 방법에 비해 이익의 조작가능성이 적다.

총평균법은 한 회계기간 동안의 총 평균 단위 원가를 계산한다. 즉 다음과 같다.

$$\frac{\text{판매가능총원가}}{\text{판매가능총수량}}$$

(2) 매출가격환원법

백화점과 같이 취급품목이 다양하고, 거래빈도가 많은 경우 매출가격환원법을 이용하여 재고액을 파악하게 되며 소매재고법(retail inventory method)이라고도 한다. 이 방법에 의하면 기말재고자산에 원가율(취득원가/판매가)를 곱하여 기말재고자산가액을 산정한다.

(3) 저가법(Lower of Cost or Market; LCM)

기말재고로 남아있는 재고자산이 물리적으로 손상된 경우, 전부 또는 일부분이 진부화된 경우나 판매가격이 하락한 경우에는 재고자산의 원가를 회수하기 어려운 경우가 발생한다. 이때 재고자산의 순실현가능가치가 취득원가보다 낮은 경우 저가법을 사용한다.

저가법은 재고자산의 취득원가와 시가를 비교하여 낮은 금액을 재무상태표가액으로 하는 방법으로 재고자산의 순실현가능액이 취득원가보다 하락한 경우에는 순실현가능액[1]을 재무상태표가액으로 하도록 함으로써 저가법을 조건부적으로 채택하도록 하고 있다.

1) 순실현가능액 : 상품이나 제품의 정상적인 영업과정에서 산출된 예상판매가에서 예상판매비용 등을 차감한 금액을 뜻한다.

예제 12-8

승달산㈜는 10대의 상품을 기말재고로 가지고 있다. 구입단가는 ₩14,500이었고 판매가는 ₩15,000이다. 가격이 하락하여 현재는 상품을 개당 ₩14,300에 판매하여야 한다. 상품 한 개당 예상되는 추가 판매비용은 ₩300이다. 승달산㈜가 재고자산의 평가를 저가법을 적용하고 있다. 필요한 분개를 하시오.

풀이

(차) 매출원가(재고자산평가손실)	₩5,000	(대) 재고자산평가충당금	₩5,000

순실현가능가치[2)](14,300 − 300) × 10 = 140,000

재고자산평가손실 = 145,000 − 140,000 = 5,000

4 기말재고액과 매출원가의 추정

실지재고조사법을 사용하는 기업의 경우 기말재고액을 파악하기 위하여 회계기간 말에 창고에서 재고자산 실사를 실시하여야 한다. 재고자산 실사 결과 기말재고액이 파악되고, 매출원가가 산정된다. 계속기록법을 사용하는 기업의 경우 재고통제 목적과 정확한 회계기록 유지를 위하여 분기나 1년에 한 번씩은 재고자산의 실사를 통하여 장부와 일치하는지를 확인하고 있다.

일반적으로 기업들은 재고자산을 조사하게 되면 많은 시간과 비용이 발생하므로 대부분의 기업들은 특별한 이유가 없는 한 대부분 1년마다 재고자산을 파악하고 있다.

이때 계속기록법을 사용하는 기업들은 상품재고장이라는 장부를 통하여 기말재고액을 파악하고 있지만 실사법을 적용하고 있는 기업들은 반드시 창고에 가서 기말재고액을 파악하여야 한다. 그러나 번거로운 실사과정을 거치지 않고 기말재고액과 매출원가를 추정할 수 있는 방법이 매출총이익법이다.

매출총이익법은 회계기록으로부터 단기의 매출액, 기초재고액 그리고 당기매입액에 관한 자료를 파악하고, 과거의 경험으로부터 추정한 매출총이익률(매출총이익/매출액)에 당기매출액을 곱하여 매출총이익을 파악하고, 당기의 매출액을 활용하여 매출원가와 기말재고액을 파악할 수 있다. 또한 추정 매출원가(1 − 매출총이익률)를 곱하여 추정 매출원가도 구할 수 있다.

2) 순실현가능가치 : 정상적인 영업활동 과정의 예상 판매가격에서 예상되는 추가 완성원가와 판매 비용을 차감한 금액

예제 12-9

승달산㈜는 2023년 12월 31일 재무제표를 작성하기 위하여 매출총이익법을 이용하여 매출원가와 기말재고액을 추정하고자 한다. 2020년 12월 31일의 순매출액은 ₩1,000,000이었고 매출총이익은 ₩300,000인 것으로 나타나며 2021년도 비슷할 것으로 예상하고 있다. 2021년 매출액은 ₩5,000,000이다. 또한 기초재고액은 ₩200,000, 매입액을 ₩600,000이었다. 승달산㈜의 추정 매출총이익률을 구하고 기말재고액과 매출원가도 구하시오.

$$2023\text{년 추정 매출총이익률} = \frac{\text{매출총이익}}{\text{매출액}} = \frac{300,000}{1,000,000} = 0.3$$

풀이

2023년 추정 매출총이익 = 매출액 × 추정 매출총이익률 = 5,000,000 × 0.3 = 1,500,000

2023년 추정 매출원가 = 매출액 − 매출총이익 = 5,000,000 − 1,500,000 = 3,500,000

2023년 추정 기말재고액 = 기초재고 + 당기매입 − 기말재고 = 매출원가

= 200,000 + 600,000 − 3,500,000 = 2,700,000

종합예제 I

다음에서 선입선출법, 후입선출법, 이동평균법 및 총평균법에 의한 기입방법과 비용분배, 기말평가액 및 매출이익의 차이를 살펴보기로 한다.

5/ 1 전 기 이 월 100개 @₩20
6/ 3 매 입 200개 @₩26
7/ 5 출 고 200개
8/10 매 입 300개 @₩32
9/12 출 고 200개

선입선출법

날짜		입고 수량	입고 단가	입고 금액	출고 수량	출고 단가	출고 금액	잔액 수량	잔액 단가	잔액 금액
5	1	100	20	2,000				100	20	2,000
6	3	200	26	5,200				100	20	2,000
								200	26	5,200
7	5				100	20	2,000	100	26	2,600
					100	26	2,600			
8	10	300	32	9,600				100	26	2,600
								300	32	9,600
9	12				100	26	2,600	200	32	6,400
					100	32	3,200			

※ 기간비용배분액 ₩10,400
※ 기말재고자산평가액 ₩6,400

후입선출법

날짜		입고 수량	입고 단가	입고 금액	출고 수량	출고 단가	출고 금액	잔액 수량	잔액 단가	잔액 금액
5	1	100	20	2,000				100	20	2,000
6	3	200	26	5,200				100	20	2,000
								200	26	5,200
7	5				200	26	5,200	100	20	2,000
8	10	300	32	9,600				100	20	2,000
								300	32	9,600
9	12				200	32	6,400	100	20	2,000
								100	32	3,200

이동평균법

날짜		입고			출고			잔액		
		수량	단가	금액	수량	단가	금액	수량	단가	금액
5	1							100	20	2,000
6	3	200	26	5,200				300	24	7,200
7	5				200	24	4,800	100	24	2,400
8	10	300	32	9,600				400	30	12,000
9	12				200	30	6,000	200	30	6,000

※ 기간비용배분액 ₩10,800
※ 기말재고자산평가액 ₩6,000

총평균법

전기이월금액	₩2,000	전기이월수량	₩100
총매입액	₩14,800		500
	₩16,800		600

₩16,800/600＝28(총평균단가)
₩28/400개(소비수량)＝₩11,200(기간배분비용액)
₩28/200개(기말재고량)＝₩5,600(기말재고자산평가액)

만약 매출액 합계가 ₩12,800이라면 재고자산 평가방법에 따라 다음과 같이 매출이익의 차이가 발생한다.

	매출이익	매출원가	재고액
선입선출법	2,400	10,400	6,400
후입선출법	1,200	11,600	5,200
이동평균법	2,000	10,800	6,000
총평균법	1,600	11,200	5,600

※ 위에 나타난 바와 같이 후입선출법이 매출원가가 많이 배분되어 이익이 적게 평가되므로 절세효과를 준다.

$$\text{총평균법} = \frac{\text{판매가능총원가}}{\text{판매가능수량}} = \frac{16,800}{600} = ₩28$$

$$\text{이동평균법} = * \frac{7,200}{300} = 24$$

$$\text{총평균법} = ** \frac{12,000}{40} = 30$$

04 특수매매의 상품

❶ 미착상품

매입상품으로서 상품을 주문하였으나 운송 중에 있어 아직 도착하지 않은 것을 미착상품(goods to arrive)이라고 하며 소유권이전여부는 선적지인도기준과 도착지인도기준이 있다. 도착지인도기준에서는 선하증권이나 화물상환증을 받을 때 미착상품계정 차변에 기입하고, 상품이 도착하면 대변에 기입한다. 즉, 미착상품은 매입자의 재고자산에 포함한다. 도착지인도기준에서 미착상품은 판매자의 재고자산에 포함한다.

예제 12-10

다음 거래를 분개하시오.

1. 제주상사로부터 매입상품을 발송하였다는 통보와 함께 선하증권을 받고, 대금 ₩150,000을 약속어음을 발행하여 지급하다.
2. 제주상사로부터 매입한 미착상품 ₩150,000이 도착하여 선하증권과 상환하고 운임 ₩2,000은 현금지급하다.

풀이

1. (차) 미 착 상 품	₩150,000	(대) 지 급 어 음	₩150,000
2. (차) 매 입	₩152,000	(대) 미 착 상 품	₩150,000
		현 금	₩2,000

❷ 적송품

다른 지방의 상인에게 일정한 수수료를 지급하기로 하고 상품의 판매를 위탁하는 것을 위탁판매라 하는데 위탁판매를 위하여 상품을 적송할 때 적송품을 일반상품과 구별하기 위하여 적송품계정(consignment out a/c)을 설정한다.

이때 적송품을 판매하기 전까지는 기말재고자산에 포함한다.

예제 12-11

다음 거래를 분개하시오.

1. 부산상회에 판매위탁하기로 하고 상품 ₩100,000을 적송하고 운임 ₩2,000을 현금지급하다.
2. 부산상회로부터 위의 위탁상품을 판매하였다는 통보와 매출계산서를 받다. 또한 매출가액에서 제 비용을 제외한 실수금 ₩130,000이 당좌구좌에 입금되었음을 확인하다.

풀이

1.	(차) 적 송 품	₩102,000	(대) 매입(상품)	₩100,000
			현 금	₩2,000
2.	(차) 당 좌 예 금	₩130,000	(대) 적 송 품	₩130,000

③ 시송품

시송품이란 주문을 받기전에 상품을 고객에게 먼저보내고 고객이 상품을 한 번 사용해보고 매입하겠다는 의사표현을 하면 판매가 이루어지는 상품을 의미한다.

예제 12-12

승달산㈜는 시용판매를 하기 위하여 거래처인 유달산㈜에 발송한 시송품 ₩200,000에 대하여 매입하겠다는 의사표시를 하지 않았다.
이러한 경우 승달산㈜의 시송품 ₩200,000을 기말재고자산에 호함하여야 하는가?

풀이

매입의사표시가 없다면 승달산㈜의 창고에 상품이 없다 할지라도 기말재고 자산에 포함하여야 한다.

연 | 습 | 문 | 제

exercise

객관식 문제

01. 유형자산의 감가상각방법 중 정액법, 정률법 및 연수합계법 각각에 의한 1차년도말 계상된 감가상각비가 큰 금액부터 나열한 것은? 58회 1급 전산회계

- 기계장치 취득원가 : 1,000,000원(1월 1일 취득)
- 내용연수 : 5년
- 잔존가치 : 취득원가의 10%
- 정률법 상각률 : 0.4

① 정률법 > 정액법 > 연수합계법
② 정률법 > 연수합계법 > 정액법
③ 연수합계법 > 정률법 > 정액법
④ 연수합계법〉정액법 > 정률법

02 다음 甲(갑)상품 자료에서 선입선출법으로 10월 말의 월말재고액을 계산하면? 58회 2급 전산회계

- 10/ 1 월초재고액 10개 @₩500
- 10/15 매입액 10개 @₩600
- 10/23 매출액 15개 @₩900
- 10/25 매입액 5개 @₩700

① 5,500원 ② 6,000원 ③ 6,500원 ④ 7,000원

03. 다음 보기에서 재고자산으로 분류될 수 없는 것은? 58회 2급 전산회계

① 판매를 위해 증권회사가 보유하는 주식
② 사용목적으로 보유하는 자동차
③ 부동산매매업자가 판매를 위해 보유하는 토지
④ 외부매입 후 재판매 목적으로 보유중인 미착상품

04. 물가가 상승하는 시기에 있어 재고자산의 기초재고수량과 기말재고수량이 같을 경우 당기순이익과 법인세비용을 가장 높게 하는 재고자산 원가결정방법으로 묶어진 것은?

59회 전산회계 1급

당기순이익	법인세비용	당기순이익	법인세비용
① 선입선출법	평균법	② 후입선출법	선입선출법
③ 평균법	평균법	④ 선입선출법	선입선출법

05. 다음 자료를 이용하여 순매출액을 계산한 금액으로 옳은 것은? 59회 전산회계 2급

- 총매출액 500,000
- 매출에누리 10,000
- 매출환입 5,000
- 매출운반비 5,000

① 495,000원 ② 490,000원 ③ 485,000원 ④ 480,000원

06. 다음은 12월 상품재고장이다. 재고자산평가방법으로 총평균법을 사용할 경우 12월의 매출총이익은 얼마인가? 59회 전산회계 2급

상품재고장

구 분	수량(개)	단가(원)	금액(원)
기 초	100	100	10,000
매 입	500	100	50,000
매 출	250	210	52,500
매 입	200	100	20,000
매 출	250	210	52,500

① 55,000원 ② 60,000원 ③ 80,000원 ④ 130,000원

07. 다음 중 재고자산 취득원가 측정에 대한 내용으로 올바른 것은? 61회 전산회계 1급

① 매입과 관련된 할인, 에누리는 취득원가에서 차감하지 않는다.
② 취득과정에서 정상적으로 발생한 부대비용은 취득원가에 포함하지 않는다.
③ 제조원가 중 비정상적으로 낭비된 부분은 취득원가에 포함하지 않는다.
④ 제조원가 중 추가 생산단계에 투입하기 전에 보관이 필요한 경우 외의 보관비용은 취득원가에 포함한다.

08. 재고자산 평가와 관련한 다음의 방법 중 그 성격이 다른 것은? 63회 전산회계 1급

① 선입선출법 ② 후입선출법 ③ 계속기록법 ④ 가중평균법

09. 다음 중 감가상각에 대한 설명으로 옳지 않은 것은? 71회 전산회계 1급

① 정액법의 경우 금액이 정해져 있으므로 상각액은 매년 일정하다.
② 정률법의 경우 상각률이 정해져 있으므로 상각액은 매년 일정하다.
③ 연수합계법의 경우 내용연수를 역순으로 적용하므로 상각액은 매년 감소한다.
④ 이중체감법의 경우 매년 미상각잔액에 대하여 상각률을 적용하므로 상각액은 매년 감소한다.

10. 다음 중 재고자산의 가격결정과 관련하여 성격이 다른 항목은? 69회 전산회계 1급

① 선입선출법 ② 계속기록법 ③ 총평균법 ④ 후입선출법

11. 다음은 ㈜마포의 제7기(1.1~12.31) 재고자산 관련 자료이다. 총평균법에 의한 기말재고자산 계산시의 단가로 옳은 것은? 76회 전산회계 1급

일 자	적 요	수 량	단 가
1월 1일	기초재고	10개	100원
1월 14일	매 입	30개	120원
9월 29일	매 출	20개	140원
10월 17일	매 입	10개	110원

① 125원 ② 120원 ③ 114원 ④ 110원

12. 1기 회계연도(1월1일~12월31일) 1월 1일에 내용연수 5년, 잔존가치 0(영)원인 기계를 8,500,000원에 매입하였으며, 설치장소를 준비하는데 500,000원을 지출하였다. 동 기계는 원가모형을 적용하고, 정률법으로 감가상각한다. 2기 회계연도에 계상될 감가상각비로 맞는 것은? (정률법 상각률 : 0.45) 77회 전산회계 1급

① 3,825,000원 ② 2,103,750원 ③ 4,050,000원 ④ 2,227,500원

13. 다음 설명은 재고자산의 단가 결정방법 중 어느 것에 해당하는가? 79회 전산회계 1급

> 이 방법은 실제물량흐름과 방향이 일치하고 기말재고액이 최근의 가격, 즉 시가인 현행원가를 나타내는 장점이 있는 반면, 현행수익과 과거원가가 대응되므로 수익비용 대응이 적절하게 이루어지지 않는 단점이 있다.

① 개별법 ② 이동평균법 ③ 선입선출법 ④ 후입선출법

14. 다음 사항 중 재고자산에 포함되는 금액은 얼마인가?(단, 미착상품은 모두 매입하는 상품으로 운송 중에 있는 것으로 가정한다.) 90회 전산회계 1급

> • 미착상품(도착지인도조건) : 50,000원 • 미착상품(선적지인도조건) : 50,000원
> • 위탁상품(수탁자창고보관) : 50,000원 • 시송품(구매의사표시없음) : 50,000원

① 50,000원 ② 100,000원 ③ 150,000원 ④ 200,000원

15. 다음은 ㈜서울의 제7기(1.1~12.31) 재고자산 관련 자료이다. 선입선출법에 의한 기말재고자산 금액은 얼마인가? 90회 전산회계 1급

일 자	적 요	수 량	단 가
1월 3일	기초재고	20개	100원
3월 14일	매 입	10개	120원
7월 20일	매 출	20개	150원
11월 12일	매 입	10개	140원

① 2,000원 ② 2,400원 ③ 2,500원 ④ 2,600원

16. 다음 중 재고자산에 대한 설명으로 가장 옳지 않은 것은? 91회 전산회계 1급

① 재고자산 매입시 발생하는 매입부대비용은 취득원가에 가산한다.
② 재고수량의 결정방법 중 계속기록법을 적용하면 기말재고자산 수량이 정확하게 계산되고, 실지재고조사법을 적용하면 매출수량이 정확하게 계산된다.
③ 재고자산의 감모손실은 정상감모와 비정상감모로 구분한다.
④ 평균법은 기초재고자산과 당기에 매입한 상품에 대해 평균 단위당 원가를 구하여 기말재고자산과 매출원가를 계산하는 것이다.

17. 다음 중 물가가 지속적으로 하락하는 경우 매출원가, 매출총이익 및 기말재고자산의 금액이 가장 높게 평가되는 재고자산평가방법으로 짝지어진 것은?(단, 기초재고자산수량과 기말재고자산수량은 동일하다고 가정함) 2020년 특별회차 전산회계 1급

	매출원가	매출총이익	기말재고자산금액
①	선입선출법	후입선출법	선입선출법
②	후입선출법	선입선출법	후입선출법
③	선입선출법	후입선출법	후입선출법
④	후입선출법	선입선출법	선입선출법

주관식 문제

01. 월출산㈜는 최근 화재가 발생하여 재고자산 전부를 상실하였다. 이 회사가 실사법을 적용하고 있기 때문에 화재로 인하여 얼마만큼의 재고자산이 있었는지 알 수가 없다. 다음의 자료를 이용하여 화재로 소실된 재고자산을 추정하시오.

기초재고액	₩10,000,000
매입액(순액)	₩45,000,000
매 출 액	₩60,000,000
매출총이익률	40%

02. 다음 표의 공란에 적당한 금액을 기입하시오.

재 고	①	②	③	④	⑤
매출액		200			1,000
기초재고액	150			30	200
매입액	(200)	210	260		700
판매가능재고액	350		300	250	
기말재고액	( )	170	70		
매출원가	180			240	650
매출총이익	240	30	70	60	

03. 승달산㈜의 다음 자료를 이용하여 순매입액을 계산하시오.

매 출 액	₩300,000	매 입 할 인	₩2,500
매 출 원 가	₩185,000	기말재고액	₩15,000
기초재고액	₩35,000		
매입에누리와 환출	₩4,000		

04. 아래의 회계자료로 결산분개를 하고 계정계좌에 기입하시오. 단 매출원가는 매입계정에 구하며, 기말상품재고액은 ₩1,500이다.

이월상품

전기이월	1,000		

매 입

외상매입금	15,000		
현 금	20,000		

매 출

		현 금	10,000
		외상매출금	30,000

집합손익

차변과목	금 액	대변과목	금 액

05. 위 (4)의 자료를 가지고 매출원가를 매출원가계정에서 구하시오.

이월상품

전기이월	1,000		

매 입

외상매입금	15,000		
현 금	20,000		

매 출

		현 금	10,000
		외상매출금	30,000

집합손익

매출원가

차변과목	금 액	대변과목	금 액

06. 다음 자료를 가지고 선입선출법, 후입선출법, 이동평균법 그리고 총평균법으로 (1) 상품재고장에 기장하고, (2) 볼펜의 7월 중 매출액, 매출원가와 매출총이익을 계산하시오.

자료 : 7월 1일 기초 볼펜 50개 @₩900
7월 3일 매입 볼펜 20개 @₩1,000
15일 매입 볼펜 20개 @₩1,100
20일 매출 볼펜 40개 @₩1,400
25일 매출 볼펜 20개 @₩1,000
31일 매출 볼펜 20개 @₩1,000

(1) 선입선출법

① 상품재고장

품명: 볼펜

날짜		입고			출고			잔액		
		수량	단가	금액	수량	단가	금액	수량	단가	금액
7	1									

②

매출액	매출원가	매출총이익

(2) 후입선출법

① 상품재고장

품명: 볼펜

날짜		입고			출고			잔액		
		수량	단가	금액	수량	단가	금액	수량	단가	금액
7	1									

②

매출액	매출원가	매출총이익

(3) 이동평균법

① 상품재고장

품명: 볼펜

날짜		입고			출고			잔액		
		수량	단가	금액	수량	단가	금액	수량	단가	금액
7	1									

②

매출액	매출원가	매출총이익

(4) 총평균법

① 상품재고장

품명: 볼펜

날짜		입고			출고			잔액		
		수량	단가	금액	수량	단가	금액	수량	단가	금액
7	1									

②

매출액	매출원가	매출총이익

Chapter 13

비유동자산

기업에 있어서 자산은 보유기간에 따라 유동자산과 비유동자산으로 구분된다. 또는 자산은 보통 1년을 기준으로 단기자산과 장기자산으로 구분하기도 한다. 물리적 형태가 있는지에 따라 유형자산과 무형자산으로 구분되기도 한다.

기업들은 업종이나 규모에 상관없이 유형자산과 무형자산을 보유하고 있다. 현행 기업회계기준에서는 기업들이 보유하고 있는 유형자산, 무형자산 그리고 장기투자 목적의 금융자산을 포함하여 비유동자산이라고 한다. 이는 기업의 장기성 자산으로 토지, 건물과 같이 특정한 장소에 고정되어 있기 때문에 이전에는 고정자산(fixed assets)이라고 불렀다.

비유동자산(non-current assets)은 기업에 있어서 장기간 사용할 목적으로 보유하거나 장기간 보유한 후 현금으로 전환할 목적의 자산을 말한다. 즉 ① 장기에 걸쳐 사용할 목적의 건물, 기계, 차량운반구, 토지 등과 같은 유형자산과 영업권, 산업재산권 등과 같은 무형자산, ② 투자이익이나 타회사를 지배·통제할 목적으로 장기적으로 보유하는 장기투자목적의 금융자산이 있다.

01 장기투자목적 금융자산

❶ 장기투자목적 금융자산의 의미

보유기간이 1년 이상으로서 기업의 여유자금을 투자이익이나 타회사를 지배·통제할 목적으로 보유하는 자산이다. 즉, 다른 기업에 대하여 유의적인 영향력을 미치거나 장기적으로 이자나 배당수익을 확보하기 위하여 취득한 자산을 의미한다.

❷ 장기투자목적 금융자산의 분류

1) 장기금융상품

금융기관이 취급하고 있는 1년 이상의 금융상품으로 장기적인 이자수익을 얻기 위하여 투자하는 정기적금이나 정기예금이다.

2) 장기대여금

다른 사람에게 자금을 1년 이상 대여한 것이다.

3) 장기성 매출채권

일상적인 상거래에서 발생한 외상 매출금과 받을어음 중 1년 이상의 것이다.

4) 보증금

자산의 임대차계약을 체결하는 등의 목적을 달성하기 위하여 임차인에 지급받은 금액을 말한다.

02 투자부동산

❶ 투자부동산의 의의

투자부동산이란 K-IFRS 1040호에 설명되어 있으며, 임대수익이나 시세차익 또는 두 가지를 얻기 위하여 보유하고 있는 부동산(토지, 건물)이다. 투자부동산은 기업이 보유하고 있는 다른 자산과는 거의 독립적으로 현금흐름을 창출한다. 이러한 특성에 따라 투자부동산과 자가사용부동산이 구별된다. 재화의 생산이나 용역의 제공(또는 관리목적에 부동산의 사용)에서 창출된 현금흐름은 해당 부동산에만 귀속되는 것이 아니라 생산이나 공급 과정에서 사용된 다른 자산에도 귀속된다. 소유자가사용부동산에는 기업회계기준서 제1016호를 적용하고, 리스이용자가 사용권자산으로 보유하는 자가사용부동산에는 기업회계기준서 제1116호를 적용한다.

❷ 투자부동산의 예

① 장기 시세차익을 얻기 위하여 보유하고 있는 토지. 통상적인 영업과정에서 단기간에 판매하기 위하여 보유하는 토지는 제외한다.

② 장래 용도를 결정하지 못한 채로 보유하고 있는 토지. (만약 토지를 자가사용할지, 통상적인 영업과정에서 단기간에 판매할지를 결정하지 못한 경우에 해당 토지는 시세차익을 얻기 위하여 보유한다고 본다.)

③ 직접 소유하고 운용리스로 제공하는 건물(또는 보유하는 건물에 관련되고 운용리스로 제공하는 사용권자산)

④ 운용리스로 제공하기 위하여 보유하는 미사용 건물

⑤ 미래에 투자부동산으로 사용하기 위하여 건설 또는 개발 중인 부동산

❸ 투자부동산이 아닌 항목의 예

① 통상적인 영업과정에서 판매하기 위한 부동산이나 이를 위하여 건설 또는 개발 중인 부동산(기업회계기준서 제1002호 '재고자산' 참조). 예를 들면 가까운 장래에 판매하거나 개발하여 판매하기 위한 목적으로만 취득한 부동산이 있다.

② 자가사용부동산(기업회계기준서 제1016호, 제1116호 참조). 미래에 자가사용하기 위한 부동산, 미래에 개발 후 자가사용할 부동산, 종업원이 사용하고 있는 부동산(종업원이 시장요율로 임차료를 지급하고 있는지는 관계없음), 처분 예정인 자가사용부동산을 포함한다.

③ 금융리스로 제공한 부동산

❹ 투자부동산으로서의 인식기준

① 투자부동산에서 생기는 미래 경제적 효익의 유입 가능성이 높다.

② 투자부동산의 원가를 신뢰성 있게 측정할 수 있다.

03 유형자산

유형자산(tangible fixed assets)은 장기간에 걸쳐 영업활동에 사용할 목적으로 보유하고 있는 자산이다. 이는 물리적 형체의 유무에 따라 무형자산과 구별된다. 따라서 고유영업활동 이외의 목적으로 사용되고 있는 경우에는 유형자산이 아니며 시세차익이나 임대수익 등을 목적으로 소유하는 경우에도 유형자산이 아니다.

대표적인 유형자산으로는 토지, 건물, 구축물 등 물리적 형태가 있는 자산이다. 유형 및 무형자산은 정기적으로 비용으로 배분하여야 하는데 이를 상각(amortization)이라고 하고 유형자산의 상각을 감가상각(depreciation), 무형자산의 상각을 상각(amortization)이라는 용어를 사용한다.

❶ 유형자산의 분류

유형자산을 기업활동에 사용하는 물리적 형태가 있는 자산으로 1년 이상 사용할 것으로 예상되는 자산이다. 유형자산은 토지·건물·구축물·기계장치·건설 중인 자산·기타 자산 등으로 분류하고 있다.

① 토지는 기업이 현재 영업활동에 사용하고 있는 토지를 말하며, 영업용 건물이 들어서 있는 대지, 그리고 농산물 생산·판매회사의 전답과 임야, 그리고 잡종지 등을 말한다. 이 자산은 특성상 감가상각의 대상이 되지 않는다.

② 건물은 건물, 냉난방, 전기, 통신 및 기타의 건물부속설비 등이다.

③ 구축물은 건물과는 별개로 마련된 구조물로서 교량, 궤도, 갱도, 정원설비 및 기타의 토목설비 또는 공작물 등이다.

④ 기계장치는 기계장치, 운송설비(콘베어, 호이스트, 기중기 등)와 기타의 부속설비 등이다.

⑤ 건설 중인 자산은 유형자산의 건설을 위한 재료비, 노무비 및 경비로 하되 건설을 위하여 지출한 도급금액 등이 포함된다. 이 자산도 토지와 함께 감가상각의 대상이 되지 않는다.

⑥ 기타의 자산은 위에 속하지 않는 차량운반구, 선박, 비품, 공기구 등이다.

❷ 유형자산의 회계처리

유형자산에 대한 회계처리의 기본내용은 유형자산의 취득과 처분 그리고 결산정리 시에 감가상각비 계상에 관한 것이다. 유형자산의 회계처리는 첫째, 취득시점의 취득원가결정, 둘째, 취득 이후의 지출로서 자본적 지출과 수익적 지출의 구분처리, 셋째, 자산의 사용기간 동안 감가상각비계산, 넷째, 유형자산의 처분이나 교환 시의 처분손익에 관한 회계처리이다.

(1) 취득한 경우

유형자산의 취득에 대한 회계처리는 구입할 때 순수구입가액에 사용준비에 소용된 부대비용[1)]을 가산하여 취득원가로 한다.

예제 13－1

제품생산기계를 구입하고 기계대금 ₩250,000은 수표발행지급하고 운반 및 설치비 ₩40,000과 시운전비 ₩5,000은 현금 지급하다.

풀이

(차) 기 계 장 치	₩295,000	(대) 현　　금	₩45,000
		당 좌 예 금	₩250,000

(2) 주식을 교부하여 취득한 경우

창업 시 유형자산을 취득하는 대가로 주식을 교부하는 경우를 말하며 현물출자에 대한 회계처리는 공정가액 또는 주식의 발행가로 한다.

예제 13－2

아시아상사로부터 건물을 출자받고 그 대가로 주당 시가 ₩7,000(액면가 주당 ₩5,000) 100주를 발행 교부하다.

풀이

(차) 건　　물	₩700,000	(대) 자 본 금	₩500,000
		주식발행초과금 (자본잉여금)	₩200,000

1) 부대비용이란 본래 의도한 사용목적에 적합한 상태에 이르기까지 발생하는 모든 비용을 포함한다(설치장소 준비를 위한 지출, 외부 운송 및 취급비, 설치비, 설계와 관련하여 전문가에게 지급하는 수수료, 취득세, 등록세 등 유형자산의 취득과 직접 관련된 제세공과금 등).

(3) 증여·무상으로 취득한 경우

기업이 적자가 누적되거나 자본이 잠식될 때 대주주로부터 자본보전을 위해 유형자산을 증여 받는 경우, 또는 타기관으로부터 무상으로 증여 받는 경우에도 공정가액을 취득원가로 하며, 시장가치 형성이 어려운 경우 감정가 등에 의할 수 있다.

예제 13-3

계속된 적자로 인한 자본잠식을 막기 위해 대주주로부터 임차하여 사용하고 있는 건물을 증여 받다. 건물의 공정시가는 ₩800,000으로 평가받고 있다.

풀이

(차) 건 물	₩800,000	(대) 자산수증이익 (자본잉여금)	₩800,000

(4) 유형자산 취득 후 지출의 회계처리

유형자산을 운영하는 데 여러 가지 지출이 발생한다. 이러한 지출효과는 해당 자산의 가치와 기능을 현상유지하기 위한 수익적 지출(revenue expenditure)과 해당 자산의 가치와 기능을 크게 증가시켜 주는 자본적 지출(capital expenditure)로 구별된다.

■ 수익적 지출의 회계처리

수익적 지출은 일반적인 수선비처럼 유형자산의 정상적 기능유지를 위해 지출된 비용을 말하며 그 금액이 적고 발생원인과 빈도가 정규적이다. 따라서 이는 손익계산서의 비용으로 처리되기 때문에 당기이익을 감소시키는 성질을 지닌다.

예제 13-4

기계장치에 대하여 매년 실시하는 성능검사를 하고 소모성 부품들을 교환하는 등 기계수선비용으로 현금 ₩270,000을 지급하다.

풀이

(차) 수 선 비	₩270,000	(대) 현 금	₩270,000

■ 자본적 지출의 회계처리

자본적 지출은 현재의 기계설비를 개조하거나 새로운 주요기능을 추가하거나 유형고정자산 가치 자체를 증가시키는 등의 일반적으로 비정규적이고 거액이 지출되는 경우를 말한다.

예제 13-5

B기계에 대하여 소음제거와 집진을 위한 기계장치를 하고 대금 ₩350,000은 현금지급하고 나머지 ₩350,000은 3개월 후 지급 약속어음을 발행하여 주다.

풀이

(차) 기 계 장 치	₩700,000	(대) 현 금	₩350,000
		지 급 어 음	₩350,000

3 감가상각

(1) 감가상각의 의의

토지를 제외한 유형·무형자산은 시간이 경과하고, 사용하거나 진부화 등으로 인하여 그 기능이나 경제적 가치가 감소하는데 이것을 감가라 한다. 당해 회계기간

그림 13-1 유형자산의 감가상각과정

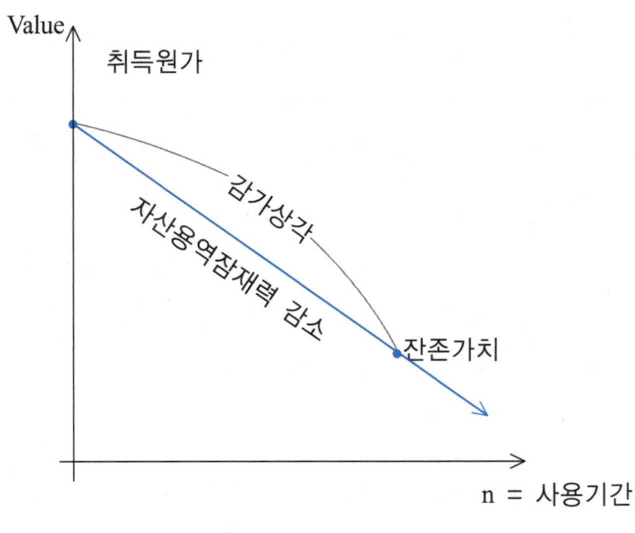

동안 자산의 감가분만큼 자산가치는 감소 평가되며 비용으로 배분하게 되는데 이러한 자산의 비용화 절차를 감가상각이라고 한다.

감가상각비는 자산의 비용 배분액이기 때문에 당기이익을 감소시키는 것이지만 기업외부로 지출되는 것은 아니므로 기업의 재무구조나 절세효과에 영향을 미치는 것이기도 하다. [그림 13-1]은 유형자산의 감가상각과정을 보여주고 있다.

(2) 감가상각의 원인과 계산방법

1) 감가상각의 원인

- 물리적 원인(physical factors) : 시간이 경과하거나 사용함에 따라 자산의 가치가 물리적으로 감소하는 경우를 말한다.
- 기능적 원인(functional factors) : 기업경영에 부적합하거나 새로운 기술진보에 따라 기존 자산의 기능으로는 경쟁력이 떨어져 그 경제적 가치가 감소하는 것을 말한다.

2) 감가상각의 계산요소

감가상각을 계산하려면 그 취득원가·추정잔존가치·추정내용연수를 알아야 한다.

- 취득원가(historical cost) : 취득원가는 해당자산의 구입가액에 부대비용을 합한 것을 말하며 자가제작한 경우 제작가액에 사용 가능할 때까지 소요된 부대비용을 합한 가액을 말한다.
- 추정내용연수(estimated useful life) : 기업이 해당 자산을 교체하거나 폐기할 때까지 사용 가능한 예정기간을 말한다. 도중에 교체할 것인가 폐기할 것인가는 경영자들의 의사결정에 의하지만 경영환경 변화에 따라 달라질 수도 있으므로 추정내용연수를 결정하기란 쉽지 않다. 그리고 기업은 그 기간을 짧게 잡으려 하고 세무당국은 이를 인정하지 않으려 하므로 대개 법인세법규정의 내용연수를 따르는 것이 일반적이다.
- 추정잔존가액(estimated residual value) : 해당자산을 더 이상 사용하지 못하고 처분할 경우 처분대가로 얻을 수 있는 가치를 말하는 것으로 처분가액에서 처분에 필요한 부대비용을 차감한 금액이 된다.

3) 감가상각 계산방법

감가상각 계산방법은 여러 가지가 있으나 여기에서는 널리 알려진 다음 몇 가지

방법을 살펴보기로 한다.

- 정액법(straight-line method) : 직선법 또는 균등상각법이라고도 하며 취득원가에서 잔존가액을 차감한 상각대상액을 내용연수 동안 균등하게 할당하여 상각하는 방법이다.

  정액법에 의한 매기의 감가상각비 계산공식은 다음과 같다.

$$감가상각비 = \frac{취득원가 - 잔존가액}{내용연수}$$

  이 방법은 계산이 간단하여 실무에 많이 사용되고 있는 방법이며 주로 잔존가액이 없거나 추정이 어려운 무형자산에 적용하고 있다.

- 이중체감법 : 정액법의 감가상각률을 2배한 감가상각률을 유형자산의 기초장부가액(취득원가 - 감가상각누계액)에 곱해서 감가상각비를 계산한다. 정액법의 배법이다.

$$감가상각비 = \frac{1}{내용연수} \times 2$$

- 정률법(fixed rate charge method) : 정률법은 가속상각법(체감상각법)의 일종으로 유형자산의 미상각 잔액에 일정의 상각률을 곱하여 감가상각비를 계산하는 방법이다.

  정률법에 의한 매기의 감가상각비 계산공식은 다음과 같다.

$$상각률(r) = 1 - \sqrt[n]{\frac{잔존가액}{취득원가}} \quad (여기서,\ n은\ 내용연수)$$

$$\begin{aligned} 감가상각비 &= 미상각잔액 \times 상각률 \\ &= (취득원가 - 감가상각누계액) \times 상각률 \end{aligned}$$

  위의 상각방법은 유형자산 초기 가용능력이 좋을 때 많이 상각하고 능률과 경제적 가치가 떨어지거나 수선비 등이 많을 때 적게 상각한다는 점에서 합리적 방법으로 평가받고 있다. 더욱이 정상적 이익을 기대할 수 있는 기업에서는 초기의 많은 상각비계상으로 절세의 효과를 얻을 수 있어 실무에 많이 이용된다.

- 연수합계법(sum-of-years digits method) : 연수합계법도 가속상각법(체감상각법)의 일종으로 정률법에 비하여 상각비 체감의 정도가 낮다. 산출공식은 잔

그림 13-2 **감가상각방법의 비교**

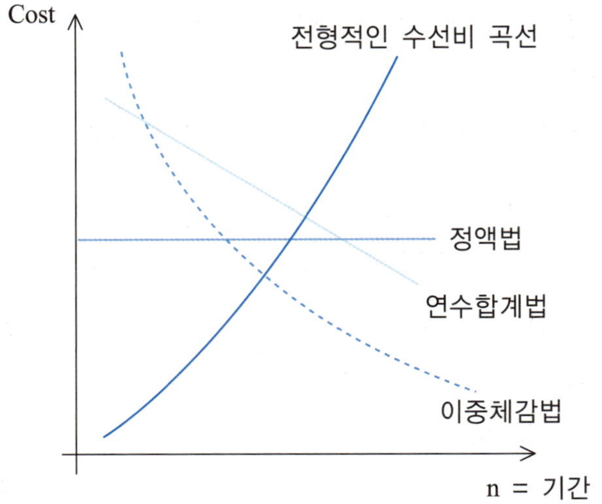

존내용연수를 내용연수의 합계로 나눈 수치로 상각대상원가를 나누어 얻는다. 내용연수의 합계를 분모로 하고 잔여 내용연수를 분자로 하여 계산한다. 즉, 내용연수가 5년이라면 1차 연도 상각비는 상각대상원가 이다. 즉 산출공식은

$$\text{감가상각비} = (\text{취득원가} - \text{잔존가치}) \times \frac{\text{잔존내용연수}}{\text{내용연수의 합계}}$$

앞에서 살펴본 감가상각비를 각 방법별로 비교하면 [그림 13-2]와 같다. [그림 13-2]에서 보는 바와 같이 유형자산의 취득원가, 추정내용연수, 잔존가치 등이 같을지라도 회사가 어떠한 감가상각방법을 사용하여 회계처리하는가에 따라 보고되는 기간비용이 달라지고 이익에 차이를 가져온다. 즉 회계처리방법의 선택에 따라 비용이 달라진다.

다음 자료를 이용하여 정액법·정률법·연수합계법에 의한 감가상각비의 차이를 비교해 보면 절세 등 경영관리에 따른 유익한 자료를 얻을 수 있다.

취득원가	₩100,000
잔존가액	₩10,000
내용연수	5년
결산 년	1회

정액법에 의한 감가상각표

연 도	기초장부가액	상각액	기말장부가액
1	100,000	18,000	82,000
2	85,000	18,000	64,000
3	64,000	18,000	46,000
4	46,000	18,000	28,000
5	28,000	18,000	10,000

위의 세 가지 감가상각표를 비교하여 보면 초기에 상각액이 가장 많은 것은 정률법으로 나타난다. 1차 연도에는 정률법이 가장 많은 ₩36,900이며, 2차 연도에는 정률법은 ₩23,280이며, 연수합계법은 ₩24,000으로 약간 많다. 그러나 2차 연도까지의 감가상각비 합계액은 정률법이 가장 많다. 또한 3차 연도부터는 정률법의 감가상각비는 다른 두 방법에 비해 적어진다. 이는 당해기업의 매년 회계기간별 수익·비용을 적절하게 대응시켜 손익계상을 적정하게 하고 감가상각방법의 선택에 따라 절세효과도 기대할 수 있다. 이 방법은 유형자산에 주로 적용하고 있다.

예를 들어 초기에 이익이 많다면 정률법이 절세효과를, 초기에는 이익규모가 적으나 후기 연도에 많은 이익을 예상한다면 정액법이 절세효과를 가져오게 된다.

정률법에 의한 감가상각표 (상각률: 0.369)

연 도	기초장부가액	상각액	기말장부가액
1	100,000	36,900	63,100
2	63,100	23,280	39,820
3	39,820	14,690	25,130
4	25,130	9,270	15,860
5	15,860	5,860	10,000

연수합계법에 의한 감가상각표

연 도	기초장부가액	상각액	기말장부가액
1	100,000	30,000	70,000
2	70,000	24,000	46,000
3	46,000	18,000	28,000
4	28,000	12,000	16,000
5	16,000	6,000	10,000

- **생산량비례법(production method)** : 생산량비례법은 광산과 같은 고정자산의 경우 채취량만큼 그 용역잠재력이 감소하므로 그만큼 감가상각하는 것이며 산출 공식은 다음과 같다.

$$감가상각비 = (취득원가 - 잔존가치) \times \frac{당해연도\ 생산량}{총예상\ 생산량}$$

- **작업시간비례법(working hours method)** : 작업시간비례법은 생산량비례법과 비슷한 방법으로 항공기, 자동차, 기계 등 그 사용가능시간이 일정한 고정자산에 채택되며 총사용 가능시간을 생산량비례법의 총예상 생산량으로, 당해연도 작업시간을 생산량비례법의 당해연도 생산량으로 보면 된다.
- **재고법(inventory method)** : 재고법은 공구·기구 등의 자산에 적절한 방법으로 기초와 기말에 재고조사를 하여 순감소액을 감가상각비로 처리하는 방법이다.
- **폐기법(retirement method)과 대체법(replacement method)** : 폐기법과 대체법은 철도의 레일이나 침목·계량기·가스관·전신주 등과 같이 동일 종류의 유형자산의 경우 사용되며 최초의 취득원가를 장부에 기장해 놓는 방법이다. 폐기법은 폐기되는 구자산의 원가를 감가상각비로 하는 방법이며, 대체법은 새로 구입하는 신자산의 취득원가를 감가상각비로 하는 방법이다.

(3) 감가상각의 회계처리

감가상각비를 회계처리하는 방법은 직접법과 간접법이 있다.
무형자산은 직접법, 유형자산은 간접법으로 처리한다.

1) 직접법(direct write-off method)

직접법은 해당자산에서 감가상각비를 직접 차감하는 방법으로 감가상각비를 감가상각계정 차변에 기입하고 당해자산계정 대변에 기입한다. 따라서 대차대조표에는 당해자산의 미상각잔액이 나타난다.

예제 13-6

결산기말 기계장치에 대한 감가상각비 ₩200,000을 계상하다.

풀이

(차) 감가상각비	₩200,000	(대) 기 계 장 치	₩200,000

2) 간접법(allowance method)

감가상각액을 감가상각비계정의 차변에 기입하고 감가상각누계액계정을 설정하여 그 대변에 기입한다. 이때 감가상각누계액계정은 자산의 차감적 평가계정으로서 대차대조표의 해당자산 아래에 기재하며, 직접법에 비해 해당자산에 대한 정보를 보다 자세히 파악할 수 있다.

예제 13-7

위의 예제 13-6을 이용하여 분개하고 대차대조표에 표시하시오.

풀이

(차) 감가상각비	₩200,000	(대) 감가상각누계액 - 기계	₩200,000

재무상태표

(유형자산)		
기　　계	×××	
감가상각누계액	×××	

3) 개별상각과 종합상각

- 개별상각(unit depreciation) : 개별상각은 개개의 유형자산에 대하여 각각 감가상각하는 원칙적인 방법을 말한다. 소규모의 기업에서 유형자산의 종류가 적을 때 이 방법을 사용한다.
- 종합상각(composite depreciation) : 기업의 규모가 크고 상각대상자산의 수가 많은 경우 개별상각은 회계처리가 복잡하기 때문에 여러 자산들을 한데 묶어 동일한 평균내용연수로 상각액을 계산하며 평균내용연수는 상각총액을 연상각액으로 나누어 산출할 수 있다. 종합상각은 모든 상각대상자산을 하나로 처리하는 방법과 상각대상자산의 종류별로 나누어 처리하는 조별상각법이 있다.

4) 감가상각 후의 회계처리

유형자산은 내용연수 경과 후에도 그대로 사용하는 경우가 많다. 이럴 때 대차대조표 해당 유형자산계정은 잔존가액 그대로 기장한다.

또한 내용연수 경과 후 매각할 때는 매각대금과 잔존가액과의 차이를 유형자산

처분이익 혹은 유형자산 처분손실로 처리하여 손익계산서의 영업외수익 또는 영업외비용으로 기재한다.

❹ 유형자산의 처분

유형자산을 처분이나 폐기 시 장부금액과 처분가액 간의 차이가 있다면 이를 유형자산처분손익계정으로 회계처리한다.

예제 13-8

승달산㈜는 2024년 1월 1일에 기계를 매각하고 현금 ₩400,000을 받았다. 기계의 취득원가는 ₩1,000,000이었고 기계에 대한 감가상각누계액은 ₩700,000이었다. 처분 시의 분개를 하시오.

풀이

(차) 현　　금	₩400,000	(대) 기　　계	₩1,000,000
감가상각누계액(기계)	₩700,000	유형자산처분이익	₩100,000

04 무형자산

❶ 무형자산의 의의

정보화 시대의 기술집약산업에서 무형자산의 중요성이 크게 높아지고 있는 상황에서 무형자산은 구체적 물리적인 실체가 없는 자산으로서 장기간에 걸쳐서 소유권을 갖고 경영상의 특수한 효익을 얻을 수 있는 권리, 특권 등을 말한다.

무형자산은 산업재산권 등과 같이 법률상의 권리로서 발생하는 경우, 프랜차이즈나 라이선스 등과 같이 사적인 계약으로 발생하는 경우와 영업권과 같이 특정기업의 초과 수익력을 취득에 의해 발생하는 경우 등이다. 무형자산은 외부로부터 구입하기도 하지만 회사 내부에서 자체 개발되기도 한다.

❷ 무형자산의 종류

기업회계기준서에 의하면 그 종류는 다음과 같다.

① 영업권

특정기업의 인수합병·영업양수 및 전세권 취득 등의 경우에 그 기업의 초과수익력을 인정하여 순재산 이상의 가액으로 취득한 것으로 20년 이내에 상각하도록 규정되어 있다.

② 산업재산권

법률에 의하여 일정기간 독점적·배타적으로 이용할 수 있는 권리로서 특허권·실용신안권·의장권·상표권 및 상호권 등이 있다.

③ 저작권

특정한 저작물(영화·음반·서적 등)을 독점적, 배타적으로 사용할 수 있는 권리를 말한다.

④ 컴퓨터 소프트웨어

자산인식조건을 충족하는 소프트웨어를 구입하여 사용한 경우 동구입비용을 말한다.

⑤ 광업권

광업법에 의하여 등록된 일정한 광구에서 등록한 광물과 동광산에 부존하는 다른 광물을 채굴하여 취득할 수 있는 권리로 한다.

⑥ 어업권(입어권 포함)

수산업법에 의하여 등록된 일정한 수면에서 어업을 경영할 권리로 한다.

⑦ 임차권리금

전세권이나 보증금 이외에 초과수익력의 대가로 지불한 금액을 말한다.

⑧ 프랜차이즈와 라이선스

프랜차이즈(franchises)란 특정지역 내에서 민간 당사자(프랜차이저와 프랜차이지)간에 제품이나 서비스의 판매권, 상표나 상호명의 사용권 또는 특정기능을 독점적으로 영위할 수 있는 계약을 말하며, 라이선스(licences)는 중앙정부나 지방정부에 의해 민간인에게 허가의 형태로 부여하는 일종의 프랜차이즈 계약으로 특정기술이나 지식을 일정기간 독점적으로 이용할 수 있는 권리를 말한다.

⑨ 개발비

개발비란 제조비법, 공식, 모델, 신제품, 신기술 등의 개발과 관련하여 발생한 비용으로서 개별적으로 식별가능하고 미래의 경제적 효익을 확실하게 기대할 수 있는 것을 말한다. 이 경우에 발생한 연구활동비는 당기비용으로, 개발활동비는 무형자산으로 회계처리한다. 단, 무형자산을 창출하기 위한 비용 중에서 연구활동비와 개발활동비의 구별이 어려운 경우에는 연구활동비로 처리한다.

⑩ 특허권

신기술이나 신제품 등의 특정발명이 특허법에 등록되어 기업이 일정기간 독점적, 배타적으로 사용할 수 있는 권리를 말한다.

3 무형자산의 회계처리

(1) 취득 시 회계

무형자산은 외부구입의 경우도 있고 자기창설의 경우도 있다. 외부에서 유상으로 구입하는 경우 매입가격에 부대비용을 가산하여 취득원가로 한다. 그러나 기업이 자체적으로 개발하여 창설한 경우 발생된 원가를 구체적으로 식별할 수 있고, 미래의 경제적 효익이 보장되어야 자산으로 계상할 수 있기 때문에 그 취득가액의 결정이 곤란한 때가 많다.

따라서 경상적인 연구개발비와 같이 개별자산으로 구체적인 식별이 불가능하므로 자산으로 계상할 수 없고 발생 즉시 기간 비용으로 처리해야 하며, 영업권도 외부에서 유상으로 취득한 경우에만 자산으로 계상할 수 있다.

예제 13-9

A 신제품의 제조방법에 관한 특허권을 B로부터 받은 대가로 ₩1,000,000은 수표를 발행하여 지급하고, 이의 등록에 소요된 제비용 ₩15,000은 현금으로 지급하다.

풀이

(차) 특 허 권	₩1,015,000	(대) 당 좌 예 금	₩1,000,000
		현 금	₩15,000

(2) 감가상각 시 회계

무형고정자산의 감가상각은 정액법 또는 생산량비례법에 의하며 일정한 내용연수에 균등상각한다.

예제 13 – 10

결산 시에 위 예제 13 – 9의 특허권 중 ₩101,500을 상각하다.

풀이

(차) 특허권상각	₩101,500	(대) 특　허　권	₩101,500

4 K – IFRS 제1038호 무형자산

K – IFRS 제1038호에서 무형자산에 대하여 다음과 같이 정의한다. 기업은 경제적 자원을 사용하거나 부채를 부담하여 과학적·기술적 지식, 새로운 공정이나 시스템의 설계와 실행, 라이선스, 지적재산권, 시장에 대한 지식과 상표(브랜드명 및 출판표제 포함) 등의 무형자원을 취득, 개발, 유지하거나 개선한다. 이러한 예에는 컴퓨터소프트웨어, 특허권, 저작권, 영화필름, 고객목록, 모기지관리용역권, 어업권, 수입할당량, 프랜차이즈, 고객이나 공급자와의 관계, 고객충성도, 시장점유율과 판매권 등이 있다. 무형자산으로 정의되기 위한 세 가지 조건은 식별가능성, 통제, 그리고 미래경제적 효익을 확보할 수 있어야 한다.

1) 무형자산의 인식과 측정

다음의 조건을 모두 충족하는 경우에만 무형자산을 인식한다.

① 자산에서 발생하는 미래경제적 효익이 기업에 유입될 가능성이 높다.

② 자산의 원가를 신뢰성 있게 측정할 수 있다.

연 습 문 제

객관식 문제

01. 다음 중 유형자산의 취득원가에 포함되지 않는 것은? 58회 1급 전산회계

① 설치장소 준비를 위한 지출
② 외부운송 및 취급비
③ 새로운 시설을 개설하는데 소요되는 원가
④ 설치비

02. 다음 중 유동자산과 비유동자산의 분류가 올바르게 짝지어진 것은? 58회 1급 전산회계

	유동자산	비유동자산		유동자산	비유동자산
①	건설중인자산	개발비	②	미수금	선급비용
③	선급비용	건설중인자산	④	영업권	단기투자자산

03. 다음 자료에서 차량 처분 시 유형자산처분손익을 계산한 금액으로 옳은 것은? (단, 회계기간은 1.1.~12.31.이며, 감가상각은 월할계산한다) 58회 2급 전산회계

- 2012년 1월 1일 : 차량운반구 취득(취득가액 10,000,000원, 잔존가액 0원, 내용연수 10년, 정액법 상각)
- 2014년 7월 1일 : 차량운반구 처분(현금 처분금액 7,300,000원)

① 처분이익 200,000원　② 처분이익 300,000원
③ 처분손실 200,000원　④ 처분손실 300,000원

04. 다음 중 감가상각을 필요로 하지 않는 자산은? 58회 2급 전산회계

① 건물　② 차량운반구　③ 토지　④ 기계장치

05. 연초에 취득하여 영업부서에 사용한 소형승용차(내용연수 5년, 잔존가치 "0")를 정률법으로 감가상각할 경우, 정액법과 비교하여 1차년도의 당기순이익 및 1차년도 말 유형자산(차량운반구)의 순액에 미치는 영향으로 올바른 것은? 59회 전산회계 1급

① 당기순이익은 과대계상 되고, 유형자산은 과대계상 된다.
② 당기순이익은 과대계상 되고, 유형자산은 과소계상 된다.
③ 당기순이익은 과소계상 되고, 유형자산은 과대계상 된다.
④ 당기순이익은 과소계상 되고, 유형자산은 과소계상 된다.

06. 다음 중 유형자산의 취득원가가 아닌 것은? 59회 전산회계 1급

① 설치장소 준비를 위한 지출
② 관리 및 기타 일반간접원가
③ 자본화대상인 차입원가
④ 설치비

07. 다음 [거래]에 대한 잘못된 [분개]로 재무제표에 미치는 영향으로 옳은 것은? 59회 전산회계 2급

[거래] 본사 건물에 대한 냉·난방 장치를 설치하고 대금 20,000,000원을 당좌수표를 발행하여 지급하였다. 이는 자본적 지출에 해당한다.
[분개] (차변) 수선비 20,000,000 (대변) 당좌예금 20,000,000

① 자산의 과대계상
② 당기순이익의 과대계상
③ 부채의 과소계상
④ 비용의 과대계상

08. 유형자산에 대한 설명으로 옳지 않은 것은? 59회 전산회계 2급

① 판매를 목적으로 보유한다.
② 물리적인 형태가 있다.
③ 1년을 초과하여 사용할 것으로 예상된다.
④ 토지, 건물, 비품, 차량운반구 등이 있다.

09. ㈜세원은 2013년 7월 18일 구입하여 사용 중인 기계장치를 2014년 6월 1일 37,000,000원에 처분하였다. 당기분에 대한 감가상각 후 처분시점의 감가상각누계액은 8,000,000원이며, 처분이익 5,000,000원이 발생하였다. 내용연수 5년, 정액법으로 월할상각하였다고 가정할 경우 기계장치의 취득원가는? 60회 전산회계 1급

① 32,000,000원　　② 40,000,000원
③ 45,000,000원　　④ 50,000,000원

10. 다음 중 유형자산의 감가상각에 대한 내용으로 옳지 않은 것은? 63회 전산회계 1급

① 감가상각은 자산이 사용가능한 시점부터 시작한다.
② 자산의 내용연수 동안 감가상각액이 매 기간 감소하는 상각방법은 정률법이다.
③ 제조공정에서 사용된 유형자산의 감가상각액은 당기비용으로 처리한다.
④ 유형자산의 내용연수는 자산으로부터 기대되는 효용에 따라 결정된다.

11. ㈜무릉은 공장신축을 위해 다음과 같이 토지를 구입하였다. 토지계정에 기록되어야 할 취득원가는 얼마인가? 77회 전산회계 1급

- 구입가액 : 50,000,000원
- 구입관련 법률자문비용 : 3,000,000원
- 토지위 구건물 철거비용 : 1,500,000원
- 구건물 철거후 잡수익 : 500,000원

① 50,000,000원　② 54,000,000원　③ 54,500,000원　④ 55,000,000원

12. 소프트웨어 개발회사인 ㈜학림은 새로운 소프트웨어 개발을 위하여 연구단계에서 관련 정보의 탐색 비용으로 현금 1억원을 지출하였다. 올바른 회계처리는? 70회 전산회계 1급

① (차) 연구비 1억(무형자산)　　(대) 현　금 1억
② (차) 연구비 1억(판매비와관리비)　　(대) 현　금 1억
③ (차) 개발비 1억(무형자산)　　(대) 현　금 1억
④ (차) 개발비 1억(기타비유동자산)　　(대) 현　금 1억

13. 다음 자료를 이용하여 유형자산에 대한 감가상각을 실시하는 경우 연수합계법에 의한 3차년도말 현재의 장부금액(장부가액)으로 맞는 것은? 69회 전산회계 1급

- 기계장치 취득원가 : 50,000,000원(1월 1일 취득)
- 내용연수 : 5년
- 잔존가치 : 취득원가의 10%
- 정률법 상각률 : 0.45

① 8,318,750원 ② 10,000,000원 ③ 14,000,000원 ④ 23,000,000원

14. ㈜한국은 20×1년 10월 1일에 기계장치를 ₩1,200,000(내용연수 4년, 잔존가치 ₩200,000)에 취득하고 연수합계법을 적용하여 감가상각하고 있다. 20×2년말 포괄손익계산서와 재무상태표에 보고할 감가상각비와 감가상각누계액은? (단, 감가상각비는 월할 계산한다) 2018 국가직 9급

① 감가상각비 ₩375,000 감가상각누계액 ₩475,000
② 감가상각비 ₩375,000 감가상각누계액 ₩570,000
③ 감가상각비 ₩450,000 감가상각누계액 ₩475,000
④ 감가상각비 ₩450,000 감가상각누계액 ₩570,000

15. 다음 중 무형자산의 회계처리에 대한 설명으로 틀린 것은? 78회 전산회계1급

① 무형자산을 최초로 인식할 때에는 공정가치로 측정한다.
② 다른 종류의 무형자산이나 다른 자산과의 교환으로 무형자산을 취득하는 경우에는 무형자산의 원가를 교환으로 제공한 자산의 공정가치로 측정한다.
③ 무형자산을 창출하기 위한 내부 프로젝트를 연구단계와 개발단계로 구분할 수 없는 경우에는 그 프로젝트에서 발생한 지출은 모두 연구단계에서 발생한 것으로 본다.
④ 무형자산의 잔존가치는 없는 것을 원칙으로 한다.

16. 무형자산과 관련된 다음의 설명 중 옳지 않은 것은? 80회 전산회계 1급

① 개발비는 개발단계에서 발생하여 미래경제적 효익을 창출할 것이 기대되는 자산이다.
② 무형자산의 취득원가는 매입금액에 직접부대비용을 가산한다.
③ 무형자산을 직접 차감하여 상각하는 경우 무형자산상각비 계정을 사용한다.
④ 영업활동에 사용할 목적으로 보유하는 자산으로 물리적 실체가 있는 경우 무형자산으로 분류된다.

17. 다음 중 유형자산 취득 후 추가적인 지출이 발생할 경우 이를 비용화할 수 있는 거래는?

79회 전산회계 1급

① 상당한 원가절감　　② 수선유지를 위한 지출
③ 생산능력의 증대　　④ 내용연수의 연장

18. 다음 중 유형자산의 감가상각과 관련한 설명으로 가장 옳지 않은 것은? 91회 전산회계 1급

① 감가상각의 주목적은 취득원가의 배분에 있다.
② 정률법은 자산의 내용연수 동안 감가상각액이 매기간 증가하는 방법이다.
③ 감가상각비는 자산의 제조와 관련된 경우 관련자산의 제조원가로 계상한다.
④ 감가상각방법은 해당 자산으로부터 예상되는 미래경제적 효익의 소멸형태에 따라 선택하고, 소멸 형태가 변하지 않는 한 매기 계속 적용한다.

19. 다음 중 기계장치의 취득원가로 올바른 것은? 92회 전산회계 1급

- 기계장치의 구입가격 : 50,000,000원
- 기계장치의 구입시 운송비용 : 2,000,000원
- 기계장치의 설치비 및 시운전비 : 500,000원
- 기계장치 사용을 위한 직원 교육비 : 1,000,000원

① 53,500,000원　② 52,000,000원　③ 52,500,000원　④ 50,500,000원

20. 다음 중 유형자산의 정의와 인식조건에 해당하지 않는 것은? 2020년 특별회차 전산회계 1급

① 자산으로부터 발생하는 미래경제적 효익이 기업에 유입될 가능성이 매우 높다.
② 자산의 원가를 신뢰성 있게 측정할 수 있다.
③ 기업의 정상적인 영업활동 과정에서 판매를 목적으로 보유하는 물리적 형체가 있는 자산이다.
④ 1년을 초과하여 사용할 것이 예상되는 자산이어야 한다.

주관식 문제

01. 다음 거래를 분개하시오.

(1) 유휴자금을 투자목적으로 ₩100,000을 5년 만기 정기예금으로 하다.

(2) 투자를 목적으로 비업무용 토지 ₩200,000을 수표를 발행하여 구입하고, 중개인수수료·등록비 ₩3,000은 현금으로 지급한다.

(3) 위 (2)의 토지를 ₩210,000 매각하고 매입자 발행 약속어음을 받다.

(4) 제품생산기계를 구입하고 대금 ₩250,000은 수표를 발행하여 지급하고, 운반비, 설치비 ₩40,000과 시운전비 ₩5,000은 현금으로 지급한다.

(5) 아시아상사로부터 건물을 출자받고 그 대가로 주당 시가 ₩700(액면가@₩500) 1,000주를 발행 교부하다.

(6) A기계장치에 대하여 매년 실시하는 성능검사를 하고 소모성 부품들을 교환하는 등 기계수선비용으로 현금 ₩70,000을 지급하다.

(7) A신제품의 제조방법에 관한 특허권을 B로부터 받은 대가로 ₩100,000은 수표를 발행하여 지급하고, 이의 등록에 소요된 제비용 ₩15,000은 현금으로 지급하다.

(8) 결산시 위 (7)의 특허권 중 ₩10,500을 상각하다.

(9) 순청상사는 영업용 건물을 ₩200,000에 임차하기로 하고 대금을 현금으로 지급하다.

(10) 건물 외벽을 도색하고 그의 대금 ₩8,000은 수표를 발행하여 지불하다. 단, 자본적 지출과 수익적 지출로 각각 회계처리하시오.

(11) 업무용 컴퓨터 1대를 구입하고, 대금 ₩100,000 중 ₩50,000은 현금으로 지불하고, 나머지는 외상으로 한다.

	차 변	금 액	대 변	금 액
(1)				
(2)				
(3)				
(4)				
(5)				
(6)				
(7)				
(8)				
(9)				
(10)				
(11)				

02. 취득원가 ₩1,000,000, 내용연수 8년, 잔존가액은 취득원가의 10%인 비품에 대하여 감가상각비를 정액법과 정률법으로 계산하고 다음 표를 완성하시오. (단, 정률법의 상각률은 0.25이다.)

	정액법		정률법	
	감가상각비	감가상각누계액	감가상각비	감가상각누계액
1차 연도				
2차 연도				
3차 연도				
4차 연도				
5차 연도				
6차 연도				
7차 연도				
8차 연도				

03. 자본적 지출과 수익적 지출을 비교설명하시오.

Chapter 14

부 채

01 부채의 의의와 분류

부채(liabilities)란 과거의 거래 혹은 경제적 사건의 결과로 제3자에게 장래에 재화나 용역을 제공하여야 할 현재의 의무이다. 이러한 부채를 재무상태표에 기록하기 위해서는 현재의 의무를 이행하기 위하여 경제적 효익이 내재된 자원의 유출가능이 높고 그 금액이 신뢰성 있게 측정될 수 있어야 한다.

부채는 만기일을 기준으로 크게 유동부채(current liabilities)와 비유동부채(long-term liabilities)로 나누며, 유동부채는 1년 내 만기가 도래하는 부채이며 비유동부채는 만기가 1년 이후에 도래하는 것을 말한다. 또한 우발채무나 부채성 충당부채처럼 상환시기나 상환금액이 확정되지 않고 이를 추정해야 하는 경우도 있는데 이를 확정부채에 대응하는 개념으로 추정부채(estimated liabilities)라고 한다.

금융부채와 비금융부채로도 분류할 수 있다. K-IFRS에서는 금융부채는 거래 상대방에게 현금 또는 자기지분상품 등 금융자산으로 결재되는 부채를 의미한다. 금융부채의 예로는 매입채무, 미지급금, 차입금 그리고 사채 등이 있다. 비금융부채는 미지급비용, 선수금, 선수수익, 예수금 등이 있다.

❶ 부채의 분류

1) 유동부채 VS 비유동부채

유동부채란 12개월(1년) 또는 정상영업주기 이내에 갚아야 할 의무인 부채를 의미하며 비유동부채란 12개월(1년) 또는 정상영업주기 이후에 갚아야 할 의무인 부채이다.

2) 확정부채 VS 추정부채

확정부채란 재무상태일인 현재시점에 부채의존재가 확실하며 지급할 금액도 확정되어 있는 부채를 의미하며 추정부채란 재무상태일 현재 시점에 부채의 존재가 불확실하며 지급할 금액도 불확실한 부채를 의미한다.

3) 금융부채 VS 비금융부채

금융부채란 매입채무, 미지급금, 차입금 사채 등 부채의 정의를 충족하는 계약상 의미이자 현금 등의 금융자산으로 결제되는 부채를 의미하며 비금융부채란 말그대로 금융부채가 아닌 부채로서, 판매된 제품의 품질보증의무나 제조과정에서 발생한 환경오염을 제거할 의무등이다.

02 유동부채

유동부채는 1년 내에 만기가 도래하는 것으로 앞에서 학습한 매입채무 등이며, 유동부채의 계정과목은 다음과 같다.

① 매입채무

일반적 상거래에서 발생한 외상매입금과 지급어음으로 한다. 일반적인 상거래는 기업의 주된 영업활동에서 발생하는 거래를 의미한다.

② 단기차입금

금융기관으로부터의 당좌차월액과 1년 내에 상환될 차입금으로 한다. 또한 타인으로부터 현금을 차입한 경우 부채계정인 차입금계정에 기록한다.

③ 미지급금

일반적 상거래 이외에서 발생한 채무(미지급비용을 제외한다)로 한다. 예를 들어,

제조활동에 사용할 유형자산을 외상으로 구입하였다면 미지급금 계정에 기록한다.

④ 선수금

수주공사·수주품 및 기타 일반적 상거래에서 발생한 선수액으로 한다. 즉 선금 또는 계약금을 의미한다.

⑤ 예수금

일반적 상거래 이외에서 발생한 일시적 제예수액으로 한다. 이는 상품매매 이외의 거래에서 일시적으로 타인을 위해 맡아둔 금액을 의미한다. 예수금의 예로는 근로소득세, 건강보험료, 고용보험료 등이다.

⑥ 미지급 비용

발생된 비용으로서 지급되지 아니한 것으로 한다.

⑦ 미지급 법인세

법인세 등의 미지급액으로 한다.

⑧ 미지급 배당금

이익잉여금 처분계산서상의 현금배당액으로 한다.

⑨ 유동성 장기부채

비유동부채 중 1년 내에 상환될 것 등으로 한다.

⑩ 선수수익

받은 수익 중 차기 이후에 속하는 금액으로 한다.

⑪ 상품권선수금

받은 수익 중 차기 이후에 속하는 금액으로 한다.

발행시	현　　금	×××	상품권선수금	×××
매출시	상품권선수금	×××	매　　출	×××

⑫ 가수금

현금의 지출이나 수입이 있지만 정확한 계정과목이나 금액을 확정할 수 없을 때 가지급금 또는 가수금이라는 임시계정에 기록한 후 계정과목이나 금액이 확정될 때 해당 계정으로 기록한다.

03 추정부채

회계상 부채는 법률적 채무와는 달리 부채를 계상하는 시점에 채권자나 상환시기 또는 상환금액이 확정되지 않고 다만 추정할 수 있는 경우도 있다. 이러한 경우 그 추정치만을 대차대조표에 계상하게 되는데 이를 추정부채(estimated liabilities)라고 하며 추정부채는 우발부채와 충당부채가 있다. 이들은 거의 비유동부채에 속한다.

1 우발채무

우발채무(contingent liabilities)는 외상매출금의 양도, 어음의 배서양도 및 소송 중에 있는 사건 등에서 발생할 수 있는 미래 불확실한 채무들이다. 우발채무는 구상권이 있는 것과 없는 것 두 종류가 있다.

회계처리는 우발손실의 발생이 거의 확실하고 그 금액을 합리적으로 추정할 수 있는 경우 대차대조표일 현재 순자산의 감소가 거의 확실하고 그 금액을 합리적으로 추정할 수 있는 경우 그 추정 손실액을 재무제표에 계상하고 그 내용을 주석으로 기재해야 한다.

예제 14-1

제2공정부문에서 사고가 발생하여 근로자 1인이 재해를 입고 재해배상청구소송 중이며 회사의 안전관리상 시설미비로 확인되어 청구액 ₩2,000,000 전액배상이 거의 확실시 된다.

풀이

(차) 재해배상손실 ₩2,000,000 (대) 재해배상채무 ₩2,000,000

예제 14-2

거래처 ㈜무등산의 파산으로 인해 K은행 대출 시 지급보증한 ₩30,000,000에 대한 지급보증채무를 이행하라는 통보를 받다.

풀이

(차) 지급보증손실 ₩3,000,000 (대) 지급보증채무 ₩3,000,000

❷ 충당부채

충당부채는 과거 사건이나 거래의 결과에 의한 현재의무로서 지출의 시기 및 금액이 확정되어 있지 않은, 불확성이 높지만 유출될 가능성이 높고 그 금액도 추정할 수 있는 부채를 의미한다.

충당부채(allowance liability)란 수익·비용대응의 원칙에 따라 계상되는 부채로 당기의 수익을 위해서 장래에 지출될 비용이 확실히 발생할 것에 대해 당기수익에서 그 금액을 합리적으로 추산하여 부채로 계상한 것이다. 충당부채는 재무상태표에 부채로 인식된다. 또한 충당부채에는 퇴직급여충당부채·제품보증충당부채·하자보수충당부채 등이 있다.

K-IFRS에 의하면 충당부채로 인식하기 위해서는 첫째, 과거 사건의 결과로 현재의무가 존재하며, 둘째, 당해의무를 이행하기 위하여 경제적 효익을 가지고 있는 자원이 유출될 가능성이 높으며, 셋째, 당해의무의 이행에 소요되는 금액을 신뢰할 수 있게 추정할 수 있을 때 인식한다.

예제 14-3

농협은 보유하고 있는 선박을 3년마다 대수선을 한다. 예상수선비는 ₩120,000이었고, 실제수선비는 ₩110,000이다. 1차 연도 결산 시와 수선 시를 분개하라.

풀이

[1차 연도 결산시]

(차) 수 선 비	₩40,000	(대) 수선충당부채	₩40,000

[수선시]

(차) 수선충당부채	₩80,000	(대) 현 금	₩110,000
수 선 비	₩30,000		

예제 14-4

㈜성모는 판매보증비 ₩500,000을 지급하고 결산시 차기년도 제품보증 충당부채로 ₩800,000을 설정하다.

풀이

[지급시]

(차) 제품보증충당부채 ₩500,000 (대) 현 금 ₩500,000

[설정시]

(차) 판매보증비 ₩800,000 (대) 제품보증충당부채 ₩800,000

예제 14-5

다음 자료에 의해 퇴직금 지급 시와 퇴직금 설정 시의 분개를 행하라.

퇴직급여충당부채 전기이월액	₩800,000
기중 퇴직금지급액	₩300,000
일시퇴직시 지급할 퇴직금 총액	₩900,000

풀이

[퇴직금 지급 시]

(차) 퇴직급여충당부채 ₩300,000 (대) 현 금 ₩300,000

[퇴직금 설정 시]

(차) 퇴 직 급 여 ₩400,000 (대) 퇴직급여충당부채 ₩400,000

※ 900,000 − (800,000 − 300,000) = ₩400,000

04 비유동부채

비유동부채(non-current liabilities)는 지급만기가 대차대조표일로부터 1년 이후에 도래하는 채무를 말하며, 장기부채(long-term liabilities)라고도 한다.

비유동부채 과목으로는 사채·장기차입금·장기성 매입채무·충당부채 등이 있다. 일반적으로 대규모 자금을 장기에 걸쳐 안정적으로 이용할 수 있으므로 기업의 시설자금 등에 이용되며 그 대표적인 것이 사채와 장기차입금이다.

장기차입금은 국내외 금융기관이나 개인 등에게 이자를 지급하기로 하고 차입하며 담보나 제3자의 보증에 의해 이루어진다.

❶ 사 채

사채(bonds)는 주식회사가 불특정 다수인으로부터 소액의 증권화된 방법으로 장기간에 걸쳐 거액의 자금을 조달하고 미래의 확정된 날짜에 원금을 상환하며, 사채의 계약에 명시된 이자율로 이자를 일정한 기간마다 지급할 것을 약정한 채무증권이다. 사채의 특징을 살펴보면 다음과 같다.

첫째, 사채는 전형적인 금융부채이다. 금융기관으로부터 차입하는 장기차입금과 사채의 큰 차이점은 사채는 불특정 다수인을 상대로 하고 있으며, 유가증권의 형태로 발행됨으로 채권자가 언제든지 바뀔 수 있다. 채권자의 권리와 발행 회사의 의무, 조건 등을 증서에 명기한 것을 사채권(bond certificate)이라 하고 소유자를 사채권자라 한다.

둘째, 기업의 입장에서 거액의 자금조절이 필요할 때 이를 많은 수의 작은 금액 단위들로 나누어서(한 계좌당 ₩10,000 이상) 발행할 수 있다. 따라서 소액투자자들을 대상으로 자금조절을 할 수 있다는 장점이 있다.

셋째, 주식발행을 통하여 자금을 조달할 수 있지만 주식의 시세가 높지 않으면 팔리지 않고 회사를 지배하는 대주주의 입장에서는 자금조달의 어려움이 있다. 또한 사채에 대한 이자는 경비(비용처리)로서 세금 부담이 없지만, 주식에 대한 배당은 이익에 대한 법인세가 발생하므로 실질적인 자금조달 비용이 사채보다 높다. 이에 비해 사채는 일정한 이자만 지불하면 되고, 주식시장의 주가의 변동에 구애받지 않고 지배주주가 필요한 지분을 유지하고자 자금을 마련할 필요가 없다.

이 증권은 장기부채의 대표적 형태로서 그 발행과 상환조건 등에 따라 여러 가지로 나눌 수 있으며 그 회계처리도 다양하다.

여기에서는 사채의 발행과 상환 등의 기초적 지식과 그 회계처리방법을 다루기로 한다.

(1) 사채의 종류와 발행가액

사채의 종류는 조건에 따라 주식으로의 전환여부·유상증자시 신주인수권 부여 여부·조기상환 여부 등 여러 가지로 나눌 수 있다. 사채는 계약의 내용에 따라 크게 세 가지 종류로 구분할 수 있다. 첫째, 회사의 특정 자산을 담보로 하여 발생한 담보부사채와 담보권이 설정되어 있지 않은 무담보사채로 구분할 수 있다. 둘째, 발행한 사채의 만기일이 하나인 단일만기사채와 만기일이 둘 이상인 복수만기사채로 구분된다. 셋째, 사채권자의 요구에 의하여 주식으로 전환할 수 있는 권리가 인정되는 전환사채(convertible bonds)와 사채발행 회사의 청구에 의해 일정 가격으로 사채를 구입하거나 소각할 수 있는 권리가 있는 상환사채(callable bonds)로 구분할 수 있다.

사채의 발행가액은 시중의 자금사정·발행조건·시장이자율 등에 따라 액면발행·할인발행·할증발행으로 나눌 수 있으며 이 중 할인발행 회계처리에 대해 살펴보기로 한다.

할인발행이란 사채발행가액이 액면가액보다 적은 경우로 할인가는 선이자의 성질을 가지므로 실질이자율은 할인가액과 지급이자를 합친 금액이 되는 셈이다. 사채의 액면가액과 발행가액의 차액은 차감성 평가계정인 사채할인 발행차금계정으로 처리한다.

사채의 할인발행으로 발생되는 사채할인발행차금은 사채상환연도 전 기간에 걸쳐 균등상각하며 사채발행비는 사채를 발행할 때 발생한 광고비, 사채권의 인쇄비, 해당 증권회사에 지불하는 수수료 등 사채발행으로 조달된 현금에서 사채발행비를 차감한 순액을 사채의 발행가액으로 한다. 따라서 사채발행비는 사채할인발행차금에 포함된다.

(2) 회계처리

사채를 발행하게 되면 사채계약에 의하여 만기일에 원금을 상환하기로 약속한 금액인 액면가액(par value)이 있고, 매 이자지급일에 약정이자를 지급한다. 이자지급을 보통 1년, 반기, 분기에 한 번이고 일정한 이자율을 정하게 된다. 사채의 회계처리에 있어 용어 정의가 필요한 데 액면가액, 액면이자율, 표시이자율, 명목이자율, 유효이자율 그리고 실질이자율이다.

액면가액(par value)이란 사채의 표면에 기재된 금액이라는 뜻으로 만기일에 상환할 금액이다. 액면이자율(stated interest rate)은 사채에 기재된 이자율이다. 따라서 이자지급일에 지급할 사채의 현금이자는 사채의 액면가액에 액면이자율을 곱한 금액이다. 액면이자율은 다른 말로 표시이자율(coupon interest rate), 또는 명목이자율(nominal interest rate)이라고 한다.

일반적으로 기업들은 액면이자율을 발행 당시의 자본시장 이자율 수준에 맞추어 결정하지 않고 기업의 미래 현금 사정을 고려하여 임의로 결정한다.

액면이자율과 달리 자본시장에서 사채의 수요와 공급의 원칙에 의하여 결정되는 이자율이 있는데 이를 시장이자율(market interest rate), 또는 유효이자율(effective interest rate), 그리고 실질이자율이라 한다.

액면이자율과 시장이자율과의 관계에 따라 사채를 발행할 때, 액면발행, 할인발행, 그리고 할증발행의 세 가지 형태로 발행된다.

사채의 액면발행이란 사채액면금액과 사채발행금액이 동일한 경우로서, 액면이자율과 시장이자율이 같을 때이다. 사채의 할인발행(at discount)이란 사채의 액면이자율이 시장이자율보다 낮은 경우이다. 이는 사채의 발행가액을 액면가액보다 낮게 설정함으로써 일반 투자자들을 유인하게 된다. 결과적으로 투자자 입장에서는 시장이자율과 동등한 수준의 이자수익을 얻을 수 있게 된다. 따라서 할인발행은 액면이자율과 시장이자율 간의 차이를 없애줌으로써 투자자들이 시장이율만큼의 투자수익을 달성할 수 있게 해준다. 반면 할증발행(at premium)은 액면이자율이 시장이자율보다 큰 경우이다.

사채발행과 관련된 설명이 [그림 14-1]에 나타나 있다.

사채할인발행의 경우와 사채할증발행의 경우 발행가와 액면가와의 차액을 사채할인발행차금, 사채할증발행차금이라 하고 이를 사채발행차금이라 한다. [그림 14-1]에서 보는 바와 같이 사채의 장부가치가 시간이 경과함에 따라 사채할증발

그림 14-1 사채발행의 형태

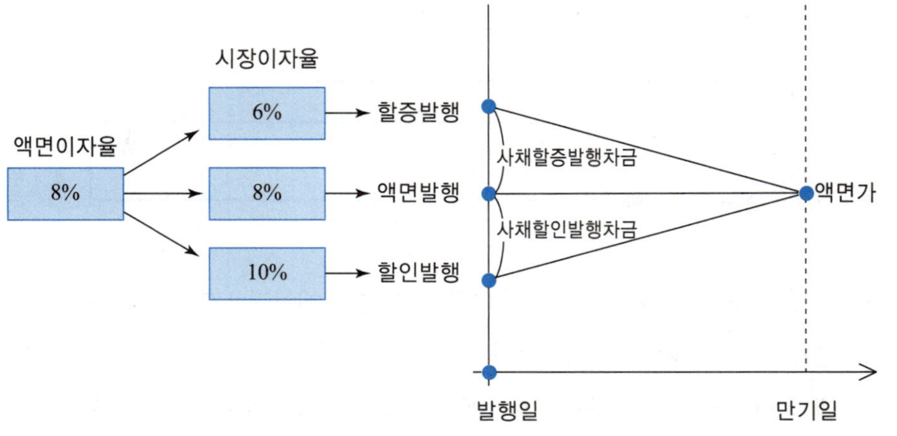

행차금은 점차 감소하고, 사채할인발행차금은 점차 증가하여 만기일에 액면발행의 경우와 마찬가지로 사채의 장부가와 액면가가 일치하게 된다.

사채발행차금은 발행가와 액면가의 차액을 의미한다.

사채발행차금
- 사채할인발행차금 = 액면가액 − 발행가액
- 사채할증발행차금 = 발행가액 − 액면가액

[자료 14 − 1]

승달산㈜는 사채 ₩100,000을 1월 1일에 발행하고 현금으로 수령하였다.

- 사채의 액면이자율 : 연 8%(이자지급은 매년 12월 31일)
- 만기 : 3년
- 시장이자율 : 8%

1) 액면발행

사채의 액면발행의 경우는 액면이자율과 시장의 이자율이 같은 경우이다. 다음의 [자료 14 − 1]을 통하여 사채의 액면발행 시 발행가액과 회계처리를 구체적으로 살펴본다.

사채의 발행가액이 어떻게 결정되는가를 보기 위해 사채에 의해 발생하는 미래 현금 흐름을 시간선(time line)상에 그림으로 표시하면 다음과 같다.

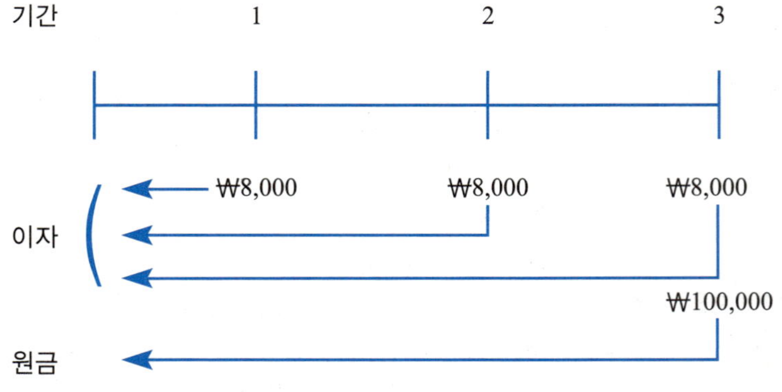

그림에서 보는 바와 같이 매년 12월 31일에 사채이자 ₩8,000을 지급하고 만기인 3년차에 원금 ₩100,000을 상환하고 이자 ₩8,000을 지급한다. 이제 매년 이자 지급액과 만기시점의 사채원금지급액을 사채발행시점의 시장이자율인 8%로 할인

한다. 이와 같이 구한 금액이 발행시점에서 사채의 현재 가치가 되며, 사채의 발행가액이 된다.

사채의 발행금액 계산

사채의 현재가치(발행금액)의 계산

1. 원금의 현재가치
   ₩100,000×0.7938(3년, 8% 현가계수)=₩79,380
2. 이자의 현재가치
   ₩8,000×2.5771(3년, 8% 연금현가계수)=₩20,620
3. 사채의 현재가치(발행금액) ₩100,000
4. 사채 발행차금 ₩0

이 경우 사채의 발행금액이 ₩100,000원이므로 사채의 발행과 관련된 할인발행차금이나 할증발행차금은 없으며, 발행가와 액면가가 같으므로 사채의 발행이 ₩100,000에 액면발행되었다고 한다.

이때 승달산㈜의 장부에는 다음과 같이 사채발행을 기록하기 위한 분개가 이루어진다.

발행일 :	(차) 현 금	₩100,000	(대) 사 채	₩100,000
이자지급일 :	(차) 사 채 이 자	₩8,000	(대) 현 금	₩8,000
만기일 :	(차) 사 채	₩100,000	(대) 현 금	₩100,000

2) 할인발행

사채의 할인발행은 사채의 액면이자율이 발행시점의 시장이자비율보다 낮은 경우에 나타나게 된다. 즉, 사채의 발행으로 입금되는 금액은 사채의 액면금액보다 적다. 다음의 [자료 14-2]를 통하여 사채의 할인발행 시 발행가액과 회계처리를 구체적으로 살펴본다.

[자료 14-2]

승달산㈜는 사채 ₩100,000(액면금액)을 발행하였다.

- 사채의 액면 이자율 : 8%
- 만기 : 3년
- 시장이자율 : 10%

매년 이자지급액과 만기시점의 사채원금지급액을 사채발행 시점의 시장이자율인 10%로 할인한다. 이와 같이 구한 금액이 발행 시점에서의 사채의 현재가치가 되며, 사채의 발행가액이 된다.

사채의 발행금액 계산

사채의 현재가치(발행금액)의 계산

1. 원금의 현재가치
   ₩100,000 × 0.7513(3년, 10% 현가계수) = ₩75,130
2. 이자의 현재가치
   ₩8,000 × 2.4869(3년, 10% 연금현가계수) = ₩19,895
3. 사채의 현재가치(발행금액) ₩95,025
4. 사채할인발행차금 ₩4,975

승달산㈜는 사채의 발행으로 인하여 현금 ₩95,025을 수령하게 되는데 액면금액인 ₩100,000보다 ₩4,975만큼 작은 금액이 된 할인발행을 기록하여야 한다. 승달산㈜의 장부에는 다음과 같이 분개가 이루어지고 재무상태표에 표시된다.

발행일 : (차) 현　　금	₩95,025	(대) 사　　채	₩100,000
사채할인발행차금	₩4,975		

승달산㈜ 2020. 1. 1.

비유동부채		
사　　채	₩100,000	
사채할인발행차금	₩(4,975)	₩95,025

사채할인발행차금은 사채발행 연도부터 최종 상환일까지 매기 상각하여야 한다. 상각하는 방법은 매년 균등하게 상각하는 정액법과 사채발행 시점의 유효이자율을 적용하여 상각하는 유효이자율법으로 구분된다.

K-IFRS에서는 사채발행차금의 상각방법으로 유효이자율법을 적용하도록 하고 있다. 유효이자율법은 매기의 이자비용이 기초의 사채장부가액에다 유효이자율을 곱하여 계산된 실질 이자비용을 의미한다. 유효이자율법을 이용하여 사채할인발행차금상각액은 다음과 같이 계산한다.

표 14-1 사채할인 발행차금 상각표(유효이자율법)

	ⓐ 기초장부금액	ⓑ 유효이자율에 의한 이자비용	ⓒ 액면이자율에 의한 이자지급액	ⓓ 사채할인발행 차금상각액	ⓔ 장부금액
발행일					₩95,025
1	₩95,025	₩9,503	₩8,000	₩1,503	96,528
2	96,528	9,653	8,000	1,653	98,181
3	98,181	9,819	8,000	1,819	100,000
합 · 계		₩28,975	₩24,000	₩4,975	

b) 기초장부금액×유효이자(10%)
c) 액면가액×액면이자(8%)

> 사채이자비용 = 사채의 기초장부가액 × 유효이자율
> 사채할인발행차금상각액 = 유효이자 − 사채이자지급액*
> * 사채의 액면가액 × 액면이자율

승달산㈜의 자료를 이용하여 사채할인발행차금은 유효이자율법을 적용하여 사채할인발행차금의 상각표(amortization table)를 작성하면 [표 14-1]과 같다.

승달산㈜의 사채발행으로 회사가 부담하여야 할 실질이자비용은 3년 동안 ₩24,000과 원리금 ₩100,000으로 총 ₩124,000인데 발행가액은 ₩95,025으로 그 차이가 ₩28,975으로 유효이자율에 의한 이자비용 ₩28,975이다.

승달산㈜의 할인발행의 경우 유효이자율법을 사용하여 사채할인발행차금을 매 기간별로 배분하기 위하여 사채이자비용으로 보고해야 할 사채이자비용은 ⓑ의 유효이자율에 의한 이자비용이다. 그런데 실제 이자지급액은 약정에 의하여 액면이자율에 의하여 지급된다(이 경우 ₩8,000으로 ⓒ). 따라서 사채발행차금의 상각액은 유효이자율에 의한 이자비용 ⓑ와 현금지급이자 ⓒ를 차감한 금액이 되는 것이다. 위의 [표 14-1]을 토대로 분개를 하면 다음과 같다.

발행일 :	(차) 현 금	₩95,025	(대) 사 채	₩ 100,000
	사채할인발행차금	₩4,975		
첫 번째 사채이자지급일 :	(차) 사 채 이 자	₩9,503	(대) 사채할인발행차금	₩1,503
			현 금	₩8,000

두 번째 사채이자지급일 : (차) 사 채 이 자 ₩9,653 (대) 사채할인발행차금 ₩1,503
현 금 ₩8,000

세 번째 사채이자지급일 : (차) 사 채 이 자 ₩9,819 (대) 사채할인발행차금 ₩1,819
현 금 ₩8,000

만기상환일 : (차) 사 채 ₩100,000 (대) 현 금 ₩100,000

위의 분개를 반영한 후 각 연도별 재무제표에 보고되는 사채 관련 회계정보는 다음과 같다.

재무제표	1	2	3
- 포괄손익계산서			
현금지급이자	8,000	8,000	8,000
사채할인발행차금상각	1,503	1,653	1,819
사채이자비용	9,503	9,653	9,819
- 재무상태표			
사채액면금액	100,000	100,000	100,000
(사채할인발행차금)	(3,156)	(1,819)	(0)
	96,844	98,181	100,000

승달산㈜의 사채할인발행의 경우 정액법(straight - line method)을 사용하여 사채기간에 걸쳐 매년 균등한 금액으로 사채할인발행차금이나 사채할증발행차금을 상각(비용화)하고, 현금으로 지급되는 이자에 매년 상각금액을 가감하여 이자비용을 계산해보면 [표 14 - 2]와 같다.

ⓒ의 사채할인발행차금상각액인 ₩4,975원을 3년으로 나눈 ₩1,658으로서 매 기간 동일한 방법이다. 아래의 [표 14 - 2]를 토대로 분개를 하면 다음과 같다.

표 14 - 2 사채할인 발행차금 상각표(정액법)

	ⓐ 기초장부금액	ⓑ 액면이자율에 의한 이자비용	ⓒ 사채할인발행 차금상각액	ⓓ 사채이자비용	ⓔ 장부금액
발행일	0	0	0	0	₩95,025
1	₩95,025	₩8,000	₩1,658	₩9,658	96,683
2	96,528	8,000	1,658	9,658	98,341
3	98,181	8,000	1,658	9,659	100,000
합 계		₩24,000	₩4,975	₩28,975	

ⓒ 4,975÷3=1,658

발행일 :	(차) 현 금	₩95,025	(대) 사 채	₩100,000
	사채할인발행차금	₩4,975		
첫 번째 사채이자지급일 :	(차) 사 채 이 자	₩9,658	(대) 사채할인발행차금	₩1,658
			현 금	₩8,000
두 번째 사채이자지급일 :	(차) 사 채 이 자	₩9,658	(대) 사채할인발행차금	₩1,658
			현 금	₩8,000
세 번째 사채이자지급일 :	(차) 사 채 이 자	₩9,659	(대) 사채할인발행차금	₩1,659
			현 금	₩8,000
만기상환일 :	(차) 사 채	₩100,000	(대) 현 금	₩100,000

3) 할증발행

할증발행의 경우는 사채의 발행 시 액면이자율이 시장이자율보다 높은 경우이다. 이때의 액면금액과 발행금액의 차이를 사채할증발행차금이라고 한다. 사채할증발행차금은 사채의 액면이자율이 실질적인 시장이자율보다 높기 때문에 투자자가 추가적으로 지급받는 이자이다. 따라서 사채발행회사가 장래에 지급하여야 할 부채로서 사채의 진정한 평가액을 나타내기 위하여 사채할증발행차금은 사채의 액면금액에 가산하는 형식으로 표시한다. 다음의 [자료 14-3]을 통하여 사채의 할증발행 시 회계처리와 발행가액, 표시형식을 살펴보자.

[자료 14-3]

승달산㈜는 사채 ₩100,000(액면금액)을 1월 1일에 발행하였다.

- 사채의 액면이자율 : 연 8%(이자지급일 매년 12월 31일)
- 만기 3년
- 시장이자율 : 6%

사채의 발행금액 계산

사채의 현재가치(발행금액)의 계산

1. 원금의 현재가치
   ₩100,000 × 0.8396(3년, 6% 현가계수) = ₩83,960
2. 이자의 현재가치
   ₩8,000 × 2.6730(3년, 6% 연금현가계수) = ₩21,384
3. 사채의 현재가치(발행금액) ₩105,344
4. 사채할증발행차금 ₩5,344

	승달산㈜		2020. 1. 1.
비유동부채			
사 채	₩100,000		
사채할인발행차금	₩5,344	₩105,344	

승달산㈜의 자료를 이용하여 사채할증발행차금을 유효이자율법을 적용하여 사채할증발행차금상각표를 작성하면 [표 14-3]과 같다.

승달산㈜의 사채발행으로 회사가 부담하여야 할 실질이자비용은 3년 동안 ₩24,000과 원리금 ₩100,000으로 총 ₩124,000인데 발행가액은 ₩105,344으로 그 차이가 ₩18,656으로 유효이자율에의 이자비용 ₩18,656이다.

[자료 14-3]을 토대로 분개를 하면 다음과 같다.

발행일 :	(차) 현 금	₩105,344	(대) 사 채	₩100,000
			사채할증발행차금	₩5,344
첫 번째 사채이자지급일 :	(차) 사 채 이 자	₩6,321	(대) 현 금	₩8,000
	(차) 사채할증발행차금	₩1,679		
두 번째 사채이자지급일 :	(차) 사 채 이 자	₩6,220	(대) 현 금	₩8,000
	(차) 사채할증발행차금	₩1,780		
세 번째 사채이자지급일 :	(차) 사 채 이 자	₩6,115	(대) 현 금	₩8,000
	(차) 사채할증발행차금	₩1,885		
만기상환일 :	(차) 사 채	₩100,000	(대) 현 금	100,000

표 14-3 사채할증 발행차금 상각표(유효이자율법)

	ⓐ 기초장부금액	ⓑ 유효이자율에 의한 이자비용	ⓒ 액면이자율에 의한 이자지급액	ⓓ 사채할인발행 차금상각액	ⓔ 장부금액
발행일					₩105,344
1	₩105,344	₩6,321	₩8,000	₩1,679	103,665
2	103,665	6,220	8,000	1,780	101,885
3	101,885	6,115	8,000	1,882	100,000
합 계		₩18,656	₩24,000	₩5,344	

ⓑ 기초장부가액×유효이자(6%)
ⓒ 액면가액×액면이자(8%)
* ₩101,885×0.06=6,113이지만 조정(계산오차)

위의 분개를 반영한 후 각 연도별 재무제표에 보고되는 사채 관련 회계정보는 다음과 같다.

재무제표	1	2	3
- 포괄손익계산서			
현금지급이자	8,000	8,000	8,000
사채할인발행차금상각	(1,679)	(1,780)	(1,885)
사채이자비용	6,321	6,220	6,115
- 재무상태표			
사채액면금액	105,344	103,665	101,885
(사채할인발행차금)	(3,156)	(1,780)	(1,885)
	103,665	101,885	100,000

4) 상환 시

사채의 상환은 만기일에 상환하는 만기상환과 만기일 이전에 회사가 여유자금이 있을 때 이를 조기에 매입하는 조기매입상환이 있다. 조기매입상환 시에는 사채상환손익이 발생한다.

예제 14-6

위의 사채에 대하여 2014년 7월 1일 조기매입상환하기로 하고 액면가 ₩50,000의 사채를 ₩49,500에 매입상환하다.

풀이

(차) 사 채	₩50,000	(대) 당 좌 예 금	₩49,500
		사채할인발행차금	₩300
		사채상환이익	₩200

(3) 사채상환기금

사채상환 시 일시에 막대한 자금이 필요하기 때문에 이를 위하여 신사채를 차환(bond refunding)하거나 상환기금을 마련하여 상환하게 된다. 사채의 상환기금을 마련하는 방법으로는 영업자금 중 일정액을 별도 적립하는 감채기금(sinking fund) 설정 방법과 결산기 이익처분 때 순이익의 일부를 적립하는 감채적립금(sinking fund reserves) 설정 방법이 있다. 그리고 감채기금과 감채적립금을 동시에 설정하는 방법이 있다. 감채적립금은 자본계정의 임의적립금에 속한다.

예제 14-7

영업자금 중 현금 ₩100,000을 감채기금으로 정기예금하다.

풀이

(차) 감채용 정기예금	₩100,000	(대) 현　　금	₩100,000

❷ 장기차입금

장기차입금(long term debt)은 결산기를 기준으로 상환기간이 1년을 초과하는 것으로 관계회사에 대한 장기차입금이나 주주·임원·종업원에 대한 장기차입금과는 구분한다. 한편, 장기차입금 중 기간이 경과하여 상환기간이 1년 이내로 도래한 것은 유동성 장기차입금이라고 하여 유동부채에 포함시킨다.

예제 14-8

2016년 3월 2일 ㈜선일은 시설을 교체하기 위해 신한은행으로부터 ₩100,000을 3년 만기, 연리 8%로 차입하여 당좌예입하다.

풀이

(차) 당 좌 예 금	₩100,000	(대) 장기차입금	₩100,000

예제 14-9

2016년 12월 31일 결산 시 위의 장기부채를 유동성 장기부채로 계정대체하다.

풀이

(차) 장기차입금	₩100,000	(대) 유동성 장기부채	₩100,000

예제 14-10

2016년 3월 2일 위의 장기차입금 ₩100,000과 3개월분 이자 ₩20,000을 당좌수표 발행지급하다.

풀이

(차) 유동성 장기부채	₩100,000	(대) 당 좌 예 금	₩102,000
이 자 비 용	₩2,000		

❸ 외화표시 차입금

기업들은 외화표시 차입금을 이용하여 자금을 조달할 경우 원리금의 상환 시에는 원화가 아닌 외화로 상환하여야 한다. 이때 재무상태표에 외화표시 차입금으로 구분하여 표시하여야 한다. 외화표시 차입금의 상환 시 차입 당시의 환율이나 마지막 회계기간 말의 환율과 변동이 발생하여 차이가 존재할 때 외환차익이나 외환차손으로 회계처리하여야 한다. 또한 회계기간 말에 마찬가지로 환율의 변동이 발생할 시 외화환산이익이나 외화환산손실로 회계처리하여야 한다. 외화환산이익과 외환차익의 차이점은 외화환산이익은 현금의 형태로 전환되지 않는 미실현이익인데 반해 외환차익은 부채의 상환을 통하여 현금의 형태로 나타나는 실현이익이다. 따라서 외환차익과 외화환산이익은 구별된다.

예제 14 - 10

㈜선일은 2024년 1월 1일 2년 후 상환조건으로 미국에서 $10,000의 차관을 들여왔다. 회사는 즉시 $10,000을 원화로 환전하였다. 이때의 환율은 $=₩1,400이었다. 2024년 결산일의 환율은 ₩1,500이고 2016년 상환 시 환율은 ₩1,470이었다. 2014년, 2026년 필요한 분개를 하시오.

풀이

2024년 1월 1일 :

(차) 현 금	₩14,000,000	(대) 외화표시장기차입금	₩14,000,000

2024년 12월 31일 :

(차) 외화환산손실	₩1,000,000	(대) 외화표시장기차입금	₩1,000,000

2026년 상환일 :

(차) 외화표시장기차입금	₩15,000,000	(대) 현 금	₩14,700,000
		외 환 차 익	₩300,000

05 화폐의 시간가치

사채를 발행할 때 화폐의 시간가치 개념은 중요하다. 화폐의 시간가치 개념은 오늘의 돈과 내일의 돈의 가치가 엄밀하게 차이가 있다는 것이다. 즉, 동일한 금액이라도 미래에 받게 되는 현금보다도 오늘의 현금을 더 선호하게 되는데 오늘 여러분들이 ₩10,000,000을 받기로 하는 경우와 1년 후에 ₩12,000,000을 받는 두 가지 대안이 존재한다면, 여러분은 오늘의 ₩10,000,000을 선택하겠는가?

아마도 일년 후에 못 받을 수 있다는 불확실성을 느끼거나, 오늘 ₩10,000,000을 받아 투자하여 일년 후의 ₩12,000,000보다 더 많은 금액을 수령할 수 있는 사람은 오늘의 ₩10,000,000을 선호할 것이다. 기업의 경우는 수없이 많은 의사결정을 하여야 하는데, 즉, 다양한 투자안이 존재할 때 어떠한 투자안을 선택하는 것이 좋을 것이냐는 분석을 하게 된다. 이때 투자안을 비교할 수 있는 기준은 동일한 시점으로 환산하는 것이다.

미래의 현금흐름을 현재 시점으로 환산하는 것은 현재가치(present value)라고 하며, 앞으로 발생할 현금흐름을 미래의 어느 특정 시점으로 환산하는 경우를 미래가치(future value)라고 한다. 미래가치와 현재가치의 개념을 이해하기 위하여 단순이자(simple interest)와 복리이자(compound interest)의 개념을 살펴보자.

단순이자 계산은 발생된 이자에 대해서는 이자가 계산되지 않고, 원금에 대해서만 이자계산이 되는 것을 의미한다. 복리이자는 이자의 이자 개념으로 미지급이자가 다시 원금에 가산되어 새로운 원금이 되고 그 새로운 원금을 기초로 다시 이자계산을 반복하는 것을 의미한다.

예를 들어, 승달산㈜가 상품을 매출하고 약속어음(120일 만기, 연 8% 이자율) ₩1,000,000을 수취하였다면, 만기일에 받게 되는 이자는

이자 = 원금 × 이자율 × 기간

(₩1,000,000 × 0.08 × 120/365) = 26,301원이다.

복리이자 계산의 경우는 ₩1,000,000을 연 8%의 이자율로 3년간 차입하여 원리금을 3년 후에 상환하기로 한 경우, 1년 후의 원리금은 (₩1,000,000 × 0.08 × 1) = 80,000원이므로 ₩1,080,000이 되고 2년 후에는 ₩1,080,000을 새로운 원금으로

이자를 계산하면 ₩86,400을 더한 ₩1,166,400이 되고 3년 후에는 ₩1,166,4000에 1.08의 이율을 계산한 ₩1,259,712이 된다.

❶ 단일금액의 미래가치와 현재가치

오늘의 ₩1,000,000이 1년 후의 ₩1,000,000과 그 가치는 같지 않다. 이자가 있기 때문이다. 만약 시장이자율이 연 8%라면 ₩1,000,000의 1년 후의 미래가치를 계산해 보자. 지금 현재 소유하고 있는 ₩1,000,000의 미래가치는 다음과 같은 공식에 의하여 계산될 수 있다.

$$
\begin{aligned}
\text{미래가치}(F_n) &= \text{현재가치} + (\text{현재가치} \times \text{이자율}) \\
&= (P) + (P \times r) \\
&= \text{현재가치}(1 + \text{이자율}) \\
&= 1,000,000(1 + 0.08) \\
&= 1,080,000
\end{aligned}
$$

마찬가지 방법으로 3년 후의 미래가치는 다음과 같이 계산할 수 있다.

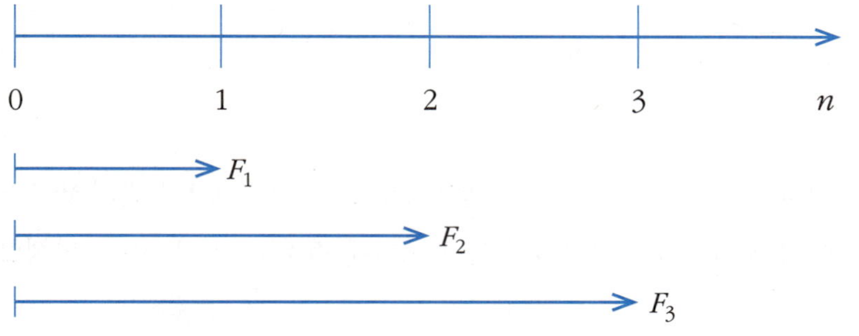

$$F_0 = 1,000,000$$

$$F_1 = 1,000,000 \times 1.08 = 1,080,000$$

$$F_2 = (1,000,000 \times 1.08) \times 1.08 = 1,000,000 \times (1.08)^2 = 1,166,400$$

$$F_3 = [1,000,000 \times (1.08)^2] \times 1.08 = 1,000,000 \times (1.08)^3 = 1,259,712$$

따라서 n기간 후의 미래가치 F_n은 다음과 같은 공식으로 알 수 있다.

$$F_n = P(1 + r)^n$$

F_n: n기간 후의 미래가치

P: 현재가치

r: 이자율

n: 기간

반대로 현재가치는 $P = \dfrac{F_n}{(1+r)^n}$ 이다.

❷ 정상연금의 미래가치

정상연금(ordinary annuity)이란 매 기간마다 동일한 현금 흐름이 나타나는, 즉 사채의 이자지급 같이 일정한 기간마다 일정한 금액을 지불하거나 받는 것을 의미한다.

예를 들어 현재로부터 1년 후부터 매 연도 말에 ₩1씩 3기간에 걸쳐서 발생할 기말연금의 현금흐름은 다음과 같다.

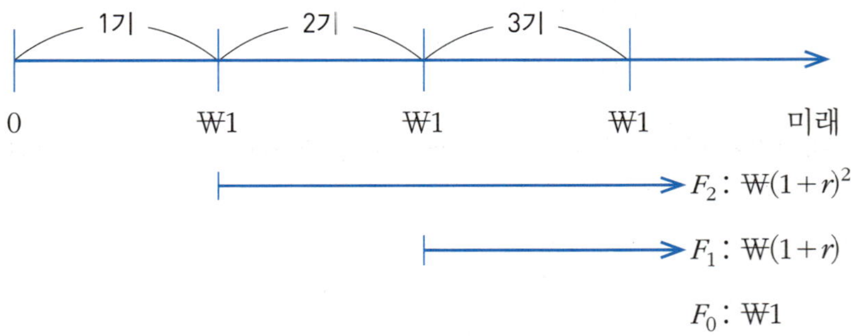

따라서 3기 말에 ₩1과 2기 말의 ₩$(1+r)$, 그리고 1기 말의 ₩$(1+r)^2$을 합한 금액이 정상연금의 미래가치이다. 즉 n기에 걸쳐 매기 말 ₩1씩 발생할 연금의 미래가치는

$1+(1+r)+(1+r)^2+\cdots\cdots+(1+r)^{n-1}$이다.

이는 첫 항이 1이고, 항수가 n개이며, 등비가 $(1+r)$인 무한등비급수이다. 따라서 n기에 걸쳐 매기 ₩1씩 발생하는 정상연금의 미래가치는 $\dfrac{(1+r)^{n-1}}{r}$ 이다.

❸ 정상연금의 현재가치

예를 들어 매 연도 말에 ₩1,000의 현금흐름이 3년간 발생하며 이자율은 연 10%인 연금이 있다고 할 경우, 다음과 같은 도표를 이용한다.

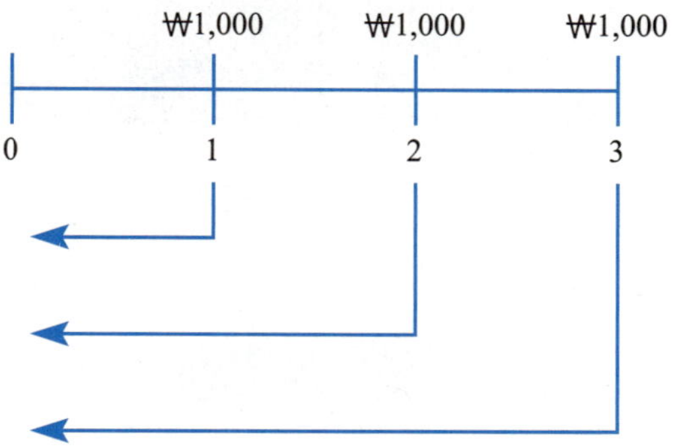

$$\frac{1,000}{1.10} = ₩\ 909$$

$$\frac{1,000}{(1.1)^2} = ₩\ 826$$

$$\frac{1,000}{(1.1)^3} = ₩\ 751$$

₩ 2,486

1기 말에 받는 연금 ₩1,000의 현재가치는 ₩909이고 2기 말에 받는 ₩1,000의 현재가치는 ₩826이며 3기 말에 받는 연금의 현재가치는 ₩751이다. 연금의 현재가치는 결국 할인기간이 다른 목돈의 현재가치의 합계이다. 즉 1기의 현재가치는 $(1+r)^{-1}$이고, 2기의 현재가치는 $(1+r)^{-2}$이며, 3기의 현재가치는 $(1+r)^{-3}$이다. n기에 걸친 기말 연금의 현재가치는 첫 항이 $(1+r)^{-1}$이고, 등비가 $(1+r)^{-1}$이며, n개의 항을 가진 등비급수이므로 $(1+r)^{-1}+(1+r)^{-2}+\cdots\cdots+(1+r)^{-n}$이다. 그러므로 정상연금의 현재가치는 $\frac{1-(1+r)^{-n}}{r}$이다.

연습문제

객관식 문제

01. 다음 보기의 거래로 회계처리를 할 때 대변에 유동부채로 분류할 계정과목이 포함되어 있는 거래로 짝 지어진 것은? 58회 2급 전산회계

A : 상품 50,000원을 매출하고 대금은 1개월 후에 받기로 하다.
B : 현금 100,000원을 차입하고 대금은 6개월 후에 지급하기로 하다.
C : 영업용차량을 500,000원에 매각하고 대금은 한달 후에 받기로 하다.
D : 상품을 주문받고 계약금 100,000원을 현금으로 받다.

① A, B ② B, D ③ A, C ④ C, D

02. 다음 중 비유동부채에 해당하지 않는 것은? 63회 1급 전산회계

① 사채 ② 장기차입금 ③ 당좌차월 ④ 퇴직급여충당부채

03. 다음 중 영업주기와 관계없이 유동부채로 분류하여야 하는 계정과목이 아닌 것은? 79회 전산회계 1급

① 퇴직급여충당부채 ② 단기차입금
③ 유동성 장기차입금 ④ 당좌차월

04. 다음 중 유동부채에 해당하는 금액을 모두 합하면 얼마인가? 90회 전산회계 1급

• 외상매입금 : 100,000원 • 장기차입금 : 800,000원(유동성장기부채 300,000원 포함)
• 단기차입금 : 150,000원 • 미지급비용 : 50,000원
• 선 수 금 : 70,000원

① 300,000원 ② 670,000원 ③ 750,000원 ④ 870,000원

05. 다음 중 사채에 대한 설명으로 옳지 않은 것은? 91회 전산회계 1급

① 사채란 채권자들로부터 자금을 조달하는 방법이다.
② 사채발행과 관련하여 직접 발생한 사채발행수수료 등은 사채발행가액에서 직접 차감한다.
③ 사채할인발행차금과 사채할증발행차금은 유효이자율법에 따라 상각한다.
④ 시장이자율이 액면이자율보다 더 크다면 사채는 할증발행된다.

06. 다음 중 사채에 대한 설명으로 틀린 것은? 92회 전산회계 1급

① 유효이자율법 적용시 할인발행인 경우 사채이자는 매년 감소한다.
② 사채할증발행차금은 당해 사채의 액면가액에서 부가(+)하는 형식으로 기재한다.
③ 유효이자율법 적용시 사채할증발행차금 상각액은 매년 증가한다.
④ 유효이자율법 적용시 사채할인발행차금 상각액은 매년 증가한다.

주관식 문제

01. 유달산㈜는 2021년 1월 1일 사채액면금액 ₩5,000,000, 액면이자율 10%(이자지급은 매년 12월 31일), 기간은 5년인 사채를 다음과 같은 시장이자율 조건으로 발행하였다.

- 시장이자율이 10%인 경우
- 시장이자율이 12%인 경우
- 시장이자율이 8%인 경우

단일금액의 현재가치표

기간수	8%	9%	10%	11%	12%
1	0.9529	0.9074	0.9091	0.9009	0.8928
2	0.8573	0.8417	0.8264	0.8116	0.7972
3	0.7938	0.7722	0.7513	0.7312	0.7718
4	0.7350	0.7084	0.6830	0.6587	0.6355
5	0.6806	0.6499	0.6209	0.5935	0.5674

정상연금의 현재가치표

기간수	8%	9%	10%	11%	12%
1	0.9529	0.9174	0.9091	0.9009	0.8928
2	1.7833	1.7591	1.7355	1.7125	1.6901
3	2.5771	2.5313	2.4868	2.4437	2.4018
4	3.3121	3.2397	3.1699	3.1024	3.0373
5	3.9927	3.8897	3.7908	3.6959	3.6048

(1) 사채발행일의 분개를 하시오.

(2) 2021년 12월 31일 이자비용을 위한 분개를 하시오. 이를 위하여 사채발행차금의 상각표를 유효이자율법에 따라 작성하시오.

(3) 만기일에 사채상환에 따른 분개를 하시오.

Chapter 15

자 본

오늘날 자본주의 경제체제에서 기업은 중요한 역할을 담당하고 있다. 그중 주식회사는 상법에 의해 설립되며 주식회사의 경영은 주주로부터 권한의 위임을 받아 운영된다. 이러한 기업에 있어 자본은 비유동부채와 함께 장기적인 이용이 가능한 자금을 전달하는 중요한 원천이다. 자본은 기업이 보유하고 있는 경제적 자산이며 이는 총자산에서 총부채를 차감한 잔액으로 소유주지분(owner's equity)이라고 한다.

자본(capital)은 타인자본과 자기자본으로 구분하기도 하지만 일반적인 자본의 의미는 자기자본을 말하는 것으로 자산에서 부채를 차감한 순자산 즉, 잔여지분(residual equity), 소유주지분(owner's equity) 또는 주주지분(stockholder's equity)의 의미로 통용된다.

자본회계는 기업의 형태에 따라 차이가 있다. 개인기업은 자본총액을 자본금계정 하나로 처리하거나 인출금계정을 동시에 설정하여 처리하는 등 자유로우나 주식회사에서는 자본금, 자본잉여금, 자본조정·이익잉여금·기타포괄손익누계액으로 구분처리하도록 규정하고 있다.

01 개인기업의 자본

개인기업의 자본에 대한 특징은 자본이 확정되어 있지 않고 항상 변할 수 있다는 점이다. 자본금계정만으로 처리할 경우 자본을 추가 출자할 때나 인출할 때 자본금계정에서 가감하며 결산 시 당기순이익은 집합손익계정에서 자본금계정으로 대체하고, 당기순손실은 자본금의 감소로 나타난다.

즉, 자본금계정의 대변에는 최초출자액·기중추가출자액·당기순이익 등이 기입되며, 차변에는 기중인출액과 당기순손실이 기입된다.

예제 15-1

다음을 분개하고 자본금계정에 전기하라.

1. 현금 ₩200,000과 감정가 ₩300,000의 공장건물 및 ₩100,000의 기계설비를 출자하여 영업을 시작하다.
2. 기업주가 개인용도로 ₩30,000을 현금으로 인출하다.
3. 당기말 당기순이익 ₩70을 자본계정에 대체하다.

풀이

	차변	금액	대변	금액
1.	(차) 현 금	₩200,000	(대) 자 본 금	₩600,000
	건 물	₩300,000		
	기 계 장 치	₩100,000		
2.	(차) 자 본 금	₩30,000	(대) 현 금	₩30,000
3.	(차) 손 익	₩70	(대) 자 본 금	₩70

자본금

차변	금액	대변	금액
2. 현 금	30,000	1. 제 좌	600,000
차기이월	570,070	3. 손 익	70
	600,070		600,070
		전기이월	570,070

02 주식회사의 자본

① 자본의 성격과 분류

기업은 경영활동을 위해 자금을 필요로 하며, 필요한 자금을 자기자본 또는 타인자본을 통해 조달하게 된다. 일반적으로 타인자본을 부채 또는 채권자지분이라 하고, 자기자본을 자본 또는 소유주지분이라고 한다. 자기자본은 기업의 자산에서 채권자지분인 부채를 차감한 후에 남는 잔여지분, 즉 기업의 순자산을 의미한다.

자 산	=	부 채 (채권자지분)	+	자 본 (소유주지분)
자 산	−	부 채	=	자 본 (순 자 산)

우리나라 기업회계기준은 발생원천에 따라 자본을 다음과 같이 분류하도록 하고 있다.

표 15-1 자본의 분류

분 류	발생원천
자본금	법률에 의해 정해진 납입자본금(법정자본금)
자본잉여금	주주와의 자본거래를 통해 자본이 증가된 것
자본조정	자본거래에 해당하나 자본금이나 자본잉여금으로 분류할 수 없는 항목
이익잉여금	영업활동을 통하여 발생한 이익이 축척된 부분, 사내유보이익
기타포괄손익누계액	손익거래 중 손익계산서에 포함되지 않는 손익의 잔액

표 15-2 자본의 계정과목 분류

분 류	발생원천
자본금	(보통주) 자본금, 우선주자본금
자본잉여금	주식발행 초과금, 감자차익, 자기주식처분이익
자본조정	자기주식, 주식할인발행차금, 감자차손, 자기주식처분손실, 미교부주식배당금
이익잉여금	이익준비금, 미처분이익잉여금(미처리결손금), 임의적립금
기타포괄손익누계액	매도가능증권평가손익, 자산재평가잉여금, 해외사업환산손익

❷ 자본금계정

상법에 의하면 주식회사는 회사가 발행할 수 있는 주식의 총수를 미리 정관에 정해 두고 설립 시에 그의 4분의 1 이상을 발행하고 나머지 주식은 회사가 설립된 후 이사회의 결의에 따라 분할하여 발행할 수 있도록 하고 있다. 이와 같은 제도를 수권자본제도(authorized capital system)라고 한다.

주식(stock, share)은 보통주(common stock)와 우선주(preferred stock)로 나누어지며 보통주는 이익배당청구권·잔여재산청구권·신주인수권·의결권이 있는 반면, 우선주는 배당 또는 청구 등 특정사항에 대하여 우선권을 갖지만 일반적으로 의결권이 없다.

주식발행가액은 사채와 달리 할증발행이 많은데 할증발행이란 액면가액 이상 발행하는 것으로 프리미엄 발행(premium issue)이라고도 하며 주식발행 초과금(premium in excess of par value)이 발생한다.

주식회사를 설립하는 방법에는 발기설립과 모집설립의 두 가지가 있는데 발기설립은 발기인이 발행주식을 모두 인수하는 것을 말하며, 모집설립은 발행주식의 일부는 주주를 모집하여 이를 인수하도록 함으로써 회사를 설립하는 방법이다.

예제 15-2

보통주 40주와 우선주 20주를 액면가 ₩5,000과 ₩4,000으로 각각 발행, 납입받아 당좌예금하다.

풀이

(차) 당 좌 예 금	₩280,000	(대) 보통주 자본금	₩200,000
		우선주 자본금	₩80,000

예제 15-3

보통주 100주, 액면가 ₩5,000을 ₩7,000에 납입받아 당좌예금하다.

풀이

(차) 당 좌 예 금	₩700,000	(대) 보통주 자본금	₩500,000
		주식발행 초과금 (자본잉여금)	₩200,000

3 자본금계정의 변동

기업의 여러 가지 형편에 따라 자본금이 늘어나거나 줄어들기도 하는데 수권자본의 범위 내에서 신주를 발행하여 그 대금을 납입받아 증자하는 실질적인 증자(유상증자)와 형식적인 증자(무상증자)가 있다. 또한 자본금이 감소하는 경우 실질적인 감자와 자본금의 반환없이 자본금이 감소하는 형식적인 감자가 있다.

(1) 무상증자

실질적인 신주대금의 납입이 없이 형식적으로 자본금만 증가하는 경우가 있다. 형식적인 증자란 자본잉여금을 주주총회를 거쳐 자본금으로 전입시키는 것을 말하며 이때 발행한 신주는 주주에게 무상으로 배분되므로 무상증자라고도 한다.

예제 15-4

자본잉여금 ₩100,000과 이익준비금 ₩80,000으로 결손금 ₩20,000을 보전하고 나머지는 자본금에 전입하다. 액면 ₩5,000의 신주 32주를 발행하여 구주주에게 분배하다.

풀이

(차) 자본잉여금	₩100,000	(대) 이월결손금	₩20,000
이익준비금	₩80,000	자 본 금	₩160,000

(2) 주식배당

이익배당액의 50% 내에서 신주로 발행하여 배당할 수 있다. 자본금 증가는 주주총회의 의결사항이므로 주주총회 의결을 거치는 동안은 미교부 주식배당금이라는 자본조정항목으로 우선 처리한다.

예제 15-5

㈜보해 이사회는 12월 31일 ₩180,000을 이익배당하기로 의결하다. 이 중 ₩60,000은 주식배당하기로 하여 액면가 ₩5,000, 12주를 발행하고 나머지는 현금배당하기로 하다.

풀이

(차) 처분전 이익잉여금	₩180,000	(대) 미교부 주식배당금	₩60,000
		미지급 배당금	₩120,000

예제 15-6

2월 28일 주주총회에서 위의 이사회 의결사항을 확정하고 배당실시하다.

풀이

(차) 미교부 주식배당금	₩60,000	(대) 자 본 금	₩60,000
미지급 배당금	₩120,000	현 금	₩120,000

(3) 사채의 전환

전환사채(convertible bond)의 경우 사채소유자의 선택에 따라 주식으로 전환할 수 있는데 사채소유자는 호경기의 경우 주식으로 전환하는 편이 유리하다.

예제 15-7

㈜승달산은 전환청구에 따라 전환사채 ₩10,000,000을 보통주식 2,000주(액면가 ₩5,000)로 전환하다.

풀이

(차) 전 환 사 채	₩10,000,000	(대) 보통주 자본금	₩10,000,000

(4) 감 자

기업이 계속되는 경기침체로 그 시설규모를 축소하거나 누적된 적자를 보전하기 위해 감자를 실시하게 되는데, 주식의 병합을 통해 주주들의 주식소유수량을 감소시키거나 절사를 통해 액면가를 감소시키는 방법으로 자본금이 감소하게 되며 주주들은 감자가 실시되어도 실질적인 손실은 없다.

예제 15-8

㈜한라는 계속되는 경기침체에 따른 결손금 ₩2,000,000을 보전하기 위해 주주총회 의결을 거쳐 감자하기로 하고 액면가 ₩10,000 주식 400주를 액면가 ₩5,000 주식으로 변경하다.

풀이

(차) 자 본 금	₩2,000,000	(대) 이월결손금	₩2,000,000

❹ 자본잉여금

잉여금은 순자산액이 자본금을 초과한 금액으로 자본거래에 의해 발생하는 자본잉여금(capital surplus)과 손익거래에서 발생하는 이익잉여금(earned surplus)으로 나누어지는데 자본잉여금은 주식발행 초과금, 기타 자본잉여금(감자차익, 자기주식 처분이익 등)으로 분류된다.

(1) 주식발행 초과금

주식발행 초과금은 액면가를 초과하여 주식을 할증 발행하는 경우 발생하는 액면 초과금으로 자본잉여금에 속한다.

예제 15-9

㈜성모는 액면가 ₩5,000의 신주를 ₩6,000으로 10,000주를 할증발행하고, 대금은 당좌예입하다.

풀이

(차) 당 좌 예 금	₩60,000,000	(대) 자 본 금	₩50,000,000
		주식발행 초과금 (자본잉여금)	₩10,000,000

(2) 감자차익

감자차익은 자본이 감소할 때 발생하는데 주식을 소각한 후에도 주주에게 차액이 감자환급금이나 결손금 전보액을 초과하는 경우 그 초과액이 된다. 즉, 무상감자의 경우 주식의 병합으로 인한 소각분이나 절사합계액이 결손금 전보액을 초과할 때의 초과액이며, 시가가 액면가보다 낮을 때 주로 행하여지는 유상감자의 경우 자본금의 감소액이 주식매입대금과 결손금을 전보하고 남은 차액이 된다.

예제 15-10

㈜관악은 누적된 결손금을 전보하기 위해 2주를 1주(자본금 ₩5,000,000 주당 ₩10,000)로 무상감자하여 결손금 ₩1,800,000을 전보하다.

풀이

(차) 자 본 금	₩2,500,000	(대) 이월결손금	₩1,800,000
		감 자 차 익	₩700,000

예제 15-11

위의 감자차익 ₩700,000을 자본전입하다.

풀이

(차) 감 자 차 익	₩700,000	(대) 자 본 금	₩700,000

(3) 자기주식 처분이익

상법은 채권자 보호입장에서 자기주식의 취득을 특별한 경우(감자 혹은 증여 등 일시적으로 취득한 경우)를 제외하고는 금지하고 있다. 만약 재취득하여 보유하고 있는 자기주식(금고주)은 곧바로 이를 소각 또는 처분해야 하는데 처분하는 경우 처분가액이 취득가액을 초과할 때 그 차액이 자기주식 처분이익이 된다. 물론 액면가 이하로 취득하여 소각한 경우는 감자차익이 된다.

5 자본조정

자본조정(capital adjustment)이란 당해 항목의 성격상 자본거래에 해당하나 최종 납입된 자본으로 볼 수 없거나 특정계정이 아닌 자본 전체에 대한 가감이나 부가의 성격을 가진 항목으로 자본금, 자본잉여금이나 이익잉여금으로 분류할 수 없는 항목들이다.

자본조정의 차감항목으로는 감자차손·자기주식·주식할인발행차금·자기주식처분손실 등이 있고 가산항목으로는 미교부 주식배당금이 있다. 자본조정은 주주 등 자본거래를 통하여 무엇인가 변화가 이루어졌으나 이러한 자본항목 중에 어떤 것을 줄이거나 늘려야 되는지 확실하지 않기 때문에 생긴 계정과목을 의미한다. 즉, 자본거래 손익의 임시 집합소이다.

(1) 주식할인발행차금

주식할인발행차금은 주식을 액면가 이하로 발행함으로써 발생하는 액면가와 발행가의 차액이므로 먼저 주식발행 초과금과 상계하고 그 잔액은 자본조정으로 분류하여 자본에서 차감하는 형식으로 기장하되 이익잉여금의 처분을 통해서 주식발행 연도로부터 3년 이내의 기간에 걸쳐 매기 균등액을 상각한다. 다만, 처분할 이익잉여금이 부족하거나 결손이 있는 경우에는 차기 이후 연도에 이월하여 상각할 수 있다.

예제 15-12

㈜천사섬은 2023. 6. 30. 법원의 주식할인발행인가를 얻어 300주의 보통주(액면가 ₩5,000)를 주당 ₩4,600씩 발행하고 주식발행차금은 3년균등상각하기로 하였다. 주식발행 시와 2023. 12. 31. 결산 시 분개를 행하라.

풀이

[발행 시]

(차) 현 금	₩1,380,000	(대) 자 본 금	₩1,500,000
주식할인발행차금	₩120,000		

[결산 시]

(차) 미처분이익잉여금	₩40,000	(대) 주식할인발행차금	₩40,000

자본을 감소하는 과정에서 발행하는 감자차손과 자기주식처분손실은 이월결손금 처리순서에 따라 이익잉여금과 자본잉여금으로 전액 당기에 상각하되, 부족한 경우에는 처분가능잉여금이 발생할 때까지 자본조정으로 기록하였다가 재원이 생기면 상각하면 된다.

(2) 자기주식

자기주식이란 기업이 이미 발행하여 유통되고 있는 주식을 경영권 방어·종업원 배당·주가의 지나친 하락 방지·매업소각할 목적으로 일시적으로 재취득한 주식을 말하여 상법에서는 자기주식의 장기보유를 금하고 있다.

(3) 미교부 주식배당금

주식배당을 하는 경우 발행하며 이익잉여금 처분내역이 결정되면 차변에 처분전 이익잉여금 대변에 미교부 주식배당금이 기재된다. 이때 미교부 주식배당금은 자본조정항목으로 자본에 가산하는 형식으로 기재하며 주식배당이 이루어지면 차변에 동액의 미교부 주식배당금이, 대변에 자본금이 기재된다.

6 기타포괄손익누계액

기타포괄손익누계액은 좀더 잘 살펴볼 필요가 있다. 기타포괄손익누계액은 자본거래는 아닌데 거래 등을 통하여 자산이나 부채를 변동시키는 것이나 손익계산상의 이익이나 손실로 표시하기에 애매한 항목을 의미한다. 즉, 기업의 미실현보유손익을 의미하며 일잔 자산의 증가를 가져왔으나 포괄손익계산서상의 이익으로 표시할 수도 없고 자본거래도 아닌 항목이다. 따라서 그냥 자본으로 임시 포함시켜 놓았다가 향후 실질적인 처분이나 실현이 이루어지는 시점에 포괄손익계산서를 통해 이익으로 반영되는 항목이다. 포괄손익누계액은 기타항목으로 중요한 항목은 아닌 것처럼 포괄손익이라는 것은 손익계산서상에 표시되는 당기손익이 아니고 전반적인, 즉 포괄기업의 이익을 표시하는 것이다. 여기서 누계액이란 이제까지 모든 거래나 사건에서 인식한 자본변동을 의미한다. 즉, 일상거래로 인하여 발생한 자산부채의 변동으로 발생한다. 대표적인 것이 유형자산재평가잉여금이다. 토지, 건물 등을 공정가치 평가를 통해 장부가객을 원래 100원에서 1,000원으로 확대표시했으나 실제 현금으로 들어오지 않고 모양만 바꾼 것이기에 자본항목에서 기타포괄손익누계액으로 표시하는 것이다. 기타포괄손익누계액에는 다음과 같은 항목들이 있다.

매도가능증권평가손익은 매도가능증권으로 분류된 주식이나 채권을 공정가치법으로 평가함에 따라 발생하는 평가손익을 말하는데, 이는 매도가능증권처분시에 처분손익에 가감된다.

파생상품평가손익이란 현금흐름위험회피를 목적으로 투자한 파생상품에서 발생하는 평가손익을 말하는데, 이는 관련손익인식시점에서 당기손익으로 대체된다.

해외산업환산손익이란 해외지점, 해외사무소 또는 해외소재 지분법적용대상회사의 외화표시 자산, 부채를 현행환율법에 의하여 원화로 환산하는 경우에 발생하는 환산손익을 말한다

7 이익잉여금

이익잉여금(earning surplus)은 기업의 영업활동, 재무 및 투자활동 등 손익거래에 의해 발생한 당기순이익 중 배당금으로 유출된 부분을 제외한 나머지가 사내에 유보되어 있는 것으로 유보이익(retained earnings, retained income)이라고도 한다.

이익잉여금은 법정적립금, 임의적립금, 처분전이익잉여금으로 구분된다.

(1) 법정적립금(이익준비금)

기업이 법률에 의해 의무적으로 적립해야 하는 것으로 이익준비금과 기타 법정적립금으로 구분된다. 여러 나라에서는 기업의 불황에 대비하기 위하여 당기순이

익의 일부를 사내에 유보하도록 하고 있다. 우리나라도 상법규정에 의하여 이익준비금의 항목을 두고 매결산기에 자본금의 1/2에 달할 때까지 금전에 의한 배당액(현금배당액)의 1/10 이상을 강제적립하도록 함으로써 자본의 충실과 결손에 대비하게 하려는 것으로 결손전보와 자본전입에만 전용할 수 있다.

(2) 임의적립금

임의적립금은 법정구속력이 있는 법정적립금과는 달리 제3자와의 계약 또는 회사경영자의 판단에 의하여 미처분 이익잉여금 일부에 대한 처분을 제한하여 사내에 유보하고자 설정되는 적립금이다. 기업이 계약에 의해 강제될 수 있는 적극적 적립금과 임의로 정관이나 주주총회의 결의에 의해 적립하는 소극적 적립금으로 나눌 수 있다.

적극적 적립금은 감채적립금, 신축적립금, 사업 확장 적립금처럼 기업의 순자산이나 자본을 증가시키기 위한 것이며 그 목적이 달성된 후에도 소멸되지 않고 이월이익잉여금으로 이입하여 다른 목적의 적립에 사용되거나, 뚜렷한 사용목적을 갖지 않는 별도적립금으로 대체된다.

소극적 적립금은 결손보전적립금, 배당평균적립금, 퇴직급여적립금, 재해손실적립금, 자가보험 적립금, 별도적립금 등이 있으며 순자산이나 자본의 감소를 방지할 목적의 적립금이다.

(3) 미처분이익잉여금(또는 미처리결손금)

미처분이익잉여금은 유보이익 중에서 배당하거나 적립금으로 적립하지 않는 부분이다.

미처분이익잉여금은 전기의 이월이익잉여금과 당기순이익으로 구성되는데, 이익잉여금 처분계산서에서는 전기의 처분 전 이익잉여금 중 법정적립금 등과 배당금을 제외한 나머지를 당기로 이월해 두었다가 당기의 당기순이익과 합산하여 활용한다. 전기에서 당기로 이월시킨 잉여금을 전기이월잉여금이라 하고 당기 말에 전기이월이익잉여금과 당기순이익의 합계액을 미처분이익잉여금이라 하여 이사회의 의결에 의하여 이익준비금, 배당금, 차기이월이익잉여금 등으로 분할처분한다.

예제 15-13

다음 자료를 보고 분개하라.

1. 처분전이익잉여금

전기이월이익잉여금	₩30,000
당기순이익 확정액	₩80,000
배당평균적립금 전입액	₩40,000

2. 주주총회에서 다음과 같이 처분결의하다.

이익준비금	₩ 8,000
배당금	₩80,000
시설확장적립금	₩30,000
퇴직급여적립금	₩20,000
차기이월이익잉여금	₩12,000

3. 주주에 대한 배당금을 수표발행지급하다.

풀이

	차변	금액	대변	금액
1.	(차) 이월이익잉여금	₩30,000	(대) 미처분이익잉여금	₩150,000
	손　　익	₩80,000		
	배당평균적립금	₩40,000		
2.	(차) 미처분이익잉여금	₩150,000	(대) 이익준비금	₩8,000
			미지급배당금	₩80,000
			시설확장적립금	₩30,000
			퇴직급여적립금	₩20,000
			차기이월이익잉여금	₩12,000
3.	(차) 미지급배당금	₩80,000	(대) 당 좌 예 금	₩80,000

03 자본변동표

❶ 자본변동표의 의미

자본변동표는 자본의 변동내용에 대한 포괄적인 정보를 제공하는 재무제표 중 하나로서 K-IFRS에서는 기본 재무제표로 작성하도록 하고 있다. 자본변동표에는 자본을 구성하고 있는 자본금, 자본잉여금, 기타 포괄손익누계액, 이익잉여금의 변

표 15-3 **자본변동표**

2023년 1월 1일부터 2023년 12월 31일까지 (단위: 원)

구 분	자본금	자본 잉여금	자본조정	기타포괄손익 누계액	이익 잉여금	총 계
2023년 1. 1	×××	×××	×××	×××	×××	×××
전기오류수정손익					(×××)	
회계정책변경누적효과					×××	
수정후이익잉여금					×××	
연차배당					(×××)	
처분후이익잉여금					×××	
유상증자	×××	×××				
당기순이익					×××	
2023년 12. 31	×××	×××	×××	×××	×××	×××

동에 대하여 정보를 제공한다. 즉 각 항목별로 기초금액과 당기의 변동사항, 기말 잔액을 표시한다. [표 15-3]은 자본변동표의 양식을 보여주고 있다.

[표 15-3]의 자본변동표를 살펴보면 자본금의 변동은 유상증자, 무상증자와 주식배당에 의하여 발생되고 자본잉여금의 변동은 유상증자, 무상증자, 결손금의 처리 등에 의하여 발생된다. 자본금과 자본잉여금의 변동은 납입자본의 변동으로 통합하여 표시된다. 자본조정은 자기주식, 주식할인발행차금, 배당건설이자, 주식선택권, 감자차손자기주식처분손실 등으로 구분하여 표시한다.

기타포괄손익누계액의 변동은 매도가능 금융자산평가손익, 해외사업환산손익, 현금흐름위험회피 파생상품 평가손익과 재평가 잉여금으로 구분, 표시한다. 이익잉여금의 변동은 주주총회에서 승인된 배당금액을 의미하는 연차배당과 이사회에서 당기 중에 승인된, 중간배당 그리고 당기순손익, 회계정책의 변경으로 인한 누적효과로 구분, 표시한다.

연습문제

객관식 문제

01. 다음의 자본항목 중 그 성격이 다른 하나는? 58회 1급 전산회계

① 자기주식 ② 주식할인발행차금
③ 자기주식처분손실 ④ 해외사업환산손실

02. 다음 자료에 의한 자본금의 추가 출자액은 얼마인가? 58회 2급 전산회계

기초자산	기초부채	기말자본	총수익	총비용
420,000원	200,000원	580,000원	80,000원	40,000원

① 280,000원 ② 320,000원 ③ 500,000원 ④ 540,000원

03 자본에 대한 설명이다. 틀린 것은? 59회 전산회계 1급

① 자본금은 우선주자본금과 보통주자본금으로 구분하며, 발행주식수×주당 발행가액으로 표시된다.
② 잉여금은 자본잉여금과 이익잉여금으로 구분 표시한다.
③ 주식의 발행은 할증발행, 액면발행 및 할인발행이 있으며, 어떠한 발행을 하여도 자본금은 동일하게 표시된다.
④ 자본은 자본금·자본잉여금·이익잉여금·자본조정 및 기타포괄손익누계액으로 구분 표시한다.

04. ㈜세원은 2014년 중에 보통주 10,000주(1주당 액면가액 1,000원)를 1주당 500원에 발행하였다. 2013년 기말 재무상태표상 자본상황이 다음과 같을 경우, 2014년 기말 재무상태표에 표시되는 자본상황으로 올바른 것은? 60회 전산회계 1급

- 자본금 90,000,000원 • 주식발행 초과금 10,000,000원

① 자본금 95,000,000원 ② 주식발행 초과금 5,000,000원
③ 주식할인발행차금 5,000,000원 ④ 총자본 100,000,000원

05. 다음 재무상태표상의 자본항목 중 그 성질이 다른 것은 어느 것인가? 62회 전산회계 1급

① 주식할인발행차금 ② 자기주식처분손실
③ 자기주식 ④ 주식발행초과금

06. 다음 중 일반 기업회계기준에서 자본조정으로 분류되는 계정과목은? 77회 전산회계1급

① 자기주식처분이익 ② 자기주식
③ 주식발행초과금 ④ 감자차익

07. 다음 중 일반기업회계기준에서 자본잉여금으로 분류되는 계정과목은? 80회 전산회계1급

① 자기주식 ② 감자차익
③ 단기매매증권평가이익 ④ 매도가능증권평가이익

주관식 문제

01. 다음을 분개하고 자본금계정에 전기하고 마감하시오.

① 현금 ₩20,000과 감정가 ₩3,000,000의 공장건물 및 ₩10,000의 기계설비를 출자하여 영업을 시작한다.

② 기업주가 개인용도로 ₩3,000을 현금으로 인출하다.

③ 회계기말에 당기순이익 ₩5을 자본계정에 대체하다.

	차 변	금 액	대 변	금 액
①				
②				
③				

자본금

(1) 보통주 1,000주와 우선주 500주를 액면가 ₩500과 ₩300으로 각각 발행, 보통 주는 ₩700에 우선주는 ₩500에 납입받아 당좌예금하다.

(2) 자본준비금 ₩100,000과 이익준비금 ₩80,000으로 결손금 ₩20,000을 보전하고 나머지는 자본금에 전입하다. 액면 ₩100의 신주 320주를 발행하여 구주주에 분배한다.

(3) ㈜승달산 이사회는 12월 31일 ₩180,000의 이익을 배당하기로 의결하다. 이 중 ₩60,000은 주식을 배당하기로 하여 액면가 ₩500, 120주를 발행하고, 나머지는 현금을 배당하기로 하다.

(4) 2월28일 주주총회에서 위의 이사회의결사항을 확정하고 배당실시하다.

(5) 결손금 3,500,000을 보존하기 위하여 감자하기로하고 ₩5,000 주식 700주를 액면가 ₩3,000인 주식으로 변경하라.

(6) ㈜유달산은 ㈜승달산을 합병하고 액면주식 40주를 교부하다. ㈜유달산 액면가 @₩1,000이고, 합병당시 ㈜승달산의 대차대조표를 보고 합병 분개하시오.

대차대조표

㈜승달산

제자산	20,000		
		제부채	10,000
		자본금	41,000
		이익잉여금	9,000
	150,000		150,000

(7) ㈜고려시멘트는 제품수송을 위해 기존 산업철로에 공장까지 100m 철로를 부설하는 조건으로 철도청으로부터 ₩100,000의 공사부담금을 수취하다.

(8) ㈜한국내화는 2010년 6월 30일 법원의 주식할인발행인가를 얻어 100주의 보통주(액면가 ₩5,000)를 주당 ₩4,000씩 발행하고 주식발행차금은 2년균등상각하기로 하였다. 주식발행시와 2010년 12월 31일 결산시 분개하시오.

(9) ㈜미래에너지는 자본금이 ₩1,000이며 건설이자로 ₩5을 배당하였다.

	차 변	금 액	대 변	금 액
(1)				
(2)				
(3)				
(4)				
(5)				
(6)				
(7)				
(8)				
(9)				

P A R T

04

회계정보의 활용

Chapter 16

재무제표분석

01 재무제표분석의 의의

기업의 경영활동의 결과는 앞에서 살펴본 바와 같이 재무제표를 통하여 보고된다. 이렇게 보고된 재무제표는 외부정보이용자들에게 다양한 의사결정을 위하여 요한 정보를 제공하여 준다. 이러한 재무제표를 통하여 기업의 경영상황인 일정 시점의 재무상태와 일정기간 동안의 경영성과를 파악하고 기업의 미래상황을 예측하는데 이용된다.

재무제표를 활용하여 의사결정을 하는 사람들은 크게 외부정보이용자와 내부정보이용자로 구분된다. 기업의 최고경영자와 중간경영자, 그리고 하위경영자들은 외부보고용의 재무제표 이외에도 기업경영과 관련된 다양한 정보를 필요로 하고 이는 기업내부의 원가정보를 알려주는 원가회계와 의사결정에 필요한 관리회계정보를 최고경영자에게 전달한다. 외부정보이용자인 채권자와 투자자들은 과거 기업의 영업성과와 현재 기업의 영업성과를 비교하고 싶어 하고, 이를 통하여 기업미래의 수익 잠재력과 그 기업의 위험성을 예측하고자 회계정보를 이용한다.

재무제표분석(financial statement analysis)이란 기업이 제공하는 재무제표를 활용하여 외부정보이용자나 내부정보이용자에게 유용한 정보를 창출하는 분석과정이다. 우리가 매년 건강을 위하여 병원에 가서 건강진단을 받는 것과 같이 재무제표를 통하여 기업경영의 건강진단을 할 수 있다.

여러분들도 병원에 가면 의사가 다양한 문진을 통하여 여러분들의 상태를 확인한다. 그중 대표적인 것이 여러분들의 혀와 목구멍을 제일 먼저 살펴보는 것을 경험하였을 것이다. 과연 기업의 건강도 체크할 수 있을까? 그렇다면 제일 먼저 확인하는 것은 무엇일까? 아마도 현금흐름일 것이다. 여러분들은 재무제표 중 현금흐름표를 통하여 현금흐름의 중요성을 파악하였을 것이다. 여러분은 회계정보의 순환과정을 통하여 작성되어진 재무제표 중 재무상태표를 제일 먼저 살펴보았다.

재무상태표는 일정 시점에서의 기업의 자산, 부채, 그리고 자본의 상태를 나타내는 보고서이다. 재무상태표의 차변(왼쪽)에 자산의 상황을 대변(오른쪽)에는 자기자본과 타인자본을 통한 자본의 조달을 보여주었다. 즉 재무상태표를 통하여 기업의 자본조달 내역과 자산의 활용내역을 파악할 수 있다. 또한 포괄손익계산서를 통하여 일정 기간 동안의 기업의 경영성과인 수익과 비용을 대응시켜 이익을 측정하였다. 따라서 여러분들이 먼저 살펴본 재무상태표와 포괄손익계산서를 이해하였기 때문에 이를 어떻게 분석에 활용할 수 있는지가 재무제표 분석이다. 이처럼 재무상태표는 그 기업의 기초체력을 나타내주고, 포괄손익계산서는 일정 기간의 경영성적표이다. 따라서 기업의 기초체력과 경영성적을 분석할 필요가 있다.

02 재무제표분석의 목적

재무제표분석은 앞에서 언급한 바와 같이 정보이용자에 따라 다양하게 활용될 수 있다. 이러한 재무제표분석의 목적은 크게 기업의 도산예측, 여신관련 의사결정, 그리고 채권 및 어음에 관한 등급평가로 구분할 수 있다.

① 도산예측

도산이란 기업이 어음 등과 같이 만기가 도래하는 채무를 상환할 수 없는 지급불능상태를 의미한다. 만약 기업이 지급불능상태에 도달하게 되면 파산이나 청산절차를 거치게 되므로 투자자들은 현재 그들이 보유하고 있는 주식보유 기업에 대하여 그 기업의 재무상태와 경영성과를 정확하게 파악할 필요가 있다. 따라서 다양한 재무제표분석을 통하여 관심 있는 기업의 도산 가능성에 대하여 살펴볼 수 있다.

❷ 여신관련 의사결정

은행과 같은 금융기관은 저축을 통한 자금을 대출을 통하여 이익을 확보하고자 한다. 이때, 은행의 대출담당자 및 채권자들은 기업에 돈을 빌려주어도 괜찮은지를 분석하여야 한다. 금융기관의 여신결정에는 다양한 정보가 필요하다. 대출 신청한 기업의 과거, 현재의 재무제표, 그리고 사업계획서 등을 분석하여 대출에 대한 의사결정을 하게 된다.

❸ 채권 및 어음에 관한 등급평가

채권 및 어음에 관한 등급평가는 신용평가기관이나 증권업 종사자들이 기업에서 발행한 어음이나 사채가 약속대로 상환될 수 있는지를 평가하고 그 결과를 알기 쉬운 기호나 등급으로 표시하여 투자자들에게 알려준다.

03 재무제표분석방법

기업에서 작성되어진 재무제표를 이용하여 분석하고자 할 때 보고된 수치들 간의 관계가 무엇을 의미하는지, 비율분석의 수치는 어떠해야 하는지 등 체계적인 분석을 위한 판단이 필요하다. 이를 위한 방법으로 과거 평균비율을 통한 시계열 분석을 할 수 있고, 또한 특정 시점에서 분석대상기업이 속한 업종에서 다른 기업과의 비교를 통하여 살펴볼 수 있는 산업평균비율분석인 횡단면 분석을 할 수 있다.

❶ 시계열 분석

시계열 분석(time - series analysis)이란 두 기간 이상에 걸쳐 관심 있는 기업의 재무제표 수치나 재무비율을 분석하는 것을 의미한다. 시계열 분석을 통하여 관심 있는 기업의 재무제표의 금액이나 비율이 과거보다 좋아졌는지 나빠졌는지를 파악하여 개괄적인 판단을 할 수 있다.

시계열 분석은 두 기간 이상에 걸친 변화를 비교 분석하는 기법으로 기준 연도의 각 항목을 100으로 설정하고, 이후 연도의 각 항목 금액은 기준연도에 대한 비율로 표시하여 분석한다.

2 횡단면 분석

횡단면 분석(cross – sectional analysis)은 관심 있는 기업이 속한 업종 내의 다른 기업과의 비교를 특정시점에서 실시하는 것을 의미한다. 횡단면 분석을 위하여 동종 업계 내의 유사기업과 비교를 하거나, 관심 있는 기업이 속한 산업평균과 비교하여 분석하게 된다. 이러한 분석을 통하여 관심 있는 기업이 어느 정도인지를 파악할 수 있다.

3 비율분석

비율분석(ratio analysis)은 주로 재무비율을 중심으로 비교하는 방법이다. 즉 재무제표에 나타난 두 개 이상의 수치 사이에 존재하는 상관관계를 측정하여 분석하는 방법이다. 이러한 비율분석은 동종산업의 평균비율과 동일기업의 과거비율 등 다양한 비율분석을 실시할 수 있다. 비율분석은 크게 안정성 비율, 수익성 비율, 활동성 비율, 그리고 성장성 비율로 구분하여 살펴본다.

(1) 안정성 비율

안정성 비율(safety ratio)은 재무상태표 항목인 자산·부채·자본 간의 관계를 나타내는 비율로서 장기지급능력을 파악할 수 있는 비율이다. 또한 기업의 타인자본인 부채와 자기자본인 자본과의 관계를 이용하여 기업의 장기적인 능력을 파악할 수 있다. 채권자의 관점에서는 투자한 기업에 대하여 원금과 이자를 제대로 지급받을 수 있는지를 평가하고 기업의 경영자에게는 자금조달에 대한 의사결정을 하는데 도움을 줄 수 있다.

안정성 비율은 기업의 단기지급능력을 의미하는 유동성분석, 자본조달구조에 따른 경기변화에 대한 대응능력을 의미하는 레버리지 분석, 조달된 장기성 자본(자기자본 혹은 장기타인자본)이 비유동자산에 안정적으로 배분되었는지를 살펴보는 자본배분의 안정성분석 등이 포함된다.

1) 부채비율

부채비율(debt ratio)은 부채를 자기자본으로 나눈 비율이다. 부채비율은 타인에게 빌린 차임금을 포함한 부채가 자기자본의 몇 배가 되는가를 나타내는 비율이다.

$$부채비율 = \frac{부채}{자기자본}$$

예제 16-1

승달산㈜의 재무재표에 유동부채 35억, 비유동부채 15억, 그리고 자기자본은 50억이라면 부채비율은 얼마인가?

풀이

35+15/50=100%

2) 자기자본비율

자기자본비율(debt-equity ratio)이란 기업의 총자산 중에서 소유주의 비중은 얼마인가를 나타내는 비율이다.

$$자기자본비율 = \frac{자기자본}{총자본}$$

예제 16-2

승달산㈜의 재무재표에 유동부채 35억, 비유동부채 15억, 그리고 자기자본은 50억이라면 자기자본비율은 얼마인가?

풀이

50/100=50%

승달산㈜의 경우 부채비율이 100%로 나타나 부채 대 자기자본의 비율이 1:1이라는 의미이다. 이는 총자본 중에서 자기자본이 50%라는 의미이다.

(2) 수익성 비율

기업의 수익성은 기업을 성장시키는데 있어서 가장 중요한 원동력이다. 따라서 수익성 분석은 중요하다. 수익성 비율은 일정기간 동안의 기업의 경영성과를 측정하는 비율이다. 투자된 자본이나 자산 혹은 매출액 대비 창출된 이익의 정도를 나타내므로, 이익창출능력에 대한 평가는 물론 성과를 요인별로 분석하고 검토하기 위한 지표로도 유용하게 사용된다. 일반적으로 수익성 비율에는 매출액이익률, 총자본(자산)순이익률, 총자본영업이익률, 그리고 주당순이익이 있다.

1) 매출액이익률

매출액이익률은 매출액총이익률, 매출액영업이익률, 그리고 매출액순이익률로 구분하여 분석할 수 있다. 매출액총이익률(gross profit ratio)은 매출총이익을 매출액으로 나눈 비율로서 기업의 생산마진을 측정한다. 매출액영업이익률(operating profit to sales ratio)은 영업이익을 매출액으로 나눈 비율로서 기업의 영업마진을 측정한다. 매출액순이익률(earning after tax to sales ratio)은 당기순이익을 매출액으로 나눈 비율로서 기업의 전체적인 최종이익을 의미한다.

$$\text{매출액총이익률} = \frac{\text{매출총이익}}{\text{매출액}}$$

$$\text{매출액영업이익률} = \frac{\text{영업이익}}{\text{매출액}}$$

$$\text{매출액순이익률} = \frac{\text{당기순이익}}{\text{매출액}}$$

예제 16-3

승달산㈜의 재무재표에서 매출액은 117억, 매출총이익은 21억, 영업이익은 7억, 그리고 당기순이익은 5.6억원일 때 매출액총이익률, 매출액영업이익률, 그리고 매출액순이익률은 얼마인가?

풀이

매출액총이익률=21/117=18%
매출액영업이익률=7/117=6%
매출액순이익률=5.6/117=4.8%
매출액순익률이 4.8%라는 것은 매출액 중에서 매출원가, 판매비와관리비, 영업외비용 및 법인세비용을 차감하고 영업외수익을 합해서 최종마진이 4.8%라는 것을 의미한다.

2) 총자본(자산)순이익률

총자본순익률은 총자산순이익률이라고도 부르면 순이익을 총자본(총자산)으로 나눈 비율이다. 이는 기업의 영업활동을 수행하기 위하여 총자산을 어떻게 효율적으로 사용하였는가를 나타내는 지표이다. 총자산순이익률은 투자수익률(ROI; return on investment)이라고 한다.

$$\text{ROI} = \frac{\text{순이익}}{\text{매출액}} \times \frac{\text{매출액}}{\text{총자본}}$$

$$\text{총자본순이익률} = \frac{\text{순이익}}{\text{평균 총자본(총자산)}}$$

예제 16-4

승달산㈜의 재무재표에서 매출액은 117억, 평균자본액는 100억, 그리고 당기순이익은 5.6억원일 때 투자수익률, 총자본순이익률은 얼마인가?

풀이

투자수익률(ROI)=5.6억/117억×117억/100억=5.6%

총자본순이익률=5.6억/117억=5.6%

3) 총자산영업이익률

총자산영업이익률(ROA; return on asset)은 기업이 투자한 총자본에 대한 영업활동으로부터 얻는 이익의 비율이다. 영업이익을 총자본(총자산)으로 나눈 비율이다. 총자본순이익률처럼 분모는 기초 총자본과 기말 총자본의 평균치를 사용한다.

$$\text{총자산영업이익률}(\%) = \frac{\text{영업이익}}{\text{평균 총자본}} \times 100$$

예제 16-5

승달산㈜의 재무재표에서 매출액은 117억, 평균자본액은 100억, 영업이익은 7억, 그리고 당기순이익은 5.6억원일 때 총자본영업이익률은 얼마인가?

풀이

총자본영업이익률=7/100=7%

4) 주당순이익

주당순이익(EPS; earning per share)은 보통주 1주에 귀속되는 당기순이익을 나타내는 지표로서 당기순이익과 함께 기업의 경영성과를 측정하는 중요한 지표이다. 주당순이익은 당기순이익에서 우선주 배당금을 공제하고 보통주식 총수로 나누어 계산한다.

$$주당순이익 = \frac{당기순이익 - 우선배당금}{보통주\ 유통주식수} \times 100$$

예제 16－6

승달산㈜의 재무재표에서 매출액은 117억, 평균자본액은 100억, 영업이익은 7억, 그리고 당기순이익은 5.6억원, 우선주 배당금은 1.6억원 보통주 유통주식수는 4,000주일 때 주당순이익은 얼마인가?

풀이

주당순이익＝5.6－1.6/4,000＝100,000원

(3) 활동성 비율

활동성 비율은 투하된 자산이나 자본이 회계기간 중 얼마나 활발하게 활용되고 있는지를 나타내며, 효율성 비율 또는 회전율이라고도 한다. 기업은 투하된 자산이나 자본을 이용해서 끊임없이 성과를 창출해야 하는데, 대표적인 성과물이 바로 손익계산서의 매출액이다. 따라서 활동성 지표는 투하된 자산이나 자본 대비 창출한 매출액의 배수로 측정된다. 활동성 비율은 기업이 보유한 자원과 매출액을 비교한 비율로서 보유한 자원을 효율적으로 활용할수록 기업의 수익성은 증가한다. 활동성 비율을 통한 분석은 자원의 효율적 이용정도에 따라 총자산회전율, 자기자본회전율로 구분되고 소요 운영자금 규모에 따라 재고자산회전율과 매출채권회전율로 구분된다.

1) 총자산회전율과 자기자본회전율

총자산회전율(total asset turnover)은 총자본회전율이라고 하며 이는 매출액을 총자산으로 나눈 비율이다. 총자산회전율을 통하여 기업이 보유하고 있는 총자산이 수익을 창출하는데 얼마나 효율적으로 이용되는가를 측정하는 비율이다. 구하는 방법은 분모는 기초 총자산과 기말 총자산의 평균치를 사용하고, 분자는 매출액을 사용한다.

자기자본회전율(equity turnover)은 매출액을 자기자본으로 나눈 비율이다. 이 비율은 자기자본이 1년 동안 몇 번 회전했는지를 나타내는 비율로서 주주가 투자한 자본의 활용도를 나타내는 비율이다.

$$총자산회전율 = \frac{매출액}{평균\ 총자산}$$

$$자기자본회전율 = \frac{매출액}{평균\ 자기자본}$$

예제 16-7

승달산㈜의 재무제표에서 매출액은 117억, 평균총자산은 100억, 평균 자기자본은 50억일 때 총자산회전율과 자기자본회전율은 얼마인가?

풀이

총자산회전율=117/100=1.17회전

자기자본회전율=117/50=2.34회전

2) 재고자산회전율과 매출채권회전율

재고자산회전율(inventory turnover)은 재고자산에 투하된 자본이 얼마나 빨리 회수되는가를 측정하는 지표이다. 이는 연간 매출액을 재고자산으로 나눈 비율로서 재고자산의 회전속도를 나타낸다. 매출채권회전율(receivable turnover)은 매출액을 매출채권으로 나눈 비율로서 매출채권의 현금화 속도를 측정하는 비율이다. 매출채권회전율이 높다는 것은 매출채권이 잘 관리되고 매출채권의 현금화 속도가 빠르다는 것을 의미한다.

$$재고자산회전율(\%) = \frac{매출액}{평균\ 재고자산} \times 100$$

$$매출채권회전율(\%) = \frac{매출액}{평균\ 매출채권} \times 100$$

예제 16-8

승달산㈜의 재무제표에서 매출액은 117억, 평균재고자산은 11억, 평균 매출채권은 16억일 때 재고자산회전율과 매출채권회전율을 구하시오.

풀이

재고자산회전율＝117/11＝10.6회전

매출채권회전율＝117/16＝7.3회전

(4) 성장성 비율

기업이 지속적으로 발전하기 위해서는 성장해야 한다. 기업이 얼마나 성장하는지를 파악할 수 있는 방법은 성장성 비율을 확인하는 것이다. 성장성 비율은 기업의 외형적 규모와 경영성과가 전년에 비하여 얼마나 증가하였는가를 나타내는 비율로서, 기업의 경쟁력이나 미래의 수익창출능력을 간접적으로 나타낸다. 또한 매출액증가율, 총자산증가율 등과 같이 기업의 외형적 성장세를 나타내는 비율과 순이익증가율, 주당이익증가율 등과 같이 기업의 실질적 성장세를 나타내는 비율로 구분할 수 있다. 따라서 성장성 비율은 기업의 경쟁력이나 미래 수익 창출능력을 간접적으로 나타내는 지표이다.

1) 매출액증가율

매출액증가율(sales growth rate)은 매출액이 전년도에 비해 당해 연도에 얼마나 증가하였는지를 나타내는 비율이다. 매출액증가율은 기업의 외형적 성장률을 판단하는 대표적인 비율이다.

$$\text{매출액증가율}(\%) = \frac{\text{당기매출액} - \text{전기매출액}}{\text{전기매출액}} \times 100$$

2) 총자산증가율

총자산증가율(total assets growth rate)은 기업에 투자되어 운영된 총자산이 작년에 비하여 얼마나 증가하였는지를 나타내는 지표로서 일정한 기간 동안 기업의 자산 규모가 어느 정도 증가하였는지를 측정한다.

$$총자산증가율(\%) = \frac{당기자산총계 - 전기자산총계}{전기자산총계} \times 100$$

3) 순이익증가율과 주당이익증가율

순이익증가율(net profit growth rate)은 기업 활동의 최종성과인 순이익이 전년도에 비하여 당기에 얼마나 증가하였는지를 나타내는 성장률 지표이다. 주당이익증가율(earnings per share growth rate)은 주당이익이 작년에 비하여 얼마나 증가하였는지를 보여주는 지표이다.

$$순이익증가율(\%) = \frac{당기순이익 - 전기순이익}{전기순이익} \times 100$$

$$주당이익증가율(\%) = \frac{당기주당이익 - 전기주당이익}{전기주당이익} \times 100$$

위에서 설명한 다양한 비율분석의 계산식을 정리한 것이 [표 16-1]이다.

표 16-1 **재무비율 산식**

지 표	비율 구분	수 식
안정성	유동비율	$\frac{\text{유동자산}}{\text{유동부채}} \times 100$
	당좌비율	$\frac{\text{당좌자산}}{\text{유동부채}} \times 100$
	부채비율	$\frac{\text{부채총계}}{\text{자기자본(자본총계)}} \times 100$
	자기자본비율	$\frac{\text{자기자본(자본총계)}}{\text{자산총계}} \times 100$
	차입금 의존도	$\frac{\text{차입금}}{\text{자산총계}} \times 100$
수익성	총자산순이익률	$\frac{\text{당기순이익}}{\text{자산총계(평균)}} \times 100$
	자기자본순이익률	$\frac{\text{당기순이익}}{\text{자기자본(자본총계)(평균)}} \times 100$
	매출액순이익률	$\frac{\text{당기순이익}}{\text{매출액}} \times 100$
	매출액영업이익률	$\frac{\text{영업이익}}{\text{매출액}} \times 100$
활동성	총자산회전율	$\frac{\text{매출액}}{\text{자산총계(평균)}}$
	비유동자산회전율	$\frac{\text{매출액}}{\text{비유동자산(평균)}}$
	재고자산회전율	$\frac{\text{매출액}}{\text{재고자산(평균)}}$
	매입채무회전율	$\frac{\text{매출액}}{\text{매입채무(평균)}}$
	매출채권회전율	$\frac{\text{매출액}}{\text{매출채권(평균)}}$
성장성	총자산증가율	$\frac{\text{(당기자산총계 − 전기자산총계)}}{\text{전기자산총계}} \times 100$
	유형자산증가율	$\frac{\text{(당기유형자산 − 전기유형자산)}}{\text{전기유형자산}} \times 100$
	재고자산증가율	$\frac{\text{(당기재고자산 − 전기재고자산)}}{\text{전기재고자산}} \times 100$
	자기자본증가율	$\frac{\text{(당기자기자본 − 전기자기자본)}}{\text{전기자기자본(자본총계)}} \times 100$
	영업이익증가율	$\frac{\text{(당기영업이익 − 전기영업이익)}}{\text{전기영업이익}} \times 100$

연 습 문 제

객관식 문제

1. 다음은 승달산㈜의 안정성 비율(safety ratio)과 관련된 유동비율과 당좌비율을 승달산㈜이 속한 산업의 평균 안정성 비율이다.

안정성관련 비율	2019년		2020년	
	승달산㈜	산업평균	승달산㈜	산업평균
유동비율	172%	108%	259%	108%
당좌비율	86%	86%	135%	52%

〈요구사항〉

1) 승달산㈜의 유동비율은 높지만 당좌비율이 낮은 이유에 대하여 설명하시오?
2) 승달산㈜의 안정성 비율을 유동비율과 당좌비율을 중심으로 종합적으로 설명하시오?

2. 다음은 유달산㈜가 얼마나 성장하는지를 파악할 수 있는 방법인 성장성비율과 유달산㈜가 속한 산업의 평균 성장성비율이다.

성장성관련 비율	2019년		2020년	
	승달산㈜	산업평균	승달산㈜	산업평균
매출액증가율	2.5%	8.1%	−12.9%	12.8%
총자산증가율	35.9%	20.8%	13.5%	28.6%
유형자산증가율	18.6%	21.5%	−1.3%	15.2%

1) 승달산㈜의 매출액증가율이 동종 산업평균에 비해 저조한 것으로 나타났다. 승달산㈜의 회계 담당자는 경영진에게 어떠한 보고를 해야 하는지에 대해 설명하시오?
2) 승달산㈜의 총자산증가율이 산업평균에 비해 높은 것에 반하여 유형자산증가율은 낮은 것으로 나타났다. 그 이유는 무엇인지 추론하시오?

Chapter

17

회계정보와 세금

지금까지 우리는 회계정보의 순환과정과 회계정보의 처리과정을 통하여 산출되어진 재무제표에 대하여 공부하였다. 제1장에서 기업의 경영과 경영활동이 어떻게 회계정보로 측정되고 기록되며 보고되는지를 살펴보았다. 이러한 경영활동의 결과로 회계보고서인 재무제표를 작성하고 보고하는 경리지원팀, 관리부서, 회계부서, 세무팀, 자산운용관리부 등 다양한 이름의 부서에서 활용된다.

기업의 경영활동의 결과는 조세제도와 연결되어 다양한 세금으로 계산되기 때문에 학습한 회계정보와 세금과의 관계를 살펴볼 필요가 있다. 우리는 일상생활 속에서 알게 모르게 다양한 세금을 내고 있으며, 특히 기업은 세금문제와 피할 수 없는 불가분의 관계에 있다. 기업의 활동에 있어 구매부서나 제조공장 생산부서, 인사부서, 총무부서 등 다양한 활동들은 모두 세금과 관련이 있다. 구매부서의 경우 매입이나 구입 시에 부가가치세를 납부하여야 하고, 만약 해외에서 부품을 구매한 경우에는 수입관세를 내야 한다.

또한 인사부서나 총무부서에서는 조직구성원들에게 급여, 상여 지급 시, 근로소득세를 계산하여야 하고 회사가 차량운반구를 구매한 경우에는 취득세, 등록세를 납부하여야 한다. 배당 시에는 배당 소득세를 기업내부에 유보 시에는 의제배당소득세 등 다양한 세금을 생각해야 한다.

개인의 경우에도 근로를 제공하거나 사업을 해서 돈을 벌었으면 근로소득세나 소득세를 내야 하고, 부동산이나 자동차를 구입하면 취득세와 등록세를 내야 한다. 부동산을 처분하면 양도소득세를 내야 하고, 자식이나 타인에게 증여를 한 경우에는 증여세를, 부모가 사망하여 재산을 물려받으면 상속세를 내야 한다. 현재 우리나라에서 시행되고 있는 세금은 크게 국세와 지방세로 구분된다.

제17장에서는 세금과 세무회계에 대한 기초적인 내용을 설명하고자 한다. 보다 깊이 있는 내용은 세무회계시간에 배우게 될 것이다.

01 조세의 개념

조세란 국가 또는 지방자치단체가 재정수입을 조달할 목적으로 법률에 규정된 과세요건을 충족한 모든 자에게 개별적인 반대급부 없이 부과·징수하는 금전급부를 의미한다. 이를 살펴보면 [표 17－1]과 같다.

표 17－1 조세의 개념

구 분	내 용
과세주체	국가 또는 지방자치단체가 조세를 부과하는 과세주체가 된다. 따라서 국가 또는 지방자치단체 외에 공공단체가 부과하는 공과금과는 다르다.
과세근거	국회에서 제정된 법률에 규정된 과세요건을 충족한 모든 자에게 부과된다.
과세목적	국가 또는 지방자치단체의 경비충당을 위한 재정수입확보이다.
반대급부	조세는 국민의 의무로서 당연히 납부하는 것이므로 조세납부에 대한 개별적인 보상이 따르는 것은 아니다.
금전급부	조세는 금전으로 납부하는 것을 원칙으로 한다. 다만, 세법에서는 법인세, 양도세, 상속, 증여세, 종합부동산세 등에 대하여 예외적으로 물납을 허용한다.

02 조세의 분류

우리나라 조세의 분류체계는 과세권자에 따라 국세와 지방세로 구분된다.

국세

국세는 중앙정부에서 부과 징수하는 세금으로 내국세와 관세로 구분된다.

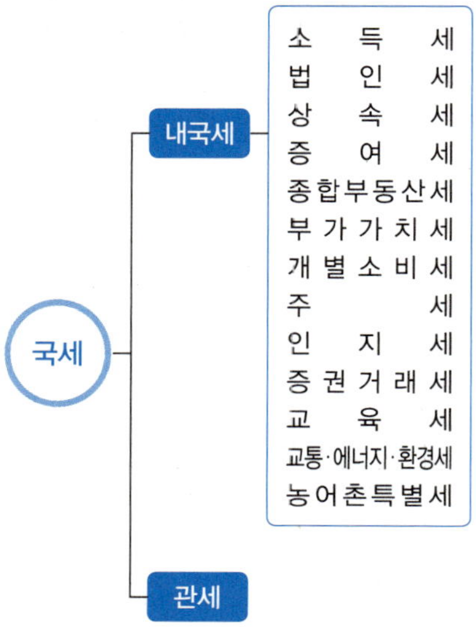

지방세

지방세는 지역의 공공서비스를 제공하는데 필요한 재원으로 쓰기 위하여 지방자치단체별로 각각 과세하는 세금이다.

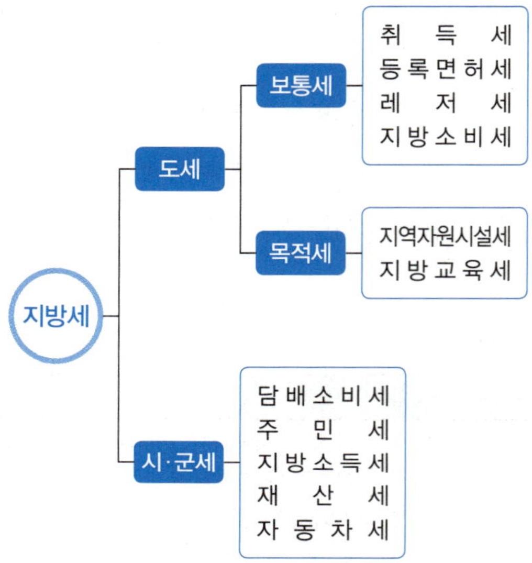

03 국세기본법상 용어정의

❶ 국세기본법

국세기본법 1조에서 국세기본법은 다음 사항을 규정함으로써 국세에 관한 법률관계를 확실하게 하고, 과세의 공정을 도모하며, 국민의 납세의무의 원활한 이행에 기여함을 목적으로 한다.

① 국세에 관한 기본적인 사항 및 공통적인 사항

② 위법 또는 부당한 국세처분에 대한 불복절차

1) 국세

국세란 국가가 부과하는 조세 중 ① 소득세, ② 법인세, ③ 상속세와 증여세, ④ 부가가치세, ⑤ 개별소비세, ⑥ 주세, ⑦ 인지세, ⑧ 증권거래세, ⑨ 교육세, 교통에너지 환경세, 농어촌특별세, 종합부동산세를 말한다.

2) 세법

세법이란 국세의 종목과 세율을 정하고 있는 법률과 국세징수법, 조세특례제한법, 국제조세조정에 관한 법률, 조세범처벌법 및 조세범처벌절차법을 말한다.

3) 원천징수

원천징수란 세법에 의하여 원천징수의무자가 국세(이에 관계되는 가산세 제외)를 징수함을 말한다.

4) 가산세

세법에 규정하는 의무의 성실한 이행을 확보하기 위하여 그 세법에 의하여 산출한 세액에 가산하여 징수하는 금액을 말한다. 다만, 가산금은 이에 포함하지 아니한다.

5) 가산금

국세를 납부기한까지 납부하지 아니한 때에 국세징수법에 의하여 고지세액에 가산하여 징수하는 금액과 납부기한 경과 후 일정기한까지 납부하지 아니한 때에 그 금액에 다시 가산하여 징수하는 금액을 말한다.

6) 체납처분비

국세징수법 중 체납처분에 관한 규정에 의한 재산의 압류, 보관, 운반과 매각에 소요된 비용을 말한다.

7) 공과금

국세징수법에 규정하는 체납처분의 예에 의하여 징수할 수 있는 채권 중 국세, 관세, 임시수입부가세 및 지방세와 이에 관계되는 가산금 및 체납처분비 이외의 것이다.

8) 납세의무자

세법에 의하여 국세를 납부할 의무가 있는 자이다.

9) 제2차 납세의무자

납세자가 납세의무를 이행할 수 없는 경우에 납세자에 갈음하여 납세의무를 지는 자이다.

10) 과세기간

세법에 의하여 국세의 과세표준의 계산에 기초가 되는 기간을 의미한다.

11) 과세표준

세법에 의하여 직접적으로 세액산출의 기초가 되는 과세물건의 수량 또는 가액을 말한다.

12) 법적신고기한

세법에 의하여 과세표준신고서를 제출할 기한을 의미한다.

① 법인세 : 각 사업연도 종료일이 속하는 달의 말일부터 3월 이내

② 소득세 : 당해연도의 다음연도 5월 1일부터 5월 31일까지

③ 상속세 : 상속 개시일이 속하는 달의 말일부터 6월

④ 부가세 : 예정신고기간 또는 과세기간 종료일로부터 25일

04 국세부과의 원칙

국세부과의 원칙이란 국세의 부과과정(납세자에 대한 조세를 확정시키는 절차)에서 지켜야 할 원칙을 말하며, 세법적용의 원칙이란 세법의 적용과정에서 지켜야 할 원칙을 말한다.

(1) 실질과세의 원칙

실질과세의 원칙이란 과세를 함에 있어서 실질과 형식이 다른 경우에는 그 실질을 따라서 과세하여야 한다는 원칙

(2) 신의성실의 원칙

신의성실의 원칙이란 권리의 행사나 의무의 이행에 있어서 상대방의 신뢰에 배반하지 않도록 성실하게 행동하여야 한다는 원칙이다.

(3) 근거과세의 원칙

납세의무자가 세법에 의하여 장부를 비치, 기장하고 있는 때에는 당해 국세의 과세표준의 조사와 결정은 그 비치, 기장한 장부와 이에 관계되는 증빙자료에 의하여야 한다는 원칙이다.

(4) 조세감면의 사후관리

국세를 감면한 경우에 세법이 정하는 바에 의하여 감면한 세액에 상당하는 자금 또는 자산의 운용범위를 정할 수 있으며, 이 규정에 따르지 아니한 경우에는 감면을 취소하고 추징할 수 있다.

05 납세의무의 성립·확정·소멸

(1) 납세의무의 성립

납세의무의 성립은 과세요건을 충족하여야 추상적인 납세의무가 발생한다. 과세요건이란 납세의무의 성립에 필요한 법률상의 요건으로서 첫째, 납세의무자가 있어야 한다. 둘째, 과세물건이 있어야 한다. 셋째, 과세표준을 계산할 수 있어야 한다. 넷째, 세율이 있어야 한다.

(2) 납세의무의 확정

납세의무의 확정이란 추상적으로 성립한 납세의무의 내용을 납세의무자 또는 과세관청이 구체적으로 확인하는 행위를 말한다. 납세제도는 첫째, 신고납세제도로서 별도의 과세관청의 결정절차 없이 납세의무자의 신고에 의하여 납부할 세액을 확정하는 제도(민주적 제도)이다. 법인세, 소득세, 부가가치세, 개별소비세, 주세, 교통·에너지·환경세, 증권거래세, 교육세가 여기에 해당된다.

둘째, 부과과세제도로서 과세관청의 처분(결정고지)에 의하여 납부할 세액을 확정하는 제도이다. 상속세, 증여세 및 종합부동산세가 여기에 해당된다.

(3) 납세의무의 소멸

납세의무는 납부나 충당과 같이 납세의무가 실현되어 소멸하기도 하고, 부과의 취소, 국세부과 제척기간의 만료, 국세징수권 소멸시효의 완성과 같이 납세의무가 미실현된 상태에서 소멸한다.

06 소득세

(1) 소득세의 개념

소득세는 개인의 소득을 과세대상으로 하는 조세로서 개인의 소득을 종합소득, 퇴직소득, 양도소득으로 분류하여 각 소득별로 1년을 단위로 과세하는 세금이다. 종합소득은 이자소득, 배당소득, 부동산임대소득, 사업소득, 근로소득, 연금소득, 기타소득으로 구분되어지고, 그중 이자소득과 배당소득을 금융소득이라 한다.

종합소득에는 이를 종합하여 과세하는 종합과세소득과 별도로 분리하여 과세하는 분리과세소득이 있다. 종합과세는 이자소득, 배당소득, 사업소득, 부동산소득, 근로소득, 연금소득, 기타소득까지 합산하여 계산하므로 종합과세라고 하고 분리과세는 원천징수로 과세를 종결하는 방식으로 분리과세라고 한다.

(2) 종합소득세의 계산구조

종합소득 금액(이자, 배당, 부동산, 사업, 근로, 연금, 기타)

－종합소득공제
－조세특법상 소득공제

종합소득과세표준
×기본세율(6%~45%)

종합소득산출세액
－세액감면·세액공제

종합소득결정세액
＋가산세

종합소득총결정세액
－기납부세액

종합소득차감납부세액

종합소득세 기본세율

과세표준(=종합소득그액-소득공제)	세율	누진공제
1,200만원 이하	6%	-
1,200만원 초과 ~ 4,600만원 이하	15%	108만원
4,600만원 초과 ~ 8,800만원 이하	24%	522만원
8,800만원 초과 ~ 1억5천만원 이하	35%	1,490만원
1억5천만원 초과 ~ 3억원 이하	38%	1,940만원
3억원 초과 ~ 5억원 이하	40%	2,540만원
5억원 초과 ~ 10억원 이하	42%	3,540만원
10억원 초과	45%	6,540만원

07 법인세

(1) 법인세의 개념

법인세는 법인의 소득에 과세하는 조세이다. 일반적으로 소득에 과세하는 조세는 개인에게 과세하는 개인소득세, 법인에게 과세하는 법인소득세로 구분된다. 여기에서 개인을 빼서 소득세로 법인소득세는 소득을 빼고 법인세라고 부른다. 법인세는 과세소득에 따라 세 가지로 구분되는데 첫째, 각 사업연도 소득에 대한 법인세, 둘째, 청산소득에 대한 법인세, 그리고 토지 등 양도소득에 대한 법인세로 구분되어진다.

(2) 법인세 계산구조

익금총액
－손금총액

각 사업연도 소득금액
－이월결손금
－비과세소득
－소득공제

과세표준
×세율(9%~24%)
2억원 이하: 9%
2억원 초과 200억원 이하: 19%
200억 초과 3,000억원 이하: 21%
3,000억원 초과: 24%

법인세산출세액
－감면공제세액
＋가산세
＋감면분추가납부세액

법인세총부담세액
－기납부세액

법인세차감납부세액

(3) 세무조정

기업이 일반적으로 공정·타당하다고 인정되는 기업회계기준에 의하여 작성한 재무제표상의 당기순손익을 기초로 하여 세법의 규정에 따라 익금과 손금을 조정함으로써 정확한 과세소득을 계산하기 위한 일련의 절차를 의미한다. 세무조정은 절차상의 특성을 기준으로 결산조정과 신고조정으로 구분된다. 결산조정이란 사업연도 말의 결산을 통하여 장부에 반영하여야 하는 사항을 의미하고, 신고조정이란 결산서상 당기순손익의 기초가 되는 회사장부에 계상함이 없이 법인세 과세표준 및 세액신고서에만 계상해도 되는 사항을 의미한다. 세무조정을 살펴보면 [그림 17－1]과 같다.

그림 17-1 기업회계와 세무회계의 세무조정

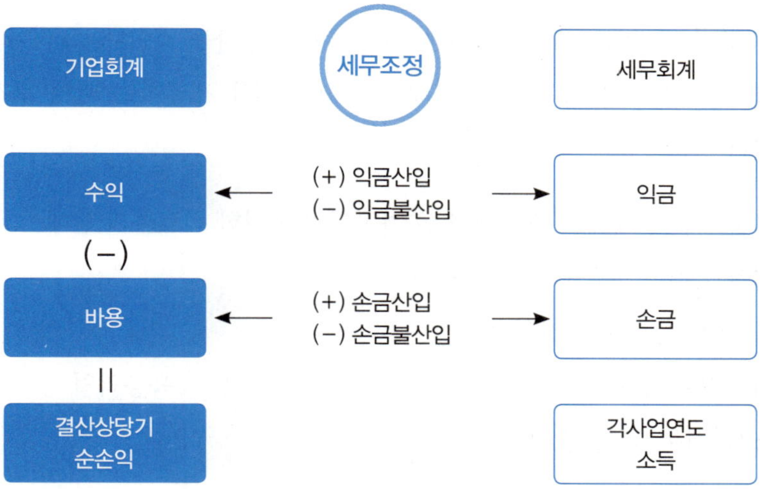

기업회계와 세무회계의 차이는 다음 항목들을 가·감하여 조정하게 된다.

- 익금산입 : 기업회계상 수익이 아니나 세무회계상 익금으로 인정하는 것
- 익금불산입 : 기업회계상 수익이나 세무회계상 익금으로 보지 않는 것
- 손금산입 : 기업회계상 비용이 아니나 세무회계상 손금으로 인정하는 것
- 손금불산입 : 기업회계상 비용이나 세무회계상 손금으로 보지 않는 것

세무조정이 필요한 이유는 세법의 규정도 원칙적으로 기업회계기준을 존중하고 있으나 조세정책 또는 사회정책적인 목적에서 예외적으로 기업회계기준과 다소 다른 규정(예 지급이자의 손금부인 등)을 두고 있기 때문이다.

08 부가가치세

(1) 부가가치세의 의의

부가가치(value added)란 기업이 일정기간 동안 생산이나 유통 등의 활동에서 창출한 가치를 의미한다. 부가가치세는 상품(재화)의 거래나 서비스(용역)의 제공과정에서 얻어지는 부가가치(이윤)에 대하여 과세하는 세금이며, 사업자가 납부하는 부

가가치세는 매출세액에서 매입세액을 차감하여 계산한다. 부가가치세는 물건값에 포함되어 있기 때문에 실지로는 최종 소비자가 부담하는 것이다. 이렇게 최종 소비자가 부담한 부가가치세를 사업자가 세무서에 납부하는 것이다. 그러나 다음과 같이 생활 수품을 판매하거나 의료·교육 관련 용역을 제공하는 때에 부가가치세가 면제된다.

- 곡물, 과실, 채소, 육류, 생선 등 가공되지 아니한 식료품의 판매
- 연탄·무연탄, 복권의 판매
- 병·의원 등 의료보건용역업
- 허가 또는 인가 등을 받은 학원·강습소·교습소 등 교육용역업
- 도서·신문·잡지(광고 제외)

부가가치세 = 매출세액 − 매입세액

(2) 부가가치세 계산 흐름도

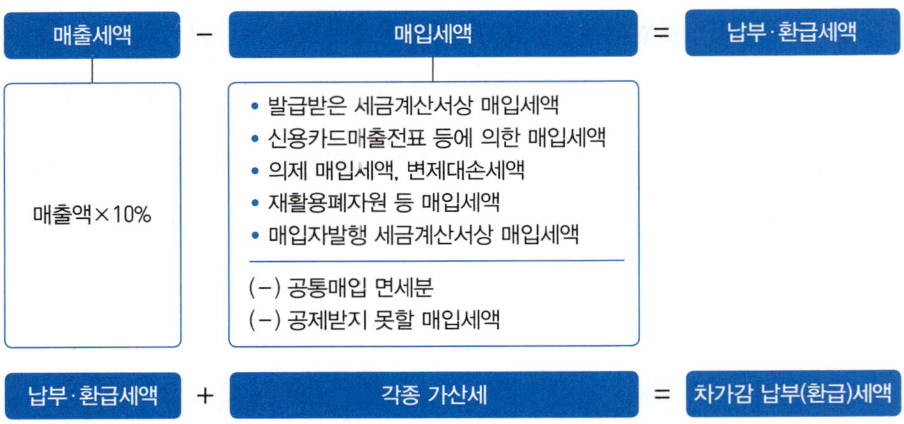

출처 : 국세청 발간 최고경영자가 알아야 할 세무관리

09 연말정산

(1) 연말정산의 의의

연말정산이란 일용근로자나 근로소득이 없는 거주자를 제외하고 근로소득이 있는 거주자(전체)나 비거주자(선택)가 매월 급여(상여금포함)지급 시 정확한 세금을 계산하는 것이 비효율적이므로 근로소득 간이세액표(원천징수의무자가 근로자에게 매월 급여를 지급하는 때에 원천징수해야 하는 세액을 급여수준 및 기본공제대상 가족수별로 정한 표(소득세법 시행령 별표 2)에 의해 소득세를 원천징수하는 것을 의미한다. 즉 법령에서 정한 소득·세액공제 등을 반영하여 최종적으로 정확한 세액을 계산한 후 이미 납부한 세액과 정산하는 것이다.

(2) 연말정산 시기

연말정산 시기는 연도 중에 퇴직하는 경우 퇴직하는 달의 급여를 지급하는 때와 계속 근로자의 경우에는 다음해 2월 분 급여를 지급하는 때이다.

(3) 연말정산 제출서류

① 소득·세액 공제 신고서 : 소득·세액공제가 가능한 해당 지출 비용에 대한 소득·세액공제 증명서류 국세청 연말정산간소화 서비스에서 제공하는 증명서류('종이없는 연말정산'을 실시하는 회사의 근로자는 연말정산간소화에서 제공하는 소득·세액공제 증명서류를 전자문서로 저장하여 회사에 제출) 또는 영수증 발급기관에서 발급받는 소득·세액공제용 영수증

② 주민등록표등본 : 제출 후 인적공제 등에 대한 변동사항이 없으면 매년 추가로 제출할 필요 없으나, 주택자금공제의 공제항목에 따라 증명서류에 해당하는 경우는 추가 제출하여야 하는 경우가 있음

(4) 연말정산 세액계산 흐름도

연간 근로소득	고용관계 또는 이와 유사한 계약에 의하여 근로를 제공하고 지급받는 모든 대가 등(다만, 일용근로소득 제외) ※ 연간 근로소득은 비과세소득을 포함하며 일반적으로 「연봉」을 말함
(－) 비과세소득	실비변상적 급여 1. 자기차량운전보조금(본인명의 임대차량 포함, 월 20만원 이내) 2. 연구보조비(월 20만원 이내), 회사지급규정에 의해 지급받는 여비 등 국외근로소득(월 100만원 또는 300만원 이내) 비과세 학자금, 근로장학금 생산 및 그 관련직에 종사하는 근로자의 연장근로 등으로 인하여 받는 급여(연 240만원 이내) 현물식사 또는 월 20만원 이하 식사대 출산수당 또는 6세 이하의 자녀 보육수당(월 10만원 이내) 고용보험법에 따라 받는 육아휴직 급여 및 출산전후 휴가급여 등 연 500만원 이하의 직무발명보상금
= 총 급여액	(= 연간 근로소득 － 비과세소득)
(－) 근로소득공제	
근로소득금액	
(－) 인적공제	기본공제 : 근로자 본인, 연간 소득금액 100만원(근로소득만 있는 자는 총급여액 500만원) 이하인 배우자 및 생계를 같이하는 부양가족(나이요건 충족 필요, 장애인은 나이제한 없음)에 대해 1명당 연 150만원
	추가공제 : 기본공제대상자가 다음의 요건에 해당하는 경우 추가공제 1. 경로우대(70세 이상) 100만원, 2. 장애인 200만원 부녀자 50만원 한부모 100만원
(－) 연금보험료공제	공적연금(국민연금, 공무원연금, 군인연금, 사립학교교직원연금, 별정우체국연금, 국민연금과 직역연금의 연계에 관한 법률)의 근로자 부담금 : 전액 공제
(－) 특별소득공제	보험료 : 국민건강보험료·고용보험료·노인장기요양보험료 : 전액 공제 주택자금공제
(－) 그 밖의 소득공제	개인연금저축: 2000.12.31.까지 가입한 개인연금저축 납입액의 40% 공제(연 72만원 한도) 소기업·소상공인 공제부금 주택마련저축공제 : 청약저축·주택청약종합저축에 납입한 금액의 40% 공제 중소기업창업투자조합 출자 등 소득공제 신용카드 등 사용금액 : 신용카드, 직불카드, 선불카드, 현금영수증 사용액의 합계액 중 총급여액의 25%를 초과하는 금액의 15% ～ 80%를 소득공제 우리사주조합출연금 고용유지중소기업 근로자 청년형 장기집합투자증권 저축(연240만원 한도)
= 과세표준	
(×) 기본세율	6%～45%
산출세액	
(－) 세액감면 및 세액공제	
= 결정세액	
(－) 기납부세액	
= 차감징수세액	

① 근로소득공제 : 소득금액은 총수입금액에서 이에 대응하는 필요경비를 차감하여 산출하나, 근로소득의 경우 수입에 대응되는 필요경비를 입증하는 증명서류를 갖추기 어려워 총급여액을 기준으로 법에서 정한 금액을 근로소득공제 형식으로 필요경비로 인정한다.

근로소득금액 = 총급여액(연봉 - 비과세 근로소득) - 근로소득공제

총급여액	근로소득공제금액
500만원 이하	총급여액의 100분의 70
500만원 초과 1,500만원 이하	350만원 + (총급여액 - 500만원) × 40%
1,500만원 초과 4,500만원 이하	750만원 + (총급여액 - 1,500만원) × 15%
4,500만원 초과 1억원 이하	1,200만원 + (총급여액 - 4,500만원) × 5%
1억원 초과	1,475만원 + (총급여액 - 1억원) × 2%

10 양도소득세

(1) 양도소득세의 의의

양도소득세란 개인이 토지, 건물 등 부동산이나 주식의 양도 또는 분양권과 같은 부동산에 관한 권리를 양도함으로 인하여 발생하는 이익(소득)을 과세대상으로 하여 부과하는 세금을 의미한다.

(2) 양도소득세의 과세대상

부동산	토지, 건물(무허가, 미등기 건물도 과세대상 포함)
부동산에 관한 권리	부동산을 취득할 수 있는 권리, 지상권, 전세권, 등기된 부동산임차권
주식 등	상장법인의 주식 등으로서 당해법인의 대주주 양도분과 장외시장 양도주식, 비상장주식
기타자산	사업용 고정자산과 함께 양도하는 영업권, 특정시설물 이용권, 회원권, 특정주식, 부동산과다보유법인 주식 등
파생상품	자본시장과 금융투자업에 관한 법률 제5조 제2항 제1호 및 제3호에 따른 장내 파생상품 중 코스피200 선물이나 옵션, 미니코스피 200 선물이나 옵션

(3) 양도소득세의 신고납부

부동산을 양도한 경우에는 양도일이 속하는 달의 말일부터 2개월 이내에 주소지 관할세무서에 예정신고, 납부를 하여야 한다.

(4) 양도소득세 세액계산 흐름도

구 분	내 용
양도가액 (①)	실지거래가액
−	
취득가액 (②)	• 실지거래가액 • 실지거래가액을 확인할 수 없는 경우 매매사례가액 → 감정가액 → 환산취득가액 순차 적용
−	
필요경비 (③)	• 실지거래가액:취득세 · 자본적지출액 · 양도비 등 • 매매사례가액, 감정가액, 환산가액 취득가액: 기준시가의 3%
=	
양도차익 (④=①-②-③)	양도가액 − 취득가액 − 필요경비
−	
장기보유특별공제 (⑤)	보유기간이 3년 이상인 주택(조합원입주권)
=	
양도소득금액 (⑥=④-⑤)	양도차익 − 장기보유특별공제
−	
기본공제 (⑦)	250만원 공제(미등기주택 제외)
=	
과세표준 (⑧=⑥-⑦)	양도소득금액 − 양도소득 기본공제
×	
세 율 (⑨)	6%~45%(기본세율)
=	
산출세액 (⑩)	양도소득과세표준 × 세율 − 누진공제
−	
세액공제 · 감면세액 (⑪)	전자신고세액공제 · 감면세액 · 외국납부세액공제
+	
가산세 (⑫)	무(과소)신고가산세 10~40%, 납부지연가산세 1일 22/100,000 환산취득가액 등 적용가산세 환산취득가액 · 감정가액의 5%
=	
납부할세액 (⑬=⑩-⑪+⑫)	산출세액 − (세액공제 + 감면세액) + 가산세

11 상속·증여세

(1) 상속세의 의의

상속세란 사망으로 그 재산이 가족이나 친족 등에게 무상으로 이전되는 경우에 당해 상속재산에 대하여 부과하는 세금을 말한다. 상속세 납세의무가 있는 상속인 등은 신고서를 작성하여 신고기한까지 상속세를 신고·납부하여야 한다. 구체적으로 상속인이란 혈족인 법정상속인과 대습상속인, 망인의 배우자 등을 말하며, 납세의무가 있는 상속포기자, 특별연고자도 포함된다.

(2) 증여세의 의의

증여세란 타인으로부터 재산을 무상으로 받은 사람, 즉 수증자가 신고·납부하여야 한다. 다만 특정한 경우에는 증여자도 수증자가 납부할 증여세에 대하여 연대하여 납부할 책임이 있다.

(3) 상속세 세액계산 흐름도

총 상 속 재 산 가 액	※본래의 상속재산(사망 또는 유증 · 사인증여로 취득한 재산) ※간주상속재산(보험금 · 신탁재산 · 퇴직금등) ※추정상속재산 – 피상속인이 사망전 1년(2년)이내에 2억(5억) 이상 처분한 재산 또는 부담한 채무로써 용도가 불분명한 금액
–	
비과세 및 과세가액 불산입액	※비과세 재산(국가 · 지자체에 유증한 재산,금양임야 · 문화재 등) 과세가액 불산입재산(공익법인 등의 출연재산, 공익신탁재산)
–	
공과금 · 장례비용 · 채무	
+	
사전증여재산가액	※피상속인이 상속개시일 전 10년 이내에 상속인에게 증여한 재산가액 및 5년 이내에 상속인이 아닌 자에게 증여한 재산가액(단, 증여세 특례세율 적용 대상인 창업자금 및 가업승계주식은 기간에 관계없이 합산)
⇓	
상 속 세 과 세 가 액	
–	
상 속 공 제	※(기초공제+그 밖의 인적공제)와 일괄공제(5억) 중 큰 금액 ※가업(영농)상속공제 · 배우자 상속공제 · 금융재산 상속공제 · 재해손실공제동거주택 상속공제 –단, 위 합계 중 공제적용 종합한도 내 금액만 공제 가능
–	
감 정 평 가 수 수 료	※부동산감정평가법인의 수수료 등
⇓	
상 속 세 과 세 표 준	
×	
세 율	(아래 표 참조)
⇓	
산 출 세 액	※ (상속세 과세표준 × 세율) – 누진공제액
+	
세 대 생 략 할 증 과 세 액	※상속인이나 수유자가 피상속인의 직계비속이 아닌 상속인의 직계비속이면 30% 할증(단, 미성년자가 20억 초과하여 상속받는 경우 40% 할증) – 직계비속 사망시 예외
–	
세 액 공 제	※신고세액공제 · 증여세액공제 · 단기재상속세액공제 · 외국납부세액공제 · 문화재자료 징수유예세액
+	
신고납부불성실 가산세 등	
–	
연부연납 · 물납 · 분납	
⇓	
납부할 상속세액	

과세표준	1억원 이하	5억원 이하	10억원 이하	30억원 이하	30억원 초과
세율	10%	20%	30%	40%	50%
누진공제액	없음	1천만원	6천만원	1억6천만	4억6천만

(4) 증여세 세액계산 흐름도

증여재산가액	※국내외 모든 증여재산으로 증여일 현재의 시가로 평가
−	
비과세 및 과세가액 불산입액	※비과세(사회통념상 인정되는 피부양자의 생활비, 교육비 등) ※과세가액 불산입재산(공익목적 출연재산 등)
−	
채무부담액	※증여재산에 담보된 채무인수액(임대보증금, 금융기관채무 등)
+	
증여재산가산액	※당해 증여일 전 동일인으로부터 10년 이내에 증여받은 증여재산가액의 합계액이 1천만원 이상인 경우 그 과세가액 – 증여자가 직계존속인 경우 그 배우자 포함
⇓	
증여세 과세가액	
−	
증여재산공제 등	※수증자가 다음의 증여자로부터 증여받는 경우 적용 (아래 표 참조) *6촌 이내 혈족 및 4촌 이내 인척 – 위 증여재산공제 한도는 10년간의 누계한도액임
−	
감정평가수수료	※부동산감정평가법인의 수수료 등
⇓	
증여세과세표준	
×	
세율	(아래 표 참조)
⇓	
산출세액	※(증여세 과세표준 × 세율) − 누진공제액
+	
세대생략할증과세액	※세대생략 증여시 30%할증(단, 미성년자가 20억원을 초과하여 수증한 경우 40% 할증) – 직계비속 사망시 예외
−	
세액공제 등	※신고세액공제 · 납부세액공제 · 외국납부세액공제 · 박물관자료 징수유예세액
+	
신고납부불성실 가산세 등	
−	
연부연납 · 분납	※물납 불가
⇓	
납부할 증여세액	

증여재산공제 등:

증여자	배우자	직계존속	직계비속	기타친족*
공제 한도액	6억원	5천만원 (수증자가 미성년자인 경우 2천만원)	5천만원	1천만원

세율:

과세표준	1억원 이하	5억원 이하	10억원 이하	30억원 이하	30억원 초과
세율	10%	20%	30%	40%	50%
누진공제액	없음	1천만원	6천만원	1억6천만	4억6천만

Chapter 18

경영자를 위한 원가이야기

01 원가의 개념

오늘날 영리조직이나 비영리조직에 있어서 원가의 개념은 매우 중요하다. 우리에게 잘 알려진 거짓말 중에 하나가 장사꾼이 "본전 밑지고 판다"라는 말이다. 이러한 말은 장사꾼이 손해를 보고 판매를 한다는 의미이다. 또한 "밑져야 본전"이라는 말도 있다. 이 말의 뜻은 어떠한 일이 잘못되어서 밑졌다고 해도 이익을 보지 못했을 뿐 손해를 보지 않아 본전은 남아 있다는 말이다. 또한 "90% 폭탄세일" "원가 이하 판매" 등 우리 주변에는 원가와 관련된 다양한 상황들이 존재한다. 기업은 이윤을 추구한다고 하는데 왜 이러한 말들을 하고 있는 걸까? 김장철이 다가올 때면 산지의 배추가격이 ₩1,500이라고 한다. 과연 배추의 산지가격도 이와 같을까? 배추의 유통과정에서 여러 중간단계를 거치게 되고, 원가는 상승하게 될 것이다. 원가란 무엇일까? 원가를 잘 안다고 하는 것이 기업을 경영하는 경영자의 입장에서 왜 중요하고 이러한 원가정보를 활용하여 어떠한 의사결정을 할 수 있을까? 영리조직이나 비영리조직에서 일하는 모든 직원과 중간관리자, 그리고 경영자는 원가회계에 대한 지식이 반드시 필요하다. 원가(cost)란 원래의 가격으로서 재화나 서비스를 창출하기 위하여 희생되는 일체의 경제적 가치를 의미한다. 그렇다면 우리가 많이 사용하고 있는 비용(expense)과는 어떻게 다를까? 비용(expense)은 매출 등의 수익을 창출시키면서 사용된 희생된 자원의 가치를 의미한다. 즉, 비용은 자원의 사용시점에서 발생한 것을 의미한다. 우리가 7장 수익·비용 개념과 발생주의에서 살펴본 바와 같이 비용은 기업이 한 회계기간 동안 재화나 서비스를 판매하거나 구매하는 등 다양한 기업 활동을 통하여 이익을 얻기 위하여 희생된 가치, 즉 수익을 창출하는 과정에서 소비된 자산의 원가를 의미한다.

02 상품매매기업과 제조기업의 원가

우리가 회계정보의 순환과정에서 살펴본 바와 같이 주로 일반 상품매매기업에 대한 회계처리를 중심으로 논의하였다. 상품매매기업은 외부로부터 상품을 구매하여 이를 소비자에게 재판매함으로써 이익을 발생시키는 기업을 의미한다. 우리가 가장 자주 접하게 되는 도매상들이 상품매매기업에 속한다고 보면 된다. 예를 들면 하이마트의 경우이다. 하이마트는 제조시설을 가지고 있지는 않다. 상품매매기업은 생산시설을 가진 제조기업인 삼성전자나 LG전자에서 생산한 제품인 TV나 냉장고를 구매하여 재판매할 뿐이다. 따라서 상품매매기업의 주요 경영활동은 구매와 판매가 핵심이다. 이와 반대로 제조시설을 보유하고 TV나 냉장고를 생산하는 기업이 바로 제조기업이다. 제조기업은 상기업과 달리 생산시설을 가지고 제품을 생산한다는 것이다. 따라서 제조기업의 주요 경영활동은 구매와 판매뿐만 아니라 생산활동인 제조활동을 포함하고 있다. [그림 18-1]에서 상기업과 제조기업의 거래구조를 살펴보았다.

[그림 18-1]에서 보는 바와 같이 상기업과 제조업이 서로 다른 거래구조를 가지고 있으며, 그 구조에 따라 재화의 원가도 서로 다르게 산출됨을 알 수 있다. 상품

그림 18-1 상기업과 제조기업의 거래구조

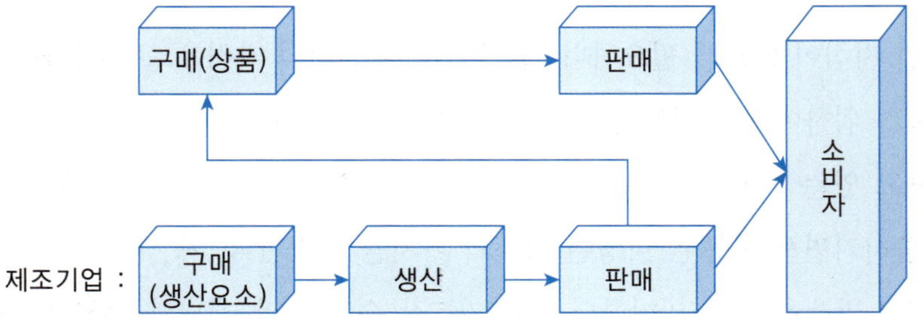

매매기업의 경우 상품의 원가는 제조업에서 구매한 재화가치(구입대가)와 부대비용의 합으로 계산된다. 이는 앞장에서 공부하였던 재고자산의 상품계정에서 취득원가를 말한다. 상품매매기업의 취득원가는 상대적으로 쉽게 파악할 수 있다. 상품을 구입하면서 지급한 대가가 있고, 영수증이나 전표가 있기 때문이다. 그 영수증에서는 몇 개의 상품을 얼마에 구입하였다는 내역이 존재한다. 상품의 구입시점이 다르고 구입가격이 다르다면 선입선출법이나 후입선출법 등으로 원가를 결정하는 방법을 사용하면 된다. 상품매매기업의 원가는 쉽게 파악할 수 있다는 것이다. 그러나 제조기업의 원가 결정은 쉽지가 않다. 제품을 생산하기 위해서는 재료원가, 노무원가, 제조경비 등 다양한 원가가 발생한다.

03 재무회계와 관리회계

기업을 경영하는 경영자는 불확실한 상황 하에서 조직의 운영과 성장을 위한 다양한 의사결정이 필요하다. 예를 들면 제품의 가격결정, 자체생산 또는 외주생산, 그리고 특별주문의 수락여부 등이 그 예이다. 이러한 의사결정을 위해서는 원가 및 관련 회계정보가 반드시 필요하다. 회계의 가장 중요한 역할 중의 하나는 정보이용자들의 경제적 의사결정에 유용한 정보를 제공하는 것이라 할 수 있다. 이와 같이 회계는 정보이용자의 유형에 따라 크게 재무회계와 관리회계 두 분야로 구분해 볼 수 있다. 재무회계는 주주, 채권자, 정부당국 등과 같은 외부정보이용자들에게 조직에 대한 경제적 정보를 제공한다. 재무회계에서는 반드시 일반적으로 인정된 회계원칙(generally accepted accounting principles: GAAP)을 따르도록 요구하고 있으며, 이에 따라 강제적인 재무제표 작성을 위한 분개 및 절차를 다루고 있다. 재무회계와는 달리 관리회계는 작업자, 중간관리자 그리고 최고경영자 등 내부정보이용자들에게 경제적인 정보를 제공한다. 강제성이 있는 재무회계와는 달리 관리회계에서는 상당한 자유재량권이 주어져 있다. 즉, 재무제표와 같은 일정한 보고양식이 없으며, GAAP와 같은 강제적인 회계원칙에서도 비교적 자유롭다. 관리회계는 회계정보가 조직의 의사결정자인 경영자에게 유용한 정보를 적시에 제공하여 경영관리에 도움을 주는 여러 가지 정보들을 제공한다. 다음은 원가회계가 재무회계 및 관리회계와 어떤 연관성이 있는지를 살펴보고자 한다. 재무회계와 관리회계가 모두 역사적 원가자료를 사용하고 있지만 서로 다른 관점에서 보고 있다. 재무회계에서는 범용목적의 재무제표를 작성하는 데 원가자료를 사용하는 반면, 관리회계는 경영자의 의사결정을 위하여 미래의 계획을 설정하고, 내부의사결정, 조직을 운영·통제하는 데 원가자료를 사용한다. 이러한 측면에서 볼 때 원가회계는 재무회계와 관리회계 모두에서 유용한 정보가 되고 있음을 알 수 있다. 원가회계가 재무회계와 관리회계 간에 어떤 관계를 가지고 있는지 요약해 보면 [그림 18 – 2]와 같다.

원가회계는 재무회계보고서와 관리회계보고서를 작성하기 위한 데이터베이스의 역할을 한다. 재무회계에서 원가회계의 역할은 주로 매출원가를 산정하는 데 있다. 매출원가를 산정하기 위해서는 당기완성품원가와 재고자산금액을 알아야 한다. 제조기업의 경우 매출원가 산정을 위한 이 정보를 원가회계에서 제공하고 있다. 관리회계에서 원가회계의 역할은 조직의 계획과 통제 그리고 의사결정 등에 필요한 정보를 산출하기 위한 기초자료가 된다. 사실 그동안 원가회계의 역할은 재무제표 작성에 큰 비중이 있었다. 경영자들은 원가를 몰라도 되는 것일까? 기업에서의 이익은 총수익에서 총비용을 차감해서 구해진다. 기업 경영을 책임지고 있는 경영자들조차 자기 기업의 원가구조를 모른다면 기업이 추구하는 이익은 어떻게 달성될 수 있을까에 대한 의문이 든다. 또한 원가를 모른다는 것은 경영자가 이익에 대한 미래 계획을 수립할 수가 없다는 것을 의미하는 것이기에 결국 주먹구구식으로 기업을 경영하겠다는 것과 마찬가지이다. 따라서 기업에서 원가를 가장 잘 알아야 하는 사람은 경영자라고 해도 과언이 아니다. 현대에서는 원가정보의 관리적 역할이 더 없이 필요한 시기이다. 원가회계시스템은 다음과 같은 다양한 의사결정의 경제적 결과를 예측할 수 있도록 유용한 정보를 제공하여야 한다.

그림 18 – 2 원가회계와 재무회계, 그리고 관리회계와의 관계

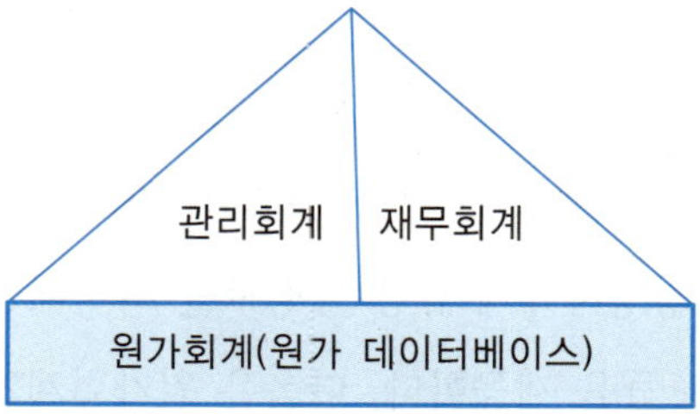

04 원가의 구분

제품을 제조하는 데 발생되는 주요 원가에는 세 가지 형태가 있는데 이들을 제품원가요소(product cost elements)라 하며 직접재료원가, 직접노무원가, 그리고 제조간접원가가 포함된다. 예를 들면 자장면을 만드는 중국음식점에서는 밀가루, 양파, 춘장, 파, 단무지, 등 재료비가 들어간다. 자장면을 만드는 직접재료원가(direct materials costs)는 자장면을 만드는 직접재료의 원가이다. 자장면과 짬뽕, 그리고 탕수육, 잡채밥 등 특정제품의 생산에 구체적으로 식별시킬 수 있는 원재료의 원가이다. 원재료는 완성된 제품의 부분이 되는데 직접재료는 많은 경우 세 가지 제조원가요소 중 가장 큰 비중을 차지하고 있다. 제조과정에서 사용되는 원재료 가운데는 제품의 부분을 형성하지 않거나 형성하더라도 전체 제조원가에 견주어서 그 중요성이 미약한 것이 있는데, 이러한 원재료는 간접재료(indirect materials)원가라 불리어진다. 자장면을 만드는데 있어서 간접재료는 무엇일까? 간접재료의 원가인 간접재료원가는 제조간접원가에 포함된다. 직접노무(direct labor)원가는 수타 자장면을 만들기 위하여 주방장이 밀가루를 반죽하는 등 다양한 활동을 하게 되는데 이러한 주방장이 무엇인가 만들기 위하여 제공된 노동력의 대가를 의미한다. 특정제품이나 제품군의 생산과 구체적으로 식별되어질 수 있는 노동이며 제품의 완성에 직접적으로 기여한다. 예를 들면 자동차 조립라인에서 자동차를 완성시키기 위해 자동차의 부품을 조립하는 종업원은 직접노무로 분류되며 직접노무의 원가는 직접노무원가(direct labor costs)라 부른다. 직접노무와는 달리 생산공정에 필수적인 직무를 수행하지만 개별제품이나 제품군의 생산과 용이하게 식별되어질 수 없는 노동이 있는데 이를 간접노무(indirect labor)라 부른다. 간접노무의 예로는 생산기계를 유지·보수하는 종업원, 생산감독자 등 직접노무를 제공하는 종업원 이외의 생산현장의 모든 종업원이 이에 포함된다. 이들 간접노무를 제공하는 종업원의 노무원가는 간접노무원가(indirect labor costs)라 하는데, 간접노무원가는 앞에서 설명한 간접재료원가와 그 밖의 제조간접원가 항목과 함께 제조간접원가에 포함된다. 특히 직접노무를 제공하는 종업원에게 제공되는 노무원가라 하더라도 유휴시간에 대한 노무원가, 초과근무수당, 종업원의 복리후생비 등은 간접노무원가에 속한다.

제조간접원가(manufacturing overhead costs)는 직접재료원가와 직접노무원가를 제외한 제품생산에 필요한 모든 원가로 구성된다. 즉 모든 간접제조 비용을 총칭하여 제조간접원가라 하는데, 이의 특징은 제품생산에 필요한 원가이지만 특정제품군과 직접적으로 연계시켜 식별하기는 어렵다는 데 있다. 자장면을 만드는 중국음식점에서는 제조간접원가에는 앞에서 언급한 간접재료원가와 간접노무원가 이외에 자장면을 만드는데 필요한 가스사용료, 전기요금, 등 자장면집이나 제조공장에서 발생된 감가상각비, 유지비, 보험료, 광열비, 재산세, 임차료 등이 포함된다. 이 밖에도 직접재료원가와 직접노무원가를 제외한 제조공장에서 발생된 모든 비용이 제조간접원가에 포함된다. 제조간접원가는 제조원가의 한 요소이기 때문에 제품원가계산에 포함시켜야 한다.

05 제품의 가격

학교 앞 이디야 커피전문점의 아메리카 커피가격은 ₩3,400이다. 자판기의 커피 값은 ₩300원이다. 호텔 카페의 커피 값은 ₩8,000원이다 왜 커피가격이 차이가 날까? 원두커피나 가공커피나 원가차이는 크지 않을 텐데 말이다. 분위기 값이겠지라고 생각하는 이들도 있을 것이다. 비싼 커피 마시면 상류층 사람 같고, 자판기 커피 마시면 아주 서민적인 사람이라고 생각할 수 있다. 하지만 그 커피 값 속에는 다양한 비용들이 포함되어 있다. 예를 들어 호텔카페의 커피 값에는 그만큼 비싼 인테리어의 감가상각비가 포함되어 있다. 분위기를 만들려고 하니 비싼 인테리어가 필요했기 때문이다. 이처럼 우리가 알고 있는 가격은 제품제조원가에 단순히 이익을 붙여 결정되는 것이 아니다. 제품가격에는 제조원가뿐만 아니라 판매관리비도 포함되어 있다. 신문이나 방송을 보면 유명 연예인이나 운동선수들이 어느 대기업과 몇 억 혹은 몇 십억에 광고전속계약을 체결하였다는 기사를 자주 보게 된다. 연예인들에게 지급되는 광고비는 누가 부담하는가? 모두 소비자의 부담이다. 광고를 많이 하면 할수록 기업이 제품단위당 이익을 줄이지 않는 한 가격은 그만큼 높아지게 된다. 중소기업들이 광고비 지출을 많이 할 수 없는 것은 자금부족도 원인이 있겠지만 가격이 그만큼 높아지기 때문이다. 일반적으로 제품의 가격은 [그림 18-3]과 같이 구성된다.

그림 18-3 제품 가격의 구성

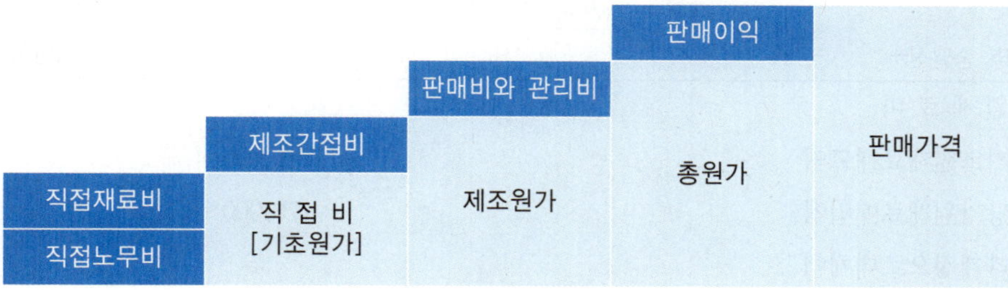

제품의 가격은 판매이익과 판매관리비, 직접재료원가, 직접노무원가, 제조간접원가 등으로 구성된다. 이 가운데 직접재료원가와 직접노무원가 그리고 제조간접원가는 제조원가(제품원가)이다. 원가회계에서 주 대상으로 삼는 것은 바로 제조원가이다. 제조원가에 이익을 추가하여 제품가격을 결정해서는 안 된다. 여기에는 판매관리비가 포함되어야 한다. 제조원가보다는 판매관리비 등이 더 큰 비중을 차지하는 경우가 허다하기 때문에 특히 주의해야 한다.

06 제조원가명세서

제조원가명세서(Schedule of cost of goods manufactured)란 제품을 생산하는데 필요한 재료비, 노무비, 각종 경비의 상세내역을 기재한 표를 의미한다. 제조원가명세서는 [표 18-1]에서 보는 바와 같이 크게 재료비, 노무비, 제조간접비, 기초재공품, 기말재공품으로 구성되어 있다.

제조원가명세서에 의해 산출되어진 당기제품제조원가는 포괄손익계산서의 매출원가를 구성한다.

매출원가 = 기초제품재고액 + 당기제품제조원가 - 기말제품제조원가

표 18-1 제조원가명세서

제조원가명세서

회사명: 승달산㈜ (단위: 원)

Ⅰ. 원 재 료 비		
기초원재료재고액	₩40,000	
당기원재료매입액	170,000	
타계정으로대체액		
기말원재료재고액	(20,000)	₩190,000
Ⅱ. 노 무 비		120,000
급 여	₩100,000	
퇴 직 급 여	20,000	
Ⅲ. 제조간접비(경비)		
감가상각비	₩72,000	
공장감독자급여	30,000	
공장전기료	60,000	
외주가공비	80,000	242,000
당기총제조원가		₩552,000
기초재공품재고액		65,000
기말재공품재고액		(30,000)
당기제품제조원가		₩587,000

[표 18-1]에서 승달산㈜의 원재료비는 ₩190,000으로서 기초원재료 재고액 40,000에 당기매입액 170,000에서 기말원재료 재고액 20,000을 차감한 결과이다. 노무비는 120,000, 재료간접비는 242,000으로서 승달산㈜의 제조원가는 552,000이다. 여기에 기초재공품 재고액 65,000을 가산하고 기말재공품 재고액 30,000을 차감하면 승달산㈜의 당기 제품제조원가는 ₩587,000이다.

기초제품재고액이 100,000이고 기말제품재고액이 200,000이라면 매출원가는 ₩487,000이다.

연 | 습 | 문 | 제

객관식 문제

01. 다음 원가에 관한 설명 중 틀린 것은? 제80회 전산회계 1급

① 제조원가는 직접재료원가, 직접노무원가, 제조간접원가를 말한다.
② 직접재료원가는 기초원재료재고액과 당기원재료매입액의 합계액에서 기말원재료재고액을 차감한 금액을 말한다.
③ 직접노무원가와 제조간접원가의 합계액을 기본원가라고 한다.
④ 제조활동 이외의 판매활동과 관리활동에서 발생하는 원가를 비제조원가라 한다.

02. 다음 변동비와 고정비에 대한 설명 중 옳은 것은? 제79회 전산회계 1급

① 관련범위 내에서 조업도가 증가하더라도 단위당 변동비는 일정하다.
② 관련범위 내에서 조업도가 증가하더라도 단위당 고정비는 일정하다.
③ 관련범위 내에서 조업도가 증가함에 따라 총 변동비는 감소한다.
④ 관련범위 내에서 조업도가 증가함에 따라 총 고정비는 증가한다.

03. 원가에 대한 다음의 설명 중 틀린 것은? 제78회 전산회계 1급

① 직접재료비, 직접노무비는 모두 직접원가에 해당한다.
② 직접비와 간접비는 추적가능성에 따른 분류이다.
③ 제품생산량이 증가함에 따라 단위당 고정비는 감소한다.
④ 매몰원가는 이미 지출된 원가로 현재의 의사결정에 반드시 고려되어야 한다.

04. 다음 중 제조원가명세서에 포함되지 않는 것은? 77회 전산회계 1급

① 직접재료비, 직접노무비, 제조간접비 ② 당기총제조원가
③ 제품매출원가 ④ 당기제품제조원가

05. 다음 중 제조원가명세서에 포함되는 항목으로만 짝지어진 것은? 92회 전산회계 1급

㉠ 기말원재료재고액	㉡ 기말제품재고액	㉢ 기말재공품재고액
㉣ 당기제품제조원가	㉤ 당기총제조원가	㉥ 당기제품매출원가

① ㉠, ㉢, ㉣, ㉤
② ㉠, ㉡, ㉣, ㉤
③ ㉡, ㉢, ㉣, ㉤
④ ㉢, ㉣, ㉤, ㉥

06. 원가에 대한 다음의 설명 중 틀린 것은? 2020년 특별회차 전산회계 1급

① 직접재료비와 직접노무비는 기본원가에 속하고, 직접노무비와 제조간접비는 가공원가에 속한다.
② 조업도가 증가함에 따라 단위당 고정비는 일정하지만 단위당 변동비는 감소한다.
③ 조업도가 증가함에 따라 변동비 총액은 증가하지만 고정비 총액은 일정하다.
④ 매몰원가는 과거에 발생한 원가로 현재의 의사결정에 영향을 미치지 못한다.

부 록

시간가치계산표

해답집

시간가치계산표

표 A-1 단일금액 1원의 미래가치

$$F_n=(1+r)^n$$

기간이자율(r)

기간수(n)	1%	2%	3%	4%	5%	6%	7%	8%	9%	10%
1	1.0100	1.0200	1.0300	1.0400	1.0500	1.0600	1.0700	1.0800	1.0900	1.1000
2	1.0201	1.0404	1.0609	1.0816	1.1025	1.1236	1.1449	1.1664	1.1881	1.2100
3	1.0303	1.0612	1.0927	1.1249	1.1576	1.1910	1.2250	1.2597	1.2950	1.3310
4	1.0406	1.0824	1.1255	1.1699	1.2155	1.2625	1.3108	1.3605	1.4116	1.4641
5	1.0510	1.1041	1.1593	1.2167	1.2763	1.3382	1.4026	1.4693	1.5386	1.6105
6	1.0615	1.1262	1.1941	1.2653	1.3401	1.4185	1.5007	1.5869	1.6771	1.7716
7	1.0721	1.1487	1.2299	1.3159	1.4071	1.5036	1.6058	1.7138	1.8280	1.9487
8	1.0829	1.1717	1.2668	1.3686	1.4775	1.5938	1.7182	1.8509	1.9926	2.1436
9	1.0937	1.1951	1.3048	1.4233	1.5513	1.6895	1.8335	1.9990	2.1719	2.3579
10	1.1046	1.2190	1.3439	4.4802	1.6289	1.7908	1.9672	2.1589	2.3674	2.5937
11	1.1157	1.2434	1.3842	1.5395	1.7103	1.8983	2.1049	2.3316	2.5804	2.8531
12	1.1268	1.2682	1.4258	1.6010	1.7959	2.0122	2.2522	2.5182	2.8127	3.1384
13	1.1381	1.2936	1.4685	1.6651	1.8856	2.1329	2.4098	2.7196	3.0658	3.4523
14	1.1495	1.3195	1.5126	1.7317	1.9799	2.2609	2.5785	2.9372	3.3417	3.7925
15	1.1610	1.3459	1.5580	1.8009	2.0789	2.3966	2.7590	3.1722	3.6425	4.1772
16	1.1726	1.3728	1.6047	1.8730	2.1829	2.5404	2.9522	3.4259	3.9703	4.5950
17	1.1843	1.4002	1.6528	1.9479	2.2920	2.2628	3.1588	3.7000	4.3276	5.0545
18	1.1961	1.4282	1.7024	2.0258	2.4066	2.8543	3.3799	3.9960	4.7171	5.5599
19	1.2081	1.4568	1.7535	2.1068	2.5270	3.0256	3.6165	4.3157	5.1417	6.1159
20	1.2202	1.4859	1.8061	2.1911	2.6533	3.2071	3.8697	4.6610	6.6044	6.7275
21	1.2324	1.5157	1.8603	2.2788	2.7860	3.3996	4.1406	2.0338	6.1088	7.4002
22	1.2447	1.5460	1.9161	2.3699	2.9253	3.6035	4.4304	5.4365	6.6586	8.1403
23	1.2572	1.5769	1.9736	2.4647	3.0715	3.8197	4.7405	5.8715	7.2529	8.9543
24	1.2697	1.6084	2.0328	2.5633	3.2251	4.0489	5.0724	6.3412	7.9111	9.8497
25	1.2824	1.6406	2.0938	2.6658	3.3864	4.2919	5.4274	6.8485	8.6231	10.835
26	1.2953	1.6734	2.1566	2.7725	3.5557	4.5494	5.8074	7.3964	9.3992	11.918
27	1.3082	1.7069	2.2213	2.8834	3.7335	4.8223	6.2139	7.9881	10.245	13.110
28	1.3213	1.7410	2.2879	2.9987	3.9201	5. 1117	6.6488	8.6271	11.167	14.421
29	1.3345	1.7758	2.3566	3.1187	4.1161	5.4184	7.1143	9.3173	12.172	15.863
30	1.3478	1.8114	2.4273	3.2434	4.3219	5.7435	7.6123	10.063	13.268	17.449
35	1.4166	1.9999	2.8139	3.9461	5.5160	7.6861	10.676	14.785	20.414	28.102
40	1.4889	2.2080	3.2620	4.8010	7.0400	10.286	14.974	21.725	31.409	45.259
45	1.5648	2.4379	3.7816	5.8412	8.9850	13.765	21.002	31.920	48.327	77.891
50	1.6446	2.6916	4.3839	7.1067	11.467	18.420	29.457	46.902	74.358	117.39
60	1.8167	3.2810	5.8916	10.520	18.679	32.988	57.946	101.26	176.03	304.48

기간이자율(r)

기간수(n)	11%	12%	13%	14%	15%	16%	17%	18%	19%	20%
1	1.1100	1.1200	1.1300	1.1400	1.1500	1.1600	1.1700	1.1800	1.1900	1.2000
2	1.2321	1.2544	1.2769	1.2996	1.3225	1.3456	1.3689	1.3924	1.4161	1.4400
3	1.3676	1.4094	1.4429	1.4815	1.5209	1.5609	1.6016	1.6430	1.6852	1.7280
4	1.5180	1.5735	1.6305	1.6890	1.7490	1.8106	1.8739	1.9388	2.0053	2.0736
5	1.6851	1.7623	1.8424	1.9254	2.0114	2.1003	2.1924	2.2878	2.3864	2.4883
6	1.8704	1.9738	2.0820	2.1950	2.3131	2.4364	2.5652	2.6996	2.3898	2.9860
7	2.0762	2.2107	2.3526	2.5023	2.6600	2.8262	3.0012	3.1855	3.3793	3.5832
8	2.3045	2.4760	2.6584	2.8526	3.0590	3.2784	3.5115	3.7589	4.0214	4.2998
9	2.5580	2.7731	3.0040	3.2519	3.5179	3.8030	4.1084	4.4356	4.7854	5.1598
10	2.8394	3.1058	3.3946	3.7072	4.0456	4.4114	4.8068	5.2338	5.6947	6.1917
11	3.1518	3.4785	3.8359	4.2262	4.6524	5.1173	5.6240	6.1759	6.7767	7.4301
12	3.4985	3.8960	4.3345	4.8179	5.3503	5.9360	6.5801	7.2876	8.0642	8.9161
13	3.8833	4.3635	4.8980	5.4924	6.1528	6.8858	7.6987	8.5994	9.5964	10.699
14	4.3104	4.8871	5.5348	6.2613	7.0757	7.9875	9.0075	10.147	11.420	12.839
15	4.7846	5.4736	6.2543	7.1379	8.1371	9.2655	10.539	11.974	13.589	15.407
16	5.3109	6.1304	7.0673	8.1327	9.3576	10.748	12.330	14.129	16.172	18.488
17	5.8951	6.8660	7.9861	9.2765	10.761	12.468	14.427	16.672	19.244	22.186
18	6.5436	7.6900	9.0243	10.575	12.375	14.463	16.879	19.673	22.901	22.623
19	7.2633	8.6128	10.197	12.056	14.232	16.777	19.748	23.214	27.252	31.948
20	8.0623	9.6463	11.523	13.743	16.367	19.461	23.106	27.393	32.429	38.338
21	8.9492	10.804	13.021	15.668	18.822	22.574	27.034	32.324	38.591	46.005
22	9.9336	12.100	14.714	17.861	21.645	26.186	31.629	38.142	45.923	55.206
23	11.026	13.552	16.626	20.362	24.891	30.376	37.006	45.008	54.648	66.247
24	12.239	15.179	18.788	23.212	28.625	35.236	43.297	53.109	65.032	79.497
25	13.586	17.000	21.231	26.462	32.919	40.874	50.658	62.669	77.388	95.396
26	15.080	19.040	23.991	30.167	37.857	47.414	59.270	73.949	92.092	114.78
27	16.738	21.325	27.109	34.390	34.535	55.000	69.345	87.260	109.56	137.37
28	18.580	23.884	30.634	39.204	50.066	63.800	81.134	102.97	130.41	164.84
29	20.624	26.750	34.617	44.693	57.575	74.009	94.927	121.50	155.19	197.81
30	22.892	29.960	39.116	50.950	66.212	85.850	111.06	143.37	184.67	237.38
35	38.575	52.800	72.068	98.100	133.18	180.31	243.56	329.99	440.70	590.67
40	65.001	93.051	132.78	188.88	267.86	378.72	533.86	750.38	1051.6	1469.8
45	109.53	163.99	244.64	363.68	538.77	795.44	1170.5	1716.7	2509.6	3657.3
50	184.56	289.00	450.74	700.23	1083.7	1670.7	2566.2	3927.4	5988.9	9100.4
60	524.06	897.60	1530.1	2595.9	4384.0	7370.2	12335	.20555	.34105	.56347

$F_n > 52.999$

표 A-2 단일금액 1원의 현재가치

기간이자율(r)

기간수(n)	1%	2%	3%	4%	5%	6%	7%	8%	9%	10%
1	.9901	.9704	.9709	.9615	.9524	.9434	.9346	.9259	.9074	.9091
2	.9803	.9612	.9426	.9246	.9070	.8900	.8734	.8573	.8417	.8264
3	.9706	.9423	.9151	.8890	.8638	.8396	.8163	.7938	.7722	.7513
4	.9610	.9238	.8885	.8548	.8227	.7921	.7629	.7350	.7084	.6830
5	.9515	.9057	.8626	.8219	.7835	.7473	.7130	.6806	.6499	.6209
6	. 9420	.8880	.8375	.7903	.7462	.7050	.6663	.6302	.5963	.5645
7	. 9327	.8706	.8131	.7599	.7107	.6651	.6227	.5835	.5470	.5132
8	. 3235	.8535	.7894	.7307	.6768	.6274	.5820	.5403	.5019	.4665
9	.9143	.8368	.7664	.7026	.6446	.5919	.5439	.5002	.4604	.4241
10	. 9053	.8203	.7441	.6756	.6139	.5584	.5083	.4632	.4224	.3855
11	. 8963	.8043	.7224	.6496	.5847	.5268	.4751	.4289	.3875	.3505
12	.8874	.7885	.7014	.6246	.5568	.4970	.4440	.3971	.3555	.3186
13	.8787	.7730	.6810	.6006	.5303	.4688	.4150	.3677	.3262	.2897
14	.8700	.7575	.6611	.5775	.5051	.4423	.3878	.3405	.2992	.2633
15	.8613	.7430	.6419	.5553	.4810	.4173	.3624	.3152	.2745	.2394
16	.8528	.7284	.6232	.5339	.4581	.3936	.3387	.2919	.2519	.2176
17	.8444	.7142	.6052	.5134	.4363	.3714	.3166	.2703	.2311	.1978
18	.8360	.7002	.5874	.4936	.4155	.3503	.2959	.2502	.2120	.1799
19	.8277	.6864	.5703	.4746	.3957	.3305	.2765	.2317	.1945	.1635
20	.8195	.6730	.5537	.4564	.3769	.3118	.2584	.2145	.1784	.1486
21	.8114	.6598	.5375	.4388	.3589	.2942	.2415	.1987	.1637	.1351
22	.8034	.6468	.5219	.4220	.3418	.2775	.2257	.1839	.1502	.1228
23	.7954	.6324	.5067	.4057	.3256	.2618	.2109	.1703	.1378	.1117
24	.7876	.6217	.4919	.3901	.3101	.2470	.1971	.1577	.1264	.1015
25	.7798	.6095	.4776	.3751	.2953	.2330	.1842	.1460	.1160	.0923
26	.7720	.5976	.4637	.3604	.2812	.2198	.1722	.1352	.1064	.0839
27	.7644	.5859	.4502	.3468	.2678	.2074	.1609	.1252	0976	.0763
28	.7568	.5744	.4371	.3335	.2551	.1956	.1504	.1159	.0895	.0693
29	.7493	.5631	.4243	.3207	.2429	.1846	.1406	.1073	.0822	. 0630
30	.7419	.5521	.4120	.3083	.2114	.1741	.1314	.0994	.0754	. 0573
35	.7059	.5000	.3554	.2534	.1813	.1301	.0937	.0676	.0490	. 0356
40	.6717	.4529	.3066	.2083	.1420	.0972	.0668	.0460	.0318	. 0221
45	.6391	.4102	.2644	.1712	.1113	.0727	.0476	.0313	.0207	. 9137
50	.6080	.3715	.2281	.1407	.0872	.0543	.0339	.0213	.0134	.0085
60	.5504	.3048	.1697	.0951	.0535	.0303	.0173	.0099	.0057	.0033

기간이자율(*r*)

기간수(*n*)	11%	12%	13%	14%	15%	16%	17%	18%	19%	20%
1	.9009	.8929	.8850	.8772	.8696	.8621	.8547	.8475	.8403	.8333
2	.8116	.7972	.7831	.7695	.7561	.7432	.7305	.7182	.7062	.6944
3	.7312	.7118	.6931	.6750	.6575	.6407	.6244	.6086	.5934	.5787
4	.6587	.6355	.6133	.5921	.5718	.5523	.5337	.5158	.4987	.4323
5	.5935	.5674	.5428	.5194	.4972	.4761	.4561	.4371	.4190	.4019
6	.5346	.5066	.4803	.4556	.4323	.4104	.3898	.3704	.3521	.3349
7	.4817	.4523	.4251	.3996	.3759	.3538	.3332	.3139	.2959	.2791
8	.4339	.4039	.3762	.3506	.3269	.3050	.2848	.2660	.2487	.2326
9	.3903	.3603	.3329	.3075	.2843	.2630	.2434	.2255	.2090	.1938
10	.3522	.3220	.2946	.2697	.2472	.2267	.2080	.1911	.1756	.1615
11	.3173	.2875	.2607	.2366	.2149	.1954	.1773	.1619	.1476	.1346
12	.2858	.2567	.2307	.2076	.1869	.1685	.1520	.1372	.1240	.1122
13	.2575	.2292	.2042	.1821	.1625	.1452	.1299	.1163	.1042	.0935
14	.2320	.2046	.1807	.1579	.1413	.1252	.1110	.0985	.0876	.0779
15	.2090	.1827	.1599	.1401	.1229	.1079	.0949	.0835	.0736	.0649
16	.1883	.1631	.1415	.1229	.1069	.0930	.0811	.0708	.0618	.0541
17	.1696	.1456	.1252	.1073	.0929	.0802	.0693	.0600	.0520	.0451
18	.1523	.1300	.1103	.0946	.0803	.0691	.0592	.0508	.0437	.0376
19	.1377	.1161	.0981	.0829	.0703	.0596	.0506	.0431	.0367	.0313
20	.1240	.1037	.0863	.0723	.0611	.0514	.0433	.0365	.0303	.0261
21	.1117	.0926	.0768	.0633	.0531	.0443	.0370	.0309	.0259	.0217
22	.1007	.0326	.0680	.0560	.0462	.0382	.0316	.0362	.0218	.0181
23	.0907	.0738	.0601	.0491	.0402	.0329	.0270	.0222	.0183	.0151
24	.0817	.0659	.0532	.0431	.0349	.0284	.0231	.0188	.0154	.0126
25	.0736	.0588	.0471	.0378	.0304	.0245	.0197	.0160	.0129	.0105
26	.0663	.0525	.0417	.0331	.0264	.0211	.0169	.0135	.0109	.0087
27	.0597	.0469	.0369	.0291	.0230	.0182	.0144	.0115	.0091	.0073
28	.0538	.0419	.0325	.0255	.0200	.0157	.0123	.0097	.0077	.0061
29	.0485	.0374	.0289	.0224	.0174	.0135	.0105	.0082	.0064	.0051
30	.0437	.0334	.0256	.0196	.0151	.0116	.0090	.0070	.0054	.0042
35	.0259	.0189	.0139	.0102	.0075	.0066	.0041	.0030	.0023	.0017
40	.0154	.0107	.0075	.0053	.0037	.0026	.0019	.0013	.0010	.0007
45	.0091	.0061	.0041	.0027	.0019	.0013	.0009	.0006	.0004	.0003
50	.0054	.0035	.0022	.0014	.0009	.0006	.0004	.0003	.0002	.0001
60	.0019	.0011	.0007	.0004	.0002	.0001	.00008	.00005	.00003	.00002

표 A-3 정상연금 1원의 미래가치

기간이자율(r)

기간수(n)	1%	2%	3%	4%	5%	6%	7%	8%	9%	10%
1	1.0000	1.0000	10.000	1.0000	1.0000	1.0000	1.0000	1.0000	1.0000	1.0000
2	2.0100	2.0200	2.0300	2.0400	2.0500	2.0600	2.0700	2.0800	2.0900	2.1000
3	3.0301	3.0604	3.0909	3.1216	3.1525	3.1836	3.2149	3.2464	3.2781	3.3100
4	4.0604	4.1216	4.1836	4.2465	4.3101	4.3746	4.4399	4.5061	4.5731	4.6410
5	5.1010	5.2040	5.3091	5.4163	5.5256	5.6371	5.7507	5.8666	5.9847	6.1051
6	6.1520	6.3081	6.4684	6.6330	6.8019	6.9753	7.1533	7.3359	7.5233	7.7156
7	7.2135	7.4343	7.6625	7.8983	8.1420	8.3938	8.6540	8.9228	9.2004	9.4872
8	8.2857	8.5830	8.8923	9.2142	9.5491	9.8975	10.260	10.637	11.028	11.436
9	9.3685	9.7546	10.159	10.583	11.027	11.491	11.978	12.488	13.021	13.579
10	10.462	10.950	11.464	12.006	12.578	13.181	13.816	14.487	15.193	15.937
11	11.567	12.169	12.808	13.486	14.207	14.972	15.784	16.645	17.560	18.531
12	12.683	13.412	14.192	15.026	15.917	16.870	17.888	18.977	20.141	21.384
13	13.809	14.680	15.618	16.627	17.713	18.882	20.141	21.495	22.953	24.523
14	14.947	15.974	17.086	18.292	19.599	21.015	22.550	24.215	26.019	27.975
15	16.097	17.293	18.599	20.024	21.579	23.276	25.129	27.152	29.361	31.775
16	17.258	18.639	20.157	21.825	25.657	25.673	27.888	30.324	33.003	35.950
17	18.430	20.012	21.762	23.698	25.840	28.213	39.840	33.750	36.974	40.545
18	19.615	21.412	23.414	25.645	28.132	30.906	33.999	37.450	41.301	45.599
19	20.811	22.841	25.117	27.671	30.539	33.760	37.379	41.446	46.018	51.159
20	22.019	24.297	26.870	29.778	33.066	36.786	40.995	45.762	51.160	57.275
21	23.239	25.783	28.676	31.969	35.719	39.993	44.865	50.423	56.765	64.002
22	24.472	27.299	30.537	34.248	38.505	43.392	49.006	55.457	62.873	71.403
23	25.716	28.845	32.453	36.618	41.430	46.992	53.436	60.893	69.532	79.543
24	26.973	30.422	34.426	39.083	44.502	50.816	58.177	66.765	76.790	88.497
25	28.243	32.030	36.459	41.646	47.727	54.865	63.249	73.106	84.701	98.347
26	29.526	33.671	38.553	44.312	51.113	59.156	68.676	79.954	93.324	109.18
27	30.821	35.344	40.710	47.084	54.669	63.706	74.484	87.351	102.72	121.10
28	32.129	37.051	42.931	49.968	58.403	68.528	80.698	95.339	112.97	134.21
29	33.450	38.792	45.219	52.966	62.323	73.640	87.347	10.3.97	124.14	148.63
30	34.785	40.568	47.575	56.085	66.439	79.058	94.461	113.28	136.31	164.49
35	41.660	49.994	60.462	73.652	90.230	111.43	138.24	172.32	215.71	271.02
40	48.886	60.402	75.401	95.026	120.80	154.76	199.64	269.06	337.88	442.59
45	56.481	71.893	92.720	121.03	159.70	212.74	285.75	386.51	525.86	718.90
50	64.463	84.579	112.80	152.67	209.35	290.34	406.53	573.77	815.08	1163.9
60	81.671	114.05	163.05	237.99	353.58	533.13	813.52	1253.2	1944.8	3034.8

기간이자율(r)

기간수(n)	11%	12%	13%	14%	15%	16%	17%	18%	19%	20%
1	1.0000	1.0000	1.0000	1.0000	1.0000	1.0000	1.0000	1.0000	1.0000	1.0000
2	2.1100	2.1200	2.1300	2.1400	2.1500	2.1600	2.1700	2.1800	2.1900	2.2000
3	3.3421	3.3744	3.4069	3.4396	3.4725	3.5056	3.5389	3.5724	3.6061	3.6400
4	4.7097	4.7793	4.8498	4.9211	4.9934	5.0665	5.1405	5.2154	5.2913	5.3680
5	6.2278	6.3528	6.4803	6.6101	6.7424	6.8771	7.0144	7.1542	7.2966	7.4416
6	7.9130	8.1152	8.3230	8.5355	8.7537	8.8775	9.2068	9.4420	9.6830	9.9299
7	9.7830	10.089	10.405	10.730	11.067	11.414	11.772	12.142	12.523	12.916
8	11.859	12.300	12.757	13.233	13.727	14.240	14.773	15.327	15.902	16.499
9	14.163	14.776	15.416	16.085	16.786	17.519	18.285	19.086	19.923	20.799
10	16.722	17.549	18.419	19.337	20.304	21.321	22.393	23.521	24.709	25.955
11	19.561	20.655	21.814	23.045	24.349	25.733	27.199	28.755	30.404	32.150
12	22.713	24.133	25.650	27.271	29.002	30.850	32.823	34.931	37.180	39.581
13	26.211	28.029	29.984	32.089	34.352	36.786	39.404	42.219	45.244	48.497
14	30.095	21.393	34.883	37.581	40.505	43.672	47.103	50.818	54.841	59.196
15	34.405	37.280	40.418	43.842	47.580	51.660	56.110	60.965	66.261	72.035
16	39.199	42.753	46.672	50.980	55.717	60.925	66.649	72.939	79.850	87.442
17	44.501	48.884	53.739	59.118	65.075	71.673	78.979	87.068	96.022	105.93
18	50.396	55.750	61.725	68.394	75.836	84.141	93.406	103.74	115.26	128.12
19	56.939	63.440	70.749	79.969	88.212	97.603	110.29	123.41	138.16	154.74
20	64.203	70.052	80.947	91.025	102.44	115.38	130.03	146.63	165.42	186.69
21	72.265	81.699	92.469	104.77	118.81	134.84	153.14	174.02	197.85	225.03
22	81.214	92.503	105.46	120.44	137.63	157.41	180.17	206.34	236.44	271.03
23	91.148	104.60	120.20	138.30	159.28	183.60	211.80	244.49	282.36	326.24
24	102.17	118.60	136.83	158.66	184.17	213.98	248.81	289.49	337.01	392.48
25	114.41	133.33	155.62	181.87	212.79	249.21	292.10	342.60	402.04	471.98
26	127.99	150.33	176.85	208.33	245.71	290.09	342.76	405.27	497.43	567.38
27	143.08	169.37	200.84	238.50	283.57	337.50	402.03	479.22	571.52	681.85
28	159.82	190.70	227.95	272.89	327.10	392.50	471.38	566.48	681.11	819.22
29	178.39	214.58	258.58	312.09	377.17	456.30	552.51	669.45	811.52	984.07
30	199.02	241.33	293.19	356.79	434.75	530.31	647.44	790.95	966.71	1181.9
35	341.59	431.66	546.68	693.57	881.17	1120.7	1426.4	1816.7	2314.2	2948.3
40	581.83	767.09	1013.7	1342.0	1779.1	2360.8	3134.5	4163.2	5529.8	7343.9
45	986.64	1358.3	1874.2	2590.6	3585.1	4965.3	6879.2	9531.6	13203	.18281
.50	1668.7	2400.0	3459.5	4994.5	7217.7	10436	.15089	.21813	.31515	.45497
.60	4755.1	7471.6	11762	.18535	.29220	.46057	.72555	.114129	.179494	.281737

표 A-4 정상연금 1원의 현재가치

기간이자율(r)

기간수(n)	1%	2%	3%	4%	5%	6%	7%	8%	9%	10%
1	0.9901	0.9804	0.9616	0.9615	0.9524	0.9434	0.9346	0.9259	0.9174	0.9091
2	1.9704	1.9416	1.9165	1.8861	1.8594	1.8334	1.8080	1.7833	1.7591	1.7355
3	2.9410	2.8839	2.8286	2.7751	2.7232	2.6730	2.6243	2.5771	2.5313	2.4868
4	3.9020	3.8077	3.7171	3.6299	3.5460	3.4651	3.3872	3.3121	3.2397	3.1699
5	4.8534	4.7135	4.5797	4.4518	4.3295	4.2124	4.1002	3.9927	3.8897	3.7908
6	5.7955	5.6014	5.4172	5.2421	5.0757	4.9173	4.7665	4.6229	4.4859	4.3553
7	6.7282	6.4720	6.2303	6.0021	5.7864	5.5824	5.3893	5.2064	5.0330	4.8684
8	7.6517	7.3255	7.0197	6.7327	6.4632	6.2098	5.9713	5.7466	5.5348	5.3349
9	8.5660	8.1622	7.7861	7.4353	7.1078	6.8017	6.5152	6.2469	5.9952	5.7590
10	9.4713	8.9826	8.5302	8.1109	7.7217	7.3601	7.0236	6.7101	6.4177	6.1146
11	10.368	9.7868	9.2526	8.7605	8.3064	7.8869	7.4987	7.1390	6.8052	6.4951
12	11.255	10.575	0.9540	9.3851	8.8633	8.3838	7.9427	7.5361	7.1607	6.8137
13	12.134	11.348	10.635	9.9856	9.3936	8.8527	8.3577	7.9038	7.4869	7.1034
14	13.004	12.106	11.296	10.563	9.8986	9.2950	8.7455	8.2442	7.7862	7.3667
15	13.865	12.849	11.938	11.118	10.380	9.7122	9.1979	8.5595	8.0607	7.6061
16	14.718	13.578	12.561	11.652	10.838	10.106	9.4466	8.8514	8.3136	7.8237
17	15.562	14.292	13.166	12.166	11.274	10.477	9.7632	9.1216	8.5436	8.0216
18	16.398	14.992	13.756	12.659	11.690	10.828	10.059	9.3719	8.7556	8.2014
19	17.226	15.676	14.324	13.134	12.035	11.158	10.336	9.6036	8.9501	8.3649
20	18.046	16.351	14.877	13.590	12.462	11.470	10.594	9.8181	9.1285	8.5136
21	18.857	17.011	15.415	14.029	12.821	11.764	10.835	10.017	9.2922	8.6487
22	19.660	17.658	15.937	14.451	13.163	12.042	11.061	10.201	9.4424	8.7715
23	20.456	18.292	16.444	14.857	13.489	12.303	11.272	10.371	9.5802	8.8832
24	21.243	18.914	16.935	15.247	13.799	12.550	11.464	10.529	9.7066	8.9847
25	22.023	19.524	17.413	15.622	14.094	12.783	11.654	10.675	9.8266	9.0770
26	22.795	21.121	17.877	15.983	14.375	13.003	11.826	10.810	9.9290	9.1609
27	23.560	20.707	18.327	16.330	14.643	13.210	11.987	10.935	10.027	9.2372
28	24.316	21.281	18.764	16.663	14.898	13.406	12.137	11.051	10.116	9.3066
29	25.066	21.844	19.188	16.984	15.141	13.591	12.278	11.158	10.198	9.3696
30	25.808	22.397	19.600	17.292	15.373	13.765	12.409	11.258	10.274	9.4269
35	28.409	24.999	21.487	18.665	16.374	14.498	12.948	11.655	10.556	9.6442
40	32.835	27.356	21.115	19.793	17.159	15.046	13.332	11.925	10.757	9.7791
45	36.095	29.490	24.519	20.720	17.774	15.456	13.605	12.108	10.881	9.8628
50	39.196	31.424	25.730	21.482	18.256	15.762	13.801	12.233	10.962	9.9148
60	44.955	34.761	27.676	22.623	18.929	16.161	14.039	12.376	11.048	9.9671

기간이자율(r)

기간수(n)	11%	12%	13%	14%	15%	16%	17%	18%	19%	20%
1	0.9009	0.8928	0.8850	0.8772	0.8696	0.8621	0.8547	0.8475	0.8403	0.8333
2	1.7125	1.6901	1.6681	1.6467	1.6257	1.6052	1.5852	1.5656	1.5465	1.5278
3	2.4437	2.4018	2.3612	2.3216	2.2832	2.2459	2.2096	2.1743	2.1399	2.1065
4	3.1024	3.0373	2.9745	2.9137	2.8550	2.7982	2.7432	2.6901	2.6386	2.5887
5	3.6959	3.6048	3.5172	3.4331	3.3522	3.2743	3.1993	3.1272	3.0576	2.9906
6	4.2305	4.1114	3.9975	3.8887	3.7845	3.6847	3.5892	3.4976	3.4098	3.3255
7	4.7122	4.5638	4.4226	4.2883	4.1604	4.0386	3.9224	3.8115	3.7057	3.6046
8	5.1461	4.9676	4.7988	4.6389	4.4873	4.3436	4.2072	4.0776	3.9544	3.8372
9	5.5370	5.3282	5.1317	4.9464	4.7716	4.6065	4.4506	4.3030	4.1633	4.0310
10	5.8892	5.6502	5.4262	5.2161	5.0188	4.8332	4.6586	4.4941	4.3389	4.1925
11	6.2065	5.9377	5.6869	5.4527	5.2337	5.0286	4.8364	4.6560	4.4865	4.3271
12	6.4924	6.1944	5.9176	5.6603	5.4206	5.1971	4.9884	4.7932	4.6105	4.4392
13	6.7499	6.4235	6.1218	5.8424	5.5831	5.3423	5.1183	4.9095	4.7147	4.5327
14	6.9819	6.6282	6.3025	6.0021	5.7245	5.4675	5.2293	5.0081	4.8023	4.6106
15	7.1909	6.8109	6.4624	6.1422	5.8474	5.5755	5.3242	5.0916	4.8759	6.6755
16	7.3792	6.9740	6.6039	6.2651	5.9542	5.6685	5.4053	5.1624	4.9377	4.7296
17	7.5488	7.1196	6.7291	6.3729	6.0472	5.7487	5.4746	5.2223	7.9897	4.7746
18	7.7016	7.2497	6.8399	6.4674	6.1280	5.8178	5.5339	5.2732	5.0333	4.8122
19	7.8393	7.3658	6.9380	6.5504	6.1982	5.8775	5.5845	5.3162	5.0700	4.8435
20	7.9633	7.4694	7.0248	6.6231	6.2593	5.9288	5.6278	5.3527	5.1009	4.8696
21	8.0751	7.5620	7.1015	6.6870	6.3125	5.9731	5.6648	5.3837	5.1263	4.8913
22	8.1757	7.6446	7.1695	6.7429	6.3587	6.0113	5.6964	5.4099	5.1486	4.9094
23	9.2664	7.7184	7.2297	6.7921	6.3988	6.0442	5.7234	5.4321	5.1668	4.9245
24	9.3481	7.7843	7.2829	6.8351	6.4338	0.0726	6.7465	5.4509	5.1822	4.9371
25	8.4217	7.8431	7.3300	6.8729	6.4641	6.0971	5.7662	5.4669	5.1951	4.9476
26	9.4881	7.8957	7.3717	6.9061	6.4906	6.1182	5.7831	5.4804	5.2060	4.9563
27	8.4578	7.9426	7.4086	6.9352	6.5135	5.7975	5.7975	5.4919	5.2151	4.9636
28	8.6016	7.9844	7.4412	6.9607	6.5335	5.8099	5.8099	5.5016	5.2223	4.9697
29	8.6501	8.0218	7.4701	6.9830	6.5509	5.8024	5.8024	5.5093	5.2292	4.9747
30	8.6938	8.0552	7.4957	7.0027	6.5660	5.8294	5.8294	5.5168	5.2347	4.9789
35	8.8552	8.1755	7.5856	7.0700	6.6166	5.8582	5.8582	5.5386	5.2512	4.9915
40	8.9511	8.2433	7.6344	7.1050	6.6418	5.8713	8.8713	5.5482	5.2582	4.9966
45	9.0079	8.2825	7.6609	7.1232	6.6543	5.8773	5.8773	5.5523	5.2611	4.9986
50	9.0417	8.3045	7.6572	7.2327	6.6605	5.8801	5.8801	5.5541	5.2623	4.9995
60	9.0736	8.3240	7.6873	7.1401	6.6651	5.8819	5.8819	5.5553	5.2630	4.9999

표 A-5 이상연금 1원의 현재가치

기간이자율(r)

기간수(n)	1%	2%	3%	4%	5%	6%	7%	8%	9%	10%
1	1.0000	1.0000	1.0000	10.000	1.0000	1.0000	1.0000	1.0000	1.0000	1.0000
2	1.9901	1.9804	1.9709	1.9615	1.9524	1.9434	1.9346	1.9259	1.9174	1.9091
3	2.9704	2.9416	2.9135	2.8861	2.8594	2.8334	12.8080	2.7833	2.7591	2.7355
4	3.9410	3.8838	3.8286	3.7751	3.7233	3.6730	3.6243	3.5771	3.5313	3.4869
5	4.9020	4.8078	4.7171	4.6220	4.5460	4.4651	4.3872	4.3121	4.2397	4.1699
6	5.8534	5.7135	5.5797	5.4518	5.3295	5.2124	5.1002	4.9927	4.8897	4.7908
7	6.7955	6.6014	6.4172	6.2421	6.0757	5.9173	5.7665	5.6229	5.4859	5.3553
8	7.7282	7.4720	7.2303	7.0021	6.7864	6.5824	6.3893	6.2064	6.0330	5.8684
9	8.6517	8.3255	8.0197	7.7327	7.4632	7.2098	6.9713	6.7466	6.5348	6.3349
10	9.5660	9.1622	8.7861	8.4353	8.1078	7.8017	7.5152	7.2469	6.9953	6.7590
11	10.4713	9.9826	9.5302	9.1109	8.7217	8.3601	8.0236	7.7101	7.4177	7.1446
12	11.3676	10.7869	10.2526	9.7605	9.3064	8.8869	8.4987	8.1390	7.8052	7.4951
13	12.2551	11.5753	10.9540	10.3851	9.8633	9.3838	8.9427	8.5361	8.1607	7.8137
14	13.1337	12.3884	11.6350	10.9857	10.3936	9.8527	9.3577	8.9038	8.4869	7.1034
15	14.0037	13.1063	12.2961	11.5631	10.8986	10.2950	9.7455	9.2442	8.7862	8.3667
16	14.8651	13.8493	12.9380	12.1184	11.3797	10.7123	10.1079	9.5595	9.0607	8.6061
17	15.7179	14.5777	13.5611	12.6523	11.8378	11.1059	10.4467	9.8514	9.3126	8.8237
18	16.5623	15.2919	14.1661	13.1657	12.2741	11.4773	10.7632	10.1216	9.5436	9.0216
19	17.3983	15.9920	14.7535	13.6593	12.6896	11.8276	11.0591	10.3919	9.7556	9.2014
20	18.2260	16.6785	15.3238	14.1340	13.0853	12.1581	11.3356	10.6036	9.9501	9.3649
21	19.0456	17.3514	15.8775	14.5903	13.4622	12.4699	11.5940	10.8182	10.1286	9.5136
22	19.8570	18.0112	16.4150	15.0292	13.8212	12.7641	11.8355	11.0168	10.2922	9.6487
23	20.6604	18.6581	16.9369	15.4511	14.1630	13.0416	12.0612	11.2077	10.4424	9.7715
24	21.4558	19.2922	17.4436	15.8568	14.4886	13.3034	12.2722	11.3711	10.5802	9.8832
25	22.2434	19.9139	17.9355	16.2470	14.7986	13.5504	12.4693	11.5288	10.7066	9.9847
26	23.0232	20.5235	18.4132	16.6221	15.0939	13.7834	12.6536	11.6748	10.8266	10.0770
27	23.7952	21.1210	18.8768	16.9828	15.3752	14.0032	12.8258	11.8100	10.9290	10.1610
28	24.5596	21.7069	19.3270	17.3296	15.6430	14.2105	12.9867	11.9352	11.0266	10.2372
29	25.3164	22.2813	19.7641	17.6631	15.8981	14.4062	13.1371	12.0511	11.1161	10.3066
30	26.0658	22.8444	20.1885	17.9837	16.1411	14.5907	13.2777	12.1584	11.1983	10.3696
35	29.7027	25.4986	22.1318	19.4112	17.1929	15.3681	13.8540	12.5869	11.5179	10.6086
40	33.1630	27.9026	23.8082	20.5845	18.0170	15.9491	14.2649	12.8786	11.7255	10.7570
45	36.4555	30.0800	25.2543	21.5488	16.6628	16.3832	14.5579	13.0771	11.8605	10.8491
50	39.5881	32.0521	26.5017	22.3415	19.1687	14.7676	14.7668	13.2122	11.9482	10.9063
60	45.4046	35.4561	28.5058	23.5284	19.8757	17.1311	15.0129	13.3667	12.0423	10.9639

기간이자율(r)

기간수(n)	11%	12%	13%	14%	15%	16%	17%	18%	19%	20%
1	1.0000	1.0000	1.0000	1.0000	1.0000	1.0000	1.0000	1.0000	1.0000	1.0000
2	1.9009	1.8929	1.8850	1.8772	1.8696	1.8621	1.8547	1.8475	1.8403	1.8333
3	2.7125	2.6901	2.6681	2.6467	2.6257	2.6052	2.5852	2.5656	2.5465	2.5278
4	3.4437	3.4018	3.3612	3.3217	3.2832	3.2459	3.2096	3.1743	3.1399	3.1065
5	4.1025	4.0374	3.9745	3.9137	3.8550	4.7982	3.7332	3.6901	3. 6386	3.5887
6	4.6959	4.6048	4.5172	4.4331	4.3522	4.2743	4.1994	4.1272	4.0576	3.9906
7	5.2305	5.1114	4.9976	4.8887	4.7845	4.6847	4.5892	4.4976	4.4098	4.3255
8	5.7122	5.5638	5.4226	5.2883	5.1604	5.0386	4.9224	4.8115	4.7057	4.6046
9	6.1461	5.9676	5.7988	5.6389	5.4873	5.3436	4.2072	4.0776	4.9544	4.8372
10	6.5371	6.3283	6.1317	5.9464	5.7716	5.4506	5.4506	5.3030	5.1633	5.0310
11	6.8892	6.6502	6.4262	6.2161	6.0188	5.8332	5.6586	5.4941	5.3389	5.1925
12	7.2065	6.9377	6.6869	6.4527	6.2337	6.0286	5.8364	5.6560	5.4865	5.3271
13	7.4924	7.1944	6.9177	6.6603	6.4206	6.1971	5.9884	5.7932	5.6105	5.4392
14	7.7499	7.4236	7.1218	6.8424	6.5832	6.3423	6.1183	5.9095	6.7147	5.5327
15	7.9819	7.6282	7.3025	7.0021	6.7245	6.4675	6.2293	6.0081	5.8023	5.6106
16	8.1909	7.8019	7.4624	7.1422	6.8474	6.3242	6.3242	6.0916	5.8759	5.6755
17	8.3792	7.9740	7.6039	7.2651	6.9542	6.6685	6.4053	6.1624	5.9378	5.7296
18	8.5488	8.1196	7.7291	7.3729	7.0472	6.7488	6.4746	6.2223	5.9897	5.7746
19	8.7016	8.2497	7.8399	7.4674	7.1280	6.8179	6.5339	6.2732	6.0333	5.8122
20	8.8393	8.3658	7.9380	7.5504	7.1982	6.8775	6.5845	6.3162	6.0700	5.8435
21	8.9633	8.4694	8.0248	7.6231	7.2593	6.9288	6.6277	6.3528	6.1009	5.8696
22	9.0751	8.5620	8.1016	7.6870	7.3125	6.9731	6.6648	6.3837	6.1268	5.8913
23	9.1751	8.6447	8.1695	7.7429	7.3587	7.0113	6.6964	6.4099	6.1486	5.9094
24	9.2664	8.7184	8.2297	7.7921	7.3988	7.0443	6.7234	6.4321	6.1669	5.9245
25	9.3481	8.7843	8.2829	7.8351	7.4338	7.0726	6.7365	6.4510	6.1822	5.9371
26	9.4217	8.8431	8.3300	7.8729	7.4642	7.0971	6.7662	6.4669	6.1915	5.9476
27	9.4881	8.8957	8.3717	7.9061	7.4906	7.1182	6.7831	6.4804	6.2060	5.9563
28	9.5478	8.9426	8.4086	7.9352	7.5135	7.1364	6.7975	7.4919	6.2151	5.9636
29	9.6016	8.9844	8.4112	7.9607	7.5335	7.1520	6.8099	6.5016	6.2228	5.9697
30	9.6501	9.0218	8.4701	7.9830	7.5509	7.1656	6.8204	6.5098	6.2292	5.9747
35	9.8293	9.1562	8.5717	8.0599	7.6091	7.2098	6.8541	6. 5356	6.2490	5.9899
40	9.9357	9.2330	8.6268	8.0998	7.6381	7.2309	6.8695	6. 5468	6.2572	5.9959
45	9.9988	9.2764	8.6568	8.1205	7.6524	7.2409	6.8765	6. 5517	6.2607	5.9984
50	10.0362	9.3010	8.6730	8.1312	7.6596	8.2457	6.8797	6.5539	6.2621	5.9993
60	10.0717	3.3229	8.6868	8.1397	7.6649	7.2490	6.8818	6.5552	6.2630	5.9999

해답집

제1장 회계를 배우는 이유

객관식 문제

01. ④

02. ② 일반기업회계기준 발생주의 회계 문단번호 66, 현금흐름표는 발생주의에 따라 작성되지 않는다.

주관식 문제

01. 자본주의사회에 있어서 기업이란 이윤 추구를 목적으로 하는 생산경제의 단위체를 말한다. 기업은 기업가의 지배하에 집합된 자본설비 또는 원자재 등을 구입하고 구입한 원자재를 생산과정을 통하여 가치를 부가 시킨 후, 시장에서 제품 또는 서비스를 판매하는 것이다.

1) 제조업은 각종 원료를 가공·제조하는 공업. 영국의 경제학자 C.G.클라크의 산업분류에서, 제조업은 제1차 산업에서 생산된 원료를 가공하는 제2차적 생산을 수행하는 산업으로서, 광업·건설업과 함께 제2차 산업에 분류되어 있다.
2) 상 기업은 서비스산업에 포함되어 있는데 1차 산업·2차 산업에 대하여, 이들 산업의 발전을 기초로 하여 서비스를 생산하는 3차 산업(tertiary industry)을 의미한다. 상업·금융업·보험업·운수업·통신업·관광업·광고업 등이 이에 속한다. 이 산업의 종사자는 자본주의의 발전과 함께 증가하고 있다. 이는 생산과정의 발전에 따른 유통부문의 확대를 의미한다.

02. 재무회계는 외부정보이용자(주주, 채권자, 정부)들에게 경제적 의사결정에 유용한 정보를 제공하는 재무보고의 목적을 충족하고 재무제표를 통하여 기업의 재무적 정보를 주기적으로 보고하는 회계를 의미한다. 이와 반대로 관리회계는 내부정보이용자들에게 의사결정에 유용한 정보인 특수목적의 보고서를 비정기적으로 경영자들이 필요로 하는 정보를 산출하여 보고한다. 예를 들면 특별주문을 수락할 것인지 말 것인지? 자가제조할 것인지 외부 조달할 것인지 등 다양한 원가정보를 활용하여 의사결정에 필요한 정보를 제공하는 회계를 의미한다.

03. 경영이란 인류사회가 필요로 하는 제품과 서비스를 산출하기 위해 필요한 다양한 자원들을 효율적으로 관리하여 가치창출을 하는 제반활동을 의미한다. 즉, 주고받는 것이라 할 수 있는데, 제품과 서비스를 주고, 현금을 받기도 하고 노동력을 제공하고 임금을 받는다든지 포괄적으로는 경영의 의미이다. 경영은 나 자신을 관리하는 것도, 가정을 경영하는 것도, 학교를 경영하는 것도, 국가를 경영하는 것도 포한한다.
경영을 하기 위해 효과와 효율이라는 개념을 이해해야 하는데 효과는 어떠한 일을 하였을 때 나타나게 되는 결과물에 대한 의미이다. 즉, 목표를 달성하는 것을 의미한다. 효율은 어떠한 일을 할 때 얼마나 빠르고 정확하게 하는가를 측정하는 수단이기도 하다. 즉, 투입물 대 산출물의 비율이기도 하다.

04. 회계의 수탁책임은 경영자가 이해관계자(주로 투자자, 주주 중심으로 이해)들을 대신해서 기업을 경영하고 그에 대한 경영성과를 책임 있는 자세로 성실하게 보고해야 하는 것을 의미한다. 이해관계자들은 최소의 위험으로 최대의 수익을 올리고자 회사에 투자하거나 주주로서 참여하고 있다. 따라서 이해관계자들의 경제적 의사결정을 위해서 필요한 정보욕구를 충족시켜줄 필요가 있다.

05. 주식회사는 주식의 발행으로 설립된 회사로 출자는 사원인 주주에 의해 이뤄진다. 모든 주주는 일정 자본과 주식의 인수가액을 한도로 한 출자의 의무를 지닐 뿐 회사의 채무에 관해서는 어떤 책임도 지지 않는다. 즉, 주식회사는 자본, 주식, 주주의 유한책임이라는 특징을 가진다. 주식회사를 설립할 때의 발기인 수의 제한이 없고, 발기인은 회사 정관을 작성하고 주식을 발행한다. 발기설립의 경우에는 주식대금을 납입한 뒤에, 모집설립의 경우에는 창립 총회 뒤에 설립등기를 함으로써 회사가 성립된다. 주식회사는 주주총회, 이사 및 이사회, 감사의 3개 기구로 구성되며, 1년에 한 차례 이상 결산을 하여 발생된 이익을 지분에 따라 배당한다. 주식회사의 특징으로서는 자본의 증권화제도, 주주의 유한책임, 그리고 소유와 경영의 분리를 의미한다.

제2장 회계의 기초 개념

객관식 문제

01. ① 회계정보가 갖추어야 할 가장 중요한 질적 특성은 목적적합성(또는 관련성, 이하 목적적합성은 관련성과 동일한 의미로 사용함)과 신뢰성이다.(일반기업회계기준 재무회계개념체계 제3장 회계정보의 질적 특성, 문단 38)

02. ① 목적적합성은 예측가치, 피드백가치, 적시성으로 구성된다. (재무회계개념체계 41~45)

03. ① 법인기업은 설립시 작성되는 정관에서 설정한 기간을 말한다. 한편 자산 및 자본의 증감변화를 기록 및 계산하기 위해 설정한 장소적 범위는 회계단위, 계정이다.

04. ① 유형자산 : 토지, 건물, 차량운반구, 기계장치, 비품, 건설중인자산 등

05. ④ 일반기업회계기준상 재무제표의 종류는 재무상태표, 손익계산서, 현금흐름표, 자본변동표, 주석임.

06. ③ 자산－자본＝부채

20,000원＋100,000원＋200,000원＋50,000원＋100,000원－250,000원＝220,000원

07. ② 재무제표의 작성과 표시에 대한 책임은 경영진에게 있다. (일반기업회계기준 2.7)

08. ③ 기초자본금은 5,000,000원, 기말자본금은 3,000,000원, 기업주가 1,000,000원의 현금인출 또는 상품을 개인적으로 사용

09. ① 계속기업의 가정이란 기업실체는 그 목적과 의무를 이행하기에 충분할 정도로 장기간 존속한다고 가정하는 것을 말한다. (재무회계개념체계 64)

10. ① 재무제표는 발생기준에 따라 작성된다. 발생주의 회계의 기본적인 논리는 발생기준에 따라 수익과 비용을 인식하는 것이다. 발생주의 회계는 발생과 이연의 개념을 포함한다. (재무회계개념체계 66 – 70)

11. ③ 경영자의 장기적 의사결정의 결과는 상당한 기간이 경과한 후에 그 효과가 나타날 수 있으므로 과거의 성과와 현재의 성과를 명확하게 구분하기 어렵다. 또한 환경적 정보는 재무제표에 나타나지 않는다. (재무회계개념체계 34)

12. ② 재무회계개념체계 43.

13. ① 유용한 재무정보의 근본적 질적 특성은 목적적합성과 신뢰성이다.

14. ② 상계하여 작성한다.

〈참고자료〉 지방자치단체 회계기준에 관한 규칙

제8조 (재무제표) ① 재무제표는 지방자치단체의 재정상황을 표시하는 중요한 요소로서 재정상태표, 재정운영표, 현금흐름표, 순자산변동표, 주석(註釋)으로 구성된다. 〈개정 2014. 11. 28., 2017. 2. 9.〉

② 재무제표의 부속서류는 필수보충정보와 부속명세서로 한다. 〈신설 2017. 2. 9.〉

제9조 (재무제표의 작성원칙) ①지방자치단체의 재무제표는 일반회계·기타특별회계·기금회계 및 지방공기업특별회계의 유형별 재무제표를 통합하여 작성한다. 이 경우 내부거래는 상계하고 작성한다. 〈개정 2011. 5. 20.〉

15. ④ 목적적합성 : 예측가치, 피드백가치, 적시성, 신뢰성 : 중립성, 표현의 충실성, 검증가능성

주관식 문제

01. 재무보고의 목적 : 재무보고는 기업실체 외부의 다양한 이해관계자의 경제적 의사결정을 위해 경영자가 기업실체의 경제적 자원과 의무, 경영성과, 현금흐름, 자본변동 등에 관한 재무정보를 제공하는 것을 말한다. 재무보고는 기업실체의 회계시스템에 근거한 재무제표에 의해 주로 이루어지나, 그 외의 수단에 의해서도 재무정보가 제공될 수 있다. 이러한 정보 제공은 감독규정의 요구, 관습 또는 경영자의 자발적 판단 및 기타 이해관계자의 요구에 의해 이루어진다. 따라서 재무보고의 목적은 의사결정에 유용한 정보를 제공하는 것이다. 재무보고의 주된 목적은 투자 및 신용의사결정에 유용한 정보를 제공하는 것이다. 투자 및 신용의사결정에 유용한 정보란 투자로부터의 미래 현금흐름을 예측하기 위해 기업실체의 미래 현금흐름을 예측하는 데 유용한 정보라고 할 수 있다. 기업실체의 미래 현금흐름을 예측하기 위해서는 기업실체의 경제적 자원과 그에 대한 청구권, 그리고 경영성과 측정치를 포함한 청구권의 변동에 관한 정보가 제공되어야 한다. 또한 재무상태, 경영성과, 현금흐름 및 자본변동에 관한 정보를 제공하는 것이다. 경영자의 수탁책임 평가에 유용한 정보를 제공하는 것도 포함한다.

02. 재무회계의 개념체계는 기업실체의 재무보고 목적을 명확히 하고, 이를 달성하는 데 유용한 재무회계의 기초개념을 제공하는 것을 목적으로 한다. 본 개념체계의 주요 내용은 다음과 같다.

㈎ 재무보고의 목적

(나) 회계정보의 질적 특성
(다) 재무제표
(라) 재무제표의 기본요소
(마) 재무제표 기본요소의 인식
(바) 재무제표 기본요소의 측정

03. 재무회계의 기본가정

1) 기업실체의 가정 : 기업을 소유주와는 독립적으로 존재하는 회계단위로 간주하고 이 회계단위의 관점에서 그 경제활동에 대한 재무정보를 측정, 보고하는 것을 말한다. 일반적으로 개별 기업은 하나의 독립된 회계단위로서 재무제표를 작성하는 기업실체에 해당한다. 그러나 기업실체 개념은 법적 실체와는 구별되는 개념이다. 예를 들어, 지배·종속관계에 있는 기업들의 경우 지배기업과 종속기업은 단일의 법적 실체가 아니지만 단일의 경제적 실체를 형성하여 하나의 회계단위로서의 작성대상이 된다. 이때 지배기업과 모든 종속기업은 연결재무보고의 기업실체가 된다.
2) 계속기업의 가정 : 기업실체는 그 목적과 의무를 이행하기에 충분할 정도로 장기간 존속한다고 가정하는 것을 말한다. 즉, 기업실체는 그 경영활동을 청산하거나 중대하게 축소시킬 의도가 없을 뿐 아니라 청산이 요구되는 상황도 없다고 가정된다. 그러나 기업실체의 중요한 경영활동이 축소되거나 기업실체를 청산시킬 의도나 상황이 존재하여 계속기업을 가정하기 어려운 경우에는 계속기업을 가정한 회계처리방법과는 다른 방법이 적용되어야 하며, 이때 적용된 회계처리방법은 적절히 공시되어야 한다.
3) 기간별보고의 가정 : 기업실체의 존속기간을 일정한 기간 단위로 분할하여 각 기간별로 재무제표를 작성하는 것을 말한다. 기업실체의 이해관계자는 지속적으로 의사결정을 해야 하므로 적시성이 있는 정보가 필요하게 된다. 이러한 정보수요를 충족시키기 위하여 기간별 보고가 도입될 필요가 있다. 따라서 기업실체의 존속기간을 일정한 회계기간 단위로 구분하고 각 회계기간에 대한 재무제표를 작성하여 기간별로 재무상태, 경영성과, 현금흐름, 자본변동 등에 대한 정보를 제공하게 된다. 다만, 기업실체의 회계기간을 정함에 있어 회계기간의 장·단기에 따라 발생할 수 있는 정보의 목적적합성과 신뢰성간의 상충관계를 고려하여야 한다.

04. 목적적합성 : 회계정보가 정보이용자의 의사결정에 유용하기 위해서는 그 정보가 의사결정 목적과 관련되어야 한다. 즉, 목적적합성 있는 정보는 정보이용자가 기업실체의 과거, 현재 또는 미래 사건의 결과에 대한 예측을 하는 데 도움이 되거나 또는 그 사건의 결과에 대한 정보이용자의 당초 기대치(예측치)를 확인 또는 수정할 수 있게 함으로써 의사결정에 차이를 가져올 수 있는 정보를 말한다. 여기서 사건이란 기업실체의 재무상태와 경영성과 등에 영향을 미치는 거래와 외부적 요인을 의미한다. 이러한 목적적합성은 회계정보가 의사결정 시점에 이용 가능하도록 적시에 제공될 때 유효하게 확보될 수 있다.

신뢰성 : 회계정보가 정보이용자의 의사결정에 유용하기 위해서는 신뢰할 수 있는 정보이어야 한다. 회계정보의 신뢰성은 다음의 요소로 구성된다. 첫째, 회계정보는 그 정보가 나타내고자 하는 대상을 충실히 표현하고 있어야 하고, 둘째, 객관적으로 검증 가능하여야 하며, 셋째, 중립적이어야 한다.

05. 발생주의 : 발생주의 회계의 기본적인 논리는 발생기준에 따라 수익과 비용을 인식하는 것이다. 발생기준은 기업실체의 경제적 거래나 사건에 대해 관련된 수익과 비용을 그 현금유출입이 있는 기간이 아니라 당해 거래나 사건이 발생한 기간에 인식하는 것을 말한다. 발생주의 회계는 현금거래뿐 아니라, 신용거래, 재화 및 용역의 교환 또는 무상이전, 자산 및 부채의 가격변동 등과 같이 현금유출입을 동시에 수반하지 않는 거래나 사건을 인식함으로써 기업실체의 자산과 부채, 그리고 이들의 변동에 관한 정보를 제공하게 된다. 발생주의 회계는 발생과 이연의 개념을 포함한다. 발생이란 미수수익과 같이 미래에 수취할 금액에 대한 자산을 관련된 부채나 수익과 함께 인식하거나, 또는 미지급비용과 같이 미래에 지급할 금액에 대한 부채를 관련된 자산이나 비용과 함께 인식하는 회계과정을 의미한다. 발생주의 회계에 의하면, 재화 및 용역을 신용으로 판매하거나 구매할 때 자산과 부채를 인식하게 되고, 현금이 지급되지 않은 이자 또는 급여 등에 대해 부채와 비용을 인식하게 된다.

제3장 재무제표

객관식 문제

01. ② 자산총계(1,000,000원) = 현금(500,000원) + 외상매출금(250,000원) + 미수금(120,000원) + 선급금(130,000원)

부채총계(600,000원) = 자산총계(1,000,000원) − 자본금(400,000원)

단기차입금(220,000원) = 부채총계(600,000원) − 선수금(150,000원) − 미지급금(70,000원) − 장기차입금(160,000원)

02. ③ 재무상태표는 일정시점의 재산상태, 손익계산서는 일정기간의 경영성과를 나타내는 재무제표

03. ①

04. ③ 기초자본금 300,000원 (500,000원 + 100,000원 + 50,000원 + 100,000원 − 300,000원 − 150,000원)

기초자본금 300,000원 + 순이익 200,000원(손익계정 차변 자본금) = 기말자본금 500,000원

05. ② 영업외비용: ㉡,㉢ 판매비와 관리비: ㉠,㉣,㉢ 투자자산: ㉥

06. ① 자본금은 우선주자본금과 보통주자본금으로 구분하며, 발행주식수 × 주당 액면가액으로 표시된다.

07. ① 기말자산 = 기말부채 + 기초자본 + 이익

08. ② 재무제표의 작성과 표시에 대한 책임은 경영진에게 있다. (일반기업회계기준 2.7)

09. ② 특허권은 일반기업회계기준상 무형자산에 해당됨

10. ② (　)는 당좌자산이다. 상품은 재고자산, 건물은 유형자산, 외상매입금은 부채이다.

11. ② 재무상태표가 아닌 손익계산서에 대한 설명이다.

12. ① 자산과 부채는 유동성이 큰 항목부터 배열하는 것을 원칙으로 한다.

13. ③

14. ② 기초자본=기초자산(500) - 기초부채(400)=100
총수익(200) - 총비용(120)=순이익(80) 따라서 기말자본 - 기초자본(100)=순이익(80)
기말자본은 180 기말자산(700) - 기말자본(180)=기말부채

15. ① 매출총이익=매출액 2,600,000원－매출원가 1,370,000원=1,230,000원
매출원가=기초 상품재고액 700,000원＋(당기 총매입액 1,200,000원＋상품매입 운반비 20,000원－매입 환출 및 에누리 150,000원)－기말 상품재고액 400,000원=1,370,000원

16. ③ 선수수익 28,000원 감소, 선급비용 500,000원 증가, 선급비용 100,000원 증가 → 총 572,000원 증가

주관식 문제

01. (1) 급여(E) (2) 차입금(L) (3) 유형자산 처분손실(E) (4) 이자수익(I)
(5) 매출액(I) (6) 주식발행초과금(K) (7) 수입수수료(I) (8) 사채(L)
(9) 매입채무(L) (10) 미수금(A) (11) 상품(A) (12) 영업권(A)

02. 차변의 합계액 760,000에서 현금(150,000), 매출채권(260,000) 상품(100,000), 기계장치(200,000)가 710,000이므로 영업권은 50,000임
대변의 합계액 760,000에서 매입채무 80,000 사채 50,000 자본금 500,000을 차감하면 당기순이익은 130,000임

03.

재무상태표

승달산㈜	2014년 12월 31일		(단위: 원)
자 산		부 채	
현 금	50,000	매입채무	200,000
상 품	100,000	미지급급여	150,000
건 물	310,000	부채총계	350,000
토 지	320,000	자 본	
매출채권	70,000	자본금	400,000
		이익잉여금	100,000
자산총계	850,000	부채와 자본총계	850,000

04. 기초자본 : 380,000
1) 기말자본=기말자산 - 기말부채
=1,050,000 - 500,000=550,000

2) 기말자산총액 = 현금200,000 + 매출채권200,000 + 당좌예금200,000 + 상품200,000 + 단기매매금융자산 200,000 + 토지50,000 = 1,050,000

3) 기말부채총액 = 매입채무200,000 + 미지급이자200,000 + 단기차입금100,000 = 500,000

4) 순이익 = 기말자본 - 기초자본 = 550,000 - 380,000 = 170,000

05. 청계상사의 포괄손익계산서

포괄손익계산서

청계상사　　2015년 1월 1일~2015년 12월 31일　　(단위: 원)

비 용		수 익	
매출원가	100,000	매출액	200,000
감가상각비	20,000	유형자산처분이익	50,000
대손상각비	10,000	외화환산이익	50,000
법인세비용	5,000		
급 여	50,000		
당기순이익	115,000		
비용총계	300,000	수익총계	300,000

06. 포괄손익계산서는 일정 기간 동안 기업의 경영성과에 대한 정보를 제공하는 재무보고서이다. 손익계산서는 당해 회계기간의 경영성과를 나타낼 뿐만 아니라 기업의 미래현금흐름과 수익창출능력 등의 예측에 유용한 정보를 제공한다.

07. 포괄손익계산서는 다음과 같이 구분하여 표시한다. 다만, 제조업, 판매업 및 건설업 외의 업종에 속하는 기업은 매출 총손익의 구분표시를 생략할 수 있다.

(1) 매출액

(2) 매출원가

(3) 매출총손익

(4) 판매비와관리비

(5) 영업손익

(6) 영업외수익

(7) 영업외비용

(8) 법인세비용차감전계속사업손익

(9) 계속사업손익법인세비용

(10) 계속사업손익

(11) 중단사업손익(법인세효과 차감 후)

(12) 당기순손익

08. 수익은 1) 매출액이 주요한 요소이며, 매출액은 기업의 주된 영업활동에서 발생한 제품, 상품, 용역 등의 총매출액에서 매출할인, 매출환입, 매출에누리 등을 차감한 금액이다. 차감 대상 금액이 중요한 경우에

는 총매출액에서 차감하는 형식으로 표시하거나 주석으로 기재한다.

2) 영업외수익은 기업의 주된 영업활동이 아닌 활동으로부터 발생한 수익과 차익

09. 비용은 1) 매출원가가 주요한 요소이며, 매출원가는 제품, 상품 등의 매출액에 대응되는 원가로서 판매된 제품이나 상품 등에 대한 제조원가 또는 매입원가이다.

2) 판매비와관리비는 제품, 상품, 용역 등의 판매활동과 기업의 관리활동에서 발생하는 비용으로서 매출원가에 속하지 아니하는 모든 영업비용을 포함한다.

3) 영업외비용은 기업의 주된 영업활동이 아닌 활동으로부터 발생한 비용

10.

	①	②	③	④
기말자산	2,600,000	4,000,000	3,000,000	2,000,000
기말부채	600,000	1,200,000	1,100,000	200,000
기말자본	2,000,000	2,800,000	1,900,000	1,800,000
기초자본	1,600,000	2,800,000	1,500,000	1,900,000
총 수 익	1,500,000	1,500,000	1,400,000	750,000
총 비 용	1,100,000	1,500,000	1,000,000	850,000
순 이 익	400,000		400,000	
순 손 실		100,000		100,000

11.

재무상태표

청원㈜ 2014년 12월 31일 (단위: 원)

자 산		부 채	
현 금	140,000	외상매입금	780,000
외상매출금	810,000	차입금	30,000
비 품	400,000	부채총계	1,080,000
상 품	680,000	자 본	
		자본금	800,000
		자본잉여금	150,000
자산총계	2,030,000	부채와 자본총계	2,030,000

12.

포괄손익계산서

청원㈜ 2019년 1월 1일~2019년 12월 31일 (단위: 원)

비 용		수 익	
매출원가	160,000	매출액	320,000
지급임차료	12,000	이자수익	2,000
운반비	5,500		
지급수수료	3,000		

급 료	80,000		
수도광열비	27,000		
잡 비	500		
당기순이익	34,000		
비용총계	322,000	수익총계	322,000

제4장 기업거래의 인식과 기록

객관식 문제

01. ④

02. ④

03. ④ 계약의 체결, 약속 및 주문접수하는 행위는 기업의 자산, 부채 및 자본에 영향을 미치지 않으므로 회계상의 거래가 아니다.

04. ④ 상품매매 거래 : 상품(재고자산)계정, 은행에서 현금 차입시 : 단기차입금
종업원 급여지급 시 : 소득세예수금 발생

05. ① 외상으로 매입한 상품을 환출, 에누리, 할인, 대금지급을 하지 않았을 때에는 외상매입금 계정 차변에 기입한다.

06. ② ①은 입금전표, ③은 출금전표, ④는 입금전표

07. ①

08. ④ • 차량 할부 구입시: 분개
차량운반구(자산의 증가) 10,000,000 / 미지급금(부채의 증가) 10,000,000
• 유형자산의 취득 후 지출의 효과가 현상유지와 원상회복에 해당되는 경우에는 수익적지출로 당기비용(수선비)으로 회계처리함

09. ④ 자산을 취득하기로 한 의사결정만으로는 자산, 부채, 자본, 수익, 비용의 변화가 없다.

주관식 문제

04.

자산	4	5	12	13	14	15	수익	9	10	17		
부채	1	6					비용	2	7	8	11	16

05. 비용의 발생은 차변이고, 자산은 왼쪽차변이 증가이고 수익의 발생과 부채와 자본은 오른쪽 대변이 증가임.

(1) 외상매입금(b) (2) 급료 © (3) d (4) a (5) a (6) b (7) c (8) c
(9) d (10) d (11) c (12) a (13) a (14) a (15) a (16) c (17) d

06.

4/1	(차변) 현금	130,000	(대변) 자본금	130,000
4/2	(차변) 현금	30,000	(대변) 차입금	30,000
4/3	(차변) 상품	90,000	(대변) 외상매입금(매입채무)	90,000
4/4	(차변) 현금	0,000	(대변) 상품	30,000
4/5	(차변) 급료	20,000	(대변) 현금	20,000
4/6	(차변) 차입금	30,000	(대변) 현금	33,000
	이자비용	3,000		
4/7	(차변) 외상매입금	90,000	(대변) 현금	90,000

07. (1) 매출채권(유동자산) (2) 사채 (비유동부채) (3) 현금 및 현금성자산(유동자산)
(4) 상품(유동자산) (5) 매입채무(유동부채) (6) 단기차입금(유동부채)
(7) 토지(비유동자산) (8) 선수금(유동부채) (9) 영업권(비유동자산)
(10) 미지급금(유동부채)

08.

(1)	(차변) 현금	1,000,000	(대변) 자본금	1,000,000
	(차변) 자산의 증가		(대변) 자본의 증가 : 교환거래	
(2)	(차변) 상품	200,000	(대변) 외상매입금	200,000
	(차변) 자산의 증가		(대변) 부채의 증가 : 교환거래	
(3)	(차변) 상품	600,000	(대변) 현금	300,000
			외상매입금	300,000
	(차변) 자산의 증가		(대변) 자산의 감소 : 교환거래	
			부채의 증가	
(4)	(차변) 차입급이자	50,000	(대변) 현금	50,000
	(차변) 비용의 발생		(대변) 자산의 감소 : 손익거래	
(5)	(차변) 광고선전비	100,000	(대변) 현금	100,000
	(차변) 비용의 발생		(대변) 자산의 감소 : 손익거래	
(6)	(차변) 차입금	100,000	(대변) 현금	105,000
	이자비용	5,000		
	(차변) 자산의 증가		(대변) 자산의 감소 : 혼합거래	
	비용의 발생			

제5장 분개와 전기

객관식 문제

01. ④ • 차량 할부 구입시 : 차량운반구(자산의 증가) 10,000,000 / 미지급금(부채의 증가) 10,000,000
• 유형자산의 취득 후 지출의 효과가 현상유지와 원상회복에 해당되는 경우에는 수익적지출로 당기 비용(수선비)으로 회계처리함

02. ④ 「(차)건물 20,000,000 (대)당좌예금 20,000,000」이 올바른 분개로 자산이 과소계상되고, 비용이 과대계상 된다.

03. ③ (차) 외상매입금 1,000,000원 (대) 보통예금 1,000,000원
부채의 감소(다) 자산의 감소(나)

04. ③ 주요부 : 분개장, 총계정원장
보조원장 : 상품재고장, 매출처원장, 매입처원장, 가지급원장, 전도금원장
보조기입장 : 현금출납장, 당좌예금출납장, 받을어음기입장, 지급어음기입장, 매입장, 매출장 등

05. ② 부동산 매매업자가 매입한 토지는 판매용이기 때문에, 외상매입금으로 처리한다.

06. ③ 선수금, 가수금, 예수금은 부채이고 미수금은 자산이다.

07. ④ 자산(현금)증가, 수익(매출)발생

08. ④ 거래식별 → 분개 → 전기 → 수정전시산표 작성 → 기말 수정분개 → 수정후시산표 작성 → 수익비용계정의 마감 → 집합손익계정의 마감 → 자산부채자본계정의 마감 → 재무제표 작성

09. ④ 차) 기계장치 17,000,000원(자산의 증가) 대) 선급금 1,700,000원(자산의 감소)
미지급금 15,300,000원(부채의 증가)

10. ② 소모품은 자산계정으로 감소시 대변에 기록되며, 결산시 잔액은 차변에 남는다.

주관식 문제

01.

	차변		대변	
5/1	현금	200,000	자본금	330,000
	비품	30,000		
	건물	100,000		
5/2	상품	50,000	현 금	30,000
			외상매입금	20,000
5/3	대여금	50,000	현 금	50,000
5/8	외상매출금	30,000	상품	30,000

5/11 차변) 외상매입금	20,000	대변) 현금	20,000
5/20 차변) 현금	30,000	대변) 외상매출금	30,000
5/25 차변) 급료	10,000	대변) 현금	10,000
5/31 차변) 현금	60,000	대변) 대여금	50,000
		이자수익	10,000

02.

현 금

5/1	200,000	5/2상품	30,000
5/20	30,000	5/3	50,000
5/31	60,000	5/11	20,000
		5/25	10,000

외상매출금

5/8	30,000	5/20	30,000

상 품

5/2	50,000	5/8	30,000

대여금

5/3	50,000	5/31	50,000

비 품

5/1	30,000		500

건 물

5/1	100,000		

외상매입금

5/11	20,000	5/2상품	20,000

자본금

		5/1	330,000

급 료

5/25	10,000		500

이자수익

		5/31	10,000

03.

계정과목

일 자	( )	분면	( )변	일 자	( )	분면	( )변

04. 분개장

분개장

일 자		적 요	원 면	차 변	대 변
6	1	(현 금)		500,000	
		(자본금)			500,000
		현금을 출자하여 개업			
	2	(상 품)		300,000	
		(외상매입금)			300,000
		상품을 외상으로 매입			

3	(상 품) (당좌예금) 상품을 매입하고 수표발행		700,000	 700,000
4	(상 품) (현 금) (외상매입금) 상품을 매입하고 현금지급 나머지는 외상		550,000	 300,000 250,000
5	(현 금) (수입이자) 대여금 이자 현금수령		50,000	 50,000
6	(통신비) (현 금) 통화요금 현금으로 지급		70,000	 70,000
7	(급 여) (현 금) 급여를 현금으로 지급		1,000,000	 1,000,000
8	(차량유지비) (현 금) 유류대금을 현금으로 지급		300,000	 300,000
9	(전력비) (현 금) 전기요금을 계좌이체납부		50,000	 50,000
10	(현 금) (임대료수익) 임대료를 현금으로 수령		100,000	 100,000
11	(도서인쇄비) (현 금) 도서구입대금을 현금으로 지급		20,000	 20,000
14	(상 품) (현 금)		50,000	 50,000
15	(상 품) 제좌 (현 금) (외상매입금)		150,000	 (50,000) 100,000
20	(외상매출금) (매 출)		100,000	 100,000
25	(급 료) (현 금)		10,000	 10,000
30	(현 금) 제좌 (대여금) (이자수익)		105,000	 100,000 5,000

총계정원장

현 금			
6/1	250,000	6/2	100,000
6/30	(105,000)	6/14	50,000
5/31	60,000	6/15	50,000
		6/25	10,000

외상매출금			
6/20	(10,000)		

상 품			
6/5	50,000	6/20	(100,000)
6/14	50,000		
6/15	(150,000)		

대여금			
6/2	100,000	6/30	100,000

제6장 시산표와 정산표

객관식 문제

01. ④ 분개에서 차변과 대변의 금액을 다르게 기입했을 경우 시산표에서 오류발견

02. ④ 차변만 이중으로 전기한 경우, 차변 합계금액이 대변 합계금액보다 커지므로 오류를 발견할 수 있다.

03. 편집오류

04. ①

기 초	기 말			당기순손실
자 본	자 산	부 채	자 본	
8,000,000원	㉮ 16,000,000	9,000,000원	㉯ 7,000,000	1,000,000원

- 당기순이익(손실)＝기말자본－기초자본
  △ 1,000,000원＝기말자본－8,000,000원
- 기말자본＝7,000,000원
- 기말자산＝기말부채＋기말자본
  ＝9,000,000원＋7,000,000원
  ＝16,000,000원

05. ④ 250,000원＋330,000원＋120,000원＝700,000원

주관식 문제

01. 시산표 형식을 완성하시오

합계잔액시산표

(차) 변		원 면	(계정과목)	(대) 변	
(잔 액)	(합 계)			(잔 액)	(합 계)

02.

합계시산표

차 변	계정과목	대 변
46,600	현 금	11,000
1,500	외상매출금	11,500
15,000	매 입	
5,000	대여금	5,000
3,000	비 품	
10,000	건 물	
2,000	외상매입금	15,000
	자본금	33,000
10,000	매출원가	
1,000	급 료	
	매 출	11,500
	이자수익	7,100
94,100		94,100

03.

합계시산표

차 변	계정과목	대 변
31,000	현 금	
41,900	외상매출금	
53,000	상 품	
5,000	대여금	
28,000	건 물	
15,000	비 품	
30,000	토 지	
	외상매입금	39,000
	차입금	50,000
	자본금	110,000
	매 출	60,000

10,000	급 료	
8,000	광고선전비	
3,000	수도광열비	
1,400	잡 비	
34,000	매출원가	
	이자수익	1,300
260,300		260,300

04. 잔액시산표

잔액시산표

차 변	계정과목	대 변
25,000	현 금	
65,000	외상매출금	
54,000	상 품	
15,000	건 물	
13,000	비 품	
	외상매입금	33,000
	차입금	60,000
	자본금	20,000
	매 출	122,000
50,000	매출원가	
10,000	급 료	
1,000	잡 비	
2,000	이자비용	
235,000		235,000

포괄손익계산서

(단위: 원)

비 용		수 익	
매출원가	50,000	매출액	122,000
급 료	10,000		
이자비용	2,000		
잡 비	1,000		
당기순이익	59,000		
비용총계	122,000	수익총계	122,000

당기순이익＝총수익－총비용＝122,000－63,000＝59,000

재무상태표

(단위: 원)

자 산		부 채	
현 금	25,000	외상매입금	33,000
외상매출금	65,000	차입금	60,000
비 품	13,000	부채총계	93,000
상 품	54,000	자 본	
건 물	15,000	자본금	20,000
		이익잉여금	59,000
자산총계	172,000	부채와 자본총계	172,000

05. 합계잔액시산표

합계잔액시산표

차 변		계정과목	대 변	
잔 액	합 계		잔 액	합 계
19,000	(85,000)	현 금	66,000	
(16,000)	16,000	외상매출금		
8,000	(85,000)	상 품	77,000	
1,000	(1,000)*	대여금	(0)	
40,000	(10,000)	건 물		
(0)	0	비 품		
30,000	(30,000)	토 지		
	(46,000)	외상매입금	85,000	39,000
	15,000	차입금	20,000	(5,000)
		자본금	100,000	100,000
(30,000)**	(30,000)	급 료		
5,000	5,000	광고선전비		
1,000	(1,000)	수도광열비		
2,000	(2,000)	잡 비		
(3,000)	3,000	이자비용		
		상품매출이익	6,000	(6,000)
		수입수수료	(3,000)	3,000
		이자수익	(2,000)	2,000
(155,000)	(359,000)		359,000	155,000

* 대여금은 별도로 계산 → 합계잔액시산표의 대변의 합계액이 359,000이므로 대여금의 대변액은 0원임 따라서 대여금의 차변합계액은 1,000이 됨.

** 합계잔액시산표의 대변 잔액은 155,000이므로 급료의 잔액은 30,000이 됨.

06. 정산표

정산표

계정과목	원 면	잔액시산표		손익계산서		대차대조표	
		차 변	대변	차 변	대 변	차 변	대 변
현 금	1	15,000				15,000	
외상매출금	2	25,000				25,000	
상 품	3	12,000				12,000	
대여금	4	30,000				30,000	
비 품	5	13,000				13,000	
건 물	6	40,000				40,000	
토 지	7	90,000				90,000	
외상매입금	8		13,000				13,000
차입금	9		50,000				50,000
자본금	10		150,000				150,000
매 출	11		70,000		70,000		
매출원가	12	40,000		40,000			
수입수수료이자	13		3,300		3,300		
이자수익	14		1,000		1,000		
급 료	15	10,000		10,000			
광고선전비	16	3,000		3,000			
수도광열비	17	2,500		2,500			
잡 비	18	6,800		6,800			
당기순(이익)				12,000			12,000
		287,300	287,300	74,300	74,300	225,000	225,000

07.

1. 분개

1) (차변) 현금	400,000	(대변) 차입금	400,000
2) (차변) 보험료	1,200,000	(대변) 현금	1,200,000
3) (차변) 소모품	70,000	(대변) 현금	70,000
4) (차변) 광고선전비	30,000	(대변) 현금	30,000
5) (차변) 매출채권	1,500,000	(대변) 용역수익	1,500,000
6) (차변) 비품	100,000	(대변) 현금	50,000
		미지급금	50,000
7) (차변) 현금	500,000	(대변) 임대료수익	500,000
8) (차변) 현금	700,000	(대변) 용역수익	700,000
9) (차변) 급여	300,000	(대변) 현금	300,000
10) (차변) 이자비용	50,000	(대변) 현금	50,000

2. 전기(수정전시산표 반영)

현금 a/c

6/30	1,000,000	2) 보험료	1,200,000
1) 차입금	400,000	3) 소모품	70,000
7) 임대료수익	500,000	4) 광고선전비	30,000
8) 용역수익	700,000	6) 비 품	50,000
		9) 급 여	300,000
		10) 이자비용	50,000
	2,600,000		1,700,000

매출채권 a/c

6/30	120,000		
5)	1,500,000		

건물 a/c

6/30	280,000		

비품 a/c

6/30	150/000		
6)	100,000		

보험료 a/c

2) 현 금	1,200,000		

소모품 a/c

6/30	50,000		
3)	70,000		

미지급금 a/c

		6/30	50,000
		6)	50,000

광고선전비 a/c

4)	30,000		

차입금 a/c

		6/30	340,000
		1)	400,000

선수수익 a/c

		6/30	45,000

용역수익 a/c

		5)	1,500,000
		7)	700,000

자본금 a/c

		6/30	1,000,000

이익잉여금 a/c

		6/30	200,000

급여 a/c

6/30	35,000		
9)	30,000		

이자비용 a/c

10)	50,000		

임대료수익 a/c

		7)	500,000

잔액시산표

차 변	계정과목	대 변
900,000	현 금	
1,620,000	매출채권	
120,000	소모품	
280,000	건 물	
250,000	비 품	
	미지급금	100,000
	차입금	740,000
	선수수익	45,000
	자본금	1,000,000
	이익잉여금	200,000
30,000	광고선전비	
335,000	급 여	
50,000	이자비용	
1,200,000	보험료	
	용역수익	2,200,000
	임대료수익	500,000
4,785,000		4,785,000

포괄손익계산서

(단위: 원)

비 용		수 익	
광고선전비	30,000	용역수익	2,200,000
급 여	335,000		
이자비용	50,000		
보험료	1,200,000		
당기순이익	1,085,000		
비용총계	2,700,000	수익총계	2,700,000

당기순이익＝총수익－총비용＝2,700,000－1,615,000＝1,085,000

재무상태표

(단위: 원)

자 산		부 채	
현 금	900,000	미지급금	100,000
매출채권	1,620,000	차입금	740,000
소모품	120,000	선수수익	45,000
건 물	280,000	부채총계	885,000

비 품	250,000	자 본	
		자본금	1,000,000
		이익잉여금	1,285,000
자산총계	3,170,000	부채와 자본총계	3,170,000

기초이익잉여금 200,000+ 당기순이익 1,085,000=1,285,000

제7장 수익·비용 개념과 발생주의

객관식 문제

01. ② 재무제표는 발생기준에 따라 작성된다. 발생주의 회계의 기본적인 논리는 발생기준에 따라 수익과 비용을 인식하는 것이다. 발생주의 회계는 발생과 이연의 개념을 포함한다. (재무회계개념체계 문단 66 – 70)

02. ③ 할부매출은 할부금 회수 시가 아닌, 판매(인도)시에 수익을 인식한다.

03. ② 영업외비용:㉡,㉢ 판매비와 관리비:㉠,㉣,㉤ 투자자산:㉥

04. ③ 매출총이익=매출액 – 매출원가, 400,000원=1,000,000원 – 600,000원
영업이익=매출총이익 – 판매비와관리비,
270,000원=400,000원 – (급여 100,000원+접대비 30,000원)
당기순이익=영업이익+영업외수익 – 영업외비용,
200,000원=270,000원+0원 – (이자비용 50,000원+기부금 20,000원)

05. ② 인도시점인 12월 24일에 수익인식 기준을 충족한다. (일반기업회계기준 16.10)

06. ④ 교환거래로 생긴 수익은 수익창출이 끝나고 가 아니라 재화나 서비스의 제공이 끝나고 그 금액을 합리적으로 측정할 수 있을 때에 인식

〈참고자료〉 지방자치단체 회계기준에 관한 규칙
제28조(수익과 비용의 인식기준) ① 수익은 다음과 같이 인식한다.
1. 교환거래로 생긴 수익은 재화나 서비스 제공의 반대급부로 생긴 사용료, 수수료 등으로서 수익창출활동이 끝나고 그 금액을 합리적으로 측정할 수 있을 때에 인식한다.
2. 비교환거래로 생긴 수익은 직접적인 반대급부 없이 생기는 지방세, 보조금, 기부금 등으로서 해당수익에 대한 청구권이 발생하고 그 금액을 합리적으로 측정할 수 있을 때에 인식한다.

② 비용은 다음과 같이 인식한다.
1. 교환거래에 따르는 비용은 반대급부로 발생하는 급여, 지급수수료, 임차료, 수선유지비 등으로서 대가를 지급하는 조건으로 민간부문이나 다른 공공부문으로부터 재화와 서비스의 제공이 끝나고 그 금액을 합리적으로 측정할 수 있을 때에 인식한다.

2. 비교환거래에 의한 비용은 직접적인 반대급부 없이 발생하는 보조금, 기부금 등으로서 가치의 이전에 대한 의무가 존재하고 그 금액을 합리적으로 측정할 수 있을 때에 인식한다.

제30조 (일반수익의 분류) 일반수익은 재원조달의 원천에 따라 다음 각 호와 같이 구분한다.

1. 자체조달수익: 지방자치단체가 독자적인 과세 권한과 자체적인 징수활동을 통하여 조달한 수익
2. 정부 간 이전수익: 회계실체가 국가 또는 다른 지방자치단체로부터 이전받은 수익
3. 기타수익: 제1호 및 제2호에 따른 수익 외의 수익

주관식 문제

01. 비용-수익 대응의 원칙이라고도 한다. 기간손익은 기간수익(期間收益)과 기간비용(期間費用)의 차액으로써 산출된다. 이 기간수익은 실현주의(實現主義)에 의하여 결정된다. 이에 비하여 비용의 경우에는 발생주의(發生主義)에 의하여 파악된 그 기간의 비용 중에서 기간수익의 획득에 소요된 부분만이 기간비용이 된다. 이 기간에 발생한 비용을 기간수익을 기준으로 하여 재배분하는 회계처리원칙을 말한다.

02. 발생주의 : 발생주의는 현금주의(現金主義)와 상반된 개념으로, 현금의 수수와는 관계없이 수익은 실현되었을 때 인식되고, 비용은 발생되었을 때 인식되는 개념이다. 기업의 기간손익(期間損益)을 계산함에 있어서 수익과 비용을 대응시켜야 하고 이에 따라 수익과 비용을 경제가치량의 증가 또는 감소의 사실이 발생한 때를 기준으로 하여 인식하는 것을 말한다. 따라서 현금의 투자와 관계없이 수익의 경제적 사실이 발생한 때에 이에 관련된 가치의 희생이 발생된 사실에 입각하여 손익계산을 행하는 방법을 말한다. 수익(收益)이란 경영활동의 결과에 따라 창출된 재화나 용역을 뜻하므로 생산적 급부의 완성에 의하여 수익의 발생이 인식되어야 하며, 비용(費用)은 생산활동을 위하여 직·간접으로 감소 또는 희생된 경제적 가치를 뜻하므로 재화의 사용 또는 소비에 의하여 비용의 발생이 인식되어야 한다.

03. 현금주의 : 현금주의는 회수기준 또는 지급기준이라고도 하며 발생주의와 대비되는 말로서, 손익의 계상이 현금의 수입 및 지출에 의거하여 산정되는 손익계산에 관한 하나의 원칙을 말한다. 한편, 법인세법상 기부금의 손금귀속사업연도도 현금주의에 의한다. 즉 기부금을 실제로 지출한 사업연도의 손금으로 인정한다. 따라서 법인이 기부금을 가지급금 등으로 이연 계상한 경우에는 이를 그 지출한 사업연도의 기부금으로 하고, 그 후의 사업연도에 있어서는 이를 기부금으로 보지 아니한다. 또한 법인이 기부금을 미지급금으로 계상한 경우에는 실제로 이를 지출할 때까지 소득금액계산에 있어서 기부금으로 보지 아니한다.

제8장 기말수정분개

객관식 문제

01. ④ 선급보험료, 선수이자, 선수수수료는 기말결산시 사용하는 손익의 이연에 해당하는 사항이고, 선수금은 계약체결에 따른 거래대금을 미리 받은 것을 의미한다.

02. ③

03. ① "이연"은 당해연도에 현금으로 받은 수익 및 현금으로 지급한 비용 중에서 차기연도에 속하는 수익과 비용을 의미함

04. ① 선급보험료 - 비용의 이연, 미수이자 - 수익의 예상 미지급임차료 - 비용의 예상

05. ③ 2014년 보험료 = 480,000원 × 12개월 / 24개월 = 240,000원

06. ④ 선급보험료, 선수이자, 선수수수료는 기말 결산 시 사용하는 손익의 이연에 해당하는 사항이고, 선수금은 계약체결에 따른 거래대금을 미리 받은 것을 의미한다.

07. ④

주관식 문제

01. 분개 및 전기

12월 1일	(차변) 현금	600,000	(대변) 자본금	600,000
	(차변) 기계장치	300,000	(대변) 현 금	265,000
			미지급금	35,000
12월 2일	(차변) 건물	200,000	(대변) 당좌예금	200,000
12월 3일	(차변) 선급광고료	300	(대변) 당좌예금	300
12월 7일	(차변) 현금	3,740	(대변) 용역수익	10,000
	외상매출금	6,260		
12월10일	(차변) 급여	5,120	(대변) 현 금	5,120
12월13일	(차변) 소모품	3,400	(대변) 미지급금	3,400
12월24일	(차변) 현금	6,260	(대변) 외상매출금	6,260
12월28일	(차변) 미지급금	2,000	(대변) 당좌예금	2,000
12월29일	(차변) 전력비	90	(대변) 현금	90
12월30일	(차변) 현 금	100,000	(대변) 자본금	100,000

02. 기말수정분개

(1)	(차변) 감가상각비(설비)	350	(대변) 감가상각누계액(설비)	350
	(차변) 감가상각비(건물)	250	(대변) 감가상각누계액(건물)	250
(2)	(차변) 광고료	50	(대변) 미지급광고료	50
(3)	(차변) 소모품비	1,980	(대변) 소모품	1,980
(4)	(차변) 급 여	480	(대변) 미지급급여	480

03.

현 금

12/1	600,000	12/1	265,000
12/7	3,740	12/10	5,120
12/24	6,260	12/29	90
12/30	100,000		

자본금

		12/1	600,000
		12/30	100,000

기계장치

12/1제조	300,000		

미지급금

12/28	2,000	12/1	35,000
		12/13	3,400

건 물

12/2	200,000		

당좌예금

		12/2	200,000
		12/3	300
		12/28	2,000

선급광고료

12/3	300		

용역수익

		12/7	10,000

외상매출금

12/7	6,260	12/24	6,260

급 여

12/10	5,120		
(4)	480		

소모품

12/13	3,400	(3)	1,980

전력비

12/29	90		

감가상각비(설비)

(1)	350		

감가상각비(건물)

(1)	250		

감가상각누계액(설비)

		(1)	350

감가상각누계액(건물)

		(1)	250

광고료

(2)	50		

미지급광고료

		(2)	50

소모품비

(3)	1,980		

미지급급여

		(4)	480

04.

수정후시산표

계정과목	잔액시산표		수정기입		수정후시산표	
	차 변	대변	차 변	대 변	차 변	대 변
현 금	439,790				439,790	
당좌예금		202,300				202,300
기계장치	300,000				300,000	
선급광고료	300				300	
소모품	3,400			1,980	1,420	
건 물	200,000				200,000	
건물감가상각누계액				250		250
설 비						
설비감가상각누계액				350		350
미지급금		36,400				36,400
미지급광고료				50		50
미지급급여				480		480
자본금		700,000				700,000
급 여	5,120		480		5,600	
전력비	90				90	
감가상각비(건물)			250		250	
감가상각비(설비)			350		350	
소모품비			1,980		1,980	
광고료			50		50	
용역수익		10,000				10,000
	948,700	948,700	3,110	3,110	949,830	949,830

제9장 마감분개 및 결산

객관식 문제

01. ②

02. ④ 비용의 예상에 해당되므로 당기의 비용에 가산하고 미지급비용으로 회계처리한다. 즉 (차) 임차료 (대) 미지급비용이므로 이를 누락하면 비용의 과소계상과 부채의 과소계상이 발생한다. 또한 비용의 과소계상으로 순이익은 과대계상된다.

03. ④ 수익과 비용계정은 손익으로 마감한다.

04. ④

05. ④

06. ③ 매출원가는 손익계산서 계정이므로 결산 후 차기로 이월할 수 없다.

07. ④ 수익과 비용계정은 손익으로 마감한다.

08. ① 누락된 분개 (차)미수수익(자산) ×××/(대)이자수익(수익) ×××
- 자산이 과소, 수익이 과소, 당기순이익 과소, 자본이 과소계상됨.

09. ③ 재무상태표 계정은 차기이월 방식을 통하여 장부마감을 하여야 하며, 손익계산서 계정은 집합손익 원장에 대체하는 방식으로 장부마감을 하여야 한다. 따라서 자산 계정인 개발비만 차기이월을 통하여 장부마감을 하여야 한다. 광고선전비, 접대비, 기부금은 모두 비용 계정이다.

주관식 문제

01. 사회적 제도로서의 회계는 기본적인 기간(손익)계산의 직능을 담당하고 있다. 그래서 통상 1년의 (회계)기간(사업연도라고도 한다)으로 한다. 그래서 사업연도를 마칠 때에 제장부의 기록을 정리해서 마감하고, (재무상태표)와 (포괄손익계산서) 등의 재무제표를 작성하는 것과 함께 다음의 사업연도의 장부기록을 이어서 행하는 것을 결산이라고 한다. 결산의 기준일이 되는 회계기간의 종료일을 결산일 또는 (대차대조표작성)일이라고 한다. 결산일은 (회계기말), (단순히 기말), 혹은 사업연도 말 또는 단순히 연도 말이라고도 한다.

결산은 다음과 같은 순서로 실시된다.

(1) 결산예비절차: (시산표)를 작성하고, (장부기록)의 정부를 검산한다.

(2) 결산본절차 : 결산본절차는 주로 (계정)을 마감하는 것으로 구성되어, 다음과 같은 순서로 실시된다

1) (비용)(수익)에 속한 계정의 잔액을 손익계정에 대체하고, 그들에 속하는 계정계좌를 마감한다.
2) 손익계정의 잔액으로서 당기(순이익) 또는 당기(순손실)을 (자본금)계정에 대체한다. 동시에 손익계정을 마감한다.
3) (자산)(부채)(자본)에 속한 계정의 잔액을 차이에 이월하고, 그들에 속한 계정계좌를 마감과 동시에 차기의 개시기업을 행한다.
4) (자산)(부채)(자본)에 속한 계정의 이월기업의 정부를 검산하기 위해 이월(시산표)를 작성한다.
5) 손익계정의 기록내용에서 (포괄손익계산서)를 또한 이월(시산표)의 기록내용에서 대차대조표(재무상태표)를 작성한다.

이와 같은 거래의 인식으로부터 기장, 결산까지 일련의 절차의 흐름을(회계순환과정, 회계정보의 처리과정)이라고 한다.

제11장 현금 및 현금성자산과 수취채권 및 기타 금융자산

객관식 문제

01. ②

02. ③

①,②,④번은 손익계산서의 영업외비용 계정과목이지만, ③번은 재무상태표의 기타포괄손익누계액(자본계정) 계정과목임.

03. ② (차) 현금과부족 30,000 (대) 임 대 료 30,000

04. ② 기말결산 시까지 현금과부족의 원인을 알 수 없으면 잡이익으로 처리한다.

05. ③ 타인발행약속어음은 매출채권으로 당좌자산이다.

06. ② 단기매매증권에 대한 미실현보유손익은 당기손익항목으로 처리한다. 매도가능증권에 대한 미실현보유손익은 기타포괄손익누계액으로 처리하고, 당해 유가증권에 대한 기타포괄손익누계액은 그 유가증권을 처분하거나 손상차손을 인식하는 시점에 일괄하여 당기손익에 반영한다. (일반기업회계기준 6.31)

07. ④ 취득 당시 3개월 내 만기가 도래하는 기업어음(CP)만 현금성자산에 포함된다.

08. ① 영업외수익(1,050,000원)=배당금수익(50,000원)+기말 단기매매증권평가이익(1,000,000원)

10. ① 대손충당금은 회사가 보유하고 있는 채권에 대하여 설정하는 것으로, 미지급금은 부채계정으로 대손충당금을 설정하지 않는다.

11. ②

- 단기매매증권과 매도가능증권은 공정가치로 평가한다. 다만, 매도가능증권 중 시장성이 없는 지분증권의 공정가치를 신뢰성있게 측정할 수 없는 경우에는 취득원가로 평가한다. (일반기업회계기준 6.30)
- 단기매매증권에 대한 미실현보유손익은 당기손익항목으로 처리한다. 매도가능증권에 대한 미실현보유손익은 기타포괄손익누계액으로 처리하고, 당해 유가증권에 대한 기타포괄손익누계액은 그 유가증권을 처분하거나 손상차손을 인식하는 시점에 일괄하여 당기손익에 반영한다. (일반기업회계기준 6.31)

12. ② 일반기업회계기준 6.22, 6.27, 6.30, 6.34

15. ③ 400,000원

외상매출금

기초잔액	100,000원	회수액	400,000원
당기외상매출	(　　　)	에누리액	20,000원
		기말잔액	80,000원
	500,000원		500,000원

16. ① 현금의 지출이 있었으나 그 내용이 확정되지 않은 경우에는 가지급금 계정으로 처리한다.

17. ② 대여금은 대손충당금을 설정할 수 있다.

18. ③ 받을어음계정 대변에는 자산의 감소, 즉 받을어음의 할인, 상환, 배서, 부도 등이 기록된다. 환어음의 인수는 지급어음계정 대변에 기록된다.

19. ③ (5,000,000원×1%)−(20,000원−10,000원)

20. ①

- 기말 매출채권 잔액(350,000원)=50,000원+500,000원−200,000원
- 기말 대손충당금 잔액(3,500원)=350,000원×1%
- 기말 매출채권의 순장부가액(346,500원)=350,000원−3,500원

21. ④ 예수금에 대한 설명으로 종업원의 급여 지급시 세금 등에 대한 원천징수를 하였을 때 기업주가 임시로 가지고 있는 돈을 말한다.

22. ② 매출채권에는 외상매출금과 받을어음이 있다.

23. ② 외상매출금 5,000,000원 - 환입 100,000원−외상대금 회수 3,000,000원=1,900,000원

주관식 문제

04. 만기보유금융자산과 매도가능금융자산의 비교

1) 만기보유 금융자산의 정의 : 만기가 고정되었고 지급금액이 확정되었거나 결정 가능한 비파생금융자산으로서 만기까지 보유할 적극적인 의도와 능력이 있는 경우의 금융자산.
2) 최초 인식과 측정 : 최초 인식 시 공정가치로 측정. 거래원가는 취득원가에 가산. 비용으로 처리하는 당기손익인식 금융자산과 차이가 있음.
3) 후속 측정 : 유효이자율법을 적용하여 상각후원가로 측정. 공정가치로 평가하지 않는다.
4) 매도가능 금융자산의 정의 : 비파생 금융자산 또는 대여금 및 수취채권, 만기보유 금융자산, 당기손익인식 금융자산 등으로 분류되지 않는 비파생 금융자산. 최초 투자액의 대부분을 회수하지 못할 수 있는 금융자산도 매도가능 금융자산으로 분류.

제12장 재고자산

객관식 문제

01. ②

- 1차년도말 감가상각비 정률법 400,000=1,000,000×0.4
- 1차년도말 감가상각비 연수합계법 300,000=(1,000,000−100,000)×5/15

- 1차년도말 감가상각비 정액법 180,000=(1,000,000−100,000)×1/5

02. ③ 월말재고액 (10/15 5개 * @₩600)+(10/25 5개 * @₩700)=6,500원

03. ②

04. ④ 물가상승시기에 있어 재고자산 원가결정방법의 당기순이익과 법인세비용에 미치는 순서
당기순이익 : 선입선출법 > 이동평균법 > 총평균법 > 후입선출법
법인세비용 : 선입선출법 > 이동평균법 > 총평균법 > 후입선출법

05. ③ 485,000원
순매출액은 총매출액에서 매출환입, 매출에누리, 매출할인을 차감한 금액을 말하며, 매출운반비는 별도의 비용으로 회계처리한다.

06. ① 매출액 – 매출원가=매출총이익(500개×210원−500개×100원=55,000원)

07. ③

- 재고자산의 매입원가는 매입금액에 매입운임, 하역료 및 보험료 등 취득과정에서 정상적으로 발생한 부대원가를 가산한 금액이다. 매입과 관련된 할인, 에누리 및 기타 유사한 항목은 매입원가에서 차감한다. (일반기업회계기준 7.6)
- 재고자산 원가에 포함할 수 없으며 발생기간의 비용으로 인식하여야 하는 원가의 예는 다음과 같다. (일반기업회계기준 7.10)
  (1) 재료원가, 노무원가 및 기타의 제조원가 중 비정상적으로 낭비된 부분
  (2) 추가 생산단계에 투입하기 전에 보관이 필요한 경우 외의 보관비용
  (3) 재고자산을 현재의 장소에 현재의 상태로 이르게 하는 데 기여하지 않은 관리간접원가
  (4) 판매원가

08. ③은 재고자산의 수량 결정방법, ①,②,④는 재고자산의 단위원가 결정방법이다. (일반기업회계기준 7.13)

09. ② 정률법의 경우 매년 미상각잔액에 대하여 정해진 상각율을 적용하므로 상각액은 매년 감소한다.

10. ② 재고자산의 가격=수량×단가이다.
계속기록법과 실사법은 수량파악 방법이고, 선입선출법 평균법 후입선출법 등은 단가산정 방식이다.

11. ③ [(10개×100원)+(30개×120원)+(10개×110원)] ÷ (10개+30개+10개)=114원

12. ④
1기 (8,500,000원+500,000원)×0.45=4,050,000원
2기 {(8,500,000원+500,000원)−4,050,000원}×0.45=2,227,500원

13. ③ 선입선출법에 대한 설명이다.

제13장 비유동자산

객관식 문제

01. ③ 유형자산의 원가가 아닌 예는 다음과 같다. (제10장 유형자산 문단 10.10)

(1) 새로운 시설을 개설하는 데 소요되는 원가

(2) 새로운 상품과 서비스를 소개하는 데 소요되는 원가(예: 광고 및 판촉활동과 관련된 원가)

(3) 새로운 지역에서 또는 새로운 고객층을 대상으로 영업을 하는 데 소요되는 원가(예: 직원 교육훈련비)

(4) 관리 및 기타 일반간접원가

02. ③ 선급비용, 단기투자자산, 미수금은 유동자산이며, 건설중인자산, 개발비, 영업권은 비유동자산이다.

03. ③

(차) 감가상각누계액	2,500,000	(대) 차량운반구	10,000,000
현 금	7,300,000		
유형자산처분손실	200,000		

04. ③ 감가상각을 할 수 없는 자산 : 토지

05. ④ 1차년도에 정액법과 비교하여 정률법으로 감가상각할 경우 감가상각비(비용)가 과대계상되므로 당기순이익은 과소계상되고, 또한 감가상각누계액이 과대계상되므로 유형자산은 과소계상된다.

06. ② 관리 및 기타 일반간접원가는 당해 비용의 성격에 따라 기간비용 또는 제조원가로 처리한다.

07. ④「(차)건물 20,000,000 (대)당좌예금 20,000,000」이 올바른 분개로 자산이 과소계상되고, 비용이 과대계상된다.

08. ① 판매를 목적으로 보유하는 자산은 재고자산(상품 등)이다.

09. ② 40,000,000원 = 처분가액 37,000,000원 − 처분이익 5,000,000원 + 감가상각누계액 8,000,000원

10. ③ 제조공정에서 사용된 유형자산의 감가상각액은 재고자산의 원가를 구성한다.

11. ② 취득원가(54,000,000원) = 구입가액(50,000,000원) + 법률자문비용(3,000,000원) + 철거 비용(1,500,000원) − 철거 후 잡수익(500,000원)

12. ② 연구개발비(R&D Cost)는 제품개발 전단계인 연구비(당기비용처리)와 제품개발과 관련된 개발비(무형자산)로 구분할 수 있으며, 개발비로 지출되었으나 무형자산의 요건을 갖추지 못한 경우에는 경상개발비로 인식하여 당기비용 처리한다.

- 개발비 : 무형자산(개발비용이 측정가능하고 생산하는 것이 기술적으로 가능하며 해당 기업에서 판매 또는 사용의도가 있어야 함)
- 경상개발비 : 당기비용처리(판매비와관리비, 제조원가)
- 연구비 : 당기비용처리(판매비와관리비, 제조원가)

13. ③ 50,000,000원 − 36,000,000원 = 14,000,000원

- 1차년도말 감가상각비 : 15,000,000원 = (50,000,000원 − 5,000,000원) × 5/15
- 2차년도말 감가상각비 : 12,000,000원 = (50,000,000원 − 5,000,000원) × 4/15
- 3차년도말 감가상각비 : 9,000,000원 = (50,000,000원 − 5,000,000원) × 3/15
- 3차년도말 감가상각누계액 : 15,000,000원 + 12,000,000원 + 9,000,000원 = 36,000,000원

14. ①

연 도	상각대상액	계 산	감가상각비	감가상각누계액
2001	1,000,000 (취득원가 - 잔존가액)	1,000,000 × 4/10 × 3/12	100,000	100,000
2002		1,000,000 × 45/120개월 3년 + 9달 = 45개월	375,000	475,000
2003				
2004				

15. ① 무형자산을 최초로 인식할 때에는 원가로 측정한다.

16. ④ 무형자산은 물리적 실체가 없는 자산이다.

17. ②

일반기업회계기준 제10장 유형자산, 취득 후의 원가, 문단 10.14

유형자산의 수선유지를 위한 지출은 발생한 기간의 비용으로 인식한다.

제14장 부채

객관식 문제

01. ② A - 외상매출금/상품 B - 현금/단기차입금 C - 미수금/차량운반구 D - 현금/선수금

02. ③ 당좌차월, 단기차입금 및 유동성장기차입금 등은 보고기간종료일로부터 1년 이내에 결제되어야 하므로 영업주기와 관계없이 유동부채로 분류한다.

03. ①

일반기업회계기준 제2장 재무제표의 작성과 표시 I, 자산과 부채의 유동성과 비유동성 구분, 문단 2.23

부채는 1년을 기준으로 유동부채와 비유동부채로 분류한다. 다만, 정상적인 영업주기 내에 소멸할 것으로 예상되는 매입채무와 미지급비용 등은 보고기간종료일로부터 1년 이내에 결제되지 않더라도 유동부채로 분류한다. 또한 당좌차월, 단기차입금 및 유동성장기차입금 등은 보고기간종료일로부터 1년 이내에 결제되어야 하므로 영업주기와 관계없이 유동부채로 분류한다.

제15장 자본

객관식 문제

01. ④는 자본의 분류 중 기타포괄 손익누계액에 해당하며, 나머지는 자본조정항목에 해당한다.

02. ② 320,000원

기초자산	기초부채	기말자본	총수익	총비용
420,000원	200,000원	580,000원	80,000원	40,000원

추가 출자액 = 기말자본 − 기초자본 − 순이익 = 580,000원 − 220,000원 − 40,000원 = 320,000원

03. ① 자본금은 우선주자본금과 보통주자본금으로 구분하며, 발행주식수 × 주당 액면가액으로 표시된다.

04. ② 신주발행시 회계처리

(차) 보통예금	5,000,000원	(대) 자본금	10,000,000원
주식발행초과금	5,000,000원		

따라서, 2014년 기말 재무상태표상 자본금 100,000,000원, 주식발행초과금 5,000,000원, 총 자본은 105,000,000원으로 표시된다.

05. ④ 모두 자본조정 항목이나, ④는 기타포괄손익누계액 항목이다.

06. ② 일반기업회계기준 제2장 재무제표의 작성과 표시 I, 자본의 분류, 문단 2.30

자기주식은 자본조정으로 분류되며, 자기주식처분이익, 주식발행초과금, 감자차익은 자본잉여금으로 분류한다.

07. ② 일반기업회계기준 제2장 재무제표의 작성과 표시 I, 자본의 분류, 문단 2.32

자기주식 : 자본조정

감자차익 : 자본잉여금

단기매매증권평가이익 : 영업외수익

매도가능증권평가이익 : 기타포괄손익

제18장 경영자를 위한 원가 이야기

객관식 문제

01. ③ 직접노무원가와 제조간접원가의 합계액을 가공원가라고 한다.

02. ①

② 관련범위 내에서 조업도가 증가하더라도 단위당 고정비는 감소한다.

③ 관련범위 내에서 조업도가 증가함에 따라 총 변동비는 증가한다.

④ 관련범위 내에서 조업도가 증가함에 따라 총 고정비는 일정하다.

03. ④ 매몰원가는 과거의 의사결정의 결과로 이미 발생된 원가로, 현재의 의사결정에는 아무런 영향을 미치지 못하는 원가를 말한다.

04. ③ 제품매출원가는 손익계산서 항목에 해당한다.

일반기업회계기준 문단 2.48 : 매출원가는 제품, 상품 등의 매출액에 대응되는 원가로서 판매된 제품이나 상품 등에 대한 제조원가 또는 매입원가이다. 매출원가의 산출과정은 손익계산서 본문에 표시하거나 주석으로 기재한다.

찾아보기

ㅈ

ㅊ

저자소개

이창대

서강대학교 대학원 경영학 박사
대한상공회의소 산업부 연구원
캘리포니아 리버사이드대학(Univ. of California Riverside) 객원교수
목포대학교 전략경영연구소장, 교무부처장, 국제교류교육원장
목포대학교 교수평의회 부의장
현 목포대학교 경영학과 교수
   목포대학교 경영대학장

주요 저서

경영학의 이해(도서출판 정독)
사용자 중심의 Smart 원가회계(유원북스)
사용자 중심의 Smart 관리회계(유원북스)

회계학의 이해

초판 발행 2024년 2월 20일

지은이 이창대
펴낸이 김중용
편 집 심성보
펴낸곳 도서출판 정독
경기도 고양시 일산서구 하이파크로 113, 102-204
등록 제406-2014-000093호

전 화 031)924-7203 팩 스 02)718-8554
홈페이지 www.jeongdok.co.kr 이메일 admin@jeongdok.co.kr
ISBN 979-11-6858-198-2 93320

정 가 25,000원